Cambridge IGCSE™

German

Second edition

Mariela Affum • Amy Bates •
Alice Gruber • Helen Kent •
Janet Searle • Zoe Thorne

All exam-style questions and sample answers in this title were written by the authors. In examinations, the way marks are awarded may be different.

Photo credits

p.47 Action Plus Sports Images/Alamy Stock Photo; all other photos © Adobe Stock.

Acknowledgements

Every effort has been made to trace all copyright holders, but if any have been inadvertently overlooked, the Publishers will be pleased to make the necessary arrangements at the first opportunity.

Although every effort has been made to ensure that website addresses are correct at time of going to press, Hodder Education cannot be held responsible for the content of any website mentioned in this book. It is sometimes possible to find a relocated web page by typing in the address of the home page for a website in the URL window of your browser.

Hachette UK's policy is to use papers that are natural, renewable and recyclable products and made from wood grown in well-managed forests and other controlled sources. The logging and manufacturing processes are expected to conform to the environmental regulations of the country of origin.

Orders: please contact Bookpoint Ltd, 130 Park Drive, Milton Park, Abingdon, Oxon OX14 4SE. Telephone: (44) 01235 827827. Fax: (44) 01235 400401. Email education@bookpoint.co.uk Lines are open from 9 a.m. to 5 p.m., Monday to Saturday, with a 24-hour message answering service. You can also order through our website: www.hoddereducation.com

ISBN: 978 1 5104 4756 1

© Mariela Affum, Amy Bates, Alice Gruber, Helen Kent, Janet Searle and Zoe Thorne 2019

First published in 2015

This edition published in 2019 by
Hodder Education,
An Hachette UK Company
Carmelite House
50 Victoria Embankment
London EC4Y 0DZ

www.hoddereducation.com

Impression number   10 9 8 7 6 5 4 3 2 1

Year   2023 2022 2021 2020 2019

All rights reserved. Apart from any use permitted under UK copyright law, no part of this publication may be reproduced or transmitted in any form or by any means, electronic or mechanical, including photocopying and recording, or held within any information storage and retrieval system, without permission in writing from the publisher or under licence from the Copyright Licensing Agency Limited. Further details of such licences (for reprographic reproduction) may be obtained from the Copyright Licensing Agency Limited, www.cla.co.uk

Cover photo © Karen Roach/Adobe Stock

Illustrations by Barking Dog

Typeset by Ian Foulis Design

Printed by Bell & Bain Ltd, Glasgow

A catalogue record for this title is available from the British Library.

Contents

How to use this book		**4**
Die deutschsprachige Welt		**8**
Matching grids		**10**

1 I introduce myself

1.1	My home	12
1.2	My school	20
1.3	My eating habits	28
1.4	My body and my health	34
	Vokabular 1	42
	Magazin 1	46
	Prüfungsecke A	50

2 My family and my friends, at home and abroad

2.1	Self, family, pets, personal relationships	56
2.2	Life at home	64
2.3	Leisure, entertainments, invitations	70
2.4	Eating out	76
2.5	Special occasions	82
2.6	Going on holiday	88
2.7	Family and friends abroad	94
	Vokabular 2	100
	Magazin 2	104
	Prüfungsecke B	108

3 Where I live and what it's like

3.1	Home town and geographical surroundings	112
3.2	Shopping	118
3.3	Public services	126
3.4	Natural environment	132
3.5	Weather	138
3.6	Finding the way	144
3.7	Travel and transport	150
	Vokabular 3	156
	Magazin 3	160
	Prüfungsecke C	164

4 Studying and working

4.1	German schools	170
4.2	Further education and training	174
4.3	Future career plans	178
4.4	Employment	182
4.5	Communication and technology at work	186

5 The international perspective

5.1	International travel	192
5.2	Weather on holiday	196
5.3	Festivals and faiths	200
5.4	International menus	204
5.5	Environmental problems	208
	Vokabular 4 & 5	212
	Magazin 4 & 5	216
	Prüfungsecke D	220

Grammatik	**224**
Verb table	**244**

How to use this book

Structure of the book
This book is split into sections 1–5. Each section is broken down into units that cover topics on your course. Each unit is split into several spreads. Every spread has listening, reading, writing and speaking activities to help develop your skills. Below is an example of what you can find on each spread.

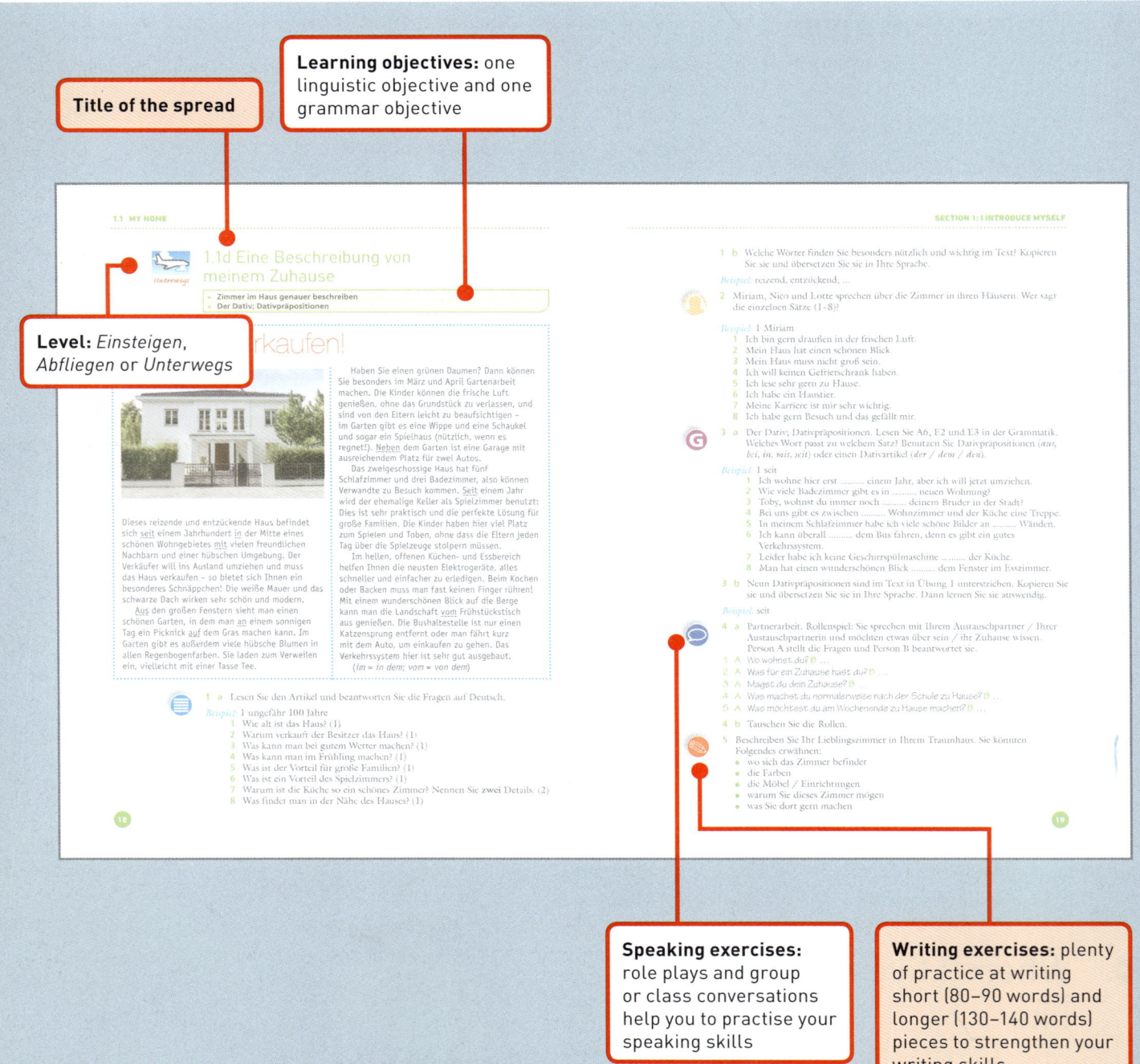

Title of the spread

Learning objectives: one linguistic objective and one grammar objective

Level: *Einsteigen*, *Abfliegen* or *Unterwegs*

Speaking exercises: role plays and group or class conversations help you to practise your speaking skills

Writing exercises: plenty of practice at writing short (80–90 words) and longer (130–140 words) pieces to strengthen your writing skills

Reading material and exercises: interesting reading texts and a variety of question types help develop your reading skills

Listening material and exercises: engaging audio recordings with a variety of speakers help develop your comprehension and listening skills

Vocabulary exercises: these exercises help you to extend and consolidate your vocabulary

Phonics exercises: these help you practise your pronunciation

Grammar exercises: practice of a particular grammar point. You can refer to the grammar section at the end for an explanation of the grammar point before trying the exercise.

At the end of sections 1, 2, 3 and 5, you will find the following:

- **Vocabulary** — lists of key vocabulary for that topic.

- **Magazines** — four pages of magazine material. These introduce you to a German-speaking country or area with extra reading material and exercises to practise your skills.

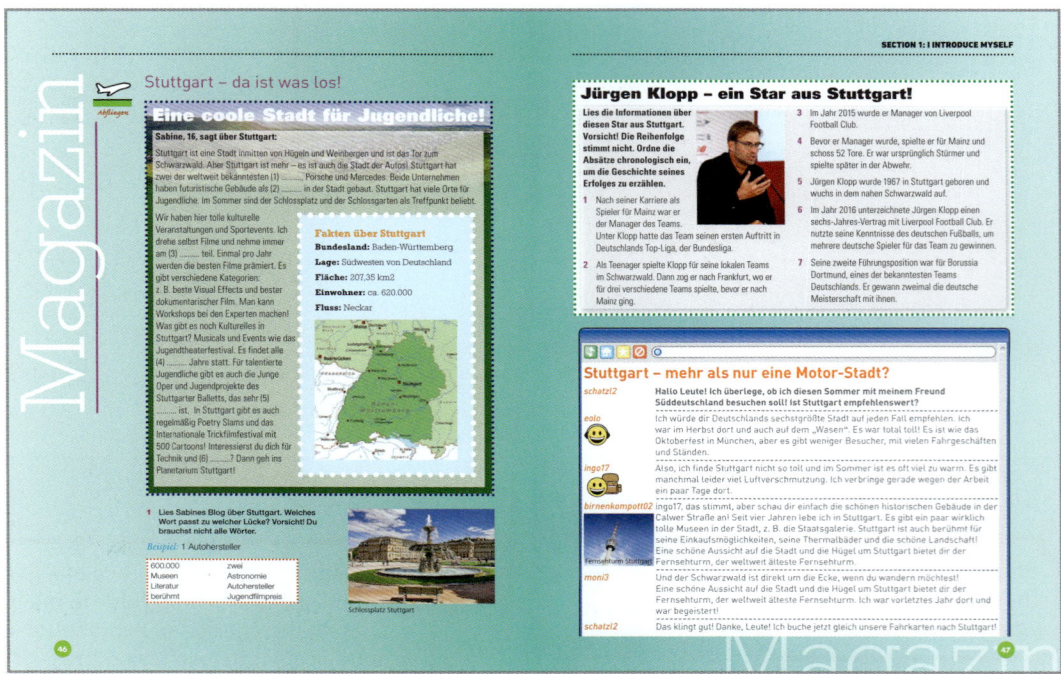

- **Exam corners** — these sections focus on a particular key skill you need to develop. These include exam-style tasks and suggested answers written by the authors.

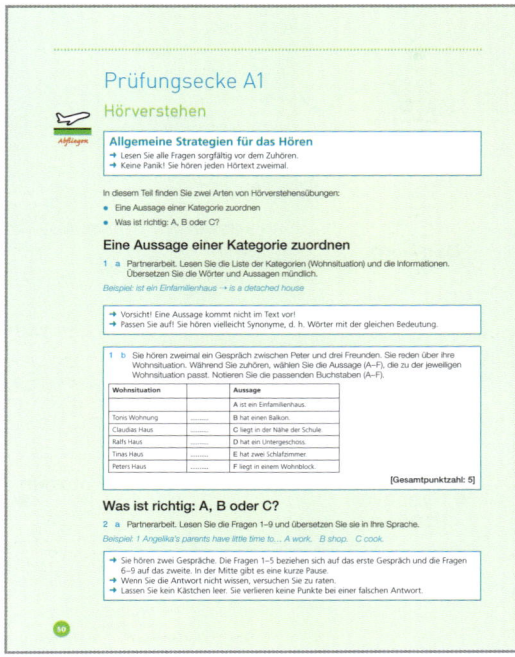
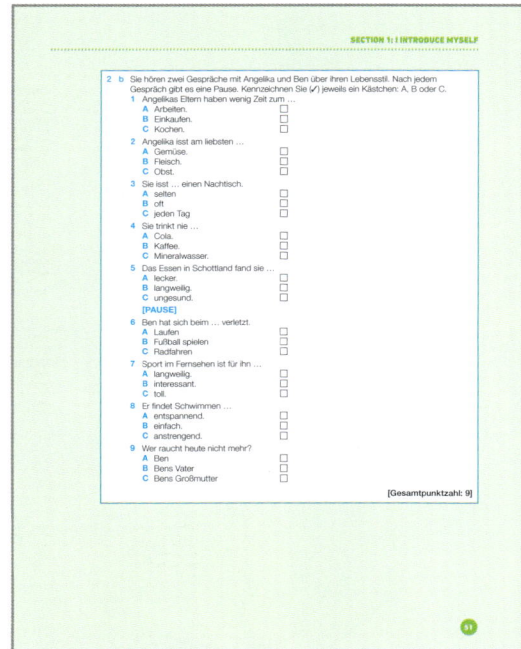

Differentiation

The three levels of difficulty in the book are indicated by an aeroplane icon along with the following terms: *Einsteigen*, *Abfliegen* and *Unterwegs*.

- *Einsteigen* — these spreads introduce you to the topic with simple reading or listening material and exercises. There are no *Einsteigen* spreads in sections 4 and 5, as your skills will have developed beyond this level by that point in the course.

- *Abfliegen* — these spreads develop and extend your language and grammar.

- *Unterwegs* — these spreads are for students who are aiming for the top level.

Grammar

- There are grammar exercises throughout the book, covering all the grammar you need to know.
- There is a grammar reference section at the back of the book with explanations of all the grammar points in the book.
- Grammar exercises include a reference to the grammar section so that you can use this to help you complete the exercises.
- Examples of the grammar point in the exercise can be found in the reading or listening passage on the same spread.

Deutschland

Deutschsprachige Länder

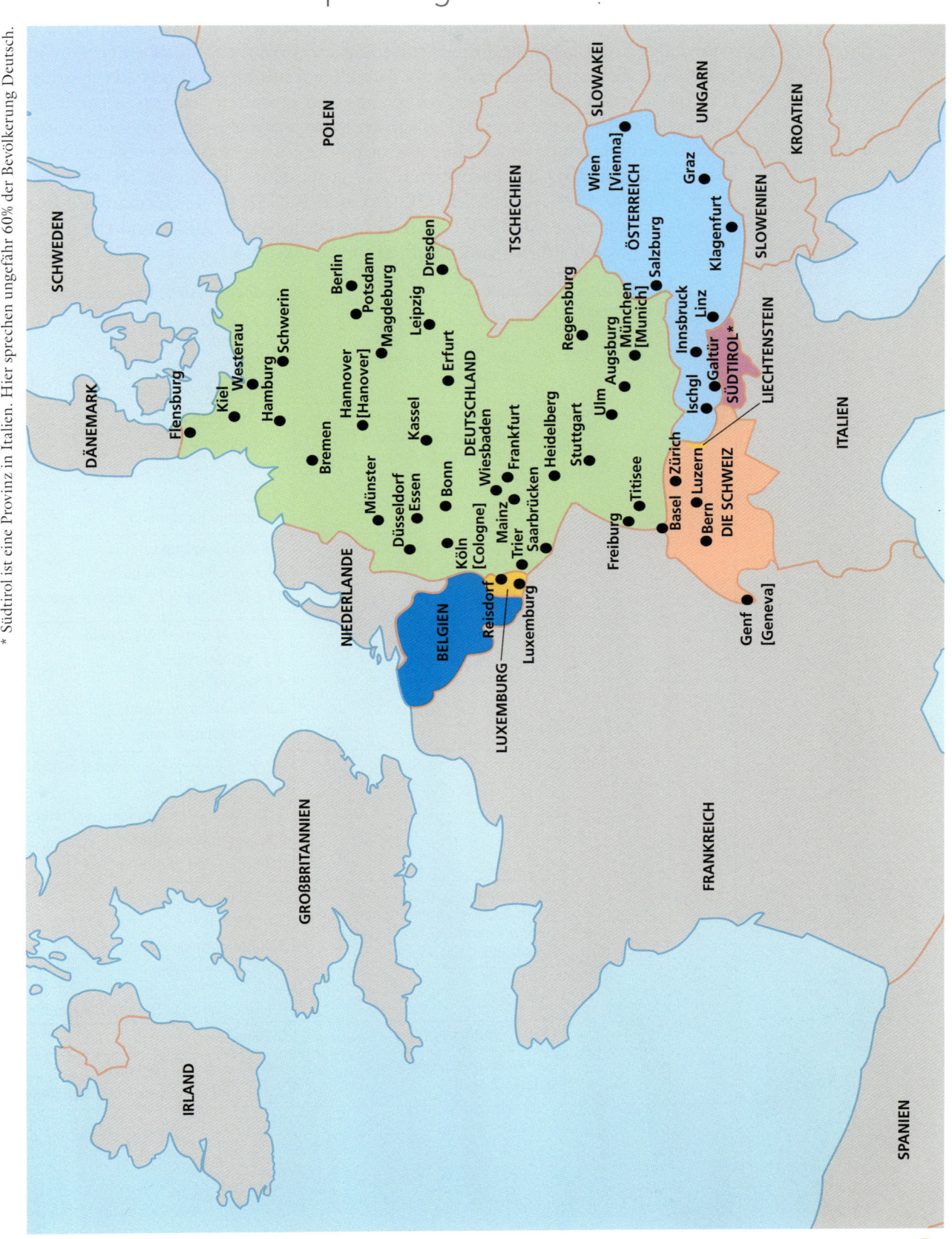

* Südtirol ist eine Provinz in Italien. Hier sprechen ungefähr 60% der Bevölkerung Deutsch.

Matching grids

This textbook follows a teaching sequence that aims to help students develop knowledge and understanding of the topic areas from the Cambridge syllabus. Simple vocabulary and grammar are introduced initially and revisited throughout the course, with more complex vocabulary and grammar later on in the textbook. The order of the textbook does not mirror the *order* of topics in the Cambridge syllabus, which are provided only as examples of what teachers may choose to focus on, rather than a prescriptive teaching sequence. However, the textbook does cover all topics in the Cambridge IGCSE and IGCSE (9–1) German as a Foreign Language syllabuses (0525/7159) for examination from 2021, and the grid below shows where each sub-topic is included in the textbook.

	Cambridge topic areas	**Sub-topics**	**Hodder IGCSE course coverage**
Area A	Everyday activities	Time expressions (e.g. telling the time, days, days of the week, months, seasons)	1.2 My school 2.5 Special occasions 5.2 Weather on holiday
		Food and drink (e.g. meals, fruit and vegetables, meat, fish and seafood, snacks, drinks, cutlery and utensils)	1.3 My eating habits 2.4 Eating out 2.5 Special occasions 3.2 Shopping 5.4 International menus
		The human body and health (e.g. parts of the body, health and illness)	1.3 My eating habits 1.4 My body and my health 2.1 Self, family, pets, personal relationships
		Travel and transport	2.6 Family and friends abroad 3.3 Public services 3.6 Finding the way 3.7 Travel and transport 5.1 International travel
Area B	Personal and social life	Self, family and friends	2.1 Self, family, pets, personal relationships 2.2 Life at home 2.3 Leisure, entertainments, invitations 2.5 Special occasions 2.7 Family and friends abroad
		In the home (e.g. rooms, living room, kitchen, bedroom, bathroom, furniture and furnishings, garden, household appliances)	1.1 My home 2.2 Life at home 5.4 International menus
		Colours	1.1 My home 2.1 Self, family, pets, personal relationships
		Clothes and accessories	3.2 Shopping
		Leisure time (e.g. things to do, hobbies, sport)	1.4 My body and my health 2.3 Leisure, entertainments, invitations

	Cambridge topic areas	Sub-topics	Hodder IGCSE course coverage
Area C	The world around us	People and places (e.g. continents, countries and nationalities, compass points)	1.1 My home 2.6 Going on holiday 2.7 Family and friends abroad 3.1 Home town and geographical surroundings 3.4 Natural environment 3.5 Weather
		The natural world, the environment, the climate and the weather	3.4 Natural environment 3.5 Weather 5.2 Weather on holiday 5.5 Environmental problems
		Communications and technology (e.g. the digital world, documents and texts)	2.2 Life at home 2.7 Family and friends abroad 3.3 Public services 4.5 Communication and technology at work
		The built environment (e.g. buildings and services, urban areas, shopping)	3.2 Shopping 3.3 Public services 3.6 Finding the way 3.7 Travel and transport
		Measurements (e.g. size, shape)	3.2 Shopping
		Materials	3.2 Shopping 3.4 Natural environment
Area D	The world of work	Education (e.g. learning institutions, education and training, the classroom, learning tools, subjects, studying)	1.2 My school 4.1 German schools 4.2 Further education and training
		Work (e.g. jobs and careers, the workplace)	4.2 Further education and training 4.3 Future career plans 4.4 Employment 4.5 Communication and technology at work
Area E	The international world	Countries, nationalities and languages	1.1 My home 1.2 My school 1.3 My eating habits 2.6 Going on holiday 2.7 Family and friends abroad 4.1 German schools 5.1 International travel
		Culture, customs, faiths and celebrations	2.5 Special occasions 5.3 Festivals and faiths

1.1 My home

1.1a Wo ich wohne

Einsteigen

- Sagen, wo Sie wohnen
- Substantive mit dem unbestimmten Artikel

1 Lesen Sie die Sätze. Welcher Satz (1–8) passt zu welchem Bild (A–H)?

Beispiel: 1 C

Wo wohnst du?

1 Wir haben eine Wohnung. C
2 Wir wohnen in Spanien am Strand. F
3 Ich wohne in Ottakring, einem Vorort in Österreich. h
4 Wir haben ein Einfamilienhaus und einen Garten. d
5 Wir wohnen in der Stadtmitte. g
6 Ich wohne in Lauterbrunnen. Das ist ein Dorf in der Schweiz. a
7 Meine Familie hat einen Bauernhof. e
8 Wir haben ein Haus auf dem Lande in Frankreich. b

2 Vier junge Leute beschreiben ihre Wohnorte. Wählen Sie die richtige Antwort.

Beispiel: 1 in der Schweiz

1 Tobias wohnt: in Deutschland / in Österreich / **in der Schweiz**. ✓
2 Tobias wohnt: in einer Vorstadt / **in der Stadtmitte** / am Strand. ✓
3 Lianne wohnt: **in Frankreich** / in Spanien / in Italien. ✓
4 Lianne wohnt: **auf dem Lande** / am Strand / in einer Wohnung. ✓
5 Max wohnt: **in einer Stadt** / in einem Dorf / in einem Vorort. ✓
6 Max hat: eine Wohnung / **ein Haus** / einen Bauernhof. ✓
7 Sara wohnt: in der Stadtmitte / in einem Vorort / **in einem Dorf**. ✓
8 Sara hat: eine Wohnung / **einen Bauernhof** / ein Einfamilienhaus. ✓

SECTION 1: I INTRODUCE MYSELF

3 a Substantive mit dem unbestimmten Artikel. Lesen Sie A1 und A4 in der Grammatik. Welches Wort passt zu welchem Satz?

Beispiel: 1 ein

1 Es gibt ..*ein*.. Haus auf dem Lande.
2 Wir haben *einen* Bauernhof.
3 *Ein*.. Stadtmitte ist oft sehr lebendig. → lively
4 Meine Familie hat *eine*. Wohnung.
5 Alpbach ist ..*ein*. Dorf in Österreich.
6 Kreuzberg ist *eine* Vorort von Berlin.
7 Ich habe ..*einen* Garten. Das finde ich wunderbar!
8 Es gibt *eine*. Wohnung im Dorf. ✓

3 b Lesen Sie die Sätze in Übung 3a noch einmal und finden Sie mindestens vier Substantive mit dem unbestimmten Artikel. Kopieren Sie sie und schreiben Sie M (Maskulinum), F (Femininum) oder N (Neutrum).

Beispiel: 1 ein Haus – N

4 a Die Laute *äu* und *au*. Hören Sie sich den Satz an und trennen Sie die Wörter. Wiederholen Sie den Satz dreimal. Achten Sie auf die Aussprache. Übersetzen Sie den Satz in Ihre Sprache. Lernen Sie den Satz auswendig.

DiebraunenMäusewohnenindenbraunenHäusern,siesindnichtnurbraun,sondernauchsehrlaut.AuchwohnenderBauerunddieBäuerinaufeinemBauernhof.

4 b Partnerarbeit. Sagen Sie den Satz in Übung 4a. Wer kann das am besten?

5 Partnerarbeit. Führen Sie einen Dialog zum Thema „Mein Wohnort".
1 In welchem Land wohnst du?
2 In welcher Stadt wohnst du?
3 Wohnst du in der Stadtmitte?
4 Wohnst du in einem Haus?

Ich wohne	in Deutschland / in der Schweiz / in Österreich.
	in Köln / in Berlin / in Zürich / in Bern / in Wien / in Salzburg.
	in einem Dorf / auf dem Lande.
	am Strand / in den Bergen / an der Küste.
	in einem Vorort / in einer Vorstadt / am Stadtrand.
	in einer Stadt / in einer Großstadt / in einer Kleinstadt.
	in der Stadtmitte / im Stadtzentrum.
	in einem Haus / in einem Einfamilienhaus / in einem Doppelhaus / in einem Reihenhaus
	in einer Wohnung / auf einem Bauernhof.

6 Wo wohnen Sie? Schreiben Sie einen Absatz darüber auf Deutsch. Sie müssen Folgendes erwähnen:
• das Land
• die Stadt
• die Region
• das Haus

13

1.1 MY HOME

1.1b Mein Zuhause

★ Ihr Haus und die Zimmer beschreiben
★ Der bestimmte Artikel (Nominativ und Akkusativ); Adjektive, die nicht dekliniert sind

Herzlich willkommen bei mir!

Hallo und willkommen!

Ich heiße Lena und ich komme aus Köln, aber jetzt wohne ich in einem Dorf in einem schönen Haus. Ich wohne in der Nähe von Berlin. Das ist die deutsche Hauptstadt. Ich liebe das Leben hier, aber es ist manchmal ein bisschen hektisch! Ich finde mein Haus einfach klasse. Mein Lieblingszimmer ist das Schlafzimmer, denn es ist so bequem und ruhig und ich kann mich ausruhen. Alles ist weiß und sehr hell. Der Balkon ist im Sommer auch sehr angenehm und meine Freunde und ich essen gern zusammen im Garten. Die Küche gefällt mir nicht – sie ist ziemlich groß, aber ich hasse die Farbe. Sie ist blau und schwarz, wie schrecklich! Auch finde ich den Teppich ein bisschen altmodisch, weshalb ich einen neuen Teppich kaufen will.

1 Lesen Sie den Artikel. Schreiben Sie R (richtig), F (falsch) oder NA (nicht angegeben).

Beispiel: 1 F

1 Das Haus ist in Köln.
2 Lena mietet das Haus.
3 Lenas Lieblingszimmer ist das Wohnzimmer.
4 Das Schlafzimmer ist im ersten Stock.
5 Lena wohnt im Haus mit Freunden.
6 Man kann draußen essen.
7 Die Küche hat zwei Farben.
8 Der Teppich ist blau und schwarz.

2 Mein Zuhause. Welches Bild (A–H) passt zu welcher Person (Anja, Bastian, Claudia)? Vorsicht! Ein Bild passt zu niemandem.

Beispiel: 1 Anja

14

SECTION 1: I INTRODUCE MYSELF

3 a Der bestimmte Artikel (Nominativ und Akkusativ). Lesen Sie A3 in der Grammatik. Welches Wort passt zu welchem Satz?

Beispiel: 1 Das

1 .... Arbeitszimmer ist klein aber auch modern.
2 Im Erdgeschoss gibt es .... Wohnzimmer, es ist groß.
3 Wie findest du .... Teppich? Ich finde ihn schön.
4 .... Wohnung ist so angenehm, besonders im Sommer.
5 Wo ist .... Toilette, bitte?
6 .... Büro ist gelb und sehr ruhig.
7 Dieses Wochenende streicht meine Schwester .... Balkon rot, was ich super finde.
8 Ich kaufe heute .... Bett. Ich hoffe, es ist bequem!

das	die	die	das
den	den	das	das

3 b Adjektive. Lesen Sie B1 in der Grammatik. Lesen Sie die Sätze 1–8 in Übung 3a noch einmal und finden Sie zehn Adjektive, die nicht dekliniert sind. Kopieren Sie und übersetzen Sie sie in Ihre Sprache.

Beispiel: 1 klein, modern, …

4 Partnerarbeit. Führen Sie einen Dialog zum Thema „Mein Zuhause".
1 Wo wohnst du?
2 Wie ist dein Haus / deine Wohnung?
3 Welche Zimmer gibt es in deinem Haus / deiner Wohnung?
4 Wie ist dein Schlafzimmer?
5 Was ist dein Lieblingszimmer? Warum?

Ich wohne		in Deutschland / in Köln … in einem Dorf / in einer Kleinstadt … in einem Haus / in einer Wohnung …	
Im Erdgeschoss / Dachgeschoss Im ersten / zweiten Stock Im Keller	gibt es	einen Balkon / Flur / Garten. ein Arbeitszimmer / Schlafzimmer / Wohnzimmer / Badezimmer / Esszimmer / Büro / Klo. eine Küche / Toilette / Terrasse.	
Das Haus Die Wohnung Das ____zimmer Der Garten Mein Schlafzimmer	ist	ziemlich ganz sehr	klein / groß. interessant / langweilig / ruhig. hell / dunkel / bunt. schön / hübsch / (un)angenehm / hässlich. (un)ordentlich / (un)bequem.
Ich finde / ich denke / ich glaube / meiner Meinung nach Ich würde sagen, dass …			

5 Entwerfen Sie ein Poster, um ein Haus zu verkaufen. Beschreiben Sie:
- die Gegend (wo ist das Haus?)
- das Haus (wie ist das?)
- die Zimmer (was gibt es? wie sind sie?)

1.1 MY HOME

1.1c Was ich zu Hause mache

* Sagen, was Sie in verschiedenen Zimmern zu Hause machen
* Regelmäßige Verben im Präsens; Pronomen im Nominativ

Was ich zu Hause mache

LiebeLouisa — Nachmittags nach der **(1)** .... gehe ich sofort nach oben und ich höre Musik in meinem Schlafzimmer. Dann mache ich meine Hausaufgaben für zwei Stunden. Meine Mutter glaubt, das ist nicht gut, und sie findet es sehr **(2)** ....

99Dan99 — Mein Lieblingszimmer ist die Küche, denn sie ist sehr groß und hell und ich koche **(3)** .... Ich mache oft das Abendessen mit meinem Vater, aber er ist leider kein guter Koch und es ist immer kalt oder nicht so lecker!

kölnerkünstlerin — Ich denke, ich bin sehr kreativ und ich liebe malen, besonders am Wochenende. Wir haben eine Garage, aber kein **(4)** ...., deshalb habe ich viel Platz für alle meine Sachen, und ich finde das sehr praktisch.

frauanja — Ich wohne mit meinen Großeltern auf einem großen **(5)** .... und sie haben einen schönen, großen Garten. Ich spiele Fußball mit meinen Geschwistern und meinen Freunden und es macht viel **(6)** ...., besonders im Sommer!

junger_Oldtimer — Mein Bruder und ich müssen leider ein Zimmer teilen, deshalb ist es immer **(7)** .... Ich möchte mein eigenes Zimmer haben! Ich mache lieber meine Hausaufgaben im Wohnzimmer, denn es ist **(8)** .... und meine Eltern helfen mir.

1 a Lesen Sie das Web-Forum. Welches Wort (a–m) passt zu welcher Lücke (1–8)?

Beispiel: 1 F

A Zeit	D gern	G Auto	J nicht	M Bauernhof
B Spaß	E ruhig	H lustig	K Garten	
C unordentlich	F *Schule*	I unbequem	L unhöflich	

1 b Welche Wörter finden Sie besonders nützlich und wichtig im Text? Kopieren Sie sie und übersetzen Sie sie in Ihre Sprache.

Beispiel: nach oben, das Schlafzimmer, ...

2 Gespräch mit Anja über ihr Zuhause. Wählen Sie die richtige Antwort (A–C).

Beispiel: 1 A

1 Anja bleibt ... zu Hause.

   A oft   B nie   C nicht gern

SECTION 1: I INTRODUCE MYSELF

2 Anja … im Büro.
  A spielt Computerspiele   B liest Bücher   C arbeitet ✓
3 Anja wohnt …
  A in einer Stadt.   B auf dem Lande. ✓   C in einem Dorf.
4 Anjas Zimmer ist nicht …
  A bequem.   B angenehm.   C unordentlich. ✓
5 Anja … ihr Zimmer teilen.
  A mag   B will   C muss … nicht
6 Anjas Freundin besucht …
  A sie viel.   B sie mit ihrem Bruder.   C Anjas Familie.

3 a Regelmäßige Verben im Präsens. Lesen Sie F1 in der Grammatik. Welches Wort passt zu welchem Satz (1–8)?

Beispiel: 1 wohne

1 Ich .... in einem Einfamilienhaus.
2 Ich habe zwei Brüder und wir .... gern zusammen im Garten.
3 Mein Freund .... unseren Garten, denn wir haben viele Blumen.
4 Was .... du gern zu Hause?
5 Mein Vater .... , dass mein Zimmer nicht sehr ordentlich ist!
6 Meine Schwestern sind Zwillinge und sie .... sich ein Zimmer.
7 Ich .... , dass das Wohnzimmer zu klein und dunkel ist.
8 Meine Geschwister .... immer, dass ich das beste Zimmer habe!

| glaube | teilen | *wohne* | machst |
| liebt | spielen | sagen | denkt |

3 b Lesen Sie das Web-Forum in Übung 1 noch einmal und finden Sie zwölf regelmäßige Verben im Präsens. Kopieren Sie sie und übersetzen Sie sie in Ihre Sprache.

Beispiel: ich denke

4 Partnerarbeit. Führen Sie einen Dialog zum Thema „Was ich zu Hause mache".

1 Was machst du gern (oder nicht gern) zu Hause?
2 Wo genau machst du das?
3 Warum machst du das in diesem Zimmer?
4 Mit wem machst du das?
5 Was ist dein Lieblingszimmer? Warum?

Ich	spiele koche male faulenze entspanne mich lese	mit	meiner Mutter / meiner Schwester / meiner Freundin meinem Bruder / meinem Vater / meinem Freund meinen Eltern / meinen Brüdern / meinen Schwestern / meinen Geschwistern / meinen Freunden	im	Wohnzimmer / Schlafzimmer / Esszimmer / Badezimmer / Büro / Garten.
		allein		in der	Küche / Garage.
denn es ist […] weil es […] ist da es […] ist		ruhig / leise / groß / klein / hell / bunt. entspannend / (un)ordentlich / (un)bequem / (un)gemütlich / (un)angenehm. sauber / schmutzig.			

5 Sie beschreiben Ihr Zuhause. Schreiben Sie 80–90 Wörter auf Deutsch.
• Beschreiben Sie, wie Ihr Haus / Ihre Wohnung ist.
• Beschreiben Sie Ihr Lieblingszimmer.
• Sagen Sie, was Sie gern zu Hause machen.
• Erklären Sie, was Sie nicht gern zu Hause machen, und warum.

1.1 MY HOME

1.1d Eine Beschreibung von meinem Zuhause

★ Zimmer im Haus genauer beschreiben
★ Der Dativ; Dativpräpositionen

Haus zu verkaufen!

Dieses reizende und entzückende Haus befindet sich <u>seit</u> einem Jahrhundert <u>in</u> der Mitte eines schönen Wohngebietes <u>mit</u> vielen freundlichen Nachbarn und einer hübschen Umgebung. Der Verkäufer will ins Ausland umziehen und muss das Haus verkaufen – so bietet sich Ihnen ein besonderes Schnäppchen! Die weiße Mauer und das schwarze Dach wirken sehr schön und modern.

<u>Aus</u> den großen Fenstern sieht man einen schönen Garten, in dem man <u>an</u> einem sonnigen Tag ein Picknick <u>auf</u> dem Gras machen kann. Im Garten gibt es außerdem viele hübsche Blumen in allen Regenbogenfarben. Sie laden zum Verweilen ein, vielleicht mit einer Tasse Tee.

Haben Sie einen grünen Daumen? Dann können Sie besonders im März und April Gartenarbeit machen. Die Kinder können die frische Luft genießen, ohne das Grundstück zu verlassen, und sind von den Eltern leicht zu beaufsichtigen – im Garten gibt es eine Wippe und eine Schaukel und sogar ein Spielhaus (nützlich, wenn es regnet!). <u>Neben</u> dem Garten ist eine Garage mit ausreichendem Platz für zwei Autos.

Das zweigeschossige Haus hat fünf Schlafzimmer und drei Badezimmer, also können Verwandte zu Besuch kommen. <u>Seit</u> einem Jahr wird der ehemalige Keller als Spielzimmer benutzt: Dies ist sehr praktisch und die perfekte Lösung für große Familien. Die Kinder haben hier viel Platz zum Spielen und Toben, ohne dass die Eltern jeden Tag über die Spielzeuge stolpern müssen.

Im hellen, offenen Küchen- und Essbereich helfen Ihnen die neusten Elektrogeräte, alles schneller und einfacher zu erledigen. Beim Kochen oder Backen muss man fast keinen Finger rühren! Mit einem wunderschönen Blick auf die Berge kann man die Landschaft <u>vom</u> Frühstückstisch aus genießen. Die Bushaltestelle ist nur einen Katzensprung entfernt oder man fährt kurz mit dem Auto, um einkaufen zu gehen. Das Verkehrssystem hier ist sehr gut ausgebaut.

(*im = in dem; vom = von dem*)

1 a Lesen Sie den Artikel und beantworten Sie die Fragen auf Deutsch.

Beispiel: 1 ungefähr 100 Jahre
1 Wie alt ist das Haus? (1)
2 Warum verkauft der Besitzer das Haus? (1)
3 Was kann man bei gutem Wetter machen? (1)
4 Was kann man im Frühling machen? (1)
5 Was ist der Vorteil für große Familien? (1)
6 Was ist ein Vorteil des Spielzimmers? (1)
7 Warum ist die Küche so ein schönes Zimmer? Nennen Sie **zwei** Details. (2)
8 Was findet man in der Nähe des Hauses? (1)

SECTION 1: I INTRODUCE MYSELF

1 b Welche Wörter finden Sie besonders nützlich und wichtig im Text? Kopieren Sie sie und übersetzen Sie sie in Ihre Sprache.

Beispiel: reizend, entzückend, …

2 Miriam, Nico und Lotte sprechen über die Zimmer in ihren Häusern. Wer sagt die einzelnen Sätze (1–8)?

Beispiel: 1 Miriam

- M 1 Ich bin gern draußen in der frischen Luft. ✓
- L 2 Mein Haus hat einen schönen Blick.
- M 3 Mein Haus muss nicht groß sein. ✓
- N 4 Ich will keinen Gefrierschrank haben.
- L 5 Ich lese sehr gern zu Hause.
- M 6 Ich habe ein Haustier. ✓
- L 7 Meine Karriere ist mir sehr wichtig.
- N 8 Ich habe gern Besuch und das gefällt mir.

3 a Der Dativ; Dativpräpositionen. Lesen Sie A6, E2 und E3 in der Grammatik. Welches Wort passt zu welchem Satz? Benutzen Sie Dativpräpositionen (*aus, bei, in, mit, seit*) oder einen Dativartikel (*der / dem / den*).

Beispiel: 1 seit

1. Ich wohne hier erst .... einem Jahr, aber ich will jetzt umziehen.
2. Wie viele Badezimmer gibt es in .... neuen Wohnung?
3. Toby, wohnst du immer noch .... deinem Bruder in der Stadt?
4. Bei uns gibt es zwischen .... Wohnzimmer und der Küche eine Treppe.
5. In meinem Schlafzimmer habe ich viele schöne Bilder an .... Wänden.
6. Ich kann überall .... dem Bus fahren, denn es gibt ein gutes Verkehrssystem.
7. Leider habe ich keine Geschirrspülmaschine .... der Küche.
8. Man hat einen wunderschönen Blick .... dem Fenster im Esszimmer.

3 b Neun Dativpräpositionen sind im Text in Übung 1 unterstrichen. Kopieren Sie sie und übersetzen Sie sie in Ihre Sprache. Dann lernen Sie sie auswendig.

Beispiel: seit

4 a Partnerarbeit. Rollenspiel: Sie sprechen mit Ihrem Austauschpartner / Ihrer Austauschpartnerin und möchten etwas über sein / ihr Zuhause wissen. Person A stellt die Fragen und Person B beantwortet sie.

1. A Wo wohnst du? B …
2. A Was für ein Zuhause hast du? B …
3. A Magst du dein Zuhause? B …
4. A Was machst du normalerweise nach der Schule zu Hause? B …
5. A Was möchtest du am Wochenende zu Hause machen? B …

4 b Tauschen Sie die Rollen.

5 Beschreiben Sie Ihr Lieblingszimmer in Ihrem Traumhaus. Sie könnten Folgendes erwähnen:
- wo sich das Zimmer befindet
- die Farben
- die Möbel / Einrichtungen
- warum Sie dieses Zimmer mögen
- was Sie dort gern machen

1.2 My school

Einsteigen

1.2a Mein Stundenplan

★ Ihren Stundenplan beschreiben und Meinungen dazu abgeben
★ Ordnungszahlen; Wochentage

1 a Lesen Sie Stundenplan. Welcher Satz (1–8) passt zu welcher Lücke (A–H)?

Beispiel: 1 B

Ein typischer deutscher Stundenplan

	Montag	Dienstag	Mittwoch	Donnerstag	Freitag
1 (07.45 – 08.30)	Chemie	C	Chemie	Englisch	Mathe
2 (08.30 – 09.15)	Biologie	Deutsch	Biologie	G	Erdkunde
09.15 – 09.30	*kleine Pause*	*kleine Pause*	*kleine Pause*	*kleine Pause*	*kleine Pause*
3 (09.30 – 10.15)	Englisch	Physik	E	Geschichte	Englisch
4 (10.15 – 11.00)	Mathe	D	Erdkunde	Deutsch	H
11.00 – 11.15	*Pause*	*Pause*	*Pause*	*Pause*	*Pause*
5 (11.15 – 12.00)	A	Chemie	F	Mathe	Physik
6 (12.00 – 12.45)	B	Geschichte	Mathe	Biologie	Deutsch

1 Montags um zwölf Uhr lerne ich Deutsch. **B**
2 Dienstags in der ersten Stunde haben wir Mathe. **C**
3 Mittwochs um neun Uhr dreißig gibt es Geschichte. **E**
4 Donnerstags in der zweiten Stunde lerne ich Chemie. **G**
5 Freitags um zehn Uhr fünfzehn gibt es Biologie. **H**
6 Montags in der fünften Stunde haben wir Erdkunde. **A**
7 Dienstags in der vierten Stunde lerne ich Englisch. **D**
8 Mittwochs um elf Uhr fünfzehn lernen wir Physik. **F**

1 b Lesen Sie Stundenplan noch einmal. Finden Sie die Schulfächer. Kopieren Sie sie und übersetzen Sie sie in Ihre Sprache.

Beispiel: Chemie

2 Elena, Karl und Mia sprechen über ihren Stundenplan. Schreiben Sie (richtig), F (falsch) oder NA (nicht angegeben).

Beispiel: 1 R

1 Elenas Lieblingstag ist Freitag. **R**
2 Elena hat Freitag Deutsch. **F**
3 Elena mag Montag. **NA**
4 Karls erste Stunde heute ist Biologie. **F**
5 Karl hat eine Pause um elf Uhr. **R**
6 Mias Lieblingsfach ist Mathe. **F**
7 Mia lernt gern Geographie. **NA**
8 Mia lernt heute zwei Sprachen. **R**

SECTION 1: I INTRODUCE MYSELF

3 Ordnungszahlen. Lesen Sie I2 in der Grammatik. Welches Wort passt zu welchem Satz?

Beispiel: 1 zweiten

1. Zuerst habe ich Deutsch und in der ~~zweiten~~ .... Stunde lerne ich Mathe.
2. Jetzt ist die **fünfte** Stunde und ich bin müde.
3. Montags und **dienstags** lernen wir Geschichte.
4. Um **zehn** Uhr jeden Tag machen wir Pause.
5. **Montags** habe ich immer Englisch und Spanisch.
6. Die erste Stunde beginnt um **sieben** Uhr.
7. Es gibt **sechs** Stunden pro Tag in meiner Schule.
8. In der **dritten** Stunde habe ich Erdkunde, nach Physik und Deutsch.

| ~~montags~~ | ~~zweiten~~ | ~~fünfte~~ | ~~sechs~~ |
| ~~dritten~~ | ~~sieben~~ | ~~zehn~~ | ~~dienstags~~ |

4 a Die Laute *ie* und *ei*. Hören Sie sich den Satz an und trennen Sie die Wörter. Wiederholen Sie den Satz dreimal. Achten Sie auf die Aussprache. Übersetzen Sie den Satz in Ihre Sprache. Lernen Sie den Satz auswendig.

ChemieistlangweiligundmeineLieblingstagesindFreitagundDienstagweilichkeinChemiehabe.

4 b Partnerarbeit. Sagen Sie den Satz in Übung 4a. Wer kann das am besten?

5 Partnerarbeit. Führen Sie einen Dialog zum Thema „Mein Stundenplan".
1. Was ist dein Lieblingsfach?
2. Wann lernst du das?
3. Was lernst du freitags / montags / mittwochs?
4. Was ist dein Lieblingstag? Warum?

Mein Lieblingsfach ist	Deutsch / Englisch / Spanisch / Französisch / Latein Erdkunde / Geschichte / Sozialkunde / Religion Mathe / Physik / Biologie / Chemie / Naturwissenschaften / Wissenschaften Werken / Musik / Sport / Theater
denn es ist (nicht)	gut / schlecht interessant / langweilig einfach / schwierig nützlich / nutzvoll / nutzlos sinvoll / sinnlos logisch / kompliziert.
Ich lerne das	in der ersten / zweiten / dritten Stunde montags / dienstags / mittwochs / donnerstags / freitags um sieben / acht / neun / zehn / elf / zwölf / dreizehn / vierzehn / fünfzehn / sechzehn Uhr.
Mein Lieblingstag ist	Montag / Dienstag / Mittwoch / Donnerstag / Freitag.

6 Was lernen Sie an einem typischen Schultag? Wie finden Sie die Fächer? Wählen Sie Ihren Lieblingstag, zeichnen Sie Ihren Stundenplan und schreiben Sie fünf Sätze darüber.

21

1.2 MY SCHOOL

1.2b Ein typischer Schultag

- ★ Einen typischen Schultag beschreiben
- ★ Unregelmäßige Verben im Präsens

Der erste Tag an einer neuen Schule

Hast du Angst vor deinem ersten Tag an der Hauptschule? Bist du gestresst? Das ist ganz normal, denn alles ist sehr fremd und es gibt so viele neue Leute! Ich bin Fabian aus der Hauptschule und ich kann helfen.

Der Tag fängt um acht an und man hat acht Stunden jeden Tag. Die Lehrer sind alle sehr hilfsbereit und normalerweise superfreundlich (aber man darf die Hausaufgaben nicht vergessen!). Wenn du Hilfe brauchst, musst du mit dem Lehrer oder mit der Lehrerin sprechen, denn sie können helfen.

Es gibt eine Pause um halb zehn und eine Pause um halb elf. In der Pause spricht man mit Freunden, oder man isst eine Kleinigkeit. Man kann Hausaufgaben in der Bibliothek machen, oder natürlich ein Buch lesen, um sich zu entspannen. Da wir die Schule oft erst um halb drei verlassen, haben wir nur eine kurze Mittagspause, aber man kann Snacks am Kiosk kaufen (sie sind lecker, aber leider nicht ganz billig!).

 1 a Lesen Sie das Informationsblatt und wählen Sie die richtige Antwort (A–C).

Beispiel: 1 C

1 Viele Jugendliche haben Angst vor …
  A Spinnen.
  B den Hausaufgaben.
  C dem ersten Schultag.
2 Fabian ist hilfsbereit, denn er …
  A kennt die Lehrer.
  B ist Schüler.
  C arbeitet in einer Hauptschule.
3 Wenn man ein Problem hat, ist es eine gute Idee, …
  A die Hausaufgaben mitzubringen.
  B freundlich zu sein.
  C mit den Lehrern zu sprechen.
4 Die Lehrer in der Schule sind normalerweise …
  A sehr nett.
  B zu streng.
  C ein bisschen müde.
5 Die Schule endet jeden Tag …
  A um zwei Uhr dreißig.
  B nach der Mittagspause.
  C um Viertel nach elf.
6 Fabian findet das Schulessen …
  A ekelhaft und billig.
  B köstlich und billig.
  C köstlich und teuer.

SECTION 1: I INTRODUCE MYSELF

1 b Welche Wörter finden Sie besonders nützlich und wichtig im Informationsblatt? Kopieren Sie sie und übersetzen Sie sie in Ihre Sprache.

Beispiel: Angst haben, die Hauptschule, …

2 Katja beschreibt einen typischen Schultag. Korrigieren Sie die Sätze.

Beispiel: 1 ~~neun~~ acht
1 Die Schule beginnt um Viertel vor ~~neun~~. acht
2 Katja findet Naturwissenschaften ~~einfach~~. ~~schwierig~~ nicht so gut
3 Katjas Lieblingsfach ist ~~Spanisch~~. Latin
4 Es gibt ~~zwei~~ Pause~~n~~ eine jeden Tag.
5 Katja isst ~~allein~~ in der Pause. und spricht mit ihren Freunden Bibliothek (in der)
6 Katja macht ihre Hausaufgaben ~~im Klassenzimmer~~.
7 Katja findet den Direktor ~~streng~~. nett
8 Die Schule endet um ~~ein Uhr zwanzig~~. halb zwei

3 a Unregelmäßige Verben im Präsens. Lesen Sie F1 in der Grammatik. Wählen Sie das richtige Wort.

Beispiel: 1 helfen
1 Meine Eltern helfen / hilft / helfe mir mit der Schularbeit.
2 Ab und zu vergesst / vergessen / vergisst man die Hausaufgaben – wie peinlich!
3 Es sind / ist / bist nicht immer einfach, neue Freunde zu finden.
4 Im Klassenzimmer geben / gebt / gibt es viele andere Schüler.
5 Isst / esst / esse du lieber in der Kantine oder zu Hause?
6 Man sehen / siehst / sieht jeden Tag seine besten Freunde.
7 Die Direktorin spricht / sprechen / spreche immer gern mit den Schülern.
8 Die Fächer ist / sind / seid jetzt interessanter als in der Grundschule.

3 b Lesen Sie das Informationsblatt in Übung 1 noch einmal und finden Sie zehn unregelmäßige Verben im Präsens. Kopieren Sie sie und übersetzen Sie sie in Ihre Sprache.

Beispiel: hast

4 Partnerarbeit. Führen Sie einen Dialog zum Thema „Ein typischer Schultag".
1 Wann beginnt ein typischer Schultag?
2 Wann endet ein typischer Schultag?
3 Was lernst du an einem typischen Schultag? Wie findest du diese Fächer?
4 Was machst du in der Pause?
5 Wie findest du die Schule?

Ein typischer Schultag beginnt um …	Ich finde das …	langweilig.
Ein typischer Schultag endet um …	Ich denke das ist …	interessant.
An einem typischen Schultag lerne ich / lernt man …	Ich glaube das ist …	lustig.
An einem typischen Schultag habe ich / hat man … Pausen.	Das ist …	gut.
Normalerweise in der Pause …	Meiner Meinung nach, ist das …	schlecht.

5 Schreiben Sie ein Blog über Ihren Traumschultag. Sie könnten Folgendes erwähnen:
- die Fächer
- die Lehrer(innen)
- die Schüler(innen)
- die Stunden

23

1.2 MY SCHOOL

1.2c Meine Schulgebäude

★ Ihre Schulgebäude und die Einrichtungen beschreiben
★ Präpositionen mit dem Akkusativ

 1 Henry beschreibt acht Zimmer und Einrichtungen in der E-Mail. Kopieren Sie sie und übersetzen Sie sie in Ihre Sprache. Dann lernen Sie sie auswendig. Lesen Sie die E-Mail dann noch einmal. Findet Henry die Zimmer und Einrichtungen P (positiv) oder N (negativ)?

Beispiel: das Schulbüro – P

Hallo Oliver!

Danke für den Brief. Ich freue mich auf deinen Besuch! Unsere Schule ist sehr groß und sauber und ich hoffe, sehr gastfreundlich – die Lehrer sind manchmal streng, aber auch sehr freundlich und höflich.

Die ersten Zimmer am Eingang sind das Schulbüro und das Lehrerzimmer. Sie sind modern, hell und ruhig, aber ohne einen Lehrer darf man sie nicht betreten!

Auf der linken Seite ist der große Schulhof, und den Hof entlang gibt es viele geräumige Klassenzimmer. Die Klassenzimmer sind alle neu und sehr gut mit modernen Computern ausgestattet.

Mein Lieblingsklassenzimmer ist der Musiksaal, denn ich bin sehr musikalisch und ich spiele dort Klavier und Geige. Es ist manchmal zu laut, aber es macht viel Spaß.

Man muss durch den altmodischen Umkleideraum gehen, um in die Turnhalle am Ende des Korridors zu kommen. Sie ist ganz klein und ein bisschen schmutzig und im Winter immer eiskalt!

Wir haben auch eine sehr große Bibliothek mit vielen tollen Büchern und bequemen Sesseln. Sie ist immer sehr ruhig und angenehm und ich mache oft meine Hausaufgaben dort. Manchmal helfen die Lehrer.

Schreib bald! Dein Henry

---

 2 Gespräche mit Leo und Sara. Wählen Sie die richtige Antwort (A–C).

Beispiel: 1 c

1 Leos Schulumgebung ist …
   A schmutzig.
   B sonnig.
   C schön.
2 Leo mag Fußball, aber er … nicht spielen.
   A kann
   B will
   C darf
3 Die Klassenzimmer in Leos Schule sind … als das Lehrerzimmer.
   A schlimmer
   B moderner
   C besser

4 Sara arbeitet am liebsten …
   A in ihrem Schlafzimmer.
   B mit ihrem Bruder.
   C in der Bibliothek.
5 Sara geht gern …
   A in die Turnhalle.
   B in den Musiksaal.
   C ins Labor.
6 Sara isst …
   A zu Hause.
   B in der Pause.
   C in der Kantine.

 3 a Präpositionen mit dem Akkusativ. Lesen Sie E1 in der Grammatik. Welches Wort passt zu welchem Satz?

SECTION 1: I INTRODUCE MYSELF

Beispiel: 1 die

1 Kannst du den Beamer für .... Aula finden? Ich kann ihn nicht sehen!
2 Wir müssen nur .... nächste Woche warten, um unsere Austauschpartner zu sehen.
3 Da ich Schüler bin, ist ins Lehrerzimmer zu gehen .... die Schulregeln.
4 Frau Schmidt, haben Sie einen Schlüssel .... das Klassenzimmer links vom Treppenhaus?
5 Wir sammeln Geld für .... neuen Musiksaal, denn der alte ist sehr klein.
6 Ich gehe zu Fuß zur Schule und ich gehe immer durch .... Schulhof.
7 Ohne .... großes, modernes Labor kann man keine Chemie oder Physik lernen.
8 Unsere Schule ist sehr schön. Den Schulweg .... gibt es viele Bäume und Blumen und einen Fluss.

einen	ein	bis	gegen
für	*die*	entlang	den

3 b Lesen Sie die E-Mail in Übung 1 noch einmal und finden Sie vier Präpositionen mit dem Akkusativ. Kopieren Sie sie und übersetzen Sie sie in Ihre Sprache.

Beispiel: für

4 a Partnerarbeit. Rollenspiel: Sie sprechen mit Ihrem Austauschpartner / Ihrer Austauschpartnerin, der / die Sie nächste Woche besuchen wird. Person A stellt die Fragen und Person B beantwortet sie.

1 A Hallo! Wo genau liegt deine Schule? B …
2 A Wie findest du die Klassenzimmer in deiner Schule? B …
3 A Was für Einrichtungen gibt es in deiner Schule? B …
4 A Was hast du gestern in der Schule gemacht? B …
5 A Wie sieht deine ideale Schule aus? B …

4 b Tauschen Sie die Rollen.

Meine Schule	ist liegt	am Stadtrand / in der Stadtmitte / in einem Dorf. an der Küste.	
Die Klassenzimmer	sind	super / wirklich / sehr / nicht	klein / groß; sauber / schmutzig; schön / hässlich; hell / dunkel; altmodisch / modern.
Wir haben	eine Bibliothek / eine Turnhalle / ein Labor / ein Computerzimmer,	aber wir haben	keine Aula / keinen Musiksaal / keinen Tennisplatz.
Gestern	habe ich	in der Bibliothek gelesen / auf dem Tennisplatz gespielt / mit meinen Freunden geredet / eine Kleinigkeit gegessen.	
Meine ideale Schule	hat / hätte	eine Kantine / schöne Klassenzimmer / gute Lehrer.	
	ist / wäre (nicht)	klein / groß; sauber / schmutzig; schön / hässlich; hell / dunkel; altmodisch / modern; besser / größer; bequemer.	

5 Entwerfen Sie ein Poster, um Ihre Schule neuen Schülern / Schülerinnen zu beschreiben. Beschreiben Sie Folgendes:

- Wie ist die Gegend genau?
- Welche Gebäude gibt es und wo sind sie?
- Wie sind die Klassenzimmer?
- Was ist Ihr Lieblingsklassenzimmer und warum?
- Welche Einrichtungen gibt es?
- Ihre Meinungen (Sie müssen positiv sein!)

1.2 MY SCHOOL

Unterwegs

1.2d Das Schulleben in den deutschsprachigen Ländern

★ Etwas über das Schulleben in den deutschsprachigen Ländern lernen
★ Fragen stellen

Wir planen einen Austausch

Nina: Hallo! Wie geht's euch? Habt ihr Fragen? Unser Schüleraustausch beginnt bald und ich bin sehr aufgeregt!

Laura: Hallo Nina! Ja, meine erste Frage ist: Wann fängt der Schultag an? Ich stehe überhaupt nicht gern früh auf, denn dann bin ich den ganzen Tag erschöpft! Und was sollen wir am ersten Tag mitbringen? Was sollen wir anziehen?

Nina: Leider fängt der Schultag bei uns ganz früh an, gewöhnlich um halb acht! Du solltest immer etwas zu essen mitbringen, denn es gibt keinen Speisesaal. In Deutschland trägt man keine Uniform, deshalb kannst du lockere Kleidung tragen (bequeme Schuhe sind ein Muss!).

Yasmin: Wer ist für die Austauschpartner verantwortlich? Ich möchte mehr über meine Gastfamilie wissen. Ich hoffe, ich bekomme kein Heimweh! Ich finde das peinlich.

Nina: Die Lehrerin heißt Frau Müller und sie kann dir bestimmt helfen. Aber alle Familien sind sehr nett und gastfreundlich. Es ist kein Problem, deine Familie zu Hause anzurufen. Wie heißt deine Gastfamilie und wo wohnt sie?

Yasmin: Meine Partnerin heißt Melina Pohler und die Familie wohnt in Wannsee.

Nina: Ich kenne dieses Mädchen, sie ist super nett und lustig. Und Wannsee ist ein schönes Gebiet.

Laura: Letzte Frage – machen wir Ausflüge? Wo fahren wir hin? Ich habe wirklich Lust, das Museum am Checkpoint Charlie an der ehemaligen Berliner Mauer zu sehen. Ich interessiere mich so sehr für Geschichte.

Nina: Natürlich machen wir viele Ausflüge! Wir planen unter anderem eine Radtour durch die Stadt. So sehen wir alles! In Berlin gibt es so viele schöne Sehenswürdigkeiten und man sieht viel mehr mit dem Rad als mit der U-Bahn.

Yasmin: Danke schön, Nina. Das klingt toll.

1 a Lesen Sie das Gespräch. Welches Satzende (A–H) passt zu welchem Satzbeginn (1–6)?

Beispiel: 1 G

1 Laura und Nina
2 Laura will
3 Die Schule
4 Man kann nicht
5 Yasmin will
6 Radfahren ist besser als …

A in der Schule essen.
B öffentliche Verkehrsmittel.
C die Stadt sehen.
D länger schlafen.
E mehr Informationen.
F die Geschichte.
G machen bald einen Austausch.
H beginnt früh.

SECTION 1: I INTRODUCE MYSELF

1 b Welche Wörter finden Sie besonders nützlich und wichtig im Gespräch? Kopieren Sie sie und übersetzen Sie sie in Ihre Sprache.

2 a Der Lehrer beantwortet Fragen zum Austausch. Ordnen Sie die Wörter chronologisch ein.

Beispiel: 8, …

1 der Unterricht — lesson (5)
2 das Verkehrsmittel — public trans. (6)
3 die Kleidung — clothes (8)
4 die Schreibwaren — stationary (4)
5 die Freizeit — free time (7)
6 das Essen — food (3)
7 der Schultag — school day (2)
8 die Vorstellung (1) — Introduction

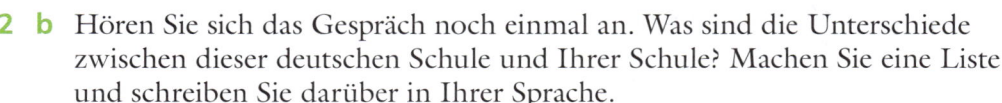

2 b Hören Sie sich das Gespräch noch einmal an. Was sind die Unterschiede zwischen dieser deutschen Schule und Ihrer Schule? Machen Sie eine Liste und schreiben Sie darüber in Ihrer Sprache.

Beispiel: In der deutschen Schule beginnt der Tag um halb acht und endet um halb zwei. In meiner Schule beginnt der Tag um …

3 Fragen stellen. Lesen Sie H5 in der Grammatik. Welches Wort passt zu welchem Satz?

Beispiel: 1 Wann

1 ………. kommt der Schulbus? Ich will am ersten Tag pünktlich ankommen!
2 ………. die Wohnung deiner Gastfamilie in der Nähe der Partnerschule?
3 Wo ………. ihr das Wochenende? Wir bleiben hier.
4 ………. wir ins Kino nach der Schule? Ich muss zuerst meine Hausaufgaben machen.
5 Morgen ist Schulfest, wie spannend! ………. ihr mit? Es sieht super aus.
6 ………. ist Mathe dein Lieblingsfach? Schade, dass es Pflichtfach an deutschen Schulen ist.
7 ………. heißt der Lehrer, der den Ausflug organisiert? Ich habe eine Frage.
8 Seit ………. seid ihr hier? Ich wünsche euch noch einen schönen Aufenthalt.

| verbringt | ist | *wann* | gehen |
| warum | kommt | wie | wann |

4 Partnerarbeit. Führen Sie einen Dialog zum Thema „Das Schulleben in einem deutschsprachigen Land".
1 Wie sieht ein typischer Schultag an der Schule in deutschsprachigen Ländern aus?
2 Was gefällt dir am besten an der Schule in deutschsprachigen Ländern?
3 Was gefällt dir am wenigsten an der Schule in deutschsprachigen Ländern?
4 Möchtest du eine Schule in einem deutschsprachigen Land besuchen? Warum (nicht)?
5 Was sind die Vor- und Nachteile der Schule in deinem Land im Vergleich mit einem deutschsprachigen Land?

5 Sie nehmen an einem Schüleraustausch in einem deutschsprachigem Land teil. Sie schreiben einen Brief an Ihre Familie. Schreiben Sie 130–140 Wörter.
- Beschreiben Sie einen typischen Schultag hier.
- Erzählen Sie, was Ihnen hier am besten gefällt.
- Schreiben Sie, was Ihnen hier am wenigsten gefällt.
- Erklären Sie die Unterschiede zwischen dieser Schule und der Schule in Ihrem Land.
- Sagen Sie, welche Schule Sie bevorzugen, und warum.

1.3 My eating habits

1.3a Essen und trinken

Einsteigen

★ Typisches Essen und typische Getränke beschreiben
★ Substantive im Plural; *kein*

1 a Lesen Sie das Web-Forum. Schreiben Sie G (gesund) oder U (ungesund).

Beispiel: 1 G

Ein typischer Tag

Was isst du und trinkst du normalerweise?

	1	
Stephan9722	Ich trinke fünf Gläser Wasser pro Tag.	
	2	
pferdreiter	Ich liebe Trauben und Erbsen und ich hasse Schokolade.	
	3	
JK92Berliner	Ich hasse alle Gemüse, besonders Champignons – sie sind ekelhaft! 🙁	
	4	
guten8cht	Mein Lieblingsessen ist ein Käse- oder Schinkenbrot mit Pommes, besonders zum Abendessen.	
	5	
Hatschi	Ich finde süße Getränke lecker. 🙂	
	6	
bayern_bernd	Ich esse keine Süßigkeiten und ich esse immer Frühstück.	
	7	
lenaliebtlesen	Ich esse immer Nachspeisen, vor allem Torten.	
	8	
debbie_11	Jeden Tag zum Mitagessen esse ich Gurken und Tomaten mit einem Salat.	

1 b Finden Sie drei Mahlzeiten im Web-Forum. Kopieren Sie sie und übersetzen Sie sie in Ihre Sprache.

Beispiel: Abendessen

bei meiner

SECTION 1: I INTRODUCE MYSELF

 2 Acht Leute beschreiben, was sie essen und trinken. Beantworten Sie die Fragen auf Deutsch.

Beispiel: 1 ekelhaft

1 Wie findet Louisa Kaffee? (1) ekelhaft
2 Was isst Thomas zum Frühstück? (1) Muesli mit milch
3 Wo isst Hannah zum Abendessen? (1) Imbissstube
4 Was trinkt Lukas jeden Tag? (1) 3 Dosen Cola
5 Was ist Johanns Lieblingsessen? (1) erdbeer
6 Wie findet Maria Erbsen? (1) gesund aber schlecht
7 Wie oft isst Wilhelm Süßigkeiten? (1) jeden Tag
8 Wie findet Alison Tomaten? (1) lecker

 3 Substantive im Plural; *kein*. Lesen Sie A2 und A5 in der Grammatik. Welches Wort passt zu welchem Satz?

Beispiel: 1 Eier

1 Zum Frühstück esse ich gern Eier mit Toast.
2 Brötchen sind lecker und auch gesund.
3 Ich trinke keine Erfrischungsgetränke.
4 Ich trinke keinen Tee, aber ich liebe Kaffee mit Milch.
5 Die Birnen hier sind sehr frisch und knusprig.
6 Zum Abendessen essen wir oft Kartoffeln mit Fleisch.
7 Ich trinke immer fünf Gläser stilles Wasser pro Tag. Das ist gesund.
8 Zum Mittagessen esse ich kein Brot. Ich finde es ekelhaft.

| ~~kein~~ | ~~keine~~ | ~~Brötchen~~ | ~~Eier~~ |
| ~~keinen~~ | ~~Gläser~~ | ~~Birnen~~ | ~~Kartoffeln~~ |

 4 a Die Laute *a* und *ä*. Hören Sie sich den Satz an und trennen Sie die Wörter. Wiederholen Sie den Satz dreimal. Achten Sie auf die Aussprache. Übersetzen Sie den Satz in Ihre Sprache. Lernen Sie den Satz auswendig.

4 b Partnerarbeit. Sagen Sie den Satz in Übung 4a. Wer kann das am besten?

 5 Partnerarbeit. Führen Sie einen Dialog zum Thema „Essen und trinken".
1 Was isst du normalerweise gern? Warum?
2 Was isst du nicht gern? Warum nicht?
3 Was trinkst du normalerweise gern? Warum?
4 Was trinkst du nicht gern? Warum nicht?

Mein Lieblingsessen ist / sind Ich esse gern / nicht gern … und …	Süßigkeiten / Torte / Schokolade Hähnchen / Lachs / Wurst Obst / Äpfel / Erdbeeren / Trauben / Birnen / Kirschen / Ananas Gemüse / Champignons / Erbsen / Gurken / Tomaten / Salat Brötchen / Brot / Eier / Pommes (Frites) / Sahne / Kartoffeln / Käse / Schinken.
Ich trinke gern / nicht gern	Cola / kohlensäurehaltige / zuckerhaltige / süße Getränke / (stilles) Wasser / Kaffee / Tee / Milch
denn es ist / sie sind denn ich finde es / sie	ekelhaft / ekelig / lecker / gesund / ungesund.

 6 Was essen und trinken Sie an einem typischen Tag? Entwerfen Sie ein Essentagebuch (mit Bildern) für sich selbst oder für einen Promi.

29

1.3 MY EATING HABITS

1.3b Meinungen zum Essen rund um die Welt

* Essen in verschiedenen Ländern vergleichen und Meinungen äußern
* Der Komparativ

Was hast du in den Sommerferien gemacht? Ich habe vier verschiedene Länder besucht – drei in Europa und auch die Vereinigten Staaten, und es hat mir so viel Spaß gemacht. Alles ist sehr anders als den deutschsprachigen Ländern, die ich besucht habe.

Das Wetter in Frankreich ist viel schöner als zu Hause und ich liebe das typisches Essen, vor allem Käse und knuspriges Brot, was super köstlich ist! Hier trinkt man normalerweise Mineralwasser zum Abendessen und ich finde das viel besser als in Deutschland – zu Hause trinkt man lieber Sprudelwasser (ich finde das ekelhaft) oder Cola (das schlimmste Getränk für die Zähne!).

In Spanien sind die Mahlzeiten viel länger und man isst später, aber das gefällt mir gut, da ich mich beim Essen entspannen kann und es schön ist, mehr Zeit mit meiner Familie und meinen Freunden zu verbringen.

Außerdem isst man öfter Obst und Gemüse und alles sieht frischer aus. Paella mag ich jedoch nicht, denn ich habe eine Allergie gegen Meeresfrüchte.

In den Vereinigten Staaten sind die Teller riesig, also bestellen wir ein Gericht für zwei Personen! Mein Bruder ist Vegetarier und wir finden es dort viel schwieriger, ein vegetarisches Restaurant zu finden. Auch sieht man selten ein Gericht ohne Fleisch. Ich finde das Essen in Österreich viel gesünder, aber vielleicht auch langweiliger, obwohl die österreichischen Torten viel größer und deshalb besser sind!

Bis nächste Woche!

Amira

---

1 Lesen Sie Amiras E-Mail und beantworten Sie die Fragen auf Deutsch.

Beispiel: 1 drei

1 Wie viele europäische Länder hat Amira besucht? (1)
2 Wie findet sie französisches Essen? (1)
3 Was ist das Gesundheitsrisiko von zuckerhaltigen Getränken laut Amira? (1)
4 Warum mag sie die Mahlzeiten in Spanien? Nennen Sie **zwei** Details. (2)
5 Warum isst sie keinen Fisch? (1)
6 Warum teilt Amira das Essen in den Vereinigten Staaten? (1)
7 Was für Probleme gibt es für Vegetarier? Nennen Sie **zwei** Details. (2)
8 Wo isst sie am liebsten Kuchen? (1)

SECTION 1: I INTRODUCE MYSELF

2 a Bettina ist im Urlaub und spricht über das Essen. Schreiben Sie R (richtig), F (falsch) oder NA (nicht angegeben).

Beispiel: 1 NA

1 Bettina macht Urlaub in Süditalien. NA
2 Sie isst gern italienisches Essen. R
3 Die italienischen Nachspeisen sind größer als in Deutschland. NA
4 Die italienischen Kellner sind freundlicher als in Deutschland. NA
5 Man bekommt das Essen schneller in Italien als in Deutschland. F
6 Das Wetter in Italien ist schöner als in Deutschland. R
7 Bei gutem Wetter isst sie am liebsten Erdbeereis. F
8 Sie trinkt gesündere Getränke in Italien. R

2 b Korrigieren Sie die falschen Sätze.

Beispiel: 5 Man bekommt das Essen ~~schneller~~ ...   langsamer

3 Der Komparativ. Lesen Sie B8 und C7 in der Grammatik. Welches Wort passt zu welchem Satz?

Beispiel: 1 leckerer

1 Ich esse gern Sauerkraut, aber ich finde Schnitzel leckerer.
2 In den Vereinigten Staaten sind die Teller oft viel größer als in Deutschland.
3 In Spanien esse ich viel öfter Obst und Gemüse, das ist sehr gesund.
4 Ich finde Fleisch besser als Meeresfrüchte, weil ich Krabben nicht mag.
5 Wenn das Meer näher ist, isst man mehr Fisch und er ist sehr frisch.
6 Ich finde das Essen rund um die Welt interessanter als das Essen zu Hause.
7 Im Sommer esse ich gern ein Eis, denn das Wetter ist wärmer.
8 Meiner Meinung nach ist Senf ekelhaft und viel schärfer als Butter.

| ~~besser~~ | ~~leckerer~~ | ~~größer~~ | ~~näher~~ |
| ~~wärmer~~ | ~~interessanter~~ | ~~schärfer~~ | ~~öfter~~ |

4 Partnerarbeit. Führen Sie einen Dialog zum Thema „Essen rund um die Welt".
1 Was ist das typische oder traditionelle Essen in deinem Land, und wie findest du es?
2 Was für internationales Essen isst du (nicht) gern und warum (nicht)?
3 Was für internationales Essen hast du schon gegessen? Wie war das?
4 Was für internationales Essen möchtest du probieren, und warum?
5 Ist es wichtig, Essen aus der ganzen Welt zu probieren, und warum?

5 Sie beschreiben das Essen in Ihrem Land. Schreiben Sie 80–90 Wörter auf Deutsch.
- Beschreiben Sie das typische Essen in Ihrem Land und Ihre Meinung dazu.
- Erzählen Sie etwas über das letzte Mal, als Sie internationales Essen gegessen haben.
- Sagen Sie, was für internationales Essen Sie gern essen möchten.
- Erklären Sie, warum es wichtig ist, Essen aus der ganzen Welt zu probieren.

31

1.3 MY EATING HABITS

1.3c Eine ausgewogene Ernährung

Unterwgs

★ Eine gesunde Ernährung beschreiben
★ Der Superlativ

Wie kann man sich gesund ernähren?

A Willst du abnehmen? Willst du einfach gesund bleiben? Dann ist es nötig, dich ausgewogen zu ernähren. Es hilft, Krankheiten zu vermeiden und Stress zu verhindern und es ist gut für den Körper.

B Die gesündesten Leute essen wenigstens fünf Portionen Obst und Gemüse pro Tag. Man sollte auch Kohlenhydrate wie Brot oder Kartoffeln essen, mit Milch oder Käse, um die Zähne zu stärken.

C Soll ich Fleisch essen? Das ist eine der am häufigsten gestellten Fragen. Laut den Experten sollte man so viel Gemüse wie möglich essen, und es ist eigentlich kein Problem, kein Fleisch zu essen.

D Es ist sehr wichtig, viel zu trinken. Das beste Getränk ist Wasser, weil Saft oft viel Zucker enthält. Natürlich sind zuckerhaltige Getränke die schlimmsten Getränke für die Zähne!

E Man sollte mindestens drei Mahlzeiten pro Tag essen. Die wichtigste Mahlzeit ist das Frühstück – ein leckeres Frühstück ist ein guter Start in den Tag.

F Immer mehr Leute kochen gern frisches Essen zu Hause, und das ist der einfachste Weg, sich ausgewogen zu ernähren. Aber es ist kein großes Problem, ab und zu einen Nachtisch im Restaurant zu bestellen!

G Ärzte und Wissenschaftler sagen, junge Leute sollten mehr über Essen und Kochen in der Schule lernen und es sollte mehr Spaß machen. Die Eltern sollten auch mehr darüber sprechen.

H Ohne eine ausgewogene Ernährung fühlt man sich müde und krank und man kann zunehmen. Die meisten Leute sagen, gesundes Essen macht sie glücklicher.

1 Lesen Sie den Artikel. Welcher Titel (1–8) passt zu welchem Absatz (A–H)?

Beispiel: 1 E

1 Wie oft soll man essen?
2 Was soll man essen?
3 Was sagen die Experten zu diesem Thema?
4 Warum soll man sich gesund ernähren?
5 Wie kann man anfangen, eine ausgewogene Ernährung zu haben?
6 Was soll man trinken?
7 Was sind die Folgen von einer schlechten Ernährung?
8 Ist es gesund, Vegetarierin zu sein?

2 Frau Braun und Herr Nowak reden über gesunde Ernährung bei jungen Leuten in Österreich. Wählen Sie zu jeder Interviewfrage (1–3) zwei richtige Aussagen (A–E).

1 A Man macht sich tiefe Sorgen über die Gesundheit der Jugendlichen.
   B Die meisten Eltern wissen, wie sie ihren Kindern helfen können.
   C Fertiggerichte werden jedes Jahr gesünder.
   D Kinder finden ungesundes Essen zu salzig.
   E Immer weniger Gerichte werden selbst gekocht.

2 A Die Anzahl von Fast-Food-Restaurants sinkt.
   B Kindergerichte in Restaurants könnten gesünder sein.
   C Es gibt keine Verbindung zwischen Geld und Gesundheit.
   D Man sollte den Preis von Obst und Gemüse senken.
   E Familien mit einem geringen Einkommen kaufen weniger Obst und Gemüse.

3 A Die Rolle der Schule ist immer noch unklar.
   B Kinder sollten mehr mit den Eltern kochen.
   C Viele Kinder haben Kochunterricht in der Schule.
   D Man blickt optimistisch in die Zukunft.
   E Die Probleme sollten einfach gelöst werden.

SECTION 1: I INTRODUCE MYSELF

3 a Der Superlativ. Lesen Sie B9 und C7 in der Grammatik. Welches Wort passt zu welchem Satz?

Beispiel: 1 größte

1. Man fühlt sich gesünder – das ist der .... Vorteil einer ausgewogenen Ernährung.
2. Viele Leute wollen abnehmen, aber das ist nicht immer der .... Teil eines gesunden Lebensstils.
3. Es ist oft .... als erwartet, gesund zu leben, besonders am Anfang.
4. Was ist laut Experten der .... Weg, sich besser zu ernähren?
5. Man weiß es schon: Das gesündeste Essen ist leider nicht immer das .... Essen.
6. Das Essen im Fast-Food-Restaurant kommt viel .... als zu Hause.
7. Man sollte öfter zu Hause kochen – eine hausgemachte Torte ist immer ....!
8. Um gesünder zu leben, sollte man .... Wasser trinken.

| mehr | *größte* | billigste | beste |
| schwieriger | leckerer | wichtigste | schneller |

3 b Lesen Sie den Artikel in Übung 1 noch einmal und finden Sie acht Superlative. Kopieren Sie sie und übersetzen Sie sie in Ihre Sprache.

Beispiel: gesündesten

4 a Partnerarbeit. Rollenspiel: Sie sind beim Arzt / bei der Ärztin. Person A stellt die Fragen und Person B beantwortet sie.

1. **A** Guten Tag. Essen und trinken Sie gesund oder ungesund? Warum? **B** …
2. **A** Ist es Ihnen wichtig, gesund zu essen? Warum? **B** …
3. **A** Warum essen manche Leute ungesundes Essen? **B** …
4. **A** Was haben Sie letzte Woche gegessen oder getrunken, was besonders gesund war? **B** …
5. **A** Wie werden Sie in Zukunft gesünder essen? **B** …

4 b Tauschen Sie die Rollen.

5 Wie kann man sich gesünder ernähren? Entwerfen Sie ein Poster mit Informationen und Bildern. Sie müssen Folgendes erwähnen:
- Was soll man essen?
- Was soll man trinken?
- Warum ist eine gesunde Ernährung wichtig?
- Welche Vorteile bringt eine gesunde Ernährung?

33

1.4 My body and my health

1.4a Körperteile und Krankheit

* Körperteile benennen und sagen, wie es Ihnen geht
* Unpersönliche Verben, *es gibt*, *es geht*, *es tut weh*

1 a Welcher Satz (1–8) passt zu welchem Bild (A–H)?

Beispiel: 1 C

1. Es geht mir nicht gut. Ich kann trinken, aber ich kann nicht essen. Mein Hals tut so weh! C
2. Aua! Mein Bauch tut sehr weh! Ich will nichts essen. B
3. Aua! Ich habe Ohrenschmerzen! Ich höre nicht gut. D
4. Meine Augen tun weh. Ich sehe nicht gut. A
5. Mein linkes Bein! Es tut so weh. Habe ich es mir gebrochen? E
6. Ich habe Kopfschmerzen. Ich nehme eine Tablette. Ich bin erkältet. G
7. Es geht mir schlecht. Ich habe Rückenschmerzen! Ich bleibe im Bett. Ich kann nicht aufstehen. H
8. Mein Zahn tut weh! Gibt es hier einen Zahnarzt? F

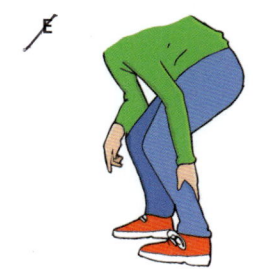   

1 b Lesen Sie die Sätze noch einmal und finden Sie die acht Körperteile. Kopieren Sie sie und übersetzen Sie sie in Ihre Sprache. Benutzen Sie ein Wörterbuch und schreiben Sie *der*, *die* oder *das*.

Beispiel: 1 der Hals

2 Acht Leute sprechen über Krankheiten. Welches Wort (A–H) passt zu welchem Satz (1–8)?

Beispiel: 1 B

1. Ich habe B.
2. Nicht gut, ich habe A.
3. Ich habe F.
4. Ich habe H.
5. Ich bin G.
6. Mein D tut weh.
7. Meine C tun weh.
8. Ich habe noch E.

| A Fieber | C Ohren | E Rückenschmerzen | G müde |
| B Kopfschmerzen | D Bein | F Halsschmerzen | H Zahnschmerzen |

34

SECTION 1: I INTRODUCE MYSELF

3 Unpersönliche Verben. Lesen Sie G1 in der Grammatik. Welches Wort passt zu welchem Satz? Vorsicht! Zwei Wörter können mehrmals erscheinen.

Beispiel: 1 tut

1 Ich brauche Tabletten, mein Bauch .... weh!
2 Bist du krank? Wie .... es dir?
3 Meine Beine .... weh. Ich nehme Medikamente.
4 Was .... dir weh? Der Arm? Die Schulter?
5 Er hat sich in den Finger geschnitten. .... es hier einen Arzt?
6 Meine Ohren .... weh!
7 Mein Hals .... weh. Ich nehme eine Tablette.
8 Mein Knöchel .... weh! Ich gehe zum Arzt!

| geht | tut | gibt | tun |

4 a Partnerarbeit. Ein(e) Freund(in) ruft Sie an. Sprechen Sie im Dialog.

A Hallo! Wie geht's? Kommst du heute zu mir?
B Nein, es tut mir leid. Es geht mir <u>nicht so gut</u>.
A Oh, je! Hast du <u>Fieber</u>?
B Ja, und <u>mein Bauch</u> tut weh!
A Das ist gar nicht gut!
B Ich bin ziemlich <u>müde</u>.
A <u>Gehst du zum Arzt?</u>
B Ja, das mache ich. Alles tut furchtbar weh!

4 b Tauschen Sie die Rollen und wiederholen Sie den Dialog. Ersetzen Sie die unterstrichenen Satzteile durch diese Ausdrücke.

| Bleibst du im Bett? | krank | sehr schlecht |
| eine Grippe / Erkältung | mein Kopf | |

5 Schreiben Sie einen Absatz über Schmerzen. Nennen Sie zwei Probleme.

Beispiel: Ich bin krank. Mein Bauch tut weh und …

Es geht mir	gut / nicht gut / schlecht / sehr schlecht.
Mein Hals / Mein Zahn / Mein Bauch / Mein Rücken / Mein Arm / Mein Zeh / Meine Schulter	tut weh.
Meine Augen / Meine Beine / Meine Knöchel	tun weh.
Ich habe	Ohrenschmerzen / Kopfschmerzen / Fieber.
Dann trinke ich	viel Wasser / viel Tee.
Dann bleibe ich	im Bett / zu Hause.
Ich gehe	zum Arzt.

6 a Der Laut *j*. Hören Sie sich den Satz an und trennen Sie die Wörter. Wiederholen Sie den Satz dreimal. Achten Sie auf die Aussprache. Übersetzen Sie den Satz in Ihre Sprache. Lernen Sie den Satz auswendig.

DiejodelndenJungenJakobundJosefjammernjedesJahrinJapan.

6 b Partnerarbeit. Sagen Sie den Satz in Übung 6a. Wer kann das am besten?

1.4 MY BODY AND MY HEALTH

1.4b Der Körper und seine Krankheiten

* Erklären, was weh tut
* Adjektive als Adverbien

Hallo Seline,

wie geht's? Ich liege seit ein paar Tagen im Bett. Ich habe überall Schmerzen. Ich habe schreckliche Bauchschmerzen. Ich bin seit Tagen kaum mehr hungrig. Und ich habe Kopfschmerzen!

Es hat vor sieben Tagen angefangen. Ich war müde und krank. Deshalb habe ich in der Apotheke Schmerzmittel gekauft. Aber mir ist immer noch unwohl! Deshalb habe ich heute einen Arzttermin. Vielleicht brauche ich andere, stärkere Medikamente.

Komm mal vorbei, ich hätte gern Besuch! Meine Schwester und mein Bruder helfen mir und bringen mir Tee.

Es ist langweilig, den ganzen Tag im Bett zu liegen! Ich kann nicht fernsehen oder Computerspiele spielen. Mein Kopf tut furchtbar weh! Ich will wieder gesund werden, so macht das keinen Spaß! Ich höre mit der E-Mail auf, mir ist schlecht!

Liebe Grüße

Andrea

---

1 Lesen Sie die E-Mail und wählen Sie die richtige Antwort (A–C).

Beispiel: 1 B

1 Andrea ist …
  A in der Apotheke.
  (B) zu Hause.
  C in der Schule.

2 Andrea …
  (A) tut alles weh.
  B hat nur Kopfschmerzen.
  C ist etwas hungrig.

3 Ihre Krankheit hat vor … begonnen.
  A eineinhalb Wochen
  (B) einer Woche
  C ein paar Tagen

4 Der Arzt …
  (A) gibt ihr Medikamente.
  B hat keine Medikamente.
  C hilft ihr vielleicht mit Medikamenten.

5 Andrea bekommt Besuch von …
  A ihrem Arzt.
  (B) ihren Geschwistern.
  C Seline.

6 Andrea …
  A sieht den ganzen Tag fern.
  (B) schreibt nicht gern E-Mails.
  C ist wieder übel.

2 Sabine und Holger telefonieren. Korrigieren Sie die Sätze.

Beispiel: 1 Holger ist ~~gesund~~. krank

1 Holger ist ~~gesund~~. krank
2 Holger liegt im Bett und hat eine ~~leichte~~ Grippe. ganz schlimme ~~grippe~~
3 Holger schläft schlecht und er kann nicht ~~einmal im Internet surfen~~. fern sehen
4 Holger will die Hausaufgaben ~~heute machen~~. nicht machen / morgen
5 Er trinkt viel ~~Kakao~~ und bleibt im Bett. Tee
6 Seine ~~Mutter~~ kümmert sich sehr gut um ihn. Vater
7 Sein Vater geht in den ~~Supermarkt~~. Apotheker
8 Holger möchte noch ein bisschen ~~reden~~. schlaf

36

SECTION 1: I INTRODUCE MYSELF

3 a Adjektive als Adverbien. Lesen Sie C1 in der Grammatik. Welches Wort passt zu welchem Satz?

Beispiel: 1 regelmäßig

1. Oskar ist seit fünf Tagen krank. Er nimmt .... seine Tabletten, denn er will schnell gesund werden.
2. Anna hat ein neues Auto. Es ist schnell, aber Anna fährt ...., weil sie Angst hat.
3. Thomas spricht manchmal fünf Minuten lang, ohne Pause! Alle finden: Er redet zu ....
4. Sandra ist spät dran, sie ist 10 Minuten verspätet. Sie muss .... in die Schule laufen.
5. Österreich? Nein, ich kenne Österreich nicht, ich weiß sehr .... über das Land!
6. Silvias Nachbarin ist sehr nett und wir essen oft bei ihr. Sie ist Köchin und sie kocht immer sehr ....
7. Andrea hat Grippe und sie schläft im Moment. Wir müssen .... sprechen.
8. Maria ist krank, sie hat Schmerzen und deshalb schläft sie ....

| viel | wenig | gut | schlecht |
| langsam | *regelmäßig* | schnell | leise |

3 b Lesen Sie die E-Mail in Übung 1 noch einmal und finden Sie vier Adjektive als Adverbien. Kopieren Sie die Satzteile und übersetzen Sie sie in Ihre Sprache.

Beispiel: tut **furchtbar** weh

4 Partnerarbeit. Führen Sie einen Dialog zum Thema „Krankheiten".
1. Du siehst krank aus. Was ist los mit dir?
2. Welche Symptome hast du?
3. Wie lange hast du sie schon?
4. Was machst du gegen die Schmerzen?
5. Was machst du sonst noch?

Ich habe	Bauchschmerzen / Magenschmerzen / Kopfschmerzen / Brustschmerzen.	
Mein	linkes / rechtes Bein Kopf / Magen / Arm / Nacken / Fuß	tut weh.
Ich habe	auch / außerdem	Fieber / Bauchschmerzen.
Ich habe	eine Kopfschmerztablette eine Tablette gegen Magenschmerzen eine Schmerztablette	genommen.
Soll ich	im Bett bleiben? / in die Apotheke gehen?	

5 Schreiben Sie eine E-Mail an Ihren Freund / Ihre Freundin. Beantworten Sie die folgenden Fragen und überprüfen Sie Ihren Text genau.
- Bist du krank oder gesund?
- Wie geht es dir?
- Was ist das Problem?
- Welche Symptome hast du?
- Was kannst du nicht machen?

37

1.4 MY BODY AND MY HEALTH

1.4c Wie man sich fit hält

★ Einen gesunden Lebensstil beschreiben
★ Modalverben im Präsens

Wie wichtig ist Sport für dich?

hutschi2

Ich muss täglich mit dem Rad zur Schule fahren, das sind rund fünf Kilometer. Ich glaube, dass ich mich deshalb genug bewege. Am Nachmittag nach der Schule habe ich keine Motivation, Sport zu treiben. Samstags muss ich Fußball spielen, aber ich will eigentlich faulenzen. Sport ist mir nicht so wichtig. Ich mag andere Aktivitäten lieber. Beim Computerspielen bewege ich mich auch! 😊

schlabber

Sport ist sehr wichtig für mich – ich will bei guter Gesund sein und ich bin fit! Ich spiele dreimal pro Woche Federball. Andere Sportarten wie Fußball und Leichtathletik kann ich leider nicht machen, ich habe keine Zeit. In den Ferien habe ich manchmal Zeit für andere Sportarten. Ich spiele mit meinem kleinen Bruder und meiner kleinen Schwester manchmal Fußball, wenn wir zu Hause sind. Meine Schwester kann sehr gut spielen! Ein Leben ohne Sport – das geht bei mir und meiner Familie nicht!

anton01

Mein Vater ist Sportlehrer und deshalb treiben wir zusammen Sport. Das macht mir großen Spaß, aber er ist immer besser als ich. Wir gehen oft segeln und schwimmen. In den Ferien gehen wir manchmal surfen. Wassersport ist unser Lieblingssport! Wir fahren auch Rad, aber nur, wenn es warm ist. Ich will auch bald in der Fußballmannschaft meiner Schule trainieren. Ich kann sehr gut Ski laufen, aber ich habe fast nie Zeit dafür. Meine Mutter ist nicht so sportlich, aber sie findet es gut, dass ich sportlich bin.

1 a Wer sagt das? Schreiben Sie H (hutschi2), S (schlabber) oder A (anton01).

Beispiel: 1 H

1 .... muss täglich radeln, weil er zur Schule fährt.
2 .... spielt gern Badminton.
3 .... will keinen Sport machen.
4 .... spielt manchmal mit ihren Geschwistern Fußball.
5 .... muss Fußball spielen.
6 .... macht mit einem Elternteil Sport.
7 .... mag Sport, denn Sport ist gesund.
8 .... fährt nur bei warmem Wetter Rad.

SECTION 1: I INTRODUCE MYSELF

1 b Finden Sie Sportarten im Text und in Übung 1a und kopieren Sie sie. Kennen Sie noch andere Sportarten? Übersetzen Sie sie in Ihre Sprache und lernen Sie sie auswendig.

Beispiel: radeln

2 a Sarah spricht über Sport. Ordnen Sie die Sätze chronologisch ein.

Beispiel: 4, …

1 Sarah findet, dass das Training nicht leicht ist.
2 Sie will später als Fußballerin arbeiten.
3 Sarah hat neue Freundinnen gefunden, weil sie jetzt Fußball spielt.
4 Sarah spielt mit ihren Freundinnen Fußball.

2 b Hören Sie sich Sarah noch einmal an. Welches Wort fehlt?

Beispiel: 1 Energie

1 Sarah findet: Fußball spielen bringt viel ………. .
2 Sarah findet, ihre Mannschaft ist ein gutes ………. .
3 Sie findet auch, dass das Training ………. ist.
4 Ihre Eltern sagen, Sarah ist jetzt ………. .
5 Sarah mag Fußball sehr, aber sie hat noch andere ………. .

3 Modalverben. Lesen Sie F1 in der Grammatik. Setzen Sie die richtige Form des Verbs in Klammern in die Sätze ein.

Beispiel: 1 muss

1 Man ………. (*müssen*) Sport treiben, dann bleibt man fit.
2 Mein Freund ………. (*mögen*) Sport nicht. Er hat sich beim Tennisspielen verletzt.
3 Seine Schwester ………. (*wollen*) am Wochenende Volleyball spielen.
4 Ich ………. (*wollen*) jeden Tag trainieren.
5 In der Schule ………. (*können*) jede Klasse nur zwei Mal pro Woche Sport treiben. Zu Hause übe ich jeden Morgen Sport.
6 Meine Eltern ………. (*können*) gut schwimmen, aber sie haben wenig Zeit dafür.
7 Meine Schwester und ich ………. (*wollen*) morgen ins Freibad gehen.

4 Partnerarbeit. Rollenspiel: Sie sprechen mit Ihrem deutschen Mitschüler / Ihrer deutschen Mitschülerin in der Pause über gesundes Leben. Person A stellt die Fragen und Person B beantwortet sie. Dann tauschen Sie die Rollen.

1 A Hallo! Wie oft willst du pro Woche Sport treiben? B …
2 A Wann hast du zuletzt Sport getrieben? B …
3 A Welchen Sport möchtest du ausprobieren und warum? B …
4 A Was sollte man machen, um fit zu bleiben? B …
5 A Was wirst du in Zukunft machen, um gesund zu leben? B …

Ich will	Badminton / Tennis / Basketball / Fußball / Fallschirmspringen	ausprobieren.
Das	macht Spaß. / sieht interessant aus.	
Ich habe	gestern	eine Medaille bekommen / das Spiel gewonnen / Volleyball gespielt.
Ich möchte	in der Zukunft / immer	gesund essen / wenig Fleisch essen / viel Sport treiben / einen guten Schläger kaufen.

5 Sie beschreiben Ihre Fitness. Schreiben Sie 80–90 Wörter auf Deutsch.
- Beschreiben Sie, wie fit Sie sind.
- Erzählen Sie, wie Sie sich bis heute fit gehalten haben.
- Erwähnen Sie, was für Sie ein gesunder Lebensstil ist.
- Erklären Sie, was Sie in Zukunft für Ihre Fitness tun werden.

1.4 MY BODY AND MY MY HEALTH

1.4d Gesund leben

* Über Sport und gesunde Ernährung sprechen
* Trennbare Verben

1 a Lesen Sie den Artikel. Schreiben Sie R (richtig), F (falsch) oder NA (nicht angegeben).

Beispiel: 1 F

1. Karen interessiert sich sehr für Sport.
2. Karen geht alle zwei Wochen mit ihren Freunden aus.
3. Für Karen spielt gesundes Essen keine wichtige Rolle.
4. Karen entspannt sich oft.
5. Karen hat das Rauchen aufgegeben und ihre Familie lebt jetzt gesünder.
6. In den Ferien geht sie jeden Tag mit ihren Freunden schwimmen.
7. Jakob ist nur zufrieden, wenn er jeden Tag Sport treiben kann.
8. Jakob tut sich beim Fußballspielen weh und gibt dann auf.

Zu welchem Fitness-Typ gehörst du?

Sicher! hat mit zwei Jugendlichen gesprochen – mit einem Fitnessfan und einem Fitnessmuffel!

Karen

Also, ich bin unsportlich, aber ich bewege mich trotzdem: Ich steige Treppen und ich fahre fast täglich mit dem Fahrrad zur Schule. Aber ich gehe selten spazieren. Ich ruhe mich oft aus und ich liege den ganzen Tag auf dem Sofa und simse. Ich mache das einfach total gerne.

Ich ernähre mich nicht sehr gesund, wenn ich mit meinen Freunden zusammen bin. Ich gehe gern mit meinen Freunden aus und dann esse ich meistens etwas Ungesundes. Ungesundes Essen gibt es bei mir zu Hause leider nicht, meine Mutter kocht nur gesunde Produkte. Aber eigentlich schmeckt das Essen zu Hause ziemlich gut.

Mein Vater hat das Rauchen vor einem Monat aufgegeben und wir sind alle froh, dass er es geschafft hat. Jetzt sind wir alle ein wenig gesundheitsbewusster. In den Ferien bewege ich mich mehr, da habe ich mehr Zeit und Energie für Sport, aber auch nicht so viel. Ich gehe dann auch manchmal mit meinen Freunden schwimmen. Aber eigentlich bin ich eher faul.

Jakob

Sport ist mein Leben! Wenn ich nicht täglich Sport treibe, bin ich unzufrieden. Ich tue mir beim Fußballspielen manchmal weh, aber ich spiele trotzdem weiter! Man darf nie aufgeben! Meine Eltern sagen, dass ich es nicht übertreiben soll. Es ist wie eine Droge! Aber ich bin am glücklichsten, wenn ich Sport treibe. Ich will auch bald in der Fußballmannschaft unserer Schule mitspielen. Mitmachen reicht mir aber nicht, ich will immer gewinnen! Ich achte auch auf eine gesunde Ernährung. Süßigkeiten und gesüßte Getränke lehne ich auf Partys nie ab, aber zu Hause gibt es keine Softdrinks! Meine Freunde gehen gern in Fast-Food-Restaurants und ich gehe mit, aber ich esse dann immer Fisch mit Salat. Sie lachen mich manchmal aus und sagen „Fitnessfanatiker" zu mir, aber das ist kein Problem für mich! Ich kann Leute, die Sport nicht mögen, einfach nicht verstehen!

1 b Korrigieren Sie die falschen Sätze.

Beispiel: 1 Karen interessiert sich ~~sehr~~ für Sport. nicht sehr

SECTION 1: I INTRODUCE MYSELF

2 Interview mit Sandra über ihre Essgewohnheiten. Wählen Sie die richtige Antwort (A–D).

Beispiel: 1 A

1 Wie viel Wasser trinkt Sandra, wenn es warm ist?
   A besonders viel
   B oft zu wenig
   C manchmal zwei Liter
   D mehr als nötig
2 Was mögen Sandra und ihre Familie?
   A Obst
   B Fleischgerichte
   C nur vegetarisches Essen
   D gesundes Essen
3 Welche Ernährung ist für Sandra ideal?
   A viel Obst und Gemüse
   B fleischlos
   C viel Fisch
   D von allem ein bisschen
4 Wer kocht in der Familie?
   A vor allem der Vater
   B vor allem die Mutter
   C alle
   D Sandra und ihre Schwester
5 Was macht Sandra, wenn es Apfelstrudel gibt?
   A Sie probiert ihn nicht.
   B Sie isst stattdessen einen Muffin.
   C Sie isst nur die Äpfel.
   D Sie isst ihn gern.
6 Was möchte Sandra in Zukunft probieren?
   A mehr Fischgerichte
   B eine Diät
   C Gerichte für Veganer
   D mehr Obst

3 Trennbare Verben. Lesen Sie F1 in der Grammatik. Welches Verb passt zu welchem Satz? Setzen Sie die richtige Form des Verbes in die Sätze ein.

Beispiel: 1 Ich **sehe** immer gern **fern**.

1 Ich .... immer gern ....
2 Meine Schwester .... gern leckere Salate ....
3 Für gesundes Essen muss man nicht viel Geld .... Regional ist günstig.
4 Ich .... meistens erst um 17 Uhr von der Schule ....
5 Simon .... oft den Kühlschrank ...., denn er hat immer Hunger und Durst.
6 Wir .... oft .... und essen in einem Fast-Food-Restaurant.
7 Meine Mutter .... nächste Woche das Rauchen ....
8 Klaus .... zurzeit die Fleisch-Diät .... Sie dauert vier Wochen.

| aufgeben | ausgeben | ausgehen | aufmachen |
| *fernsehen* | zubereiten | ausprobieren | zurückkommen |

4 Partnerarbeit. Führen Sie einen Dialog zum Thema „Gesunder Lebensstil".
1 Was gehört für dich zu einem gesunden Lebensstil?
2 Was ist wichtiger: Sport treiben oder gesund essen?
3 Wie hast du dich dieses Jahr fit gehalten?
4 Welchen Sport würdest du empfehlen und warum?
5 Was wirst du in der Zukunft machen, um gesund zu leben?

5 Schreiben Sie ein Blog darüber, wie Sie im Alltag gesund oder nicht so gesund leben. Schreiben Sie über Aspekte wie Essen, Sport und Entspannung. Verwenden Sie Strukturen aus Übung 1.

Vokabular

1.1a Wo ich wohne

der Bauernhof farm	**Köln** Cologne	**die Stadt** town
Deutschland Germany	**komfortabel** comfortable, luxurious	**die Stadtmitte** town centre
das Dorf village	**das Land** country	**der Strand** beach
das Einfamilienhaus detached house	**auf dem Lande** in the countryside	**der Vorort** suburb
Frankreich France	**laut** noisy	**die Vorstadt** suburb
groß big	**Österreich** Austria	**Wien** Vienna
das Haus house	**schön** nice	**wohnen** to live
Italien Italy	**die Schweiz** Switzerland	**die Wohnung** flat, apartment
klein small	**Spanien** Spain	

1.1b Mein Zuhause

angenehm pleasant	**hässlich** ugly	**schön** nice, beautiful
das Arbeitszimmer study	**die Hauptstadt** capital city	**der Stock** floor
das Badezimmer bathroom	**hell** bright	**streichen** to paint
der Balkon balcony	**der Herd** cooker	**der Teppich** carpet
bequem comfortable	**hübsch** pretty	**die Toilette / das Klo** toilet
das Bett bed	**die Kommode** chest of drawers	**unangenehm** unpleasant
das Büro office	**die Küche** kitchen	**unbequem** uncomfortable
bunt colourful	**mieten** to rent	**unordentlich** untidy
dunkel dark	**ordentlich** tidy	**das Wohnzimmer** living room
das Erdgeschoss ground floor	**das Regal** shelf	**das Zimmer** room
der Flur hallway	**ruhig / still** quiet	
der Garten garden	**das Schlafzimmer** bedroom	

1.1c Was ich zu Hause mache

arbeiten to work	**die Geschwister (pl)** siblings	**Musik / Popmusik / Rockmusik hören** to listen to music / pop / rock music
aufräumen to tidy up	**glauben** to believe	**nachmittags** in the afternoon(s)
bekommen to get, to receive	**die Hausaufgaben (pl)** homework	**nach oben gehen** to go upstairs
das Buch book	**kochen** to cook	**das Singen** singing
der Computer computer	**einen Krimi sehen** to watch a thriller	**Spaß machen** to be fun
das Computerspiel computer game	**eine Kurzgeschichte schreiben** to write a short story	**teilen** to share
fernsehen to watch TV	**leider** unfortunately	**verbringen** to spend (time)
Flöte / Schlagzeug / Trompete spielen to play the flute / drums / trumpet	**leise** quiet(ly)	**das Zeichnen** drawing
	lieben to love	**die Zeit** time
Fotos machen to take photos	**machen** to do	**zusammen** together
fotografieren to take photos	**das Malen** painting	

1.1d Eine Beschreibung von meinem Zuhause

der Baum tree	**das Gas** gas	**reizend** charming
bei at	**die Garage** garage	**sauber** clean
der Berg mountain	**die Gartenarbeit** gardening	**der Spiegel** mirror
besuchen to visit	**die Größe** size	**die Terrasse** terrace
bevorzugen to prefer	**die Heizung** heating	**der Tiefkühlschrank** freezer
der Blick view	**der Keller** cellar	**der Tisch** table
die Blume flower	**das Kind** child	**die Treppe** stairs
die Decke ceiling	**die Klimatisierung** air conditioning	**verkaufen** to sell
draußen outside	**der Kühlschrank** refrigerator, fridge	**die Wand** wall
einladen to invite	**die Landschaft** landscape	**das Waschbecken** sink
das Esszimmer dining room	**mit** with	**die Waschmaschine** washing machine
das Fenster window	**die Möbel (pl)** furniture	**der Wasserhahn** tap
der Fußboden floor	**in der Nähe** near	**wunderschön** beautiful, wonderful

1.2a Mein Stundenplan

die Biologie biology
die Chemie chemistry
das Deutsch German
Dienstag Tuesday
dienstags on Tuesdays
Donnerstag Thursday
donnerstags on Thursdays
das Englisch English
die Erdkunde geography
erst first
das Fach school subject

das Französisch French
Freitag Friday
freitags on Fridays
die Geschichte history
kurz short
lang long
langweilig boring
lernen to learn
Lieblings- favourite
die Mathe maths
Mittwoch Wednesday

mittwochs on Wednesdays
Montag Monday
montags on Mondays
die Pause break
die Physik physics
das Spanisch Spanish
die Sprache language
die Stunde lesson; hour
der Stundenplan timetable
der Tag day
um … Uhr at … o'clock

1.2b Ein typischer Schultag

anfangen to start
Angst haben to be afraid
beginnen to start
dauern to last
der/die Direktor(in) headteacher; director
einfach easy, simple
enden to end
der/die Freund(in) friend
freundlich friendly
früh early
die Hauptschule secondary school

helfen to help
die Imbissstube snack bar
der Klassenkamarad classmate
die Kleidung clothing
der/die Lehrer(in) teacher
die Mittagspause lunch break
die Naturwissenschaften (pl) science
die Oberstufe sixth form, upper school, college
die Schularbeit schoolwork

der Schulbus school bus
die Schule school
der/die Schüler(in) pupil
der Schultag school day
schwer difficult
schwierig difficult
sich Sorgen machen to worry
streng strict
tragen to carry; to wear
der Unterricht lesson, class

1.2c Meine Schulgebäude

altmodisch old-fashioned
die Aula school hall
ausgestattet equipped
durch through
die Einfahrt / der Eingang entrance
die Einrichtung equipment
entlang along
der Fußballplatz football pitch

das Gebäude building
groß big
der Hof yard
das Klassenzimmer classroom
das Labor laboratory
das Lehrerzimmer staffroom
der Musiksaal music room
der Platz seat; room

schmutzig dirty
die Schulbibliothek school library
der Schulhof school yard
der Tennisplatz tennis court
das Theaterstück play
die Turnhalle gym
der Umkleideraum changing room

1.2d Das Schulleben in den deutschsprachigen Ländern

der Aufenthalt stay
der Ausflug trip
der Austausch exchange
der/die Austauschpartner(in) exchange partner
die Austauschschule exchange school
bestehen to pass (exam)
deutschsprachig German-speaking
erleben to experience
das Erlebnis experience
erschöpft exhausted
die Frage question
der Gast guest

die Gastfamilie host family
gastfreundlich welcoming
gewöhnlich usually
das Heft notebook
das Heimweh homesickness
der Kuli pen
mitbringen to bring along
die Partnerschule partner school
das Pflichtfach compulsory subject
pünktlich on time, punctual
das Resultat result
die S-Bahn suburban train
die Schreibwaren (pl) stationery

der Schüleraustausch school exchange
das Schulfest school party
das Schulleben school life
der Speisesaal dining hall
typisch typical
die U-Bahn underground, metro
der Unterschied difference
verantwortlich responsible
das Wahlfach optional subject
das Zeugnis / Schulzeugnis report
der Zug train

1.3a Essen und trinken

das Abendessen dinner
der Apfel apple
die Apfelsine orange
der Blumenkohl cauliflower
die Birne pear
das Brot bread
das Brötchen bread roll
das Ei egg
ekelhaft disgusting
die Erbse pea
essen to eat
das Frühstück breakfast
frühstücken to have breakfast
das Gemüse vegetables
das Glas glass
die Gurke cucumber
der Kaffee coffee
die Karotte / die Möhre carrot
die Kartoffel potato
der Käse cheese
kohlensäurehaltig fizzy, carbonated
lecker delicious
die Mahlzeit meal
die Melone melon
die Milch milk
das Mittagessen lunch
die Nachspeise dessert
das Obst fruit
die Pommes (Frites) (*pl*) chips, fries
der Salat salad
der Schinken ham
die Süßigkeit sweet
der Tee tea
die Tomate tomato
die Torte cake
die Traube grape
trinken to drink
ungesund unhealthy
das Wasser water

1.3b Meinungen zum Essen rund um die Welt

die Banane banana
die Bedienung service
die Cola cola
das Eis ice cream
die Erdbeeren (*pl*) strawberries
der Fisch fish
frisch fresh
der Geschmack taste
das Getränk drink
die Krabbe crab
der Kuchen cake
lieber rather
die Limonade lemonade
die Meeresfrüchte (*pl*) seafood
das Mineralwasser mineral water
die Muscheln (*pl*) mussels
die Nudeln (*pl*) pasta
die Pizza pizza
das Restaurant restaurant
riesig / enorm enormous
das Sauerkraut sauerkraut
das Schnitzel schnitzel, escalope
der Sprudel sparkling water
der Teller plate
unglaublich unbelievable
der/die Vegetarier(in) vegetarian
die Welt world
das Wetter weather

1.3c Eine ausgewogene Ernährung

der Anfang start
ausgewogene balanced
der Bericht report
billig cheap
die Energie energy
sich ernähren to feed yourself; to live on
die Ernährung nutrition
faul lazy
(sich) fühlen to feel
gesund healthy
glücklich happy
kaufen to buy
krank ill
die Krankheit illness
die Leute (*pl*) people
nötig necessary
notwendig necessary
schnell fast
der Stress stress
der Supermarkt supermarket
teuer expensive
wichtig important
der Zucker sugar

1.4a Körperteile und Krankheit

alles everything
der Arm arm
der Arzt / die Ärztin doctor
das Auge eye
der Bauch stomach
das Bein leg
bleiben to stay
brauchen to need
die Brust chest
erkältet sein to have a cold
Fieber haben to have a fever
furchtbar terrible
es gibt there is
die Grippe flu
gute Besserung get well soon
der Hals throat
die Haut skin
der Kopf head
der Körper body
leid tun to pity
der Magen stomach
das Medikament medicine
müssen to have to, must
nehmen to take
das Ohr ear
Rückenschmerzen backache
die Schmerzen ache
die Schulter shoulder
die Tablette tablet
der Teil part
weh tun to hurt
wie geht es dir? how are you?
der Zahn tooth
der Zahnarzt / die Zahnärztin dentist
der Zeh toe

1.4b Der Körper und seine Krankheiten

- **der Anruf** call
- **anrufen** to call
- **anstrengend** strenuous
- **die Apotheke** chemist's, pharmacy
- **bald** soon
- **besser gehen** to feel better
- **ein bisschen** a little bit
- **bringen** to bring
- **die Couch** sofa, couch
- **erholen** to recover
- **gestern** yesterday
- **lieber** rather
- **schlecht** bad
- **schlimm** bad
- **schmecken** to taste
- **schwindlig** dizzy
- **seit** since
- **stark** strong
- **der Termin** appointment
- **(einem) übel sein** to feel sick
- **warten** to wait
- **wenig** little

1.4c Wie man sich fit hält

- **sich bewegen** to move
- **faulenzen** to laze around
- **der Federball** badminton
- **fit bleiben** to keep fit
- **der Handball** handball
- **hart** hard
- **joggen** to jog
- **können** to be able to, can
- **die Leichtathletik** athletics
- **der Lieblingssport** favourite sport
- **die Mannschaft** team
- **mögen** to like
- **die Motivation** motivation
- **professionell** professional
- **punkten** to score a point
- **Rad fahren** to cycle
- **reiten** to ride
- **das Rennen gewinnen** to win the race
- **schwimmen** to swim
- **segeln** to sail
- **Ski laufen** to go skiing
- **Sport treiben** to do sport
- **die Sportart** sport
- **täglich** daily
- **das Team** team
- **trainieren** to train
- **den Wettbewerb gewinnen** to win the competition
- **wollen** to want

1.4d Gesund leben

- **abnehmen** to lose weight
- **aufgeben** to give up
- **ausgehen** to go out
- **auslachen** to laugh at
- **ausruhen** to relax
- **dick** fat
- **enthalten** to contain
- **die Essgewohnheit** eating habit
- **der Fitnessmuffel** couch potato
- **das Gericht** meal, course
- **gesundheitsbewusst** health-conscious
- **der Konsum** consumption
- **mitmachen** to take part
- **müde** tired
- **nervös** nervous
- **rauchen** to smoke
- **vegetarisch** vegetarian
- **die Vitamine** vitamin
- **ziemlich** quite
- **zubereiten** to prepare
- **zufrieden** satisfied
- **zunehmen** to put on weight
- **zurzeit** at the moment

Magazin

Abfliegen

Stuttgart – da ist was los!

Eine coole Stadt für Jugendliche!

Sabine, 16, sagt über Stuttgart:

Stuttgart ist eine Stadt inmitten von Hügeln und Weinbergen und ist das Tor zum Schwarzwald. Aber Stuttgart ist mehr – es ist auch die Stadt der Autos! Stuttgart hat zwei der weltweit bekanntesten (1) ...., Porsche und Mercedes. Beide Unternehmen haben futuristische Gebäude als (2) .... in der Stadt gebaut. Stuttgart hat viele Orte für Jugendliche. Im Sommer sind der Schlossplatz und der Schlossgarten als Treffpunkt beliebt.

Wir haben hier tolle kulturelle Veranstaltungen und Sportevents. Ich drehe selbst Filme und nehme immer am (3) .... teil. Einmal pro Jahr werden die besten Filme prämiert. Es gibt verschiedene Kategorien: z. B. beste Visual Effects und bester dokumentarischer Film. Man kann Workshops bei den Experten machen! Was gibt es noch Kulturelles in Stuttgart? Musicals und Events wie das Jugendtheaterfestival. Es findet alle (4) .... Jahre statt. Für talentierte Jugendliche gibt es auch die Junge Oper und Jugendprojekte des Stuttgarter Balletts, das sehr (5) .... ist. In Stuttgart gibt es auch regelmäßig Poetry Slams und das Internationale Trickfilmfestival mit 500 Cartoons! Interessierst du dich für Technik und (6) ....? Dann geh ins Planetarium Stuttgart!

Fakten über Stuttgart
Bundesland: Baden-Württemberg
Lage: Südwesten von Deutschland
Fläche: 207,35 km2
Einwohner: ca. 620.000
Fluss: Neckar

1 Lies Sabines Blog über Stuttgart. Welches Wort passt zu welcher Lücke? Vorsicht! Du brauchst nicht alle Wörter.

Beispiel: 1 Autohersteller

600.000	zwei
Museen	Astronomie
Literatur	Autohersteller
berühmt	Jugendfilmpreis

Schlossplatz Stuttgart

46

SECTION 1: I INTRODUCE MYSELF

Jürgen Klopp – ein Star aus Stuttgart!

Lies die Informationen über diesen Star aus Stuttgart. Vorsicht! Die Reihenfolge stimmt nicht. Ordne die Absätze chronologisch ein, um die Geschichte seines Erfolges zu erzählen.

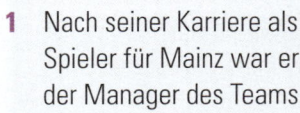

1. Nach seiner Karriere als Spieler für Mainz war er der Manager des Teams. Unter Klopp hatte das Team seinen ersten Auftritt in Deutschlands Top-Liga, der Bundesliga.

2. Als Teenager spielte Klopp für seine lokalen Teams im Schwarzwald. Dann zog er nach Frankfurt, wo er für drei verschiedene Teams spielte, bevor er nach Mainz ging.

3. Im Jahr 2015 wurde er Manager von Liverpool Football Club.

4. Bevor er Manager wurde, spielte er für Mainz und schoss 52 Tore. Er war ursprünglich Stürmer und spielte später in der Abwehr.

5. Jürgen Klopp wurde 1967 in Stuttgart geboren und wuchs in dem nahen Schwarzwald auf.

6. Im Jahr 2016 unterzeichnete Jürgen Klopp einen sechs-Jahres-Vertrag mit Liverpool Football Club. Er nutzte seine Kenntnisse des deutschen Fußballs, um mehrere deutsche Spieler für das Team zu gewinnen.

7. Seine zweite Führungsposition war für Borussia Dortmund, eines der bekanntesten Teams Deutschlands. Er gewann zweimal die deutsche Meisterschaft mit ihnen.

Stuttgart – mehr als nur eine Motor-Stadt?

schatzl2: Hallo Leute! Ich überlege, ob ich diesen Sommer mit meinem Freund Süddeutschland besuchen soll! Ist Stuttgart empfehlenswert?

eolo: Ich würde dir Deutschlands sechstgrößte Stadt auf jeden Fall empfehlen. Ich war im Herbst dort und auch auf dem „Wasen". Es war total toll! Es ist wie das Oktoberfest in München, aber es gibt weniger Besucher, mit vielen Fahrgeschäften und Ständen.

ingo17: Also, ich finde Stuttgart nicht so toll und im Sommer ist es oft viel zu warm. Es gibt manchmal leider viel Luftverschmutzung. Ich verbringe gerade wegen der Arbeit ein paar Tage dort.

birnenkompott02: ingo17, das stimmt, aber schau dir einfach die schönen historischen Gebäude in der Calwer Straße an! Seit vier Jahren lebe ich in Stuttgart. Es gibt ein paar wirklich tolle Museen in der Stadt, z. B. die Staatsgalerie. Stuttgart ist auch berühmt für seine Einkaufsmöglichkeiten, seine Thermalbäder und die schöne Landschaft! Eine schöne Aussicht auf die Stadt und die Hügel um Stuttgart bietet dir der Fernsehturm, der weltweit älteste Fernsehturm.

Fernsehturm Stuttgart

moni3: Und der Schwarzwald ist direkt um die Ecke, wenn du wandern möchtest! Eine schöne Aussicht auf die Stadt und die Hügel um Stuttgart bietet dir der Fernsehturm, der weltweit älteste Fernsehturm. Ich war vorletztes Jahr dort und war begeistert!

schatzl2: Das klingt gut! Danke, Leute! Ich buche jetzt gleich unsere Fahrkarten nach Stuttgart!

Die Metropolregion Basel – Kultur pur in den Alpen

Im Herzen der Alpen – die Region Basel

A Die Region Basel liegt im Nordwesten der Schweiz. Der Kanton Basel-Stadt ist der kleinste Kanton in der Schweiz. Basel befindet sich an der Grenze zu Deutschland und Frankreich.

B Der Kanton ist eine der produktivsten, innovativsten und dynamischsten Wirtschaftsregionen der Schweiz. Die pharmazeutische Industrie, Finanz und Logistik spielen dort eine große Rolle. Rund 35 000 Menschen aus Frankreich und Deutschland fahren Tag für Tag in die Grenzstadt Basel zur Arbeit. Menschen aus über 160 Nationen leben und arbeiten in Basel.

C In der Basler Altstadt kann man Gebäude aus dem 15. Jahrhundert bewundern, aber auch moderne Architektur. Es gibt schöne Stadttore und das Wahrzeichen der Stadt, das Basler Münster, ist aus rotem Sandstein. Auch das Rathaus ist rot und fällt durch die Malerei auf. Es gibt außerdem 180 Brunnen in der Stadt.

D In der Region Basel spricht man zwei Dialekte. In der Stadt Basel spricht man Baseldeutsch, einen schweizerdeutschen Dialekt – Hochdeutsch wird in der Schule gelernt. Für Deutschsprachige aus anderen Ländern wie Österreich, Südtirol oder Deutschland ist der Dialekt teilweise unverständlich!

Die Stadt Basel

E Der Rhein war und ist ein wichtiger Transportweg. Er ist auch besonders bei Schwimmern und Spaziergängern beliebt. Einmal jährlich findet das offizielle Rheinschwimmen statt mit jährlich über 5.000 Teilnehmern.

F Die Region Basel liegt im Herzen Europas. Wichtige Städte wie Zürich, Bern und Straßburg sind nicht weit entfernt. Von Basel aus erreicht man die verschiedenen Skigebiete, wie zum Beispiel Langenbruck, in etwas mehr als einer Stunde.

G In der Region gibt es tolle Aussichtsplattformen, i.e. z. B. mit Blick auf das Elsass und den Schwarzwald. Weitere beliebte Ausflugsziele sind i.e. z. B. die Burg Rötteln und das Wasserschloss Bottmingen.

Rheinschwimmen in Basel

1 Welcher Absatz (A–G) passt zu welcher Beschreibung (1–7)?

1. Die Bedeutung des Flusses für die Wirtschaft und das Leben
2. Zentral und nah an anderen Städten
3. Die Sprache in der Region
4. Möglichkeiten für Naturfreunde und Geschichtsinteressierte
5. Wichtige Branchen in der Region
6. Historische und zeitgenössische Bauten
7. Geografische Lage

SECTION 1: I INTRODUCE MYSELF

Region Basel – für alle etwas dabei!

Die Region ist perfekt für Jugendliche, weil man viel erleben kann. Welcher Absatz (1–5) passt zu welchem Bild (A–E)?

1. Interessierst du dich für die römische Geschichte? Dann besuche den archäologischen Park mit über dreißig spannenden Sehenswürdigkeiten. Dort gibt es ein tolles römisches Theater, ein Römerhaus und im Museum kannst du den Silberschatz bewundern. Auch das jährliche Römerfest ist für Kinder besonders interessant.

2. In der Nähe von Basel kann man Schlitten fahren oder mit Schneeschuhen im verschneiten Wald laufen. Die Gondelbahn bringt die Besucher hinauf auf 922 Meter Höhe.

3. Im Waldseilpark kann man von Mai bis teilweise November klettern.

4. Fahr mit dem Schiff und iss traditionelles Fondue! Auf der Schifffahrt kannst du Teile der Region aus der Flussperspektive sehen.

5. Das Dreiländereck ist der Punkt, an dem die Länder Deutschland, Frankreich und die Schweiz aneinanderstoßen. Der Ort hat eine besondere Atmosphäre. Ein Ort – drei Länder. Innerhalb von 10 Sekunden in drei verschiedenen Staaten – einzigartig!

Basler Fasnacht – lohnt es sich?

Jakob: Hallo Leute, ich plane eine Reise nach Basel und habe gesehen, dass zu der Zeit die Basler Fasnacht ist. Ist das auch für Nicht-Schweizer interessant?

buebausbasl: Auf jeden Fall! Die Basler Fasnacht beginnt am Montag nach Aschermittwoch mit dem Morgenstreich morgens – um Punkt vier Uhr geht das Licht aus und tausende Trommler und Pfeifer spielen laut das Marschmusikstück „Morgestraich". Die Fasnächtler tragen tolle Kostüme und Masken. Die Umzüge, die finde ich toll, aber ich mag den Lärm auf der Veranstaltung nicht.

meitschi16: Ich wohne in Basel und sehe die Fasnacht jedes Jahr. Es ist natürlich beeindruckend: 1200 Leute machen mit und bereiten sich das ganze Jahr darauf vor. Es ist immer so kalt, dieses Jahr zieh ich mich wärmer an …

beieli20: Die Laternenausstellung am Münsterplatz ist wirklich toll, finde ich. Verpass die Guggenkonzerte am Abend nicht, da hörst du dann Lieder, die typisch für die Fasnacht sind und die Leute tanzen auf der Straße – eine tolle Stimmung!

uribueb: Mir wird das alles zu viel, ich bleibe lieber zu Hause. Zuschauer dürfen sich nicht verkleiden, sondern nur aktive „Fastnächtler", das finde ich merkwürdig.

Prüfungsecke A1

Hörverstehen

> **Allgemeine Strategien für das Hören**
> → Lesen Sie alle Fragen sorgfältig vor dem Zuhören.
> → Keine Panik! Sie hören jeden Hörtext zweimal.

In diesem Teil finden Sie zwei Arten von Hörverstehensübungen:

- Eine Aussage einer Kategorie zuordnen
- Was ist richtig: A, B oder C?

Eine Aussage einer Kategorie zuordnen

1 a Partnerarbeit. Lesen Sie die Liste der Kategorien (Wohnsituation) und die Informationen. Übersetzen Sie die Wörter und Aussagen mündlich.

Beispiel: ist ein Einfamilienhaus → is a detached house

> → Vorsicht! Eine Aussage kommt nicht im Text vor!
> → Passen Sie auf! Sie hören vielleicht Synonyme, d. h. Wörter mit der gleichen Bedeutung.

1 b Sie hören zweimal ein Gespräch zwischen Peter und drei Freunden. Sie reden über ihre Wohnsituation. Während Sie zuhören, wählen Sie die Aussage (A–F), die zu der jeweiligen Wohnsituation passt. Notieren Sie die passenden Buchstaben (A–F).

Wohnsituation		Aussage
		A ist ein Einfamilienhaus.
Tonis Wohnung	F	B hat einen Balkon.
Claudias Haus	E	C liegt in der Nähe der Schule.
Ralfs Haus	A	D hat ein Untergeschoss.
Tinas Haus	C	E hat zwei Schlafzimmer.
Peters Haus	D	F liegt in einem Wohnblock.

[Gesamtpunktzahl: 5]

Was ist richtig: A, B oder C?

2 a Partnerarbeit. Lesen Sie die Fragen 1–9 und übersetzen Sie sie in Ihre Sprache.

Beispiel: 1 Angelika's parents have little time to… A work. B shop. C cook.

> → Sie hören zwei Gespräche. Die Fragen 1–5 beziehen sich auf das erste Gespräch und die Fragen 6–9 auf das zweite. In der Mitte gibt es eine kurze Pause.
> → Wenn Sie die Antwort nicht wissen, versuchen Sie zu raten.
> → Lassen Sie kein Kästchen leer. Sie verlieren keine Punkte bei einer falschen Antwort.

SECTION 1: I INTRODUCE MYSELF

2 b Sie hören zwei Gespräche mit Angelika und Ben über ihren Lebensstil. Nach jedem Gespräch gibt es eine Pause. Kennzeichnen Sie (✓) jeweils ein Kästchen: A, B oder C.

1 Angelikas Eltern haben wenig Zeit zum …
  A Arbeiten. ☑
  B Einkaufen. ☐
  C Kochen. ☑

2 Angelika isst am liebsten …
  A Gemüse. ☐
  B Fleisch. ☑
  C Obst. ☑

3 Sie isst … einen Nachtisch.
  A selten ☑
  B oft ☐
  C jeden Tag ☐

4 Sie trinkt nie …
  A Cola. ☑
  B Kaffee. ☑
  C Mineralwasser. ☐

5 Das Essen in Schottland fand sie …
  A lecker. ☑
  B langweilig. ☐
  C ungesund. ☑

[PAUSE]

6 Ben hat sich beim … verletzt.
  A Laufen ☐
  B Fußball spielen ☑
  C Radfahren ☑

7 Sport im Fernsehen ist für ihn …
  A langweilig. ☑
  B interessant. ☐
  C toll. ☐

8 Er findet Schwimmen …
  A entspannend. ☑
  B einfach. ☐
  C anstrengend. ☑

9 Wer raucht heute nicht mehr?
  A Ben ☐
  B Bens Vater ☑
  C Bens Großmutter ☐

[Gesamtpunktzahl: 9]

Prüfungsecke A2

Leseverstehen (1)

Allgemeine Strategien für das Lesen
→ Lesen Sie den Titel und den Text schnell durch, um etwas über den Inhalt zu erfahren.
→ Lesen Sie dann alle Fragen genau.

In diesem Teil finden Sie zwei Arten von Leseverstehensübungen:
- Was ist richtig: A, B oder C?
- Fragen auf Deutsch beantworten

Was ist richtig: A, B oder C?

Klaras Haus

Klara ist neulich umgezogen und wohnt jetzt in einem modernen Doppelhaus. Im Erdgeschoss gibt es eine Küche und ein großes Wohnzimmer mit zwei Sesseln und einem bequemen Sofa. Im alten Haus hat die Familie in der Küche gegessen, aber jetzt gibt es ein Esszimmer. Dieses Zimmer steht noch leer. Klaras Eltern wollen einen Tisch und vier Stühle kaufen.

Oben gibt es drei Schlafzimmer und ein schönes Badezimmer mit Dusche. Klara ist glücklich, weil sie jetzt ihr eigenes Zimmer hat. Ihre Zwillingsschwestern, die drei Jahre jünger sind, teilen sich das dritte Zimmer. Das neue Haus hat mehr Platz, weil es einen Dachboden und auch einen Keller hat.

Draußen gibt es einen Garten, aber keine Garage. Ein Haus mit Garage kostet zu viel. Klaras Vater meinte, eine Garage sei nicht notwendig. Klaras Hund, Bello, liebt den Garten, weil er einen ziemlich großen Rasen hat. Dort schläft er gern.

1 a Finden Sie Synonyme für diese Ausdrücke in den Fragen von Übung 1b.

1. nicht attraktiv *hässlich*
2. das Einzelkind *keine Geschwister*
3. die Tassen, Untertassen und Teller *2B*
4. auf der ersten Etage *ersten Stock*
5. die Couch *das Sofa*
6. ein Zimmer mit zwei Betten *ein Doppelzimmer*
7. im Dachgeschoss *3B*
8. die Brüder und Schwestern *zwei Geschwister*
9. notwendig *wichtig*
10. attraktiv *schön*

→ Achten Sie auf synonyme Wörter und Begriffe, um die richtige Wahl zu treffen.
→ Wenn Sie die Antwort nicht wissen, versuchen Sie zu raten.

SECTION 1: I INTRODUCE MYSELF

1 b Lesen Sie die Beschreibung von Klaras Haus. Für jede Frage, Kreuzen Sie zu jeder Frage die richtige Antwort an.

1 Klara findet das Sofa …
 A modern. ☐
 B klein. ☐
 C komfortabel. ☒

2 Ihre Eltern werden einkaufen gehen. Sie brauchen …
 A neue Möbel. ☒
 B neues Geschirr. ☐
 C neue Schuhe. ☐

3 Die Familie schläft im …
 A ersten Stock. ☒
 B Dachboden. ☒
 C Erdgeschoss. ☒

4 Klara hat …
 A keine Geschwister. ☐
 B zwei Geschwister. ☒
 C keine Schwestern. ☐

5 Klaras Zimmer ist …
 A ein Doppelzimmer. ☐
 B schön. ☒
 C nur für sie. ☒

6 Eine Garage für das Auto ist zu …
 A hässlich. ☐
 B teuer. ☒
 C aufwendig. ☐

7 Der Hund mag vor allem …
 A das Sofa. ☐
 B sein Bett. ☐
 C den Rasen. ☒

[Gesamtpunktzahl: 7]

Prüfungsecke A3

Leseverstehen (2)

Fragen auf Deutsch beantworten

2 a Schreiben Sie diese Liste der Fragewörter ab, übersetzen Sie die Wörter und testen Sie Ihren Partner / Ihre Partnerin.

Beispiel: 1 what?

1. was? *what?*
2. wer? *who?*
3. wo? *where?*
4. wie? *what, how?*
5. wann? *when?*
6. warum? *why?*
7. was für? *what for / what time?*
8. wohin? *where to?*
9. woher? *where from?*
10. wie viel? *how much?*
11. wie viele? *how many (pl)?*
12. um wie viel Uhr? *at what time?*
13. wie lange? *how long?*
14. seit wann? *since when?*
15. welcher / welche / welches? *which?*
16. wen? (für wen?) *for whom?*
17. wem? (mit wem?) *for whom?*
18. worüber? *about what?*

> → Passen Sie auf das Fragewort auf! Es hilft Ihnen, die Frage richtig zu beantworten.
> → Manchmal müssen Sie zwei Details suchen. Es ist wichtig, dass Sie beide angeben.
> → Schreiben Sie die relevanten Informationen auf, aber nicht unbedingt in vollständigen Sätzen.
> → Beantworten Sie die Fragen kurz und klar. Unnötige Details verbessern Ihre Antwort nicht.

2 b Lesen Sie den Text von einer Webseite über deutsche Traditionen und beantworten Sie dann die folgenden Fragen auf Deutsch.

Kaffee und Kuchen

Die Tradition von Kaffee und Kuchen existiert seit vielen Jahren und sie ist auch heutzutage immer noch sehr beliebt. Vor allem am Sonntagnachmittag kommen Familien und Freunde zusammen, um Kaffee und Kuchen zu genießen. Dann hat man mehr Zeit als in der Woche. Menschen aus verschiedenen Generationen sitzen gemütlich zusammen und unterhalten sich über ihren Alltag. Obwohl die Tradition Kaffee und Kuchen heißt, kann man statt Kaffee natürlich auch Tee oder Kakao trinken. Viele Familien bleiben zu Hause, laden Gäste ein und bieten ihnen hausgemachten Kuchen an.

Letzten Sonntag ging Anna mit ihrer Familie im Stadtpark spazieren, wo es ein neues Café neben dem Kinderspielplatz gibt. Dort wollte die Familie den Geburtstag von Annas Oma feiern. Um vierzehn Uhr stellte Annas Mutter das Auto auf dem Parkplatz ab. Der Spaziergang war ziemlich kurz, weil die Oma jetzt nicht mehr so gut laufen kann. Nach einer Stunde ging die ganze Familie ins Café. Dort gab es eine große Auswahl an frisch gebackenen Kuchen und Torten. Anna bestellte Käsekuchen, ihr Bruder Jakob und ihr Vater aßen Erdbeertorte mit Sahne und ihre Mutter und ihre Oma entschieden sich für Apfelkuchen mit Sahne. Alle fanden den Kuchen sehr lecker und die Oma freute sich sehr über den schönen Ausflug.

SECTION 1: I INTRODUCE MYSELF

a   Wann genießt man meistens Kaffee und Kuchen?

   Am Sonntagnachmittag .... [1]

b   Worüber sprechen sowohl junge als auch ältere Menschen?

   Über ihren Alltag. .... [1]
   ↳ daily routine

c   Was kann man statt Kaffee trinken?

   Tee oder Kakao .... [1]
           ↳ offer
d   Was für Kuchen <u>bietet</u> man seinen Gästen zu Hause?

   Hausgemachten kuchen .... [1]

e   Mit wem ging Anna spazieren?

   Mit ihrer Familie .... [1]

f   Warum ging Anna ins Café?   ✗ Es ist neue und neben dem
                                              Kinderspielplatz
   Es werdet die Geburtstag von Annas Oma .... [1]

g   Wo liegt das Café? Nennen Sie zwei Details.

   i große Auswahl neben dem Stadpark .... [1]

   ii Frisch gebackenen Kuchen und Torten neben dem kinderspielplatz .... [1]

h   Wie sind sie dorthin gefahren?   ← um ihren Geburtstag zu feiern

   Die Familie will dem Geburtstag von Annas Oma dort .... [1]
                                                          feiern.
i   Um wie viel Uhr gingen sie ins Café?

   Nach eine Stunde. .... [1]

j   Welchen Kuchen bestellte Jakob?

   Erdbeer Torte mit sahne .... [1]

k   Wer bestellte Kuchen ohne Sahne?

   Anna .... [1]

[Gesamtpunktzahl: 12]

55

2.1 Self, family, pets, personal relationships

2.1a Familie und Haustiere

Einsteigen

★ Über Ihre Familie und Haustiere sprechen
★ Possessivadjektive im Singular

1 Lesen Sie die Sätze. Welcher Satz (1–8) passt zu welchem Bild (A–H)?

Beispiel: 1 F

Mein Stammbaum

1 Meine Mutter heißt Lena und sie hat einen Goldfisch. F	2 Meine Tante heißt Julia und sie hat eine Katze. Die Katze ist freundlich. B	3 Mein Bruder heißt Martin und er hat ein Meerschweinchen und eine Schildkröte. G	4 Mein Onkel heißt Paul und er hat eine Maus. Sie ist sehr klein! E
5 Mein Großvater heißt Albert und er hat ein Kaninchen. C	6 Meine Schwester heißt Lucy und sie hat eine Schlange. H	7 Mein Vater heißt Jan und er hat einen Vogel. D	8 Meine Großmutter heißt Bettina und sie hat keine Haustiere. A

2 Bruno, Petra, Kamil und Hanna sprechen über Familie und Haustiere. Beantworten Sie die Fragen auf Deutsch.

Beispiel: 1 fünfzig / 50

1 Wie alt ist Brunos Vater? 50
2 Welches Haustier hat Bruno? Ein Katze
3 Wie viele Geschwister hat Petra? 2 Brüder, 2 Zwillingsschwestern
4 Wie ist Petras Haustier? ~~Ein Meerschweinchen~~ nett
5 Wie ist Kamils Familie? ~~Mutter, Halbschwester~~ klein
6 Wie viele Haustiere hat Kamil? Ein Goldfisch, 2 Kaninchen
7 Wie viele Geschwister hat Hanna? 0
8 Wie alt ist Hannas Haustier? 2

SECTION 2: MY FAMILY AND MY FRIENDS, AT HOME AND ABROAD

3 Possessivadjektive im Singular. Lesen Sie B5 in der Grammatik. Welches Wort passt zu welchem Satz?

Beispiel: 1 Mein

1 *Mein* Hund ist sehr freundlich und er will immer mit mir spielen.
2 Malin, wie alt sind *deine* Großeltern?
3 Mein Bruder hat zwei Kinder. *Sein* Sohn ist zwei Jahre alt.
4 Selina, ist das *dein* Vater? Ja, er heißt Thorsten.
5 Mein bester Freund ist Mattias und *seine* jüngeren Schwestern sind höflich.
6 Ich habe keine Geschwister und *meine* Familie ist sehr klein.
7 Henry, wohnt *deine* Schwester bei dir?
8 Mein Freund Bastian hat viele Haustiere und *seine* Ratte ist sehr süß.

| ~~deine~~ | ~~mein~~ | ~~dein~~ | ~~deine~~ |
| ~~seine~~ | ~~meine~~ | ~~seine~~ | ~~ein~~ |

4 a Die Laute *f* und *v*. Hören Sie sich den Satz an und trennen Sie die Wörter. Wiederholen Sie den Satz dreimal. Achten Sie auf die Aussprache. Übersetzen Sie den Satz in Ihre Sprache. Lernen Sie den Satz auswendig.

Mein|Vorname|ist|Verena|und|mein|Familienname|ist|Friedmann|und|mein|Vater|ist|Franz|und|er|ist|freundlich|und|Vatis|Frau|heißt|Franziska|aber|sie|ist|faul.

4 b Partnerarbeit. Sagen Sie den Satz in Übung 4a. Wer kann das am besten?

5 Zeichnen Sie einen Stammbaum und schreiben Sie etwas über Ihre Traumfamilie und Ihre Haustiere.
- Wer sind die Familienmitglieder / Haustiere?
  Ich habe eine Schwester.
- Wie heißt sie?
  Meine Schwester heißt Sofia.
- Wie alt ist sie?
  Sie ist dreizehn Jahre alt.

6 Partnerarbeit. Führen Sie einen Dialog zum Thema „Meine Traumfamilie".
1 Mit wem wohnst du zusammen? *Ich wohne mit meiner Familie zusammen*
2 Wie heißen deine Eltern? Wie alt sind sie?
3 Hast du Geschwister? Wie heißen sie? Wie alt sind sie?
4 Hast du Haustiere? Wie heißen sie? Wie alt sind sie?

Ich wohne mit	meinem	(Stief)Vater / (Stief / Halb / Zwillings)Bruder / Großvater / Opa / Onkel / Cousin / Neffe	zusammen.
	meiner	(Stief)Mutter / (Stief / Halb / Zwillings)Schwester / Großmutter / Opa / Tante / Cousine / Nichte	
	meinen	(Stief)Eltern / (Stief / Halb)Geschwistern / Großeltern / Cousinen	
Ich habe	(k)eine	(Stief / Halb) Schwester / Katze / Maus / Schildkröte / Schlange.	
	(k)ein	Haustier / Meerschweinchen / Kaninchen / Pferd.	
	(k)einen	(Stief / Halb) Bruder / Goldfisch / Vogel / Wellensittich.	
	zwei / drei / keine	(Stief / Halb) Schwestern / Brüder / Geschwister.	
Ich bin Einzelkind.			
Er / sie /es heißt ... und er / sie / es ist ... Jahre alt.			
Sie heißen ... und sie sind ... Jahre alt.			

57

2.1 SELF, FAMILY, PETS, PERSONAL RELATIONSHIPS

2.1b Beschreibungen

★ Sich selber und andere Leute beschreiben
★ Adjektive nach dem unbestimmten Artikel

1 Lesen Sie die Sprechblasen. Welches Wort (A–M) passt zu welcher Lücke (1–8)?

Beispiel: 1 F

Meine besten Freunde

Wie ist dein bester Freund / deine beste Freundin?

Elisabeth
Meine beste Freundin Heike ist super nett und sehr geschwätzig, und sie hat lange braune Haare und große braune **(1)** F

Freddy
Tomas ist mein bester Freund und er ist sehr einfach zu erkennen – er hat rote **(2)** D und einen großen roten Schnurrbart!

Gabriele
Meine beste Freundin Petra hat **(3)** K, blonde Haare und grüne Augen. Ich finde sie sehr schön und freundlich und wir machen viel zusammen.

Samuel
Ich bin ganz klein, aber mein Freund Johann ist ziemlich **(4)** H. Wir sehen aber ähnlich aus – wir haben beide kurze, schwarze Haare und blaue Augen.
(ähnlich = similar)

Julia
Luca ist viel größer als ich und er ist auch ganz **(5)** B. Wir spielen gern Fußball und Federball zusammen und wir sind beide sehr sportlich.

Andreas
Meine beste Freundin heißt Elke und sie ist mittelgroß und schlank. Sie hat kurze, lockige, rote Haare und **(6)** A Augen.

Ingrid
Lucie trägt immer eine schöne, modische **(7)** C. Sie hat glatte, dunkle Haare und grüne Augen und sie ist nicht sehr groß.

Finn
Mein bester Freund Tom sieht immer sehr modisch aus. Er hat einen langen, schwarzen **(8)** L und er hat keine Haare! Seine Augen sind blau.

(aussehen = to look)

A graue	**E** ziemlich	**I** klein	**M** nett
B dünn	**F** ~~Augen~~	**J** schwarze	
C ~~Brille~~	**G** Glatze	**K** ~~lockige~~	
D ~~Haare~~	**H** ~~groß~~	**L** Bart	

58

SECTION 2: MY FAMILY AND MY FRIENDS, AT HOME AND ABROAD

2 Gespräche mit Isabella und Wolfgang. Wählen Sie die richtige Antwort (A–C).

Beispiel: 1 B

1 Isabellas Mutter hat … Haare.
 A kurze B dunkle C glatte
2 Isabella sieht wie … aus.
 A ihre Mutter B ihr Vater
 C ihre Schwester
3 Isabella hat … Großeltern.
 A junge B alte C keine
4 Wolfgangs Vater hat … Haare.
 A keine B blonde C rote
5 Wolfgang sieht nicht wie … aus.
 A seine Schwester
 B sein Vater C sein Bruder
6 Wolfgang besucht seine Familie …
 A nicht so oft. B immer.
 C häufig.

3 Adjektive nach dem unbestimmten Artikel. Lesen Sie B3 in der Grammatik. Welches Wort passt zu welchem Satz?

Beispiel: 1 riesige

1 Ich habe eine ………. Familie, und wir sehen alle unterschiedlich aus.
2 Ich habe viele Verwandte mit einer ………. Herkunft.
3 Ich habe einen ………. Bruder, der wie mein Opa aussieht.
4 Mein Vater hat blaue Augen und einen ………. Bart.
5 Wie heißt deine ………. Schwester?
6 Meine Mutter hat blonde, wellige Haare und sie trägt eine ………. Brille.
7 Meine Schwester hat ein ………. Kaninchen, und es ist nett und freundlich.
8 Mein Opa ist glatzköpfig, aber er hat einen ………. Schnurrbart.

| langen | riesige | ältere | schöne |
| weißen | interessanten | kleines | jüngeren |

4 Partnerarbeit. Führen Sie einen Dialog zum Thema „ich, meine Familie und Freunde".

1 Wie siehst du aus?
2 Beschreib ein Familienmitglied. Wie sieht er / sie aus?
3 Wie sehen deine Geschwister aus?
4 Wie sieht dein bester Freund / deine beste Freundin aus?
5 Ist es besser, eine kleine oder eine große Familie zu haben? Warum?

Ich habe Er / sie hat Sie haben		lange / kurze / lockige / glatte braune / blonde / rote / schwarze / graue / weiße / dunkle	Haare.
	blaue / grüne / graue / dunkle	Augen.	
	einen Bart / einen Schnurrbart / eine Glatze.		
Ich bin Er / sie ist Sie sind	sehr / ganz / ziemlich / nicht	groß / klein / mittelgroß / dick / schlank / dünn / mager.	

5 Sie beschreiben einen guten Freund / eine gute Freundin. Schreiben Sie 80–90 Wörter auf Deutsch.

- Beschreiben Sie, wie Ihr Freund / Ihre Freundin aussieht.
- Erzählen Sie, warum er / sie ein guter Freund / eine gute Freundin ist.
- Sagen Sie, was Sie gern mit Freunden unternehmen.
- Erklären Sie, warum es wichtig ist, gute Freunde zu haben.

59

2.1 SELF, FAMILY, PETS, PERSONAL RELATIONSHIPS

2.1c Charaktereigenschaften beschreiben

★ Charaktereigenschaften beschreiben
★ Relativpronomen; Konjunktionen

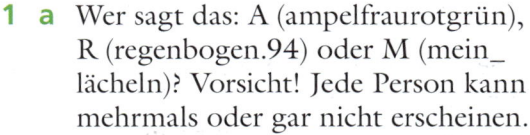

1 a Wer sagt das: A (ampelfraurotgrün), R (regenbogen.94) oder M (mein_lächeln)? Vorsicht! Jede Person kann mehrmals oder gar nicht erscheinen.

Beispiel: 1 M

Wie sind deine Geschwister?

ampelfraurotgrün: Ich habe eine kleine Schwester, die sehr sympathisch und immer gut gelaunt ist. Ich kann mit ihr über alles sprechen, und sie gibt immer guten Rat. Auf der anderen Seite finde ich meinen Bruder sehr faul, gierig und unsympathisch. Zum Glück geht er im Moment auf die Universität.

regenbogen.94: Mein Bruder und meine Schwester, die Zwillinge sind, gehen mir manchmal auf die Nerven, weil sie so laut und geschwätzig sind! Sie helfen überhaupt nicht zu Hause, was meine Eltern ärgert, und sie sind oft schlecht gelaunt. Trotzdem bringen sie mich immer zum Lachen.

mein_lächeln: Mein Bruder und ich sind sehr gute Freunde – er ist oft sehr gut gelaunt und wir machen viel zusammen, zum Beispiel Fußball spielen oder schwimmen gehen. Meine Schwester bekommt gute Noten und kann mir deshalb bei meinen Hausaufgaben helfen, was immer praktisch ist! Wir haben eine enge Beziehung.

1 Mein Bruder ist sportlich. M
2 Meine Geschwister sind faul. A R
3 Ich und meine Geschwister sind gute Freunde. M
4 Meine Geschwister sprechen zu viel. R
5 Meine Schwester ist klug. M
6 Ich komme nicht gut mit meinem Bruder aus. A
7 Meine Schwester ist sehr verständnisvoll A
8 Meine Geschwister sind lustig. R

1 b Finden Sie im Forum fünf Adjektive, die Charaktereigenschaften beschreiben. Kopieren Sie sie und übersetzen Sie sie in Ihre Sprache.

Beispiel: sympathisch

2 a Bruno und Sofia sprechen über ihre Freunde. Schreiben Sie R (richtig), F (falsch) oder NA (nicht angegeben).

Beispiel: 1 R

1 Bruno verbringt viel Zeit mit Robin. R
2 Robin ist gesellig. F
3 Robin ist Einzelkind. R
4 Bruno hat zwei Brüder. NA
5 Megan wohnt in Deutschland. NA
6 Megan und Sofia haben sich im Kindergarten kennengelernt. F
7 Megan hilft Sofia. R
8 Megan hat strenge Eltern. NA

auskommen = to get along

SECTION 2: MY FAMILY AND MY FRIENDS, AT HOME AND ABROAD

2 b Hören Sie noch einmal zu. Korrigieren Sie die falschen Sätze.

Beispiel: 2 Robin ist ~~gesellig~~.   schüchtern

3 a Relativpronomen. Lesen Sie D4 in der Grammatik. Welches Wort passt zu welchem Satz?

Beispiel: 1 die

1. Die Frau meines Onkels hat zwei Kinder, ... unartig und frech sind.
2. Das ist der Junge, ... Eltern sehr reich sind, und er ist verwöhnt.
3. Meine jüngeren Geschwister sind sehr laut, ... meine Eltern sehr anstrengend finden.
4. Er hat einen besten Freund, mit .... er über alles reden kann.

dem	dessen
die	was

3 b Konjunktionen. Lesen Sie H3 in der Grammatik. Welches Wort passt zu welchem Satz?

Beispiel: 1 und

1. Ich habe einen netten Stiefbruder, ... ich finde ihn sehr freundlich.
2. Meine Mutter hat einen neuen Mann, ... wir denken, er ist sehr egoistisch.
3. Sie hat zwei Halbschwestern, mit denen sie gern Tennis spielt .... Filme sieht.
4. Ich habe keinen Hund, ... wir haben ein süßes, weißes Kaninchen.

aber	*und*
sondern	oder

4 Schreiben Sie ein Blog zum Thema „Mein bester Freund". Beschreiben Sie einen Freund / eine Freundin. Schreiben Sie über:
- seine / ihre positiven Eigenschaften
- seine / ihre negativen Eigenschaften
- warum Sie diese Person toll finden.

5 a Partnerarbeit. Rollenspiel: Sie machen ein Interview für die Schülerzeitung. Person A stellt die Fragen und Person B beantwortet sie.

1. **A** Hallo! Welche Charaktereigenschaften hat ein guter Freund? **B** …
2. **A** Was machst du gern mit Freunden / Familie? **B** …
3. **A** Bist du ein guter Freund / eine gute Freundin? Warum (nicht)? **B** …
4. **A** Was hast du neulich mit Freunden gemacht? **B** …
5. **A** Ist es wichtig, eine gute Beziehung zu seinen Geschwistern zu haben? Warum (nicht)? **B** …

5 b Tauschen Sie die Rollen.

| Mein bester Freund
Ein guter / schlechter Freund
Meine beste Freundin
Eine gute / schlechte Freundin | ist | nicht
sehr
ziemlich
ganz | immer
oft
manchmal
ab und zu
nie | angenehm
ehrlich
freundlich
geschwätzig
höflich
gut gelaunt
klug
lustig / humorvoll
süß
sympathisch
verständnisvoll | unangenehm
ärgerlich / böse
faul
unfreundlich
unhöflich
laut
egoistisch
schlecht gelaunt
unsympathisch
verständnislos
verwöhnt |
| Ich finde ihn / sie | | | | | |

61

2.1 SELF, FAMILY, PETS, PERSONAL RELATIONSHIPS

2.1d Beziehungen zu Familie und Freunden

Unterwegs

★ Sagen, mit wem Sie (nicht) gut auskommen
★ Possessivadjektive im Plural

Meine Familie und ich

Katja Ziegler, 17 Jahre alt

Als ich jünger war, hatte ich keine gute Beziehung zu meiner Familie, aber jetzt verstehen wir uns besser. Nehmen wir als Beispiel meinen Bruder – wir sind jetzt sehr gute Freunde, aber als wir jünger waren, haben wir einander gehasst! Ich fand ihn dumm und er dachte, ich sei verwöhnt. Meine kleinere Schwester ist das Baby der Familie und wir waren uns schon immer sehr nahe. Unser Vater sagt, sie ist wie unsere Mutter, die auch eine frohe Natur hat, und sie ist sehr freundlich.

Natürlich gibt es oft Krach, da fünf Leute unter einem Dach wohnen (darunter drei Teenager!). Zum Beispiel sind wir verschiedener Meinung, wenn es um Hausarbeit geht – meine Mutter will, dass wir jeden Tag eine Stunde mit diesen Pflichten verbringen, um ein bisschen Taschengeld zu verdienen. Aber ich und meine Geschwister finden es unfair, denn unsere Freunde bekommen so viel Geld, wie sie wollen, ohne zu Hause zu helfen zu müssen. Ich denke aber, dass ich mehr Freiheiten habe als meine Freunde. Meine beste Freundin Gabriele ist fast achtzehn, aber ihre Eltern fragen immer: „Mit wem gehst du weg?" und „wohin gehst du?", und das findet sie nervig.

Es ist ein wichtiger Teil des Familienlebens, dass wir uns mindestens einmal pro Woche zu einer gemeinsamen Mahlzeit einfinden, denn wir lieben es, gemeinsam reden und lachen zu können. Ich genieße es auch, wenn meine Großeltern dabei sind, denn ich liebe sie sehr. In der Grundschule haben sie uns jeden Tag nach der Schule abgeholt, und dann auf uns aufgepasst, bis zum Feierabend unserer Mutter.

Da meine Eltern sehr gute Vorbilder waren, möchte ich in der Zukunft meine eigene Familie gründen. Meine Eltern unterstützen mich und sind sehr hilfsbereit, und das finde ich sehr wichtig, wenn man Kinder hat. Ich finde es aber unnötig, so streng wie manche Eltern zu sein!

---

1 Lesen Sie das Blog und beantworten Sie die Fragen auf Deutsch.

Beispiel: 1 schlecht

1 Was für eine Beziehung hatten Katja und ihr Bruder früher? (1)
2 Was haben Katjas Schwester und Katjas Mutter gemeinsam? (1)
3 Worüber streitet Katjas Familie? Nennen Sie **zwei** Details. (2)
4 Wann streiten Katjas Freundin und ihre Mutter? (1)
5 Was macht die Familie gern beim Essen? (1)
6 Wieso hat Katja viel Zeit mit ihren Großeltern verbracht? (1)
7 Warum will Katja Kinder haben? (1)
8 Wie wäre Katja als Mutter? Nennen Sie **zwei** Details. (2)

2 a Sebastian, Nina, Maxim und Lianna sprechen über Freunde. Kopieren Sie die Tabelle und füllen Sie sie auf Deutsch aus.

	ein guter Freund …	ein schlechter Freund …
Sebastian	**Beispiel:** 1 hat immer Zeit für dich	2 *neidisch*
Nina	3 *mich immer unterstützen*	4 ………
Maxim	5 *Spaß haben*	6 ………
Lianna	7 *immer in Kontakt bleiben*	8 *ehrlich*

62

SECTION 2: MY FAMILY AND MY FRIENDS, AT HOME AND ABROAD

2 b Hören Sie sich das Gespräch noch einmal an. Finden Sie die Adjektive, die positive und negative Charaktereigenschaften beschreiben. Schreiben Sie sie auf und übersetzen Sie sie in Ihre Sprache.

Beispiel: Positive Adjektive: glücklich

3 a Possessivadjektive im Plural. Lesen Sie B5 in der Grammatik. Welches Wort passt zu welchem Satz?

Beispiel: 1 unsere

1 Mein Bruder und ich wohnen bei meinem Vater, denn .... Eltern sind geschieden.
2 Jens und Johannes, wo wohnen .... Schwiegereltern?
3 Herr und Frau Schmidt und .... Töchter wohnen in der Stadtmitte.
4 .... Großeltern sind sehr großzügig und haben nie schlechte Laune.
5 Meine Geschwister und ich übernachten gern bei .... Großeltern.
6 Kinder, wo ist .... Kaninchen? Es ist nicht im Garten!
7 Die Älteren verbringen gern Zeit mit .... Enkeln und Enkelinnen.
8 Sie finden .... Mutter sehr nett, aber sie verstehen sich nicht gut mit ihrem Vater.

euer	ihre	ihren	unsere
eure	ihre	*unsere*	unseren

3 b Finden Sie sieben Possessivadjektive im Plural im Text in Übung 1. Kopieren Sie sie und übersetzen Sie sie in Ihre Sprache.

Beispiel: meine, ...

4 Wählen Sie eine der folgenden Aufgaben.

   ENTWEDER
   a Schreiben Sie einen Brief über einen Freund / eine Freundin, mit dem / der Sie gut auskommen. Sie müssen Folgendes erwähnen:
   - sein / ihr Aussehen
   - seinen / ihren Charakter
   - warum Sie gut mit ihm / ihr auskommen
   - was Sie gern mit ihm / ihr machen

   ODER
   b Schreiben Sie einen Brief über ein Familienmitglied, mit dem Sie schlecht auskommen. Sie müssen Folgendes erwähnen:
   - sein / ihr Aussehen
   - seinen / ihren Charakter
   - warum Sie nicht gut mit ihm / ihr auskommen
   - wie Sie eine bessere Beziehung zu ihm / ihr haben könnten

5 Partnerarbeit. Führen Sie einen Dialog zum Thema „Beziehungen".
   1 Zu wem in deiner Familie hast du eine enge Beziehung? Warum?
   2 Warum kommst du gut mit deinem besten Freund / deiner besten Freundin aus?
   3 Beschreib ein schönes Wochenende, dass du mit Freunden oder deiner Familie verbracht hast.
   4 Welche Pläne hast du für nächstes Wochenende mit Freunden oder deiner Familie?
   5 Ist es dir wichtig, dass du in der Zukunft mit deinen Schulfreunden in Kontakt bleibst? Warum (nicht)?

2.2 Life at home

2.2a Der Tagesablauf zu Hause

Einsteigen

★ Ihren Tagesablauf beschreiben
★ Reflexive Verben

1 Lesen Sie die Sätze. Welcher Satz (1–8) passt zu welchem Bild (A–H)?

Beispiel: 1 D

Was machst du an einem typischen Tag zu Hause?

1. *sich bürsten* — Ich bürste mir jeden Tag die Haare. **D**
2. *aufwachen* — Ich wache um sechs Uhr dreißig auf. **B**
3. Ich dusche mich um sechs Uhr fünfundvierzig. **A**
4. *anziehen* — Ich ziehe mich um sieben Uhr an. **E**
5. *sich waschen* — Ich wasche mir die Haare zweimal in der Woche. **C**
6. *aufstehen* — Ich stehe um sechs Uhr vierzig auf. **H**
7. *die Zähne putzen* — Ich putze mir die Zähne um sieben Uhr dreißig. **G**
8. *Frühstücken* — Ich frühstücke um sieben Uhr fünfzehn. **F**

2 a Acht Leute beschreiben ihren Tagesablauf. Welcher Ausschnitt (1–8) passt zu welchem Bild in Übung 1 (A–H)?

Beispiel: 1 G

2 b Hören Sie noch einmal zu. Nennen Sie noch ein Detail für jede Person.

Beispiel: 1 um sieben Uhr fünfzig / 07.50

2 ziehe mich an, ich trage oft Jeans
3 um sechs Uhr dreißig / 6:30
4 Ich Frühstücke, normale weise Ich trinke ein Tasse Tee
5 Ich bin immer müde, den Ich um sieben Uhr auf

SECTION 2: MY FAMILY AND MY FRIENDS, AT HOME AND ABROAD

3 Reflexive Verben. Lesen Sie D3 in der Grammatik. Welches Wort passt zu welchem Satz?

Beispiel: 1 mir

1 Ich wasche .... die Haare! Wo ist das Shampoo?
2 Mein kleiner Bruder putzt .... die Zähne nicht sehr oft.
3 Du bürstest .... die Haare.
4 Hannah, es ist spät! Zieh .... sofort an!
5 Ich habe keine Zeit, ... zu duschen.
6 Guten Morgen, Frau Riegler. Wann wollen Sie .... duschen?
7 Nach dem Frühstück putze ich .... die Zähne.
8 Mein Vater rasiert .... jeden Tag.

dir	sich	dich	mich
sich	*mir*	sich	mir

4 a Die Laute *ss* und *ß*. Hören Sie sich den Satz an und trennen Sie die Wörter. Wiederholen Sie den Satz dreimal. Achten Sie auf die Aussprache. Übersetzen Sie den Satz in Ihre Sprache. Lernen Sie den Satz auswendig.

EsmachtSpaßwennichmorgenseineTassesüßenTeetrinkedennerstbesseralsWasseraberich hasseeswennichdieStraßenbahnverpasse.

4 b Partnerarbeit. Sagen Sie den Satz in Übung 4a. Wer kann das am besten?

5 Partnerarbeit. Führen Sie einen Dialog zum Thema „Mein Tagesablauf".
1 Wann wachst du auf?
2 Wann stehst du auf?
3 Was machst du jeden Tag?
4 Um wie viel Uhr machst du das?

Ich stehe (immer / oft / normalerweise) Ich wache (immer / oft / normalerweise)	um sechs / sieben / acht Uhr um Viertel nach / vor ... um halb ...	um sechs Uhr fünfzig um sieben Uhr vierzig um acht Uhr dreißig	auf.
Jeden Tag Morgens Abends Einmal / Zweimal / Dreimal in der Woche Dann Danach	bürste ich mir die Haare dusche ich mich ziehe ich mich an wasche ich mir die Haare stehe ich auf putze ich mir die Zähne frühstücke ich gehe ich nach oben gehe ich nach unten	um sechs / sieben / acht Uhr um Viertel nach / vor ... um halb ... um sechs Uhr fünfzig um sieben Uhr vierzig um acht Uhr dreißig.	

6 Schreiben Sie einen Aufsatz zum Thema „Mein Tagesablauf". Beantworten Sie die Fragen aus Übung 5.

Beispiel:

> Mein Wecker klingelt um sechs Uhr dreißig und ich stehe um sechs Uhr vierzig auf. Jeden Tag dusche ich mich und ich bürste mir die Haare. Dann gehe ich nach unten und ich frühstücke. Normalerweise esse ich Toast mit Honig und ich trinke eine Tasse Tee.

65

2.2 LIFE AT HOME

2.2b Die Hausarbeit

* Sagen, wie man zu Hause helfen kann
* Der informelle Imperativ

Hallo Annika und Timo!

Ich muss heute spät arbeiten. Seid so gut und helft mir bitte mit der Hausarbeit! Ich habe wirklich keine Zeit, alles selber zu machen.

Annika: Spül bitte ab, weil der Geschirrspüler leider kaputt ist und viele Gläser und Kochtöpfe überall in der Küche nach der Geburtstagsparty gestern Abend herumstehen. Räum auch dein Zimmer auf, denn es sieht wegen dem Abfall ein bisschen unordentlich aus (und das ist vielleicht auch ein bisschen ungesund)!

Timo: Bezieh die Betten frisch und dann mach dein Bett – Bettdecken und Bettlaken findest du im Schrank. Mach das Badezimmer sauber, besonders die Badewanne, und lege neue Seife und Handtücher heraus. Wenn keine Seife da ist, geh bitte in die Stadt, um sie zu kaufen.

Beide: Deckt den Tisch mit den schönen Tellern und der guten Tischdecke und bügelt euere beste Kleidung, weil ich die Nachbarn heute zu uns zum Abendessen eingeladen habe. Ich freue mich schon darauf!

Danke, und bis dann! *Romy*

1 Lesen Sie den Text. Welche vier Sätze sind richtig? Schreiben Sie die Nummern auf.

Beispiel: 2,

1 Die Küche sieht sehr ordentlich aus.
2 Man muss im Spülbecken abwaschen.
3 Es gab gestern eine Feier.
4 Romy macht heute sehr früh Feierabend.
5 Timo muss nur zwei Betten frisch beziehen.
6 Timo hat das Badezimmer schmutzig gemacht.
7 Annika und Timo müssen etwas Schönes anziehen.
8 Die drei haben später Besuch.

2 Tomasz und Emilia sagen, wie sie zu Hause helfen. Welche Aussage (A–F) passt zu welcher Hausarbeit (1–5)? Vorsicht! Eine Aussage kommt nicht im Text vor.

Beispiel: 1 E

1 putzen
2 bügeln
3 den Tisch decken
4 das Bett machen
5 den Mülleimer leeren

A Das macht Tomasz morgens.
B Das müssen Tomasz' Geschwister machen.
C Das ist die langweiligste Hausarbeit für Emilia.
D Emilia macht das, weil es keiner machen will.
E Tomasz hat nichts dagegen.
F Das muss Emilia einmal pro Tag machen.

SECTION 2: MY FAMILY AND MY FRIENDS, AT HOME AND ABROAD

3 Der informelle Imperativ. Lesen Sie F2 in der Grammatik. Welches Wort passt zu welchem Satz?

Beispiel: 1 Sei

1 .... nett Susanne – unsere Gäste kommen gleich an und ich bitte dich um Hilfe in der Küche.
2 Du bist daran, dein Zimmer in Ordnung zu bringen! .... zuerst dein Bett, dann können wir aufräumen.
3 Da ihr so umweltfreundlich seid, ... bitte den Fernseher aus.
4 Kinder, ... nicht so laut, ich muss arbeiten und ich kann mich nicht konzentrieren.
5 Johann, heute gehen wir aus! .... etwas Schönes an!
6 Bevor du ausgehst, ... den Mülleimer.
7 Eure Großeltern kommen heute Abend zum Essen, ... bitte das Wohnzimmer.
8 Carlotta, es ist schon acht Uhr, warum bist du noch im Bett? .... bitte auf!

steh	*sei*	zieh	mach
putzt	leere	macht	seid

4 a Partnerarbeit. Rollenspiel: Sie sprechen mit Ihrem Lehrer / Ihrer Lehrerin über Hausarbeit. Person A stellt die Fragen und Person B beantwortet sie.

1 A Guten Tag! Helfen Sie zu Hause? B …
2 A Welche Hausarbeit machen Sie am liebsten? B …
3 A Welche Hausarbeit machen Sie nicht gern? B …
4 A Wie haben Sie gestern zu Hause geholfen? B …
5 A Sollten junge Leute zu Hause helfen, und warum? B …

4 b Tauschen Sie die Rollen.

5 Was sind die Vor- und Nachteile, wenn junge Leute Hausarbeit machen, oder zu Hause helfen? Schreiben Sie einen Aufsatz für die Schülerzeitung darüber. Übungen 1 und 2 helfen Ihnen dabei.

Ja,	ich helfe zu Hause. ich mache Hausarbeit.	Nein,	ich helfe nicht zu Hause. ich mache keine Hausarbeit.
Ich	räume … auf. / wasche … ab. / mache … sauber. / mache … das Bett. / decke … den Tisch. / sauge … Staub. / ich leere … den Mülleimer. / bügele … . / putze … .		gern / sehr gern / am liebsten / nicht gern.
Gestern habe ich	aufgeräumt. / abgewaschen. / sauber gemacht. / das Bett gemacht. / den Tisch gedeckt. / Staub gesaugt. / den Mülleimer geleert. / gebügelt. / geputzt.		
Junge Leute / Jugendliche	sollten / müssen	zu Hause helfen, / Hausarbeit machen,	denn	man lernt Verantwortung. man hilft der Familie. die Eltern müssen arbeiten.
		nicht zu Hause helfen, / keine Hausarbeit machen,		sie haben zu viele Hausaufgaben. sie sind zu jung. sie haben keine Zeit.

2.2 LIFE AT HOME

2.2c Ich helfe meiner Familie

Unterwegs

- Beschreiben, wie Sie Ihrer Familie zu Hause helfen
- Verben mit dem Dativ; Interrogativadjektive

Warum helfen Jugendliche zu Hause?

Wir haben hundert Schüler und Schülerinnen gefragt, ob, wie und warum sie zu Hause helfen.

Wie viele Schüler und Schülerinnen helfen zu Hause, und warum?
Fast alle sagen, dass sie zu Hause helfen müssen, vor allem um ihren <u>berufstätigen</u> Eltern zu helfen. Die anderen behaupten, dass sie einfach gern <u>Taschengeld</u> verdienen und es ein einfacher und schneller Weg sei, mehr Geld zu bekommen, anstatt einen Teilzeitjob zu finden. Nur wenige denken, dass sie zu jung für diese <u>Verantwortung</u> sind, und obwohl selten angegeben wird, dass sie mehr über das <u>Erwachsenenleben</u> lernen wollen, sagen viele, dass es nützlich in der Zukunft sein wird, jetzt schon einmal Hausarbeit zu machen.

Welche <u>Hausarbeiten</u> machen sie?
Es hängt von der Familie ab, aber das Zimmer aufzuräumen und das Bett zu machen, sind bei vielen Teil der Alltagsroutine. Jüngere Befragte machen diese Hausarbeit nicht so oft, aber sie helfen ihren älteren Geschwistern. Die Mädchen bügeln mehr als die Jungs, die dieser Umfrage zufolge lieber und öfter den Müll wegbringen. Es hat uns gefreut, herauszufinden, dass ein Zehntel jeden Tag den Großeltern helfen, indem sie einkaufen gehen oder das Abendessen kochen. Das machen sie natürlich lieber als andere Aufgaben, und es war auch schön zu hören, dass viele Schüler und Schülerinnen die Pflege eines Haustiers übernommen haben.

Wie viele Hausarbeiten machen sie?
Einige machen Hausarbeit, bevor sie in die Schule gehen, aber sie geben zu, dass sie immer müde sind! Die <u>Mehrheit</u> der Befragten verbringt täglich bis zu einer Stunde mit Hausarbeit, und das machen sie normalerweise nach der Schule und wenn die Hausaufgaben gemacht sind. Aber wenn die Eltern noch im Büro sind, müssen manche Schüler auf kleine Brüder und Schwestern <u>aufpassen</u>, bis zum <u>Feierabend</u> der Eltern. Die Mehrheit ist der Meinung, dass sie nur während der Woche Hausarbeit machen sollte! Am Wochenende verbringen sie lieber Zeit mit Freunden, was ihnen natürlich viel mehr Spaß macht.

---

1 a Lesen Sie den Artikel und beantworten Sie die Fragen auf Deutsch.

Beispiel: 1 weil die Eltern arbeiten

1. Warum hilft die Mehrheit der Befragten zu Hause? (1)
2. Warum machen manche Jugendliche lieber Hausarbeit, anstatt einen Teilzeitjob zu finden? Nennen Sie **zwei** Details. (2)
3. Was ist eine der häufigsten Hausarbeiten? Nennen Sie **ein** Detail. (1)
4. Was machen die Mädchen seltener als die Jungs? (1)
5. Womit brauchen manche Großeltern Hilfe? Nennen Sie **zwei** Details. (2)
6. Was muss die Mehrheit machen, bevor sie Hausarbeit macht? (1)
7. Warum müssen manche auf Geschwister aufpassen? (1)
8. Wann machen sie nicht gern Hausarbeit? (1)

1 b Lesen Sie den Artikel noch einmal. Kopieren Sie die acht unterstrichenen Wörter und übersetzen Sie sie in Ihre Sprache.

Beispiel: berufstätigen

SECTION 2: MY FAMILY AND MY FRIENDS, AT HOME AND ABROAD

2 Melanie, Karl und Nadine sagen, warum sie Hausarbeit machen. Wer sagt die einzelnen Sätze (1–8)?

Beispiel: 1 Melanie

1 Es gefällt mir nicht, bei der Hausarbeit zu helfen.
2 Ich habe keine Geschwister.
3 Meine Mutter ist eine alleinerziehende Mutter.
4 Ich verbringe viel Zeit mit Hausarbeit.
5 Ich bin für die Haustiere verantwortlich.
6 Meiner Meinung nach sollte jeder zu Hause helfen.
7 Ich bin zufrieden, dass ich zu Hause helfe.
8 Ich helfe zu Hause, anstatt zu arbeiten.

3 a Verben mit dem Dativ. Lesen Sie A6 in der Grammatik. Welches Wort passt zu welchem Satz?

Beispiel: helfen

1 Meine Geschwister und ich ………. meinen Eltern sehr viel.
2 Ich helfe viel, denn ich wohne in einem Gasthaus, das meinen Eltern ………. .
3 Es ………. uns besser, die Hausarbeit bevor der Schule zu machen.
4 Ich ………. mir die Zähne mit Zahnpasta und dann mache ich Hausarbeit.

| *helfen* | gehört |
| passt | putze |

3 b Interrogativadjektive. Lesen Sie B6 in der Grammatik. Welches Wort passt zu welchem Satz?

Beispiel: 1 welche

1 ………. Badetücher brauchen wir?
2 Das Badezimmer und die Küche sind sauber. ………. zwei Zimmer muss ich putzen?
3 ………. Teller und Tassen hast du diese Woche abgewaschen?
4 ………. Bett haben Sie schon gemacht?

| welches | welche |
| *welche* | wie viele |

4 Partnerarbeit. Führen Sie einen Dialog zum Thema „Hausarbeit".
1 Musst du zu Hause helfen? Warum / warum nicht?
2 Was machst du gern und nicht gern, um zu Hause zu helfen?
3 Welche Hausarbeit hast du letzte Woche gemacht, und wie war sie?
4 Welche Hausarbeit wirst du nächste Woche machen, und warum?
5 Sollten junge Leute zu Hause helfen, und warum (nicht)?

5 Sie schreiben einen Artikel für die Schülerzeitung über junge Leute und Hausarbeit. Schreiben Sie 130–140 Wörter.
- Beschreiben Sie, wie Sie normalerweise zu Hause helfen.
- Erzählen Sie, warum und wem Sie zu Hause helfen.
- Sagen Sie, wie Sie neulich zu Hause geholfen haben.
- Erklären Sie, warum Jugendliche zu Hause helfen sollten.
- Sagen Sie, ob Ihre Kinder in der Zukunft zu Hause helfen müssen.

2.3 Leisure, entertainments, invitations

Einsteigen

2.3a Hobbys – Lass uns ausgehen!

★ Über Ihre Hobbys außer Haus sprechen
★ *(nicht) gern*; Temporaladverbien

1 a Welcher Satz (1–8) passt zu welchem Bild (A–H)?

Beispiel: 1 H

H B 1 Ich treffe mich sehr gern mit meinen Freunden. Wir treffen uns oft in der Stadtmitte.
G 2 Ich schwimme nicht gern, das ist viel zu anstrengend.
B 3 Ich fahre gern Inlineskates, das mache ich fast jeden Tag.
C 4 Ich gehe gern ins Kino, normalerweise sehe ich jedes Wochenende einen Film.
A 5 Ich spiele sehr gern Fußball. Meine Freunde und ich gehen oft in den Park und spielen dort.
F 6 Ich angle nicht so gern, aber mein Vater liebt das. Ich gehe nur selten mit ihm mit.
D 7 Ich gehe nicht gern einkaufen, das ist so langweilig! Meistens kaufe ich meine Sachen im Internet, das geht schneller und ist oft billiger.
E 8 Ich bin sehr sportlich und ich gehe oft ins Jugendzentrum und spiele dort gern Basketball. Das ist mein Lieblingssport.

1 b Welche Sätze (1–8) sind P (positiv) und N (negativ)?

Beispiel: 1 P

2 a Was machen sie (nicht) gern? Welcher Ausschnitt (1–8) passt zu welchem Bild (A–H) in Übung 1?

Beispiel: 1 G ✓, 2 D ✓, 3

2 b Hören Sie sich die Aufnahme noch einmal an. Wie oft machen die Jugendlichen die Aktivitäten?

Beispiel: 1 jeden Mittwoch

3 a *Gern*. Lesen Sie C2 in der Grammatik. Machen Sie das gern oder nicht gern? Schreiben Sie ganze Sätze.

Beispiel: 1 Ich spiele (nicht) gern Tennis / Tischtennis.

1 Ich spiele Tennis / Tischtennis.
2 Ich gehe einkaufen.
3 Ich reite.
4 Ich fahre Rad.
5 Ich treffe meine Freunde.
6 Ich gehe ins Kino.
7 Ich spiele Fußball.
8 Ich gehe angeln.

Früher habe ich gern Tennis gespielt
Ich habe früher gern Tennis gespielt

SECTION 2: MY FAMILY AND MY FRIENDS, AT HOME AND ABROAD

3 b Temporaladverbien. Lesen Sie C4 und C5 in der Grammatik. Wie oft machen Sie das? Verwenden Sie die Sätze 1–8 in Übung 3a und die folgenden Temporaladverbien.

Beispiel: 1 Ich spiele jeden Samstag Tennis.

jeden Tag	selten *rarely*	nie
oft	fast nie *hardly ever*	am Wochenende
manchmal	jeden Samstag	zweimal pro Woche

4 a Der Laut *ch*. Hören Sie sich den Satz an und trennen Sie die Wörter. Wiederholen Sie den Satz dreimal. Achten Sie auf die Aussprache. Übersetzen Sie den Satz in Ihre Sprache. Lernen Sie den Satz auswendig.

AmMittwochmacheichnichtsmanchmalleseicheinBuchaberamWochenendemacheichChemiedenndasistmeinLieblingsfach.

4 b Partnerarbeit. Sagen Sie den Satz in Übung 4a. Wer kann das am besten?

5 Partnerarbeit. Führen Sie einen Dialog zum Thema „Meine Hobbys".
1 Was machst du gern in deiner Freizeit?
2 Was machst du nicht gern?
3 Was machst du oft / nie?
4 Was hast du letzte Woche gemacht?

Ich spiele	(nicht) gern	Fußball / Basketball / Tennis / Tischtennis / Volleyball.	
Ich gehe	jeden Tag manchmal oft am Wochenende	in die Stadt / in den Park / ins Kino / ins Jugendzentrum / ins Theater / auf ein Konzert / auf ein Musikfest. einkaufen / angeln / schwimmen.	
Ich treffe mich	nie	mit Freunden.	
Ich fahre	einmal pro Woche selten normalerweise	Inlineskates / Rad.	
Ich habe	letzte Woche	Fußball	gespielt.
		meine Freunde	getroffen.
		Comics	gelesen.

6 Bilden Sie Sätze mit den Informationen aus der Tabelle.

Beispiel: 1 Ich spiele gern Tennis. Ich spiele jeden Tag Tennis.

	Aktivität	Meinung	Wie oft?
1	Tennis spielen	😊	jeden Tag
2	einkaufen gehen	😊	oft
3	schwimmen	☹	nicht oft
4	Basketball spielen	☹	selten
5	angeln gehen	☹	nie
6	ins Kino gehen	😊	jede Woche
7	Inlineskates fahren	😊	einmal pro Monat
8	Rad fahren	☹	fast nie

2.3 LEISURE, ENTERTAINMENTS, INVITATIONS

2.3b Wann treffen wir uns?

* Sich verabreden
* Das Futur

So viele Einladungen!

Wow, dieses Wochenende wird viel los sein und ich weiß nicht, was ich machen soll.

Mein Freund Heiko wird am Sonnabend seinen Geburtstag feiern. Er will zuerst Essen gehen und danach werden sie alle ins Kino gehen. Mein Cousin Paul wird aber am Samstag auch eine Party veranstalten. Wenn es sonnig ist, wird er im Garten grillen, und wenn es regnet, werden sie Pizza bestellen und Videos schauen. In seiner Einladung schreibt er: „Wir werden bis um Mitternacht feiern!" Das finde ich klasse. Meine Schwester möchte mit mir am Sonntag in die Eishalle gehen. Sie wird sich um drei Uhr mit ihrer Freundin dort im Café treffen. Außerdem will meine beste Freundin Olga unbedingt ins neue Freibad gehen, weil sie sicher ist, dass es heiß wird.

Was soll ich machen?

Hannah

1 Lesen Sie das Blog und wählen Sie die richtige Antwort (A–C).

Beispiel: 1 B

1 … wird zu Hause feiern.
  A Olga   B Paul   C Heiko
2 Heiko und Paul werden … feiern.
  A am gleichen Tag   B zur gleichen Zeit
  C am gleichen Ort
3 Für die Grillparty brauchen sie …
  A gutes Wetter.   B viele Freunde.
  C einen größeren Garten.
4 Pauls Party …
  A beginnt um Mitternacht.
  B endet um vierundzwanzig Uhr.
  C dauert bis vier Uhr morgens.
5 Bis in die Nacht zu feiern, findet Hannah …
  A anstrengend.   B langweilig.   C toll.
6 … will Schlittschuh fahren gehen.
  A Hannahs Schwester   B Hannahs Freundin
  C Olga

2 a Niko und Olga verabreden sich. Korrigieren Sie die Sätze. Sie sind alle falsch.

Beispiel: 1 Niko und Olga werden sich am ~~Sonntag~~ treffen. Samstag

1 Niko und Olga werden sich am Sonntag treffen.
2 Sie werden ins Kino gehen.
3 Sie werden sich im Park treffen.
4 Olgas Tante wird sie besuchen.
5 Olga wird ein Kleid kaufen.
6 Niko wird Schuhe kaufen.
7 Niko muss am Abend babysitten.
8 Olgas Eltern werden um sieben Uhr ausgehen.

2 b Hören Sie sich das Gespräch noch einmal an und beantworten Sie die Fragen auf Deutsch.

Beispiel: 1 Oma kommt zu Besuch.

1 Warum kann Olga sich nicht um zehn Uhr treffen?
2 Wann werden sie sich treffen?
3 Wie viel Geld kann Olga ausgeben?
4 Wo wird Niko das Computerspiel kaufen?
5 Was möchte Niko danach zu Hause machen?

72

SECTION 2: MY FAMILY AND MY FRIENDS, AT HOME AND ABROAD

3 a Das Futur. Lesen Sie F6 in der Grammatik. Füllen Sie die Lücken aus. Setzen Sie die richtige Form des Verbes *werden* in die Sätze ein.

Beispiel: 1 werde

1 Ich werde am Sonntag ins Kino gehen.
2 Ich werde einkaufen gehen.
3 Meine Schwester wird in die Disko gehen.
4 Mein Bruder wird Schach spielen.
5 Wir werden eine Party machen.
6 Meine Eltern werden ins Restaurant gehen.
7 Wirst du auch kommen?
8 Ich werde dich um sieben Uhr treffen.

3 b Lesen Sie Hannahs Text in Übung 1 noch einmal und finden Sie fünf Beispiele des Futurs. Kopieren Sie sie und übersetzen Sie sie in Ihre Sprache.

Beispiel: dieses Wochenende wird viel los sein.

4 Partnerarbeit. Führen Sie einen Dialog zum Thema „Am Wochenende".
1 Machst du am Wochenende Sport?
2 Verbringst du das Wochenende mit Freunden oder deiner Familie?
3 Was wirst du dieses Wochenende machen?
4 Was hast du letztes Wochenende gemacht?
5 Was machst du gern am Sonntag und warum?

Ich gehe gern (mit meinen Freunden)	ins Kino / ins Schwimmbad / in die Stadt / ins Einkaufszentrum / ins Jugendzentrum / ins Café / ins Sportzentrum / angeln.	
Ich spiele gern (mit meinen Freunden)	Fußball / Tennis / Tischtennis / Volleyball / Karten / Basketball / Hockey.	
Ich fahre gern (mit meinen Freunden)	Inlineskates / Rad / Schlittschuh / Ski.	
Ich werde	Freunde	treffen.
	Fußball / Basketball	spielen.
	Inlineskates / Rad	fahren.
	ins Kino / angeln / joggen / surfen / schwimmen / segeln	gehen.

5 a Sie beschreiben das Wochenende. Schreiben Sie 80–90 Wörter auf Deutsch.

- Sagen Sie, was Sie normalerweise am Wochenende machen.
- Sagen Sie, was Sie nicht gern machen.
- Sagen Sie, was Sie machen werden, wenn es regnet.
- Erzählen Sie, was Sie letztes Wochenende gemacht haben.

Wenn es regnet, werde ich …	zu Hause bleiben / ins Kino gehen / am Computer spielen / ins Fitness-Studio gehen / Musik hören.	treffen.

5 b Vergleichen Sie Ihren Aufsatz mit einem Partner / einer Partnerin.

- Hat Ihr Partner / Ihre Partnerin die korrekten Verbenden im Präsens benutzt?
- Hat Ihr Partner / Ihre Partnerin die korrekten Verbenden im Futur benutzt?
- Hat Ihr Partner / Ihre Partnerin die Sätze korrekt gebildet?
- Hat Ihr Partner / Ihre Partnerin alles richtig geschrieben? Sie können Wörter im Wörterbuch überprüfen.

2.3 LEISURE, ENTERTAINMENTS, INVITATIONS

2.3c Was für eine Woche!

Unterwegs

★ Eine Woche voller Aktivitäten beschreiben
★ Das Perfekt mit *haben*; unregelmäßige Partizipien

1 a Lesen Sie Alexanders Tagebucheintrag. Welches Wort (A–J) passt zu welcher Lücke (1–8)? Vorsicht! Es kommen nicht alle Wörter vor.

Beispiel: 1 E

---

28. August

Letzte Woche war viel los. Wir haben Sommerferien und deshalb habe ich (1) .... gemacht. Unser Jugendklub hat viele Aktivitäten organisiert und das war super! Am Montag war ich zum ersten Mal klettern. Das war sehr spannend und ziemlich anstrengend. Am Ende haben mir meine (2) .... und Arme ein bisschen weh getan.

Am Dienstag war ich mit meinen Freunden im (3) .... und wir haben eine Komödie gesehen. Der Film war wirklich (4) .... und wir haben viel gelacht. Natürlich haben wir auch Popcorn gegessen.

Am Mittwoch war ich im Freibad, weil es so heiß und sonnig war. Wir waren den ganzen Nachmittag dort und haben im Wasser Ball gespielt und uns gesonnt. Zum Glück hatte ich meine (5) .... dabei!

Am Donnerstag war ich ziemlich faul, aber am (6) .... bin ich in die Disco gegangen und habe bis um Mitternacht getanzt. Der DJ war super und hat alle meine Lieblingslieder gespielt. Die Musik war sehr laut und alle haben lauthals gesungen und jetzt habe ich ein bisschen Halsschmerzen, aber wir hatten super viel (7) ....!

Am Freitag habe ich meine Oma besucht und wir haben zusammen Kaffee getrunken und Kuchen gegessen und später sind wir noch spazieren gegangen. Meine Oma macht den (8) .... Kuchen!

| A lustig | C besten | E *viel* | G Park | I Spaß |
| B Beine | D gegessen | F Kino | H Sonnencreme | J Abend |

1 b Lesen Sie den Tagebucheintrag noch einmal. Verbinden Sie den Satzanfang (1–6) mit dem richtigen Ende (A–H). Vorsicht! Sie brauchen nicht alle Enden!

Beispiel: 1 B

1 Nach dem Klettern
2 Der Kinofilm war
3 Mittwoch war
4 Am Donnerstagnachmittag
5 Die Musik in der Disko
6 Meine Großmutter hat

A für mich Kuchen gebacken.
B war ich ziemlich kaputt.
C hat mir gut gefallen.
D habe ich nicht viel gemacht.
E ein heißer Tag.
F nicht langweilig.
G eine Katastrophe.
H mir ein Geschenk gegeben.

SECTION 2: MY FAMILY AND MY FRIENDS, AT HOME AND ABROAD

2 Corinna und Hassan reden über die Sommerferien. Wählen Sie die **zwei** Aussagen (A–E), die den jeweiligen Absatz zusammenfassen.

Beispiel: 1 C, …

1 A Corinna hat letzte Woche viel Spaß gehabt.
   B Corinna hat viele Tiere im Zoo gesehen.
   C Corinna hat viel Geld für den Zoobesuch ausgegeben.
   D Corinna hat eine neue Playstation gekauft.
   E Corinna hat sich beim Inlineskaten verletzt.
2 A Hassan hat eine Hose und eine Jacke gekauft.
   B Hassan hat sein Portemonnaie verloren.
   C Hassans Mutter hat ihn angerufen.
   D Hassan hat die falsche Größe gekauft.
   E Hassans Bruder ist lustig.

3 Das Perfekt mit *haben*. Lesen Sie F3 in der Grammatik. Schreiben Sie die Partizipien auf.

Beispiel: 1 gemacht

Letzten Sonntag habe ich nicht viel **(1)**………. (*machen*). Ich war leider krank und hatte deshalb nicht viel Energie. Ach, wie lästig! Ich habe fast bis um elf Uhr **(2)**………. (*schlafen*) und dann habe ich im Bett Tee **(3)**………. (*trinken*) und Toast **(4)**………. (*essen*). Meine Schwester hat mir das Neueste über die Promis in der Zeitung **(5)**………. (*erzählen*), obwohl mich das nicht wirklich interessiert. Später haben wir zusammen etwas **(6)**………. (*fernsehen*). Mein Vater hat mir eine Suppe **(7)**………. (*kochen*) und dann haben wir Karten **(8)**………. (*spielen*). Das war wirklich etwas langweilig, aber zum Glück geht es mir jetzt wieder besser.

4 a Partnerarbeit. Rollenspiel: Sie sprechen mit Ihrem Freund / Ihrer Freundin über die Sommerferien. Person A stellt die Fragen und Person B beantwortet sie.

1 A Hallo! Wie findest du die Sommerferien?
   B …
2 A Was machst du zu Hause? B …
3 A Was hast du letzte Woche gemacht?
   B …
4 A Was war dabei problematisch? B …
5 A Was wirst du nächste Woche machen? B …

4 b Tauschen Sie die Rollen.

5 Schreiben Sie einen Tagebucheintrag über eine schlimme Woche. Beantworten Sie die Fragen.
- Was machen Sie normalerweise in Ihrer Freizeit?
- Was haben Sie letzte Woche gemacht?
- Welche Probleme gab es?
- Was ist als Konsequenz geschehen?
- Was werden Sie nächste Woche machen?

2.4 Eating out

2.4a Im Imbiss

Einsteiging

★ Getränke und Snacks bestellen
★ *ich möchte* und *ich hätte gern*

1 a Im Imbiss. Welcher Satz (1–8) passt zu welchem Bild (A–H)?

Beispiel: 1 F

1 Ich möchte eine Flasche Orangensaft, bitte. F
2 Ich hätte gern einen Schokoladenmilchshake. H
3 Einmal Hähnchendöner, bitte. D
4 Zu trinken möchte ich einen Kaffee ohne Milch. G
5 Zwei Portionen Pommes mit Mayo, bitte. A
6 Für mich bitte drei Kugeln Eis. E
7 Möchten Sie die Currywurst mit oder ohne Chilisoße? B
8 Wie viel kostet der Kartoffelsalat? C

1 b Was kann man im Imbiss bestellen? Machen Sie eine Liste. Wer kann die meisten Wörter finden?

Beispiel: Essen: der Hähnchendöner, …
Getränke: eine Flasche Orangensaft, …

Imbiss Wilmersdorf

1	Pizza	6,50 €	8	Eis 1 €/Kugel	
2	Schaschlik	5,90 €	9	Cola/Limo	2,30 €
3	Döner	4,00 €	10	Kaffee	1,90 €
4	Hamburger	4,50 €	11	Tee	1,75 €
5	Currywurst	4,90 €	12	Milchshake	2,50 €
6	Pommes	2,75 €	13	Wasser	1,60 €
7	Kartoffelsalat	3,00 €			

SECTION 2: MY FAMILY AND MY FRIENDS, AT HOME AND ABROAD

2 Zwei Kunden sind im Imbiss. Sehen Sie sich die Speisekarte (Seite 76) an. Kopieren Sie die Tabelle und füllen Sie sie aus.

	Essen	Getränke	Das kostet…
1	Beispiel: 1, …		

3 *Ich möchte* und *ich hätte gern*. Lesen Sie F7 in der Grammatik. Bringen Sie die Wörter in die richtige Reihenfolge.

Beispiel: 1 Ich möchte einen Kaffee.

1 möchte einen Kaffee ich
2 gern ich eine hätte Pizza
3 Portion eine ich Pommes möchte
4 eine mit ich Bratwurst gern Senf hätte
5 ich eine möchte Cola Flasche
6 zwei gern ich Eis hätte Kugeln
7 einmal möchte Schaschlik ich
8 hätte Milchshakes ich drei gern

4 a Die Laute *u* und *ü*. Hören Sie sich den Satz an und trennen Sie die Wörter. Wiederholen Sie den Satz dreimal. Achten Sie auf die Aussprache. Übersetzen Sie den Satz in Ihre Sprache. Lernen Sie den Satz auswendig.

DusuchstfünfKugelnHaselnusseisinderkühlenKücheaberdumusstNudelnmitGemüseessen.

4 b Partnerarbeit. Sagen Sie den Satz in Übung 4a. Wer kann das am besten?

5 a Partnerarbeit. Rollenspiel: Sie sind im Imbiss und Ihr(e) Partner(in) serviert. Sprechen Sie im Dialog.

A Hallo.
B Guten Tag. Was möchten Sie?
A Haben Sie warme Speisen?
B Ja, wir haben Döner, Würste, Schnitzel, Folienkartoffel …
A Ich möchte eine Bratwurst mit Senf und eine Portion Pommes ohne Ketchup, bitte.
B Was möchten Sie dazu?
A Ich hätte auch gern zwei Kugeln Schokoladeneis, bitte.
B Und zu trinken?
A Ich möchte eine Flasche Cola.
B Sehr gut. Das macht 9,65 €, bitte.
A Danke, auf Wiedersehen.

5 b Tauschen Sie die Rollen und wiederholen Sie den Dialog. Ersetzen Sie die unterstrichenen Satzteile durch neue Ausdrücke.

Ich möchte Ich hätte gern	eine Bratwurst / eine Bockwurst / eine Currywurst / eine Folienkartoffel / ein Schnitzel / ein Butterbrot		mit ohne	Senf. Ketchup. Chilisoße. Knoblauchsoße. Brötchen. Salat. Sahne.
	einmal / zweimal eine Portion eine Kugel / zwei Kugeln eine Flasche / eine Dose / eine Büchse / eine Tasse	(Hähnchen- / Lamm-) Döner Pommes (Frites) / Kartoffelsalat Eis Cola / Limonade / Wasser / Orangensaft / Eistee Tee / Kaffee		

6 Schreiben Sie einen Dialog zum Imbiss. Sie können die Speisekarte (Seite 76) oder andere Details benutzen.

Beispiel:
A   Hallo.
B   Guten Tag. Was möchten Sie?
A   Ich möchte eine Portion Kartoffelsalat und …

2.4 EATING OUT

2.4b Guten Appetit!

Abfliegen

★ Einen Restaurantbesuch beschreiben
★ Zeitadverbien; das Perfekt mit *haben*

Die Familie Nowak im Restaurant

Oma Na dann, wie war dein Geburtstagsessen gestern, Hanna?
Hanna Es war super, danke! Mama, Papa, Elias und ich sind ins Restaurant gegangen.
Oma Und was hast du gegessen?
Hanna Zuerst habe ich als Vorspeise Pilzsuppe mit Brot gegessen.
Oma Mmm, lecker!
Hanna Ja, und danach habe ich einen großen Teller Nudeln mit Tomaten und Käse gegessen.
Oma Das klingt wunderbar. Hat Elias auch Nudeln gegessen?
Hanna Nein, er hat Hähnchen mit Kartoffeln gegessen, aber wir haben alle eine große Flasche Wasser getrunken, obwohl ich lieber Cola trinke.
Oma Ach ja. Und habt ihr zum Schluss einen Nachtisch gegessen?
Hanna Aber natürlich! Das Hauptgericht war aber so herzhaft, dass wir fast satt waren. Deswegen haben wir zusammen einen Becher Eis geteilt, mit vier Löffeln. Himbeer ist meine Lieblingssorte!
Oma Das war also ein perfektes Essen, oder?
Hanna Na ja, es gab zwei kleine Probleme …
Oma Und was waren diese Probleme?
Hanna Zuerst hat Elias sein Glas zerbrochen. Es war ein Unfall, aber es war wirklich peinlich! Und er kann auch noch nicht so gut mit Messer und Gabel essen, da er noch so klein ist, also war alles etwas unordentlich!
Oma O nein! Und was war noch?
Hanna Das zweite Problem war, dass du nicht dabei warst, liebe Omi!

1 a Wer passt am besten zu welchem Satz (1–8)? Schreiben Sie H (Hanna), E (Elias) oder N (niemand).

Beispiel: 1 H

1 H. hatte neulich Geburtstag.
2 H. hat eine Vorspeise mit Champignons bestellt.
3 N. hat eine Cola getrunken.
4 E. hat ein Fleischgericht gegessen.
5 N. hat eine Himbeertorte als Nachspeise gegessen.
6 E. hat etwas kaputt gemacht.
7 E. hat schlechte Tischmanieren.
8 H. war traurig, dass jemand nicht da war.

1 b Kopieren Sie die Tabelle und ergänzen Sie sie mit Wörtern aus dem Dialog. Übersetzen Sie die Wörter in Ihre Sprache und lernen Sie sie auswendig.

Essen	Geschirr	Besteck
	Beispiel: der Teller	

SECTION 2: MY FAMILY AND MY FRIENDS, AT HOME AND ABROAD

2 Dilek und Frank reden über ein neues Restaurant. Welche Aussage (A–F) passt zu welcher Person (1–5)? Vorsicht! Eine Aussage kommt nicht vor.

Beispiel: 1 D
1 Frank hat D
2 Dilek hat F
3 Dileks Freundinnen haben A
4 Franks Bruder hat C
5 Der Kellner hat B

A Fleisch gegessen.
B ein neues Besteck gebracht.
C mal griechischen Kaffee probiert.
D noch nie griechisches Essen probiert.
E etwas mit Hähnchen gegessen.
F vegetarisch gegessen.

3 a Zeitadverbien. Lesen Sie C4 in der Grammatik. Schreiben Sie die Sätze mit den Zeitadverbien in Klammern und verändern Sie die Wortstellung, wenn nötig.

Beispiel: 1 Zuerst habe ich eine Vorspeise gegessen. / Ich habe zuerst eine Vorspeise gegessen.
1 Ich habe eine Vorspeise gegessen. (*zuerst*)
2 Ich habe den Fisch mit Reis probiert. (*und dann*)
3 Ich habe das Hauptgericht bestellt. (*danach*)
4 Wir haben ein neues Restaurant gefunden. (*schließlich*)

3 b Das Perfekt mit *haben*. Lesen Sie F3 in der Grammatik. Schreiben Sie die Sätze im Perfekt.

Beispiel: 1 Hast du heute Paul besucht?
1 Besuchst du heute Paul?
2 Zuerst isst er einen Nachtisch.
3 Wir bekommen zum Schluss die Rechnung.
4 Am Anfang notiert der Kellner unsere Bestellung.

4 a Partnerarbeit. Rollenspiel: Sie sprechen mit einem Freund / einer Freundin über ein Abendessen im neuen Restaurant. Person A stellt die Fragen und Person B beantwortet sie.

1 A Hallo! Was hast du gestern im Restaurant als Vorspeise gegessen? B …
2 A Und danach? Was hast du als Hauptgericht gegessen und was hast du getrunken? B …
3 A Lecker! Und zum Schluss, was hast du als Nachtisch bestellt? B …
4 A Was würdest du nächstes Mal bestellen? B …
5 A Ach, wie schön! Aber es gab ein Problem, oder? Kannst du es beschreiben? B …

4 b Tauschen Sie die Rollen.

5 Schreiben Sie ein Blog über einen einmaligen Restaurantbesuch.
- Wann und mit wem sind Sie ins Restaurant gegangen?
- Was haben Sie gegessen und getrunken?
- Wie war das Essen?
- Was würdest du nächstes Mal bestellen?

2.4 EATING OUT

2.4c Essen wir heute Chinesisch oder Indisch?

Unterwegs

* Verschiedene Speisen in Restaurants vergleichen
* *weil* und unterordnende Konjunktionen

4 A — **Serena:** Obwohl irakisches Essen bis jetzt nicht bekannt ist, wird sich das bestimmt bald ändern, weil die Gerichte so lecker sind. Der Höhepunkt war unbedingt das Hauptgericht: Masguf. Das ist gegrillte Forelle mit köstlichen Kräutern gewürzt und mit Reis serviert – zweifellos die beste Fischspeise, die ich je gegessen habe!

2 B — **Paul:** Dieses ist mein Lieblingsrestaurant in meiner Gegend, denn ich halte es für das authentischste. Man kann hier Speisen mit oder ohne Fleisch essen, und alle sind sehr schmackhaft. Ich muss aber sagen, dass das Restaurant nicht für Leute ist, die keine scharfen Gerichte mögen! Am liebsten bestelle ich das Thali, d. h. einen gemischten Teller mit verschiedenen Currys und Soßen. So kann man alles probieren!

1 C — **Karin:** Als ich jünger war, habe ich in Ostafrika gelebt. Deswegen war ich so froh, endlich ein äthiopisches Restaurant in meinem Stadtviertel zu entdecken! Ich war gar nicht enttäuscht, weil das Essen genauso lecker war, wie ich es in Erinnerung hatte. Hier ist ein Abendessen mit Freunden ganz gesellig, da alle vom gleichen Teller essen.

5 D — **Georg:** Ich hatte schon gehört, dass man in Frankreich oft nur sehr kurz gebratene Steaks isst, aber ich hatte kein rohes Rindfleisch erwartet! Das Tatarbeefsteak war jedoch köstlich und ganz zart, obwohl es vielleicht nur für mutige Esser ist!

1 Besuchen Sie unser Restaurant! Seien Sie mutig und probieren Sie unsere Spezialitäten, die ganz sicher nicht mild sind! Wenn Sie etwas Neues kosten möchten, können Sie bei uns eine breite Auswahl auf einmal probieren. So werden Sie schnell herausfinden, was Ihnen wirklich am besten schmeckt!

2 Manche Leute besuchen unser Restaurant und behaupten, dass der Koch oder die Köchin die Speisen nicht richtig gekocht hat! Das stimmt aber nicht! Alle Gerichte werden hier richtig zubereitet, auch wenn manche Fleischspezialitäten traditionell nicht gebraten werden. Gefährlich ist das aber keinesfalls!

3 Haben Sie es satt von Gerichten, die zu scharf sind? In unserem Restaurant denken wir nicht, dass Essen schmerzhaft sein sollte! Wir verwenden die frischesten Zutaten, um schmackhafte Speisen für delikate Gaumen zu bieten.

4 Unsere Speisen stammen aus dem Nahen Osten, und werden langsam auch in Europa immer bekannter, denn unsere Restaurants verbreiten sich schnell. Besonders bekannt ist unser leckeres Fischgericht – kosten Sie es noch heute! Sie werden nicht enttäuscht sein!

SECTION 2: MY FAMILY AND MY FRIENDS, AT HOME AND ABROAD

5 Jeden Abend bietet unser Restaurant eine Grillparty! Probieren Sie unsere Auswahl an erstklassigen Steaks, die alle perfekt gebraten sind. Es ist ein Paradies für Fleischliebhaber!

6 Unser Restaurant bietet Ihnen eine freundliche Bedienung und leckere Speisen, die Sie mit Freunden ruhig genießen können. Obwohl unsere Küche noch nicht sehr bekannt ist, finden unsere Besucher die Stimmung einmalig und auch etwas ungewöhnlich. Bei unseren Landsleuten, die hier in Deutschland wohnen, ist unser Restaurant besonders beliebt.

1 Welche Person (A–D) passt am besten zu welchem Restaurant (1–6)? Vorsicht! Zwei Restaurants werden nicht benötigt.

Beispiel: A 4

2 Jonas und Lena entscheiden, wo sie essen werden. Finden Sie die vier richtigen Sätze.

Beispiel: 2, 3, 8, 7

1 Lena isst kein Fleisch.
2 Jonas und Lena essen oft chinesische Speisen.
3 Jonas isst gern scharfes Essen.
4 Lena isst gern Garnelen.
5 Jonas meint, seine Oma könne nicht gut kochen.
6 Lena und Jonas essen oft im argentinischen Restaurant.
7 Jonas macht eine Schlankheitskur.
8 Lena denkt, japanisches Essen wäre für beide passend.

3 *Weil* und unterordnende Konjunktionen. Lesen Sie H4 in der Grammatik. Verbinden Sie die Sätze mit den Konjunktionen und verändern Sie die Wortstellung, wenn nötig.

Beispiel: 1 Ich liebe italienisches Essen, weil es lecker ist.

1 Ich liebe italienisches Essen. Es ist lecker. (*weil*)
2 Curry ist mein Lieblingsessen. Es ist scharf. (*da*)
3 Ich habe thailändisches Essen noch nie probiert. Es riecht gut. (*obwohl*)
4 Ich habe oft jamaikanisches Essen gegessen. Ich war jünger. (*als*)
5 Mein Vater kocht das Abendessen. Wir kommen nach Hause. (*bevor*)
6 Ich esse jeden Abend Pommes. Ich bin im Urlaub. (*wenn*)
7 Ich bin satt. Ich habe so viel gegessen. (*weil*)
8 Ich weiß nicht. Ich würde gern Insekten essen. (*ob*)

4 Partnerarbeit. Führen Sie einen Dialog zum Thema „Speisen".
1 Was für internationale Speisen isst du gern und warum?
2 Was sind die Vor- und Nachteile deines Lieblingsrestaurants?
3 Wann hast du zum letzten Mal in einem Restaurant gegessen und wie war es?
4 Was wirst du nächstes Mal im Restaurant bestellen?
5 Isst du lieber zu Hause oder in einem Restaurant und warum?

5 Sie schreiben in einem Artikel für die Schülerzeitung zwei Gerichte, die Sie neulich im Restaurant gegessen haben. Schreiben Sie 130–140 Wörter.
- Beschreiben Sie, was Sie gegessen und getrunken haben.
- Erzählen Sie, ob Sie diese Gerichte schon einmal probiert haben.
- Erklären Sie, warum Sie diese Speisen mögen oder nicht.
- Sagen Sie, welches Gericht Ihrer Meinung nach besser schmeckt.
- Sagen Sie, welches andere Essen Sie gern einmal probieren möchten.

2.5 Special occasions

2.5a Besondere Anlässe in meinem Kalender

Einsteigen

- Etwas über verschiedene Feste lernen
- Ordinalzahlen

1 a Welcher Satz (1–8) passt zu welchem Bild (A–H)?

Beispiel: 1 H

1 Ich habe am elften November Geburtstag, jetzt bin ich fünfzehn Jahre alt.
2 Am vierzehnten Mai ist hier Muttertag. Ich schenke meiner Mutter immer Blumen.
3 In Deutschland feiert man am vierundzwanzigsten Dezember Weihnachten.
4 Ich freue mich auf den sechzehnten April, dann feiere ich meine Bar Mizwa.
5 Am ersten August feiern wir eine Hochzeit! Mein Bruder heiratet.
6 Ich liebe Silvester, der einunddreißigste Dezember ist mein Lieblingstag.
7 Am ersten April ist Ostern.
8 Am zweiten Juni ist unsere Abifeier. Endlich keine Schule mehr!

1 b Machen Sie eine Liste von besonderen Anlässen in Ihrer Familie. Benutzen Sie ein Wörterbuch, wenn nötig.

Beispiel: Meine Mutter hat am achtzehnten Mai Geburtstag.

2 a Acht Leute beschreiben Feste. Schreiben Sie für jede Person (1–8) das Datum und das Fest.

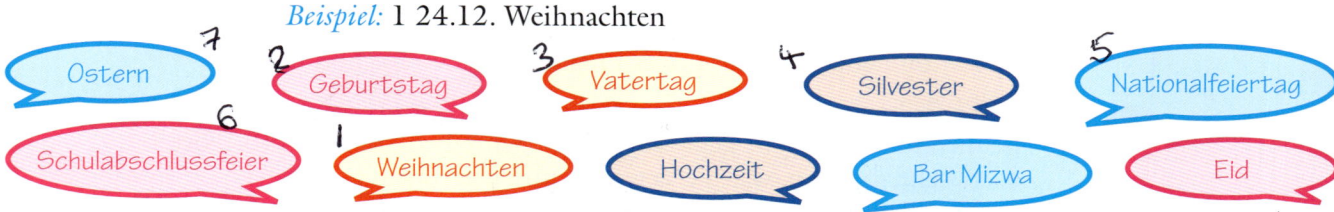

Beispiel: 1 24.12. Weihnachten

Ostern 7 | Geburtstag 2 | Vatertag 3 | Silvester 4 | Nationalfeiertag 5
Schulabschlussfeier 6 | Weihnachten 1 | Hochzeit | Bar Mizwa | Eid

2 b Hören Sie sich die Ausschnitte noch einmal an und notieren Sie extra Informationen.

Beispiel: 1 er bekommt eine Playstation

SECTION 2: MY FAMILY AND MY FRIENDS, AT HOME AND ABROAD

3 Ordnungszahlen. Lesen Sie I2 in der Grammatik. Schreiben Sie die Daten in Wörtern.

Beispiel: 1 am dreißigsten August

1 Ich habe am 30.08. Geburtstag.
2 Der Nationalfeiertag in Österreich ist am 16.10.
3 Unsere Schulabschlussfeier ist am 10.06.
4 Meine Schwester heiratet am 07.07.
5 Der Valentinstag ist am 14.02.
6 Am 01.01. feiern wir Neujahr.
7 Folgendes Jahr ist Ostern am 21.04.
8 Mein Vetter feiert am 15.03. Bar Mizwa.

4 a Der Laut *qu*. Hören Sie sich den Satz an und trennen Sie die Wörter. Wiederholen Sie den Satz dreimal. Achten Sie auf die Aussprache. Übersetzen Sie den Satz in Ihre Sprache. Lernen Sie den Satz auswendig.

EinehoheQuantitätanQuallenquältsichquerdurchdasqualitativhochwertigeQuellwasser.

4 b Partnerarbeit. Sagen Sie den Satz in Übung 4a. Wer kann das am besten?

5 a Schreiben Sie Sätze mit der Information aus der Tabelle.

Beispiel: Am vierzehnten Februar ist Valentinstag. Ich gehe mit Johannes ins Kino.

Datum	Fest	Extra Information
14.02.	Valentinstag	Kino mit Johannes
13.05.	Muttertag	Pralinen für Mama
05.06.	Geburtstag	Party zu Hause
03.10.	Nationalfeiertag	schulfrei
24.12.	Weihnachten	Fahrrad
31.12.	Silvester	Feuerwerk im Park

5 b Schreiben Sie über zwei Feste in Ihrem Kalender. Sie könnten Folgendes erwähnen:

- das Datum des Festes
- wie Sie das Fest normalerweise feiern
- wie Sie das Fest letztes Jahr gefeiert haben
- warum (oder warum nicht) Sie dieses Fest lieben

6 Partnerarbeit. Führen Sie einen Dialog zum Thema „Meine Lieblingsfeste".
1 Wann ist Ihr Geburtstag?
2 Wie werden Sie Ihren nächsten Geburtstag feiern?
3 Welche anderen Feste feiert Ihre Familie? Wann?
4 Was ist Ihr Lieblingsfest? Warum?

Ich habe am	ersten / zweiten / dritten / vierten / zwanzigsten / dreißigsten	Januar / Februar / März / April / Mai / Juni / Juli / August / September / Oktober / November / Dezember	Geburtstag.
An meinem Geburtstag	werde ich	eine Party haben ins Kino gehen Gokart fahren Kuchen essen Geschenke bekommen.	
Wir feiern am	ersten Januar zehnten April	Muttertag / Vatertag / Ostern / Weihnachten / Eid / Nationalfeiertag / Silvester / Chanukka / St Martin / Valentinstag.	
Mein Lieblingsfest ist	Muttertag / Vatertag / Ostern / Weihnachten / Eid / Nationalfeiertag / Silvester / Chanukka / St Martin / Valentinstag	Ich gebe gern Geschenke. Ich bekomme gern Geschenke. Ich liebe das Essen an diesem Tag. Ich liebe Feuerwerke. Wir essen viele Süßigkeiten an diesem Tag. Wir haben eine große Party.	

2.5 SPECIAL OCCASIONS

2.5b Eine Party

* **Partyvorbereitungen verstehen**
* **Das Perfekt mit *sein*; das Perfekt mit *haben* (2)**

1 a Claudia hat ein Grillfest geplant. Lesen Sie ihre Liste. Ordnen Sie die Sätze chronologisch.

Beispiel: B, …

Meine Partyvorbereitungen

A	Meine große Schwester ist vorgestern aus Basel angereist und wird mir bei den Partyvorbereitungen helfen.	F	Meine Schwester hat schon die Ballons aufgeblasen und die Getränke in den Kühlschrank gestellt.
B	Vor zwei Wochen habe ich meine Freunde per SMS eingeladen.	G	Ich habe vor einer Woche fünf Kilo Fleisch beim Metzger bestellt.
C	Ich habe eine Liste mit allen Freunden geschrieben, die kommen können, es sind insgesamt mindestens 30.	H	Ich bin heute Morgen zu Hause geblieben und habe Tomatensalat und Kartoffelsalat gemacht
D	Ich habe vor einer Stunde den Wetterbericht im Internet gelesen und es bleibt trocken und sonnig. So ein Glück!	I	Ich bin leider noch nicht dazu gekommen, die Stühle und Tische im Vorgarten aufzustellen.
		J	Wir müssen später noch Brot kaufen!
E	Ich bin vorgestern einkaufen gegangen und habe alkoholfreie Getränke und Dekoration gekauft.	K	Meine beste Freundin ist letzte Woche leider nach New York geflogen und kann deshalb nicht kommen.

1 b Lesen Sie Claudias Liste noch einmal und finden Sie die Antonyme zu diesen Wörtern. Kopieren Sie sie und übersetzen Sie sie in Ihre Sprache.

Beispiel: 1 meine Schwester

1 mein Bruder
2 abgereist
3 höchstens
4 in der Zeitung
5 bewölkt
6 Pech
7 Essen
8 ausgegangen

2 Fatima und Kai reden über ihre Party. Welche Aussage (A–F) passt zu welcher Person (1–5)? Vorsicht! Eine Aussage kommt nicht vor.

Beispiel: 1 E

Person
1 Kai
2 Kais Vater
3 Kais Mutter
4 Kais Schwester
5 Fatima

Aussage
4 A hat einen Kuchen gebacken.
3 B hat die Kosten im Supermarkt übernommen. *payed*
2 C hat im Garten gearbeitet.
D hat die Getränke gekauft.
1 E hat sich um die Musik gekümmert. *to look after*
F hat nicht bei den Partyvorbereitungen geholfen.

SECTION 2: MY FAMILY AND MY FRIENDS, AT HOME AND ABROAD

3 a Das Perfekt mit *sein* und *haben*. Lesen Sie F3 in der Grammatik. Füllen Sie die Lücken aus. Setzen Sie die richtige Form des Verbes *haben* oder *sein* in die Sätze ein.

Beispiel: 1 habe

1. Ich .... zehn Freunde zu meiner Party eingeladen.
2. Ich .... einkaufen gegangen.
3. .... du meine Einladung akzeptiert oder abgelehnt?
4. Meine Mutter .... Spaghetti gekocht.
5. Wir .... Butterbrote gekauft.
6. Meine Schwester .... zur Party gekommen.
7. Meine Großeltern .... mir eine Playstation geschenkt.
8. Hallo, Anna und Isabella, wann .... ihr nach Hause gegangen?

3 b Lesen Sie die Liste in Übung 1 noch einmal und finden Sie die Partizipien. Welche Partizipien werden mit *haben* gebildet? Welche Partizipien werden mit *sein* gebildet? Machen Sie zwei Listen.

Beispiel: haben: eingeladen

4 a Partnerarbeit. Rollenspiel: Sie planen eine Party. Person A stellt die Fragen und Person B beantwortet sie.

1. A Hallo! Was meinst du? Wen sollen wir einladen? B …
2. A Wie können wir das Haus dekorieren? B …
3. A Was hast du zu Essen gekauft? B …
4. A Was hast du sonst noch vorbereitet? B …
5. A Was wirst du zur Party anziehen? B …

4 b Tauschen Sie die Rollen.

5 Schreiben Sie einen Tagebucheintrag über Ihre Party. Sie könnten Folgendes erwähnen:
- wie Sie Ihre Party vorbereitet haben
- wen Sie eingeladen haben
- was Sie gegessen und getrunken haben
- was Sie auf der Party gemacht haben

Ich habe	Freunde / Essen / Getränke / Dekorationen / eine Playliste		eingeladen. / vorbereitet. / gekauft. / aufgehängt. / erstellt.
Ich bin	einkaufen / früh		gegangen. / aufgestanden.
Wir haben	Wurst / Kuchen / Salate / Brote / Schnitzel / Steak / Snacks / Pizza		gegessen.
	Saft / Wasser / Cola / Limonade		getrunken.
Ich habe (mit meinen Freunden)			(Musik) gehört. / (Fotos) gemacht. / gesungen / getanzt / geplaudert / geredet / gelacht.
Das war	sehr / ein bisschen / ziemlich / echt / nicht		super / lecker / fantastisch / langweilig / interessant.
Das hat	Spaß		gemacht.

2.5 SPECIAL OCCASIONS

2.5c Wir feiern

Unterwegs

★ Etwas über besondere Anlässe im deutschsprachigen Raum lernen
★ Das Imperfekt von *geben*, *haben* und *sein*

---

20. August

Gestern hat mein großer Bruder seine Verlobte geheiratet und wir hatten einen wunderschönen Tag. Es war sonnig und das Wetter war ideal. Ich finde Hochzeiten sehr wichtig für eine Familie, weil sie für Zusammenhalt sorgen. Hoffentlich werde ich auch bald heiraten, weil ich auch meine eigene Familie haben will. Zur Zeit bin ich ledig.

Am Morgen haben wir uns alle schick angezogen, die Männer haben Anzüge, Hemden und Krawatten getragen und die meisten Frauen haben elegante Kleider oder Kostüme getragen. Ich habe ein neues Kleid mit rotem Blumenmuster getragen. Am Rathaus angekommen, haben wir schnell Fotos gemacht. Es gab auch einen Fotografen, der sogar mit einer Drohne Fotos gemacht hat. Meine neue Schwägerin war sehr hübsch in ihrem weißen Brautkleid. Sie hatte einen wunderschönen Rosenstrauß und eine umwerfende Frisur. Meine Eltern waren so bewegt, dass sie Tränen in den Augen hatten, als das Brautpaar die Ringe austauschte.

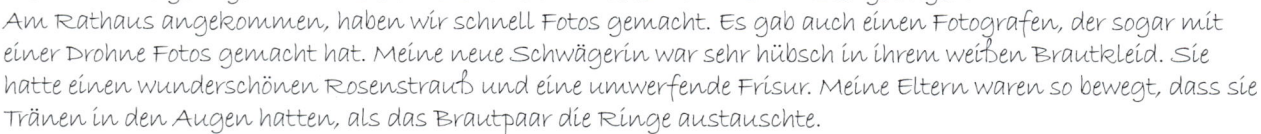

Nach der kurzen Zeremonie im Standesamt gab es kleine Häppchen und ein paar Spiele im Freien, da das Gasthaus einen riesigen Garten hatte. Es war ein ziemlich großes Fest, da all unsere Verwandten und die Freunde des Brautpaares kamen. Ich glaube, es waren fast zweihundert Gäste anwesend. Später gab es Kaffee und Kuchen und ein leckeres Abendessen in dem schön dekorierten Gasthaus. Die Hochzeitstorte war in Form eines Herzens und wirklich beeindruckend. Es gab auch verschiedene Reden und Unterhaltungspunkte und wir haben viel gelacht. Meiner Meinung nach war das Beste, dass es am Abend auch noch ein Feuerwerk gab. Es war wirklich romantisch, rote leuchtende Herzen im Sternenhimmel zu sehen. Und dann kam der erste Tanz des Brautpaares. Mein Bruder war sehr nervös, aber man hat es kaum gemerkt. Ich würde sagen, er hat sich gut geschlagen und die vielen Tanzstunden haben sich gelohnt.

Morgen werden mein Bruder und seine Ehefrau sich einen Kindheitstraum erfüllen. Sie fliegen nämlich in den Flitterwochen auf die Malediven, um dort in den Korallenriffen schnorcheln zu gehen. Das würde ich eines Tages auch gern machen.

---

1 a Lesen Sie Ankes Blog und beantworten Sie die Fragen auf Deutsch.

Beispiel: 1 es unterstützt den Zusammenhalt einer Familie

1. Warum findet Anke das Heiraten wichtig? (1)
2. Was haben die Gäste vor der Ehe gemacht? Nennen Sie **zwei** Details. (2)
3. Was für Blumen hatte die Braut in der Hand? (1)
4. Wann waren die Eltern besonders emotional? (1)
5. Wie beschreibt Anke das Lokal? Nennen Sie **zwei** Details. (2)
6. Was war für Anke der Höhepunkt des Tages? (1)
7. Warum war der erste Tanz kein Problem für den Ehemann? (1)
8. Warum hat sich das Brautpaar sein Hochzeitsreiseziel ausgewählt? (1)

1 b Lesen Sie das Blog noch einmal und finden Sie Wörter zu folgenden Themen. Kopieren Sie sie und übersetzen Sie sie in Ihre Sprache.

Beispiel: Personen: Bruder, …   Kleidung: (6 Wörter)
           Personen: (6 Wörter)   Hochzeit: (6 Wörter)

2 a Thomas, Aysha und Markus haben letzte Woche besondere Anlässe gefeiert. Schreiben Sie R (richtig) oder F (falsch).

SECTION 2: MY FAMILY AND MY FRIENDS, AT HOME AND ABROAD

Beispiel: 1 F
1 Thomas war mit seinen Freunden im Kino. F
2 Die Jungs und Mädchen waren Gokart fahren. R F
3 Thomas hatte viel Spaß beim Gokart fahren. R
4 Aysha hat Eid im Haus des Islam gefeiert. R F
5 Die Gäste waren nicht nur aus Frankfurt. R
6 Markus hat seiner Mutter Blumen geschenkt. R
7 Seine Mutter hatte Geburtstag. F
8 Die Mutter hat an dem Tag nicht im Haushalt gearbeitet. R

2 b Hören Sie sich die Aufnahme noch einmal an. Beantworten Sie die Fragen auf Deutsch.

Beispiel: 1 einen Kinogutschein
1 Was hat Thomas seinem Freund geschenkt?
2 Was fand Thomas super beim Gokart fahren? Er hat gewonnen
3 Wo hat die Party geendet? Pizza essen gegangen
4 Was ist ein anderer Name für Eid? ein ~~Feste~~ Zuckerfeste
5 Was beschreibt Aysha als schön? die atmosphere
6 Welche Blumen hat Markus seiner Mutter geschenkt? (Strauß)rosen
7 Was war an dem Tag besonders schön für die Mutter? Sie ase hausarbeit für die gemacht haben
8 Was haben sie nach dem Mittagessen gemacht? spazieren

G 3 Das Imperfekt von *geben*, *haben* und *sein*. Lesen Sie F4 in der Grammatik. Setzen Sie die richtigen Formen des Imperfekts in die Sätze ein.

Meine Schulabschlussfeier

Endlich habe ich meine Mittlere Reife! Gestern haben wir unseren Schulabschluss gefeiert. 200 Schüler und ihre Familien **(1)**.......... (*sein*) in der Aula versammelt. Unsere Lehrer kamen auch und natürlich **(2)**.......... (*sein*) die Direktorin auch da und hat eine lange Rede gehalten. Die meisten meiner Freunde **(3)**.......... (*sein*) sehr emotional und **(4)**.......... (*haben*) Tränen in den Augen. Danach **(5)**.......... (*geben*) es ein Büffett mit leckerem Essen und später **(6)**.......... (*geben*) es auch noch eine Disco. Es **(7)**.......... (*sein*) ein unvergesslicher Tag. Ich **(8)**.......... (*haben*) viel Spaß und kam erst nach Mitternacht nach Hause.

4 Partnerarbeit. Führen Sie einen Dialog zum Thema „Feste".
1 Welche Feste feiert deine Familie?
2 Was braucht man deiner Meinung nach für ein gutes Fest?
3 Was hast du letztes Jahr gefeiert? Wie war das?
4 Was wirst du nächstes Jahr feiern?
5 Findest du Feste feiern wichtig?

5 a Sie schreiben ein Blog über Feste. Schreiben Sie 130–140 Wörter.
- Sagen Sie, ob Sie gern auf Familienfeste gehen.
- Sagen Sie, welche Nachteile Familienfesten haben können.
- Erzählen Sie, was Sie in letzter Zeit gefeiert haben.
- Beschreiben Sie, wie die letzte Familienfeier war.
- Sagen Sie, wie Sie Ihren nächsten Geburtstag feiern möchten.

5 b Lesen Sie das Blog in Übung 1 noch einmal. Kopieren Sie den dritten Absatz und unterstreichen Sie alle Verben im Imperfekt. Übersetzen Sie die Verben in Ihre Sprache.

Beispiel: Nach der kurzen Zeremonie im Standesamt <u>gab</u> es kleine Häppchen und ein paar Spiele im Freien.

87

2.6 Going on holiday

2.6a Ferienunterkünfte und Ferienziele

Einsteigen

★ Etwas über Länder und Ferienunterkünfte lernen
★ *ich möchte* + Infinitiv

1 a Welcher Satz (1–8) passt zu welchem Bild (A–H)?

Beispiel: 1 F

Ferienideen

1. In unserem vier Sterne Hotel hier in Prag, in Tschechien, ist alles inklusive!
2. New York ist das perfekte Ziel für eine Städtereise!
3. Sie wollen Ski fahren? Wir bieten Ihnen die gemütlichsten Ferienhäuser in der Schweiz zu guten Preisen!
4. Warum nicht in einer Jugendherberge übernachten? So sparst du Geld! Deutschland hat tausende von Jugendherbergen für dich.
5. Unser Campingplatz hier an der Ostsee, im Norden von Polen, ist das ganze Jahr geöffnet.
6. Sommer, Sonne, Strand und Meer? Hier in Italien haben wir den perfekten Strandurlaub für dich!
7. Paris bietet Kultur und Romantik. Perfekt für Pärchen!
8. Spanien bietet schönes Wetter, gutes Essen und Entspannung pur zu sehr guten Preisen!

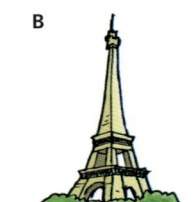

1 b Lesen Sie die Sätze noch einmal und finden Sie sechs Länder. Kopieren Sie sie und übersetzen Sie sie in Ihre Sprache.

Beispiel: Tschechien

2 Acht Leute sprechen über ihre Ferienpläne. Welche Aussage (1–8) passt: P (positiv), N (negativ) oder P+N (positiv und negativ)?

Beispiel: 1 P

SECTION 2: MY FAMILY AND MY FRIENDS, AT HOME AND ABROAD

3 *Ich möchte* + Infinitiv. Lesen Sie F7 in der Grammatik. Welches Wort passt zu welchem Satz (1–8)?

Beispiel: 1 möchte

1 Ich .... nach Dubai fliegen.
2 Ich möchte .... campen gehen.
3 Ich möchte Strandurlaub ....
4 Ich möchte in einem Hotel ....
5 Ich möchte .... mit dem Flugzeug fliegen.
6 Ich .... keinen Kultururlaub machen.
7 .... möchte in einem Ferienhaus übernachten.
8 Ich möchte nach Paris ....

möchte	fahren	nicht	möchte
ich	machen	nicht	übernachten

4 a Der Laut *ai*. Hören Sie sich den Satz an und trennen Sie die Wörter. Wiederholen Sie den Satz dreimal. Achten Sie auf die Aussprache. Übersetzen Sie den Satz in Ihre Sprache. Lernen Sie den Satz auswendig.

DiebayrischeMaikewillnachJamaikafliegenundHaiesehenwährendKaivonFrankfurtam-MainimMainachHawaiifliegenwird.

4 b Partnerarbeit. Sagen Sie den Satz in Übung 4a. Wer kann das am besten?

5 Partnerarbeit. Führen Sie einen Dialog zum Thema „Mein Traumurlaub".
1 Wohin möchtest du fahren?
2 Mit wem möchtest du in die Ferien fahren?
3 Wo möchtest du übernachten?
4 Was möchtest du da drüben machen?

Ich möchte	nach Deutschland, Spanien, Frankreich, England, Holland, Italien, Österreich, Amerika, Tunesien, China, Russland, Mexiko, Polen, Portugal, etc	fahren.
	in die Schweiz, in die Türkei	
Ich möchte mit	meiner Familie meiner Mutter / meinem Vater / meinen Freunden / meinem Freund / meiner Freundin	fahren.
Ich möchte	in einer Jugendherberge / in einem Hotel / in einer Pension / in einem Ferienhaus / auf einem Campingplatz	übernachten.
Ich möchte	die Freiheitsstatue, das Berliner Tor, die Pyramiden, Notre Dame sehen. Pizza, Schnitzel, Kebab, Sushi, usw. essen. Souvenirs, Kleidung, Schmuck, usw. kaufen. an den Strand, ins Museum, auf ein Konzert, in die Berge gehen.	

6 a Lösen Sie die Anagramme. Welche Infinitive sind das?

Beispiel: 1 fliegen

1 egilfne   3 ütrnaehbcen   5 ebusnche
2 necham   4 ilbebne   6 eehgn

6 b Schreiben Sie Sätze mit *ich möchte (nicht)* zu den Wörtern 1–8. Die Infinitive aus Übung 6a helfen Ihnen.

Beispiel: 1 Ich möchte (nicht) nach Amerika fliegen.

1 Amerika   5 Strandurlaub
2 Jugendherberge   6 Luxushotel
3 Städtereise   7 China
4 Ferienhaus   8 campen

2.6 GOING ON HOLIDAY

2.6b Meine Ferien

★ Ferienberichte verstehen und schreiben
★ Das Perfekt: trennbare und untrennbare Verben

Abfliegen

Melanies Sommerferien

Ich bin mit meiner Familie nach Griechenland geflogen. Wir sind in Frankfurt abgeflogen und der Flug war nur drei Stunden lang, das war ziemlich schnell. In Griechenland war es sehr heiß und sonnig, so dass ich mich jeden Tag am Strand gesonnt habe. Das Meer war auch sehr schön, deshalb bin ich oft geschwommen. Das Beste war das Essen! Wir haben auch etwas von der Kultur gesehen und sind mit einer Reisegruppe zur Akropolis gefahren, wo ich viele Fotos gemacht habe. Das war sehr beeindruckend und interessant. Als wir am letzten Tag abgereist sind, habe ich geweint, weil alles so toll war. Aber ich habe mir fest vorgenommen, bald wieder nach Griechenland zu fliegen. Ich kann Griechenland als Ferienziel jedem empfehlen! In meinem nächsten Blog werde ich mehr über das Hotel schreiben.

1 Lesen Sie das Blog. Wählen Sie die richtige Antwort (A–D).

Beispiel: 1 B

1 Melanie hat in Griechenland …
  A gearbeitet.
  B Urlaub gemacht.
  C Freunde besucht.

2 Der Flug war …
  A nicht sehr lang.
  B bequem.
  C zu lang.

3 Melanie hat …
  A das Essen nicht geschmeckt.
  B die Sonne genossen.
  C nichts von der Kultur gesehen.

4 Sie hat viele Fotos …
  A von sich selbst gemacht.
  B vom Meer gemacht.
  C von einem Tempel gemacht.

5 Am Tag der Abreise …
  A war Melanie traurig.
  B hat es geregnet.
  C war Melanie froh.

6 Melanie hat vor, …
  A viel zu reisen.
  B dorthin zurückzukehren.
  C Geld zu sparen.

2 a Atila und Diane sprechen über die Sommerferien. Welche vier Sätze sind richtig? Schreiben Sie die Nummern auf.

Beispiel: 2, 4, 5, 7

~~1~~ Atila hat in einem Hotel übernachtet.
2 Atila hat seine Verwandte besucht.
~~3~~ Atila hat im Park Fußball gespielt.

SECTION 2: MY FAMILY AND MY FRIENDS, AT HOME AND ABROAD

~~4~~ Atila ist in die Disco gegangen.
~~5~~ Diane ist ans Meer gefahren.
~~6~~ Diane fand die Leute dort doof.
~~7~~ Diane hat ihren neuen Freunden ihre Telefonnummer gegeben.
~~8~~ Diane ist jeden Tag früh aufgestanden.

2 b Hören Sie sich das Gespräch noch einmal an. Korrigieren Sie die falschen Sätze.

Beispiel: 1 Atila hat ~~in einem Hotel~~ übernachtet. bei seiner Tante

3 Das Perfekt: trennbare und untrennbare Verben. Lesen Sie F3 in der Grammatik. Tragen Sie die Partizipien ein.

Beispiel: 1 abgefahren

1 Gestern sind wir um sechs Uhr .... (*abfahren*).
2 Wir haben dem Lehrer .... (*zuhören*).
3 Wir haben viel .... (*lachen*).
4 Leider bin ich im Park .... (*hinfallen*).
5 Tanja hat zu viele Kekse .... (*essen*).
6 Das Flugzeug ist verspätet .... (*abfliegen*).
7 Wir haben interessante Gebäude .... (*sehen*).
8 Es war heiß, als wir .... (*ankommen*) sind.

4 a Partnerarbeit. Rollenspiel: Sie planen die nächsten Ferien mit Ihrem Freund / Ihrer Freundin aus der Schweiz. Person A stellt die Fragen und Person B beantwortet sie.

1 A Hallo! Wo machst du gern Urlaub? B …
2 A Wo übernachtest du am liebsten? Warum? B …
3 A Möchtest du lieber in eine Stadt oder ans Meer? B …
4 A Wo warst du in den letzten Ferien? B …
5 A Was meinst du, werden wir nach der Ankunft machen? B …

4 b Tauschen Sie die Rollen.

Ich fahre / fliege gern		nach	Spanien / Frankreich / Italien / Amerika.
		in die	Türkei / Schweiz / Berge.
Ich übernachte am liebsten Ich bleibe am liebsten		in einer Jugendherberge, in einem Hotel, auf einem Campingplatz, in einer Pension,	weil das billig / günstig / bequem / praktisch ist. weil man Leute kennenlernen kann.
Ich möchte lieber	in eine Stadt, weil / da		man dort mehr machen kann. es dort viel zu sehen gibt. ich mich für Kultur interessiere. ich das Meer langweilig finde.
	ans Meer, weil / da		ich mich gern sonne. ich Wassersport liebe. ich gern schwimme. ich es entspannend finde.
Letztes Jahr war ich	in		Österreich / Tunesien / Griechenland / Kanada.
	in der		Türkei / Schweiz.
Ich denke, wir werden Hoffentlich werden wir Meiner Meinung nach werden wir			uns sonnen / viele Leute kennenlernen / einkaufen gehen / Wassersport machen / die Sehenswürdigkeiten sehen / eine Stadttour machen / viel Geld ausgehen.

5 Schreiben Sie ein Blog über Ihre besten Ferien. Beantworten Sie die folgenden Fragen und überprüfen Sie Ihren Text genau.

- Wo sind Sie hingefahren?
- Wo haben Sie übernachtet?
- Was haben Sie gemacht?
- Was war das Beste?

91

2.6 GOING ON HOLIDAY

2.6c Reisepläne

Unterwegs

★ Die nächsten Ferien planen
★ Satzbau (1)

Esthers Reisepläne

Hi Caroline,

A dieses Jahr habe ich extra viel gearbeitet und Geld gespart, damit ich dich im Sommer besuchen kann. Ich denke, dass ich im August für zwei Wochen kommen werde. Wahrscheinlich werde ich am zehnten August mit Lufthansa von Hamburg nach New York fliegen.

B Wirst du mich am Flughafen treffen? Obwohl ich ganz gut Englisch spreche, werde ich etwas nervös sein in so einer großen und fremden Stadt.

C Ich möchte während meiner Reise gern die Freiheitsstatue und das Empire State Building sehen. Vielleicht können wir an einem Tag gemütlich im Central Park spazieren gehen. Ich werde sicher so viel Fotos machen, wie noch nie in meinem Leben. Außerdem habe ich vor, in Bloomingdales einkaufen zu gehen. Ich möchte eine Handtasche kaufen.

D Werden wir einmal in China Town essen gehen? Ich liebe chinesisches Essen und sicher schmeckt es dort noch besser, als ich es hier in Hamburg kenne.

E Leider werde ich nur eine Woche bei dir bleiben, so dass ich noch andere Städte in Amerika sehen kann. Ich werde wahrscheinlich nach New Orleans fliegen, weil ich schon immer dorthin wollte.

F Dort möchte ich zu einem Jazzkonzert gehen und das Französische Viertel besuchen. Ich bin ein totaler Jazzfan und freue mich riesig auf diese Reise.

Umarmungen und Küsse!
Esther

1 a Lesen Sie Esthers E-Mail. Welcher Titel (1–6) passt zu welchem Absatz (A–F)?

Beispiel: A 2
1. die Ankunft
2. Reisevorbereitungen
3. das nächste Reiseziel
4. Pläne für den Aufenthalt in New Orleans
5. Sehenswürdigkeiten
6. kulinarische Genüsse

1 b Lesen Sie die E-Mail noch einmal. Schreiben Sie R (richtig), F (falsch) oder NA (nicht angegeben).

Beispiel: 1 F
1. Esther hat Geld für die Reise geschenkt bekommen.
2. Sie möchte vom Flughafen abgeholt werden.
3. Sie möchte berühmte Gebäude sehen.
4. Sie hat extra einen neuen Fotoapparat gekauft.
5. Sie isst gern chinesisches Essen.
6. Sie möchte nicht nur New York sehen.
7. New Orleans ist bekannt für Rapmusik.
8. Sie hat Angst vor der Reise.

SECTION 2: MY FAMILY AND MY FRIENDS, AT HOME AND ABROAD

2 Achim und Maria reden über die Ferien. Wählen Sie die zwei Aussagen (A–E), die den jeweiligen Absatz zusammenfassen.

Beispiel: 1 B, ~~A~~ E. ~~D~~   2, D, E, ~~B~~
1   A   Achim will einen Reiseführer über Kroatien kaufen.
    ~~B~~   Maria muss vor der Reise noch Geld verdienen.
    ~~C~~   Marias Vater wird ihr für die Reise Geld zum Geburtstag schenken.
    ~~D~~   Sie werden nach Kroatien fliegen.
    ~~E~~   Es macht ihnen nichts aus, wenn die Reise länger dauert.
2   ~~A~~   Sie werden in einem Hotel übernachten.
    ~~B~~   Maria findet Jugendherbergen nicht so gut.
    ~~C~~   Sie müssen noch ein Zelt kaufen.
    ~~D~~   Achim wird im Internet nach Zeltplätzen suchen.
    ~~E~~   Sie wollen in Kroatien nicht tauchen gehen.

3 a Satzbau. Lesen Sie H1 und H2 in der Grammatik. Ordnen Sie die Sätze. Beginnen Sie mit dem unterstrichenen Wort.

Beispiel: 1 Viele Leute bevorzugen das Hotel, weil es bequem ist.
1 Leute – <u>Viele</u> – bevorzugen – weil – bequem – ist – das – Hotel – es
2 <u>Jeden</u> – fahren – an – den – wir – Sommer – Atlantik.
3 Spaß – Meinung – macht – Campen – viel – <u>Meiner</u> – nach
4 ich – mit – Schwester – nach – Irland – <u>Letztes</u> – bin – meiner – Jahr – gefahren.
5 in – war – Ghana – <u>Als</u> – geregnet – es – Tag – jeden – hat – ich
6 <u>Ich</u> – obwohl – kalt – geschwommen – bin – Meer – Wasser – im – das – war
7 den – ich – gern – <u>In</u> – zu – Hause - bleibe – Sommerferien
8 <u>Ich</u> – letztes – nach – Hamburg – gefahren – mit – bin – Jahr – dem – Zug

3 b Lesen Sie Esthers E-Mail in Übung 1 noch einmal und finden Sie zwei Sätze, die „Zeit, Art, Ort" beinhalten. Kopieren Sie die Sätze und übersetzen Sie sie in Ihre Sprache.

Beispiel: Wahrscheinlich werde ich …

4 Partnerarbeit. Führen Sie einen Dialog zum Thema „Ferienpläne".
1 Welche Unterkunft bevorzugst du?
2 Was ist deiner Meinung nach wichtig in einem Hotel?
3 Wohin wirst du in den nächsten Ferien reisen?
4 Was hast du über dieses Land gehört oder gelesen?
5 Was ist deiner Meinung nach besser: Sommerferien oder Winterferien?

5 Sie schreiben eine E-Mail an Ihren deutschen Brieffreund / Ihre deutsche Brieffreundin über Ihren bevorstehenden Besuch. Schreiben Sie 130–140 Wörter.
- Sagen Sie, was Sie über die bevorstehende Reise denken.
- Sagen Sie, wie Sie anreisen werden und wann Sie ankommen werden.
- Beschreiben Sie, wie Sie sich schon auf die Reise vorbereitet haben.
- Sagen Sie, was Sie bei Ihrem Besuch machen möchten.
- Sagen Sie, worauf Sie sich besonders freuen.

2.7 Family and friends abroad

2.7a 5000 Kilometer weg … aber auch nahe

Einsteigen

★ Über sicheren Kontakt mit Leuten in anderen Ländern sprechen
★ Nationalitäten, Länder und Sprachen

1 Chat im Forum. Wie bleibt man in Kontakt mit Freunden und Familien im Ausland? Welcher Satz (1–8) passt zu welchem Bild (A–H)?

Beispiel: 1 E

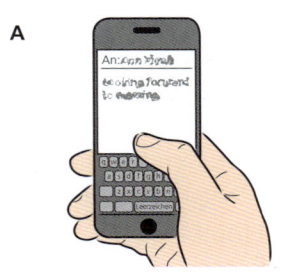

1	Meine Eltern schicken mir eine Postkarte, wenn sie im Urlaub sind.
2	Mein Onkel und meine Tante wohnen in der Türkei und sie schicken Fotos per E-Mail.
3	Meine Freundin wohnt in den USA – wir teilen Selfies mit einer Foto-App.
4	Meine Großeltern wohnen in Australien und wir chatten oft per Videoanruf.
5	Ich kommuniziere mit meiner Familie in Jordanien per SMS, auch auf Arabisch.
6	Ich nehme Videos auf Deutsch für meine Freunde im Ausland auf, aber mein Videokanal ist nicht öffentlich.
7	Meine Oma ist Polin und Technikfeind! Sie hat keinen Computer, deshalb rufe ich sie an.
8	Soziale Netzwerke sind sehr nützlich, aber man sollte keine Fremden vernetzen.

2 Leila und Ali sprechen per Videoanruf. Welches Wort (A–O) passt in welche Lücke (1–8)?

Beispiel: 1 N

94

SECTION 2: MY FAMILY AND MY FRIENDS, AT HOME AND ABROAD

Ali ist Deutscher und spricht mit seiner Cousine Leila. Leila denkt, ihr Vater Said ruft ihre **(1)** .... an, weil er nicht auf **(2)** .... spricht. Leila wohnt in der **(3)** .... und ihre **(4)** .... hat gerade ein Baby bekommen. Ali hat viele Fotos per **(5)** .... erhalten. Alis Bruder wohnt in **(6)** .... und schickt **(7)** .... an seiner Familie. Sie sind **(8)** ....

A Videos	**D** öffentlich	**G** Postkarten	**J** Amerika	**M** Tante
B Türkei	**E** arabisch	**H** E-Mail	**K** Dubai	**N** *Oma*
C privat	**F** Schwester	**I** Post	**L** Schweiz	**O** deutsch

3 Länder, Sprachen und Nationalitäten. Wählen Sie das richtige Wort und schreiben Sie es mit einem Großbuchstaben, wenn nötig.

Beispiel: Meine Eltern wohnen jetzt in Frankreich.
1 Meine Eltern wohnen jetzt in (französisch / frankreich / franzosen).
2 Ich wohne seit drei Jahren in (deutsch / deutschland / deutscher).
3 Wir sprechen zu Hause (chinesisch / china / chinese).
4 Wir wohnen in der Schweiz, aber mein Vater ist (polnisch / polen / pole).
5 Mein Bruder ist mit einer (spanisch / spanien / spanierin) verheiratet. Sie ist schwanger.
6 Ich möchte in (deutsch / österreich / österreicher) wohnen.
7 Ich habe beim Reisen (japanisch / japan / japaner) gelernt.
8 Fährst du nach (italienisch / italien / italiener)?

4 a Der Laut *er*. Hören Sie sich den Satz an und trennen Sie die Wörter. Wiederholen Sie den Satz dreimal. Achten Sie auf die Aussprache. Übersetzen Sie den Satz in Ihre Sprache. Lernen Sie den Satz auswendig.

BerthakannsichnichtimInternetsichereinloggenodervonNetzwerkeninSerbienherunterladen.

4 b Partnerarbeit. Sagen Sie den Satz in Übung 4a. Wer kann das am besten?

5 Partnerarbeit. Führen Sie einen Dialog zum Thema „Mit Familie und Freunden im Ausland kommunizieren".
1 Hast du Familie oder Freunde im Ausland? Wo wohnen sie?
2 Wie viele Sprachen sprechen deine Familie und Freunde?
3 Wie kommunizierst du mit Familie und Freunden im Ausland?
4 Kommunizierst du lieber per Internet, SMS oder Telefon und warum?

6 Schreiben Sie ein Profil für soziale Netzwerke für einen Star oder einen Freund / eine Freundin mit einer internationalen Familie. Beantworten Sie folgende Fragen:
- Woher kommt er / sie und wo wohnt er / sie jetzt?
- Welche Sprachen spricht er / sie?
- Wie kommuniziert er / sie mit seiner / ihrer Familie und seinen / ihren Freunden?

Er/Sie ist… / Seine/Ihre Mutter ist… / Sein/Ihr Vater ist …	Deutsche(r) / Franzose(r). Engländer(in) / Amerikaner(in) / Inder(in). Pole(n) / Chines(e)(in) / Türk(e)/(in).
Er/Sie kommt aus… / wohnt in … Seine/Ihre Familie / Freunde wohnt/wohnen in …	Deutschland / Frankreich. Großbritannien / den USA / Indien. Polen / China / der Türkei.
Er/Sie spricht (zu Hause / bei der Arbeit) …	deutsch / französisch / englisch / hindi / polnisch / chinesisch / türkisch.
Er/Sie schickt … Er/Sie kommuniziert mit seiner/ihrer Familie per …	Fotos / E-Mails / Selfies / Videos / Briefe / SMS / Telefon / E-Mail / Video-Anruf.

2.7 FAMILY AND FRIENDS ABROAD

2.7b Schön, dass du da bist!

★ Über Besuche mit Familie und Freunden im Ausland sprechen
★ Formale und informelle Sprache

Beate wohnt mit ihrem Mann Tariq und ihren Kindern jetzt in den USA. Die Familie besucht Beates Eltern in Deutschland.

Beate Hallo Mama und Papa! Es ist so schön, euch endlich wiederzusehen! Wie geht's euch?
Oma Sehr gut, danke und dir? Wie war die Reise?
Beate Alles hat gut geklappt und die Kinder haben den Flug toll gefunden. Na, mein Liebchen – sag hallo zu deiner Omi!
Oma Grüß dich, mein Schatz! Und wie heißt du denn?
Beate Ah, sie ist ganz schüchtern, oder? Das ist Clara, unsere Jüngste.
Opa Ach ja, du warst nur ein Baby, als wir dich zuletzt gesehen haben. Und dort ist die Sabine, oder? Meine Güte, wie ihr gewachsen seid, ihr beide!
Sabine Hallo, Opa! Ich bin jetzt fünf Jahre alt!
Opa Nee, das kann nicht sein! Donnerwetter!
Beate Also, Mama, du kennst meinen Mann noch nicht, denn er war in Jordanien, als wir das letzte Mal hier waren. Mama, das ist Tariq.
Oma Wie schön, dich endlich kennenzulernen, Tariq!
Tariq Es freut mich, Frau Gerstl. Wie geht es Ihnen?
Oma Tja, wir können uns duzen, weil du Familie bist. Herzlich willkommen! Also, kommt doch rein – habt ihr viel Gepäck dabei?

Beate und ihre Familie beim Besuch

1 a Lesen Sie den Dialog und finden Sie die Synonyme.

Beispiel: Und wie heißt du denn?
1 Und was ist dein Name?
2 Mutti, ich stelle dir Tariq vor.
3 Die Reise ist sehr gut verlaufen.
4 Es ist gut, dass wir uns jetzt kennen lernen.
5 Hallo, Liebling!
6 Nein, das kann ich nicht glauben!
7 Mensch, ihr seid jetzt so groß!
8 Du kannst auch „du" zu mir sagen.

1 b Lesen Sie den Dialog noch einmal. Es gibt viele Interjektionen. Wie sagt man diese Ausdrücke in Ihrer Sprache?

Beispiel: na = so / well, …

na	ach ja	Donnerwetter	tja
ah	meine Güte	also	herzlich willkommen!
oder?	nee	wie schön	

SECTION 2: MY FAMILY AND MY FRIENDS, AT HOME AND ABROAD

2 Acht Leute lernen einander kennen oder verabschieden sich. Kopieren Sie die Tabelle und füllen Sie sie aus (1–8).

kennenlernen (formal)	kennenlernen (informell)	sich verabschieden (formal)	sich verabschieden (informell)
	Beispiel: 1		

3 *Du* und *Sie*. Lesen Sie D2 in der Grammatik. Schreiben Sie die Sätze mit dem richtigen Wort.

Beispiel: 1 Wie heißt du?
1 du: Wie (heißt / heißen) du?
2 Sie: (Kennst / Kennen) Sie meine Frau?
3 du: (Hast / Haben) du Geschwister?
4 Sie: Wie geht es (dir / Ihnen)?
5 du: Ich wünsche (dir / Ihnen) eine gute Reise.
6 Sie: Es war sehr schön, (dich / Sie) kennenzulernen.
7 du: (Hast / Haben) du (dein / Ihr) Gepäck dabei?
8 Sie: Bitte (nehmen / nimmst) Sie Platz, Frau Wallner.

4 a Partnerarbeit. Rollenspiel: Sie besuchen einen Freund / eine Freundin und seine / ihre Familie im Ausland. Person A stellt die Fragen und Person B beantwortet sie.
1 A Hallo! Es ist so schön, dich wiederzusehen! Wie geht's dir? B …
2 A Und wie geht es deiner Familie? B …
3 A Wie war die Reise? B …
4 A Was hast du unterwegs gemacht? B …
5 A Was würdest du gern morgen machen? B …

4 b Tauschen Sie die Rollen.

5 Schreiben Sie passende Sätze zu jeder Situation. Vorsicht! *Sie* oder *du*?

Beispiel: 1 Hallo, Maya! Wie geht's dir?
1 Sie begrüßen einen Freund / eine Freundin.
2 Sie begrüßen die Großmutter eines Freundes, die Sie noch nicht kennen.
3 Sie besuchen Ihren Cousin, den Sie seit langem nicht gesehen haben.
4 Sie stellen sich einer jungen Person vor und fragen nach ihrem Namen.
5 Ihr Onkel kommt nach einer langen Reise bei Ihnen an.
6 Sie stellen einen Freund / eine Freundin Ihren Eltern vor.
7 Sie sind bei Ihren Großeltern und fahren jetzt nach Hause.
8 Sie haben die Mutter eines Freundes neulich kennengelernt und fahren jetzt nach Hause.

2.7 FAMILY AND FRIENDS ABROAD

2.7c Das war ein toller Besuch!

Unterwegs

- Besuche im Ausland beschreiben
- Das Imperfekt

Die ganze Familie wieder zusammen

Vor dreißig Jahren sind meine Eltern, die in Malaysia erzogen wurden, nach Deutschland gekommen, um zu arbeiten. Meine ältere Schwester und ich sind in Köln aufgewachsen, aber wir haben immer enge Beziehungen zum Heimatland meiner Eltern gehalten. Unsere Großeltern wohnen noch dort und glücklicherweise sind sie keine Technikfeinde, also bleiben wir per Videoanruf in Verbindung.

Meine kleinen Neffen und ich

Es war daher keine Überraschung, als wir erfuhren, dass meine Schwester einen Malaysier heiratet und jetzt wohnen sie mit ihren zwei Söhnen in Kuala Lumpur. Letzten Monat habe ich zum ersten Mal mit meinen Eltern die Familie besucht, was prima war.

Ich habe es toll gefunden, meine kleinen Neffen endlich kennenzulernen, weil sie so süß sind! Am Anfang war es ein bisschen schwierig zu kommunizieren, muss ich sagen, denn sie sprechen kein Deutsch und mein Malaysisch ist auch nicht besonders gut. Jedoch hatten die Jungen immer gute Laune und wir hatten auf jeden Fall viel Spaß zusammen!

Die Großstadt war ein Kulturschock für mich, weil es so viele Wolkenkratzer gab und die Straßen voller Leute waren. Im Vergleich dazu ist meine eigene Stadt sehr klein! Meine Schwester war allerdings eine tolle Reiseleiterin und sie hat uns alle Sehenswürdigkeiten gezeigt, zum Beispiel die Batu-Höhlen, in denen ein wunderschöner Hindu-Tempel steht, der von einer riesigen goldenen Statue bewacht wird. Es war unglaublich und ich machte natürlich viele Fotos für meine Instagram-Seite!

Am besten war der große Familientreff mit so vielen Familienangehörigen, die ich entweder niemals oder seit Jahren nicht gesehen hatte. Wir aßen ein herzhaftes Abendessen und redeten viel und einen Abend lang war es so, als ob wir schon immer zusammen gewesen wären. Ich würde sehr gern wieder nach Malaysia fahren, aber in der Zwischenzeit werde ich selbstverständlich weiterhin meine Familie mailen und hoffentlich meine Malaysisch ein bisschen verbessern …

Mahia

1 Lesen Sie das Blog und beantworten Sie die Fragen auf Deutsch.

Beispiel: 1 vor 30 Jahren

1. Wann sind Mahias Eltern nach Deutschland gezogen? (1)
2. Wie findet ihre Familie in Malaysia Technologie? (1)
3. Wo wohnt Mahias Schwester und mit wem lebt sie zusammen? Nennen Sie **zwei** Details. (2)
4. Was war das Problem mit Mahias Neffen? (1)
5. Wie vergleicht sie ihre Stadt mit Kuala Lumpur? Nennen Sie **zwei** Details. (2)

SECTION 2: MY FAMILY AND MY FRIENDS, AT HOME AND ABROAD

6 Was hat Mahia mit ihrer Schwester gemacht? (1)
7 Was war der Höhepunkt des Besuchs für Mahia? (1)
8 Wie fühlte sie sich bei ihrer Familie? (1)

2 Interview im Schulradiofunk. Johannes beschreibt einen Besuch im Ausland. Wählen Sie die richtige Antwort (A–D).

Beispiel: 1 C

1 Welche Verbindung mit Namibia haben die Eltern von Johannes?
  A Sie sind Namibier.
  B Sie wohnen in Namibia.
  C Sie haben in Namibia gewohnt.
  D Sie wollen nach Namibia umziehen.
2 Wie alt ist Benjamin?
  A älter als Johannes
  B so alt wie Johannes
  C jünger als Johannes
  D viel jünger, denn er ist der Sohn von Johannes
3 Wie war das Wetter?
  A sehr regnerisch   B sehr kalt
  C gar nicht regnerisch   D wolkig
4 Wie hat Johannes die Familie gefunden?
  A Er wollte nicht mit ihnen ausgehen.
  B Er hat die Abende zusammen langweilig gefunden.
  C Er mochte Benjamin gar nicht.
  D Er hat gern Zeit mit ihnen verbracht.
5 Wie vergleicht Johannes Namibia und Deutschland?
  A Er findet Windhoek ein bisschen wie seine Stadt.
  B Er findet Namibia ganz anders als Deutschland.
  C Er findet keinen Unterschied zwischen Namibia und Deutschland.
  D Er wohnt lieber in Deutschland als in Namibia.
6 Was will Johannes in der Zukunft machen?
  A verschiedene Länder in Afrika besuchen
  B auf die Uni in Namibia gehen
  C in Namibia wohnen
  D nie wieder nach Afrika fahren

3 Das Imperfekt. Lesen Sie F4 in der Grammatik. Wählen Sie das richtige Verb und ergänzen Sie die Sätze mit der richtigen Form des Verbes im Imperfekt.

Beispiel: 1 Das Haus war klein, aber gemütlich.

1 Das Haus .... klein, aber gemütlich.
2 Wir .... drei Wochen bei Freunden.
3 Im Garten hinter dem Haus.......... es ein Freibad.
4 Meine Eltern .... gute Erinnerungen.
5 Ich .... jeden Tag um sieben Uhr aufstehen.
6 Ich .... Handball mit meinen Freunden.
7 .... er viele Andenken?
8 Du .... deine Familie im Ausland.

haben	*sein*	geben	sein
spielen	müssen	besuchen	kaufen

4 Partnerarbeit. Führen Sie einen Dialog zum Thema „Mein letzter Besuch im Ausland".
  1 Wann und wohin bist du gefahren?
  2 Wen hast du besucht und woher kennst du die Person?
  3 Was hast du gemacht?
  4 Wie war die Stadt, im Vergleich zu deiner Stadt?
  5 Möchtest du auch im Ausland wohnen und warum (nicht)?

5 Sie haben Ihren deutschen Brieffreund / Ihre deutsche Brieffreundin besucht. Schreiben Sie eine E-Mail, um ihm / ihr zu danken. Schreiben Sie 130–140 Wörter.
- Sagen Sie, wie Sie den Besuch gefunden haben.
- Erzählen Sie, was der Höhepunkt des Besuchs war.
- Vergleichen Sie seine / ihre Stadt mit Ihrer Stadt.
- Schreiben Sie, was für Pläne Sie haben, wenn er / sie besuchen wird.
- Schreiben Sie, welche andere Länder Sie auch besuchen möchten und warum.

Vokabular

2.1a Familie und Haustiere

der Bruder brother	**der Hund** dog	**der Opa** grandad, grandpa
der Cousin / die Cousine cousin	**das Kaninchen** rabbit	**die Schildkröte** tortoise
die Eltern (pl) parents	**die Katze** cat	**die Schwester** sister
die Familie family	**das Kind** child	**der Sohn** son
die Geschwister (pl) siblings	**die Maus** mouse	**Stief-** step-
die Großeltern (pl) grandparents	**die Mutter** mother	**die Tante** aunt
die Großmutter grandmother	**der Neffe** nephew	**die Tochter** daughter
der Großvater grandfather	**die Nichte** niece	**der Vater** father
Halb half-	**die Oma** nan, grandma	**die Verwandten (pl)** relations
das Haustier pet	**der Onkel** uncle	**der Zwilling(e)** twin(s)

2.1b Beschreibungen

ähnlich similar	**glatt** straight	**mager** skinny
das Auge eye	**die Glatze** bald head	**mittelgroß** medium-sized
aussehen to appear, look	**grau** grey	**rot** red
der Bart beard	**groß** big	**schlank** slim
blau blue	**die Größe** size, height	**der Schnurrbart / Schnäuzer** moustache
blond blond	**grün** green	**schwarz** black
braun brown	**die Haare (pl)** hair	**unterschiedlich** different
die Brille glasses	**hässlich** ugly	**ursprünglich** original(ly)
dick fat	**die Herkunft** family background	**weiß** white
dunkel dark	**das Hörgerät** hearing aid	**wellig** wavy
dünn thin	**klein** small	
das Gesicht face	**lang** long	

2.1c Charaktereigenschaften beschreiben

angenehm pleasant	**(un)höflich** (im)polite	**streng** strong; strict
ärgerlich annoyed, cross	**klug** clever	**süß** sweet
ehrlich honest	**lachen** to laugh	**sympathisch** nice
faul lazy	**lustig** funny	**traurig** sad
der/die Freund(in) friend	**nützlich** useful	**unartig** naughty
geschwätzig talkative	**der Rat** advice	**die Unterstützung** support
gesellig sociable	**schüchtern** shy	**verständnisvoll** understanding
gierig greedy	**sportlich** sporty	**verwöhnt** spoilt

2.1d Beziehungen zu Familie und Freunden

auskommen (mit) to get along (with)	**die Freundschaft** friendship	**reden** to talk
die Beziehung relationship	**geschieden** divorced	**selbstsicher** self-confident
dumm stupid	**glücklich** happy	**sich ärgern / streiten** to argue
eifersüchtig jealous	**großzügig** generous	**unterstützen** to support
einzig only	**jünger** younger	**sich verstehen** to get along
eng close; narrow	**neidisch** jealous	

2.2a Der Tagesablauf zu Hause

sich anziehen to get dressed	**früh** early	**nach oben gehen** to go upstairs
aufstehen to get up	**frühstücken** to have breakfast	**nach unten gehen** to go downstairs
aufwachen to wake up	**die Haarbürste / Zahnbürste** hair / toothbrush	**oft, öfters** often
sich ausziehen to get undressed		**sich die Haare waschen** to wash your hair
baden to have a bath	**sich die Haare kämmen / bürsten** to comb / brush your hair	**sich die Zähne putzen** to clean your teeth
bürsten to brush		**sich rasieren** to have a shave
danach afterwards	**immer** always	**das Shampoo** shampoo
dann then	**der Kamm** comb	**spät** late
das Deo deodorant	**klingeln** to ring	**der Tagesablauf** daily routine
die Dusche shower	**morgens** in the morning(s)	**der Wecker** alarm clock
(sich) duschen to have a shower	**müde / schläfrig** tired	**in der Woche** in the week

SECTION 2: MY FAMILY AND MY FRIENDS, AT HOME AND ABROAD

2.2b Die Hausarbeit

- **der Abfall** rubbish
- **abräumen** to clear (table)
- **abwaschen** to wash up
- **aufräumen** to tidy up
- **ausmachen** to switch off
- **die Bettdecke** blanket, duvet
- **das Bettlaken / Betttuch** bedsheet
- **das Bett machen/frisch beziehen** to make the bed/change the sheets
- **das Bügeleisen** iron
- **bügeln** to iron
- **decken** to set; to cover
- **der Geschirrspüler** dishwasher
- **die Hausarbeit** housework
- **der Haushalt** household
- **hilfreich** helpful
- **das Kopfkissen** pillow
- **die Lampe** lamp
- **Pflanzen anbauen** to grow plants
- **putzen** to clean
- **saubermachen** to clean
- **schmutzig** dirty
- **schneiden** to cut
- **der Schrank** cupboard
- **die Seife** soap
- **das Spülbecken** sink
- **die Tischdecke** tablecloth
- **die Verantwortung** responsibility
- **sich auf etwas vorbereiten / fertigmachen** to prepare for something
- **Wäsche waschen** to do the washing
- **die Wolldecke** blanket
- **das Zimmer** room

2.2c Ich helfe meiner Familie

- **abspülen** to wash up
- **auf jdn. aufpassen** to look after sb
- **berufstätig** employed
- **einfach** easy, simple
- **einkaufen gehen** to go shopping
- **erwachsen** grown up
- **das Erwachsenenleben** adult life
- **der Feierabend** finishing time; evening
- **die Hausaufgaben (pl)** homework
- **helfen (geholfen)** to help
- **kochen** to cook
- **die Mehrheit** majority
- **der Nachteil** disadvantage
- **nähen** to sew
- **sauber** clear
- **Staub saugen / staubsaugen** to vacuum
- **täglich** daily
- **das Taschengeld** pocket money
- **der Teilzeitjob** part-time job
- **verdienen** to earn
- **mit Vergnügen** with pleasure
- **der Vorteil** advantage

2.3a Hobbys – Lass uns ausgehen!

- **am liebsten** best, most of all
- **der Basketball** basketball
- **einkaufen** to shop
- **einmal pro Monat / monatlich** once a month
- **fast nie** almost never
- **der Fußball** football
- **die Gymnastik** gymnastics
- **Inlineskates fahren** to go inline skating
- **jede Woche** every week
- **das Joga** yoga
- **der Jugendklub** youth club
- **der Lieblingssport** favourite sport
- **manchmal** sometimes
- **meistens** mostly
- **nie** never
- **Rad fahren** to go cycling
- **schwimmen** to swim
- **selten** rarely
- **Spaß machen** to be fun

2.3b Wann treffen wir uns?

- **am Abend** in the evening
- **am Morgen** in the morning
- **am Nachmittag** in the afternoon
- **babysitten** to babysit
- **der Bahnhof** train station
- **bestellen** to order
- **das Computerspiel** computer game
- **die Disco** disco
- **hast du Lust?** do you fancy it?/do you want to?
- **leider** unfortunately
- **Mitternacht** midnight
- **möchtest du?** would you like to?
- **passen** to suit, fit
- **die SMS** text message
- **sich treffen** to meet
- **um ... Uhr** at ... o'clock
- **um wie viel Uhr?** at what time?
- **sich verabreden** to arrange to meet
- **die Verabredung** appointment, date
- **willst du?** do you want to?
- **wo** where
- **das Wochenende** weekend
- **Zeit haben** to have time

2.3c Was für eine Woche!

- **der Arm** arm
- **das Bein** leg
- **der Gips** plaster cast
- **der Hals** throat
- **die Jacke** jacket
- **kaputt** broken
- **die Katastrophe** catastrophe
- **die Kletterhalle** climbing centre
- **knallen** to go bang, pop
- **das Knie** knee
- **der Knöchel** ankle
- **der Knochen** bone
- **das Krankenhaus** hospital
- **das Mofa** motorbike, moped
- **das Motorrad** motor bike
- **organisieren** to organise
- **das Pech** bad luck
- **das Portemonnaie** purse
- **singen** to sing
- **die Sportschuhe (pl)** trainers
- **teilen** to share
- **der Unfall** accident
- **verärgert** angry
- **verloren (verlieren)** lost
- **weh tun** to hurt

2.4a Im Imbiss

- **die Bockwurst** sausage
- **die Bratwurst** grilled sausage
- **die Currywurst** sausage with ketchup and curry powder
- **der Döner** doner kebab
- **das Eis** ice cream
- **die Flasche** bottle
- **die Folienkartoffel** jacket potato
- **der Hamburger** hamburger
- **ich hätte gern** I would like
- **ich möchte** I would like
- **der Imbiss** snack bar
- **der Kaffee** coffee
- **der Kartoffelsalat** potato salad
- **die Kugel** scoop
- **die Limo(nade)** lemonade
- **der Milchshake** milkshake
- **mit/ohne** with/without

101

die Pizza pizza
die Pommes (*pl*) chips, fries
die Portion portion

das Schaschlik shish kebab
der Tee tea
das Wasser water

die Wurst sausage

2.4b Guten Appetit!

das Abendessen dinner
danach after that
dann then
ekelhaft disgusting
erstens firstly
die Gabel fork
das Glas glass
das Hauptgericht main course
herzhaft hearty
der Hunger hunger

der Kellner waiter
die Kellnerin waitress
lecker delicious
der Löffel spoon
das Messer knife
der Nachtisch dessert
satt full
schlechte Tischmanieren bad table manners
schließlich finally

die Schüssel bowl
teilen to share
der Teller plate
die Vorspeise starter
zuerst first of all
zum Schluss finally
zweitens secondly

2.4c Essen wir heute Chinesisch oder Indisch?

authentisch authentic
bekannt well known
berühmt famous
chinesisch Chinese
dick thick
dünn thin
knusprig crispy

köstlich delicious
die Küche cuisine
das Gericht dish
indisch Indian
japanisch Japanese
libanesisch Lebanese
mild mild

probieren to try
scharf hot, spicy
schmackhaft tasty
die Speise dish
thailändisch Thai
ungesund unhealthy
würzig spicy

2.5a Besondere Anlässe in meinem Kalender

die Abifeier end-of-exams party
der Ballon balloon
Bar Mizwa bar mitzvah
bekommen to get
besonderer Anlass (*m*) special occasion
die Blume flower
das Datum date
erste Kommunion first communion
das Familienfest family party

der Feiertag holiday
der Geburtstag birthday
goldene Hochzeit golden wedding
die Hochzeitsfeier / das Hochzeitsjubiläum wedding anniversary
die Kirche church
Ostern Easter
Pralinen (*f pl*) chocolates
schenken to give a present

die Schulabschlussfeier end-of-school party
schulfrei off school
Silvester New Year's Eve
stattfinden to take place
der Valentinstag Valentine's day
Weihnachten Christmas
Weißer Sonntag Communion Sunday

2.5b Eine Party

aufhängen to hang up
aufräumen to tidy up
aufstellen to arrange
ausgeben to spend
das Brot bread
die Dekoration decoration
die Discolichter (*n pl*) disco lights
einladen to invite
erstellen to make, develop

das Fleisch meat
sich auf etwas freuen to look forward to something
geschrieben (schreiben) written
grillen to barbecue
kaufen to buy
die Knabbereien (*f pl*) nibbles
mähen to mow
der Metzger butcher

die Pizza pizza
die Playliste playlist
der Rasen lawn
vorbereiten to prepare
die Vorbereitungen (*f pl*) preparations
die Wurst sausage
der Zaun fence

2.5c Wir feiern

der Blumenstrauß bouquet
die Braut bride
der Bräutigam bridegroom
das Brautpaar bride and groom
die Einladung invitation
das Feuerwerk firework
die Flitterwochen (*f pl*) honeymoon
der Gast guest

das Geschenk present
das Getränk drink
heiraten to get married
herzlichen Glückwunsch congratulations
der Kaffee coffee
die Karte card
die Kerze candle
das Kleid dress

die Krawatte tie
der Kuchen cake
der Muttertag Mother's Day
Ringe (aus)tauschen to exchange rings
Spaß haben to have fun
tanzen to dance
der Vatertag Father's Day
die Zeremonie ceremony

2.6a Ferienunterkünfte und Ferienziele

der Aufzug / Lift lift
der Berg mountain

bleiben to stay
campen to camp

der Campingplatz campsite
sich entspannen to relax

SECTION 2: MY FAMILY AND MY FRIENDS, AT HOME AND ABROAD

fahren to go, travel	**der Kultururlaub** cultural holiday	**der Strand** beach
der Familienurlaub family holiday	**langweilig** boring	**der Strandurlaub** beach holiday
fliegen (geflogen) to fly	**das Luxushotel** luxury hotel	**teuer** expensive
das Flugzeug aeroplane	**sich sonnen** to sunbathe	**übernachten** to stay overnight
Frankreich France	**Spanien** Spain	**der Urlaub** holiday
der Golfplatz golf course	**die Städtereise** city break	**der Zug** train

2.6b Meine Ferien

abfliegen to take off	**der Atlantik** Atlantic	**die See** sea
die Abreise departure	**austauschen** to exchange	**Ski fahren** to go skiing
abreisen to leave	**beeindruckend** impressive	**die Sommerferien (*pl*)** summer holidays
die Alpen (*f pl*) Alps	**der Flug** flight	**sonnig** sunny
die Ankunft arrival	**kennenlernen** to meet	**die Türkei** Turkey
die Anreise journey; arrival	**die Ostsee** Baltic Sea	**der Wasserski** water skiing
die Antarktis Antarctica	**das Ozeanien** Oceania	**windig** windy
die Arktis Arctic	**die Reisegruppe** tour group	**die Winterferien (*pl*)** winter holidays
anreisen to travel; to arrive	**die Schweiz** Switzerland	**Zentralamerika** Central America

2.6c Zukunftspläne

ankommen to arrive	**die Gebühr** fee, charge	**der Schlafsack** sleeping bag
der Aufenthalt stay	**die Halbpension** half board	**die Sehenswürdigkeiten (*f pl*)** sights
bevorzugen to prefer	**obwohl** although	**so dass** so that
die Broschüre brochure	**die Postkarte** postcard	**sparen** to save
damit so; for this reason	**der/die Reiseleiter(in)** travel guide	**weil** because
der Fotoapparat camera	**die Reisepläne (*m pl*)** travel plans	**der Zeitraum** time period

2.7a 5000 Kilometer weg … aber auch nahe

anrufen to call, phone	**herunterladen** to download	**die Tastatur** keyboard
die App app	**Indien** India	**das Telefon** telephone
arabisch Arabic	**die Online-Sicherheit** online safety	**die Türkei** Turkey
aufladen to top up	**online stellen** to post online	**türkisch** Turkish
der Brief letter	**Österreich** Austria	**das Video** video
der Chat (group) chat	**das Selfie** selfie	**das Vlog** vlog
chatten to chat	**das soziale Netzwerk** social network, social media	**der Vlogger** vlogger
chinesisch Chinese	**das Tablet** tablet	**die Webseite** webpage
französisch French		**das WiFi** wifi

2.7b Schön, dass du da bist!

auf Wiedersehen goodbye	**grüß dich** hello	**die Reise** journey
begrüßen / grüßen to greet	**gut klappen** to go well	**mein Schatz** my dear/darling
besuchen to visit	**guten Abend** good evening	**servus** hello (in southern Germany and Austria)
bis morgen see you tomorrow	**guten Morgen** good morning	**sich vorstellen** to introduce oneself
bis später see you later	**guten Tag** hello	**tschüss** bye
bitte please	**herzlich willkommen** welcome	**wie geht's dir?** how are you? (informal)
danke thank you	**ich muss gehen/weg** I have to go	**wie geht's Ihnen?** how are you? (formal)
Donnerwetter! goodness me!	**kennen** to know	**wie schön** how lovely
fragen to ask	**kennenlernen** to meet	
freut mich pleased to meet you	**mir geht's gut** I'm fine	

2.7c Das war ein toller Besuch!

ähnlich similar	**die Familienangehörigen (*pl*)** family members	**seit** since, for (with time)
das Andenken souvenir	**der Familientreff** family reunion	**Spaß haben** to have fun
anders different	**der Freund** friend	**traumhaft** fabulous, gorgeous
bei with, at the house of	**das Haus** house	**treffen** to meet
besuchen to visit	**das Heimatland** homeland	**umziehen** to move house
die Beziehung relationship, tie	**die Landschaft** landscape	**vor** ago
die Erinnerung memory	**plaudern** to chat	**wunderschön** very beautiful
		zusammen together

Magazin

Abfliegen

Studenten, Fahrräder und Bächle – Freiburg, die Ökostadt in Süddeutschland

Zeitschrift – Komm! Ich zeig dir meine Stadt: Freiburg

Hi! Ich heiße Anna und ich zeige dir heute meine Stadt. Sie ist bekannt für das Münster, die Bächle und die Radfahrer. Meiner Meinung nach ist unsere Altstadt wunderschön. Wir haben eine große Fußgängerzone mit vielen Geschäften, Cafés und einem fantastischen Marktplatz um das Münster herum. Auf dem Markt kann man frische Produkte aus der Region kaufen, zum Beispiel Obst, Gemüse, Eier, Blumen und Würstchen. Wenn man hier ist, sollte man unbedingt den Käsekuchen probieren!

Wie gesagt, ist Freiburg bekannt für die Bächle und wir lieben sie! Das sind kleine Wasserkanäle, die durch die Innenstadt fließen. Im Sommer kann man seine Füße in ihnen abkühlen und die Kinder lassen kleine Boote in ihnen schwimmen. Da wir weit im Süden Deutschlands sind, ist das Wetter auch meistens gut hier und es kann ganz schön heiß werden im Sommer.

Wir Freiburger verbringen gerne Zeit im Freien und genießen unsere Umgebung. Ich bin sehr sportlich und ich gehe fast jeden Morgen joggen. An der Dreisam, unserem Fluss, gibt es schöne Wege zum Joggen oder Rad fahren und man sieht immer viele Leute hier. Im Sommer gibt es hier auch eine Strandbar, da kann man an einem Sandstrand etwas trinken und mit Freunden zu Musik chillen. Außerdem gibt es ein Strandbad, einen Seepark und viele Berge zum Wandern oder für Touren mit dem Mountainbike.

Freiburg ist eine Universitätsstadt und es gibt viele Studenten in der Stadt und das Nachtleben ist dementsprechend gut. Es gibt viele Discos und Bars für absolut jeden Musikgeschmack, Pop, Rock, Heavy Metal, Salsa, R&B, du kannst hier alles finden. Im Jazzcafé gibt es immer gute Konzerte und im Sommer ist das Zelt-Musik-Festival ein absolutes Highlight hier in der Gegend.

Die Studenten und die grüne Politik der Stadt sind Grund für die vielen Radfahrer. In der Innenstadt gibt es überall Radwege und am Bahnhof gibt es sogar ein Parkhaus nur für Fahrräder! Wenn ich zur Schule, zu Freunden, ins Kino oder sonstwo hingehe, fahre ich fast immer mit dem Fahrrad – das ist einfach normal hier.

1 Lies den Text. Welche vier Sätze sind richtig?

1 Auf dem Marktplatz kann man exotisches Essen kaufen.
2 In der Altstadt fließt Wasser neben den Straßen.
3 Es regnet oft in Freiburg.
4 Es gibt viele junge Einwohner in Freiburg.
5 Nachts sollte man in den Seepark gehen.
6 Das Hauptverkehrsmittel in der Stadt ist die Straßenbahn.
7 In der Altstadt sind keine Autos erlaubt.
8 Die Grüne Partei ist hier stark vertreten.
9 Fahrradfahren in der Stadt ist sehr gefährlich.

SECTION 2: MY FAMILY AND MY FRIENDS, AT HOME AND ABROAD

Freiburg in Zahlen ✓

In diesen Fakten über Freiburg fehlen die Zahlen. Welche Zahl aus dem Kästchen passt zu welcher Lücke? Rate mal.

1. An der Albert-Ludwigs-Universität in Freiburg studieren mehr als **?** tausend Studenten.
2. Das breiteste „Bächle" ist **?** cm breit.
3. Über **?** tausend Personen fahren täglich Fahrrad in der Stadt.
4. Die Radwege in der Stadt sind insgesamt etwa **?** km lang.
5. Der Bau der neuen Uni-Bücherei hat **?** Mio Euro gekostet.
6. Die Höchsttemperaturen im Sommer liegen im Durchschnitt bei **?** Grad Celsius.
7. Auf dem Marktplatz um das Münster gibt es ungefähr **?** Stände.
8. Das Münster ist **?** Meter hoch.

Ein Bächle

| 400 | 25 | 24 | 35 |
| 75 | 116 | 53 | 161 |

In Freiburg ist viel los

Egal wann du Freiburg besuchst, hier ist immer etwas los. Hier sind ein paar Veranstaltungen für dich! Ordne die Veranstaltungen chronologisch ein, wie sie im Kalenderjahr erscheinen. Beginn mit der Feier zum Jahresanfang.

1. Am dreiundzwanzigsten Juli gehe ich zur Museumsnacht, da kann man wirklich interessante Sachen sehen und die Stadt lebt mit viel Unterhaltung bis ein Uhr nachts. Und weil ich noch nicht 18 bin, kann ich sogar kostenlos in die Museen und zu den verschiedenen Veranstaltungen gehen.

2. Am zehnten Juli gehe ich mit meinen Freunden zum Kastenlauf. Das ist ein Wettbewerb, bei dem man einen Kasten Bier durch die Stadt trägt.

3. Ganz besonders freue ich mich auf das Zelt-Musik-Festival – am zwanzigsten Juli werde ich dort auf ein Konzert gehen.

4. Im Winter gehe ich auf den Weihnachtsmarkt, um ein Geschenk für meine Mutter zu kaufen.

5. Silvester feiere ich auf dem Schlossberg, weil man von dort die Feuerwerke gut sehen kann.

6. Weil ich einkaufen liebe, freue ich mich auf den Megasamstag im Frühling, da kann ich bis Mitternacht shoppen!

7. Später im Jahr will ich auf jeden Fall auf die Herbstmesse gehen. Da gibt es immer tolle Achterbahnen und andere Attraktionen.

8. Zur Faschingszeit gehe ich auf den Rosenmontagsumzug. Das ist ein Riesenspaß! Viele Narren aus der Umgebung ziehen durch die Stadt und die Atmosphäre ist super.

Magazin

Unterwegs
Deutsch in Argentinien

Argentinien – Auswandererziel der Deutschen

Deutschargentinier, oder germano-argentinos sind Einwanderer, die durch ihre Muttersprache, Deutsch, verbunden sind. Sie kommen nicht unbedingt alle aus dem heutigen Deutschland. Viele kamen aus Österreich, Frankreich, der Schweiz, Ungarn, Polen, Rumänien, Russland und dem ehemaligen Jugoslawien. „Deutsche" in diesem Sinne bilden heute die viertgrößte Immigrationsgruppe in Argentinien.

Vor 1870 kamen nicht so viele Einwanderer aus Europa, aber zu dieser Zeit wurden schon die ersten deutschen Kolonien gegründet. Zwischen 1885 und dem ersten Weltkrieg kamen etwa 100 000 Deutsche nach Argentinien. Es wird geschätzt, dass in den Jahren 1923 und 1924 jeweils ungefähr 10 000 Deutsche nach Argentinien auswanderten. Zwischen 1933 und 1940 suchten viele deutsche Juden ein neues Zuhause und etwa 45 000 fanden es in Buenos Aires. Viele der deutschen Einwanderer sind sogenannte Wolga Deutsche. Nach dem zweiten Weltkrieg (1946-1950) flohen viele Nationalsozialisten aus Deutschland und Argentinien nahm etwa 12 000 deutsche Immigranten zu dieser Zeit auf.

Es leben heute etwa eine halbe Million Deutschsprachige in Argentinien. Die meisten kann man in den Provinzen Entre Rios, Córdoba, Buenos Aires und Misiones finden. Ein interessantes Dorf ist zum Beispiel Villa General Belgrano, was sich in den Bergen der Provinz Córdoba befindet. Viele Touristen lieben dieses Dorf, weil man typisch bayrische Häuser sehen kann und Apfelstrudel oder Spätzle essen kann. Das Dorf feiert auch das drittgrößte Oktoberfest der Welt!.

Es gibt heute noch viele Argentinier mit deutschen Namen. Die deutschen Einwanderer bauten ihre eigenen Schulen, Krankenhäuser, Geschäfte, Theater und Banken. Es gab bis zu 167 deutsche Schulen. Bis heute gibt es das 1889 gegründete „Argentinische Tageblatt", eine Zeitung, die auf Deutsch geschrieben ist. Einige traditionelle deutsche Backwaren sind sehr beliebt unter den Argentiniern, wie zum Beispiel der „Berliner", ein mit Marmelade gefülltes Gebäckstück. Aber auch Sauerkraut und Bratwurst sind inzwischen in Argentinien weit verbreitet.

1 Lies die Informationen über Deutschargentinier. Beantworte die Fragen auf Deutsch.

Beispiel: 1 aus Österreich, Frankreich, der Schweiz, Ungarn, Polen, Rumänien, Russland und dem ehemaligen Jugoslawien

1. Aus welchen Ländern stammen Deutschargentinier?
2. An welcher Stelle stehen Deutschargentinier im ethnischen Gesamtbild Argentiniens?
3. Was geschah zur Zeit des Zweiten Weltkriegs?
4. Wie viele Anhänger Hitlers wanderten nach Argentinien aus?
5. Welche deutschen Spezialitäten kann man in Argentinien essen?
6. Warum sollte man das Dorf Villa General Belgrano im Oktober besuchen?
7. Wie haben die deutschen Einwanderer zur argentinischen Infrastruktur beigetragen?
8. Was haben die Deutschargentinier 1889 ins Leben gerufen?

SECTION 2: MY FAMILY AND MY FRIENDS, AT HOME AND ABROAD

Die deutsche Schule Córdoba

Wusstest du, dass es eine deutsche Schule in Argentinien gibt? Lies Marias Blog für mehr Informationen. Vorsicht – die Titel fehlen! Welcher Titel passt zu welchem Absatz?

1 Kulturelle Aktivitäten an der Schule   **2 Mein Name, Zuhause und Leben**   **3 Der Auslandsaufenthalt**

A Hi! Ich heiße Maria Schmoll und ich erzähle dir heute über meine Schule. Ich wohne in Argüello, in der Provinz Córdoba. Meine Urgroßeltern kamen aus Deutschland, deshalb habe ich einen deutschen Nachnamen. Zu Hause reden wir Spanisch und Deutsch. Ich finde es ganz gut, dass ich zwei Sprachen sprechen kann.

B Meine Mutter fährt mich jeden Morgen zur Schule, weil sie etwas weit weg ist. Ich muss eine graue Hose und einen roten Pullover mit dem Schullogo tragen.

C Wir haben einen argentischen Stundenplan, aber wir haben einen verstärkten Deutschunterricht und viele Möglichkeiten, unser Deutsch zu verbessern. Unser Schulabschluss ist das argentinische Abitur, zusätzlich machen wir aber eine Prüfung, um das deutsche Sprachdiplom zu bekommen.

D Letztes Jahr, in der zehnten Klasse, war ich drei Monatelang bei einer Gastfamilie in Deutschland. Das wird von unserer Schule organisiert und ist eine fantastische Gelegenheit, die deutsche Kultur und Sprache zu erleben. Ich war in Hamburg und meine Gastfamilie war unglaublich nett.

E Dieses Jahr habe ich beim Aufsatzwettbewerb des Deutschen Klubs in Buenos Aires teilgenommen. Ich habe dafür einen dreiseitigen Aufsatz über die kulturellen Unterschiede zwischen Argentinien und Deutschland geschrieben.

F Wir feiern auch deutsche Feste in der Schule, zum Beispiel machen die jüngeren Schüler jedes Jahr einen Laternenumzug und wir feiern Weihnachten wie in Deutschland mit dem Adventskranz, mit Plätzchen und dem Tannenbaum.

4 Die Schuluniform   **5 Die Struktur der Schule**   **6 Deutsche Schreibfähigkeiten im Konkurrenzkampf**

Bariloche

lisa2000 — Hi! Ich interessiere mich für die deutschargentinische Kultur. Was könnt ihr mir empfehlen, wenn ich im Sommer nach Buenos Aires fliege?

Tanzbär — Ich war letztes Jahr vom Oktoberfest in Villa General Belgrano total beeindruckt. Es gab viele typisch deutsche Gerichte und einen riesigen Biergarten. Das Fest dauerte eine Woche lang. Wirklich empfehlenswert!

hannes007 — Ich fliege jedes Jahr nach Bariloche zum Ski fahren. Dieser Ort ist im Nahuel Huapi Nationalpark am Fuß der Anden und wird auch „kleine Schweiz" genannt. Es gibt hier viele Gebäude mit Holzfassaden, die wie typische schweizer Berghütten aussehen. Das Rathaus wurde 1987 zu einem nationalen Monument erklärt. Das solltest du auf jeden Fall sehen!

PipiLangstrumpf — Bei mir um die Ecke ist das deutsche Restaurant „Untertürkheim". Der Kartoffelsalat und das Gulasch sind himmlisch und die Preise halten sich in Grenzen.

Lisa2000 — Danke liebe Leute, das war wirklich hilfreich!

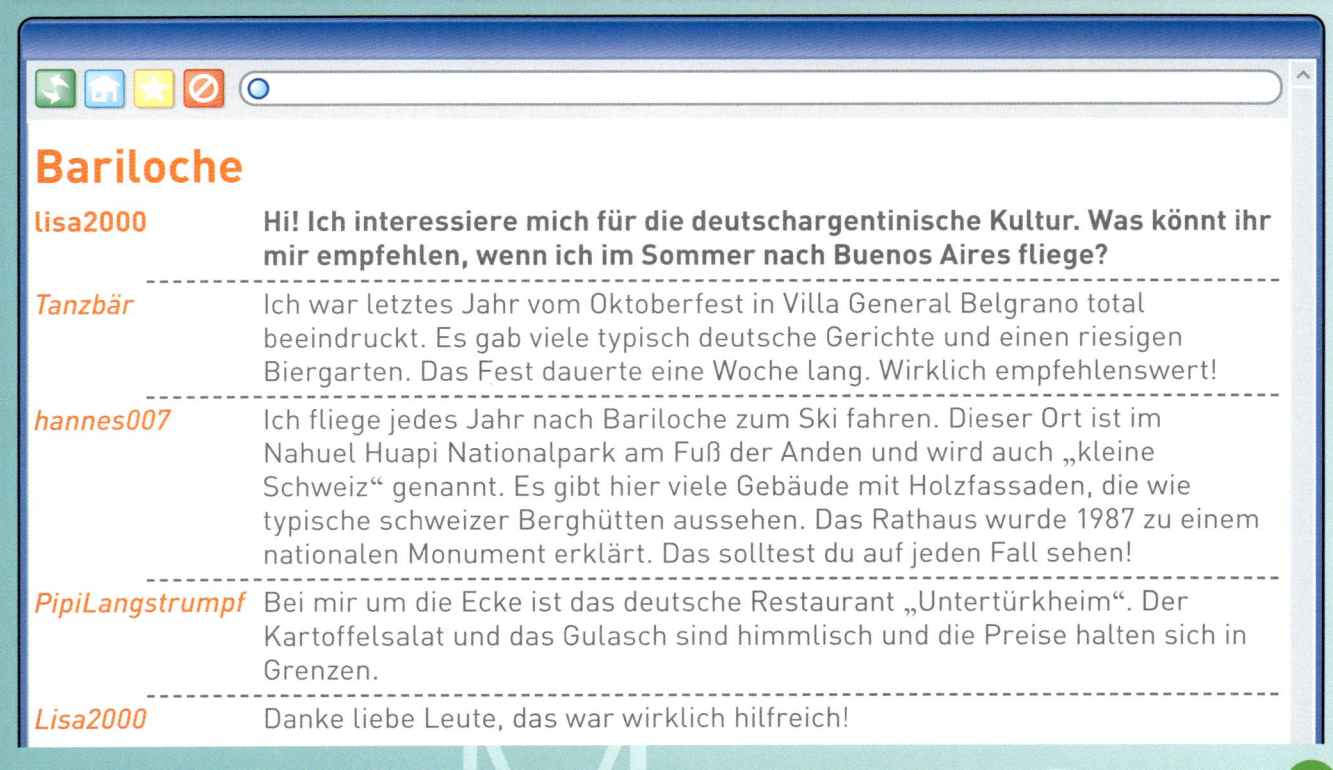

Prüfungsecke B1

Der Prüfungsaufsatz (80–90 Wörter)

1 a Partnerarbeit. Besprechen Sie die Aufgabe.

> Sie beschreiben Ihre Freizeitinteressen.
> - Erzählen Sie, was Sie normalerweise in Ihrer Freizeit machen.
> - Erklären Sie, was Sie nicht so gern in Ihrer Freizeit machen, und sagen Sie warum.
> - Sagen Sie, was Sie letztes Wochenende in Ihrer Freizeit gemacht haben.
> - Beschreiben Sie, welches Hobby Sie gern ergreifen möchten.
>
> Schreiben Sie 80–90 Wörter auf Deutsch.

1 b Lesen Sie die Liste (1–13) von Strategien. Wann sind sie nützlich? Wählen Sie jeweils A, B, C oder D.

- **A** vor der Prüfung
- **B** in der Prüfung, aber vor dem Schreiben
- **C** während des Schreibens
- **D** nach dem Schreiben

Beispiel: 1 B

1. Lesen Sie die vier Stichpunkte genau durch.
2. Machen Sie eine Liste mit nützlichen Wörtern.
3. Lernen Sie die Verbendungen für jede Person (*ich, du, er, sie, es, wir, ihr, Sie, sie*).
4. Schreiben Sie etwas zu jedem Stichpunkt.
5. Geben Sie Ihre Meinung wieder und sagen Sie, warum Sie diese Meinung haben.
6. Erstellen Sie eine kleine „Mindmap" und schreiben Sie kurze Sätze und Wörter zu jedem Stichpunkt.
7. Lesen Sie Ihre Arbeit noch einmal durch. Haben Sie Fehler gemacht?
8. Haben Sie verschiedene Adjektive benutzt? Sind die Endungen richtig?
9. Schreiben Sie zwischen 80 und 90 Wörtern. Zählen Sie die Wörter.
10. Schreiben Sie in kompletten Sätzen. Jeder Satz muss ein Verb enthalten.
11. Benutzen Sie die richtigen Zeiten: Vergangenheit / Präsens / Futur / Konjunktiv.
12. Benutzen Sie Bindewörter wie und, aber, weil, um Ihre Sätze interessanter zu machen.
13. Benutzen Sie auch negative Ausdrücke in Ihrer Arbeit.

Mögliche Antworten

2 Lesen Sie diese Antworten zu Übung 1a. Welche ist besser? Die Liste der Strategien hilft Ihnen dabei.

SECTION 2: MY FAMILY AND MY FRIENDS, AT HOME AND ABROAD

Beispiel 1

> Ich bin sehr sportlich und musikalisch. Ich spiele Fußball, Tennis, Rugby und Gitarre. Ich gehe manchmal ins Kino. Mein Lieblingshobby ist Fußball. Ich spiele dreimal die Woche. Ich spiele in einer Mannschaft. Ich lese nicht gern. Ich finde Bücher langweilig. Ich gehe nicht gern ins Theater. Es ist zu teuer und zu langweilig. Ich habe letztes Wochenende Fußball gespielt. Meine Mannschaft hat gewonnen. Es hat geregnet, aber es war gut. Ich bin am Sonntag ins Kino gegangen. Es war gut.
>
> (80 Wörter)

Beispiel 2:

> Ich habe viele Hobbys, zum Beispiel höre ich gern Musik. Alle Musik gefällt mir. Manchmal kommen meine Freunde zu mir nach Hause und wir laden Musik auf meinem Laptop herunter. Außerdem kann ich selber Klavier spielen. Das ist mein Lieblingshobby, weil es entspannend ist. Ich übe immer am Abend, wenn ich nicht so viele Hausaufgaben habe. In der Zukunft möchte ich Klarinette lernen. Sport finde ich nicht so toll. Ich hasse Schwimmen, weil das Wasser immer zu kalt ist. Letztes Wochenende bin ich mit meinen Freunden zu einem Konzert gegangen. Das war super, weil meine Lieblingsband spielte.
>
> (96 Wörter)

3 a Lesen Sie diese Aufgabe und die Antwort. Wie finden Sie diese Antwort? Besprechen Sie Ihre Meinung mit einem Partner / einer Partnerin.

3 b Schreiben Sie Ihre eigene Antwort.

3 c Partnerarbeit. Vergleichen Sie Ihre Antworten. Dann verbessern Sie Ihren ersten Versuch, um eine perfekte Antwort zu produzieren!

> Sie schreiben eine E-Mail über sich und Ihre Familie.
> - Beschreiben Sie sich.
> - Erklären Sie, wer auch in Ihrem Haus wohnt.
> - Erzählen Sie, wie gut Sie mit Ihrer Familie auskommen.
> - Sagen Sie, wie Sie Ihren nächsten Geburtstag feiern möchten und erklären Sie warum.
>
> Schreiben Sie 80–90 Wörter auf Deutsch.

Beispiel

> Ich heiße Stefan und ich bin fünfzehn Jahre alt. Ich habe schwarze Haare und braune Augen. Ich bin freundlich und intelligent. Ich wohne bei meiner Familie. Ich habe eine Schwester, eine Mutter und einen Vater. Ich komme gut mit meiner Mutter aus, aber meine Schwester geht mir auf die Nerven. Mein Geburtstag ist im August. An meinem nächsten Geburtstag möchte ich im Garten grillen. Ich werde viele Freunde einladen.

Hier sind einige Tipps:

- Stimmt die Wörteranzahl?
- Wurden alle Stichpunkte vollständig beantwortet?
- Wurden Bindewörter benutzt? (*und, weil, aber, jedoch, …*)
- Gibt es verschiedene Verbendungen? (*ich, er, sie, wir, …*)
- Wurden interessante Adjektive benutzt?

Prüfungsecke B2

Strategien für die mündliche Prüfung: das Rollenspiel

Um eine gute Note für das Rollenspiel zu bekommen, sollten Sie sich auf Folgendes konzentrieren. Sie müssen …

A die Fragen gut verstehen.

B Informationen genau und vollständig angeben.

C auf gute Aussprache und Betonung und das richtige Sprachregister achten.

D die Fragen spontan beantworten.

A Die Fragen gut verstehen

1 a Rollenspiel: Lesen Sie die Antworten (1–5) auf mögliche Fragen. Welche Fragewörter (A–E) passen zu welcher Antwort?

- A Welche?
- B Wie?
- C Warum?
- D Wann?
- E Mit wem?

Sie sind im Reisebüro und wollen eine Reise nach Österreich buchen.
1 Am liebsten Ende Juni. Meine Schwester hat dann Geburtstag.
2 Ich möchte mit dem Zug fahren.
3 Ich habe vor, mit meinen Eltern und meiner Schwester zu fahren.
4 Weil wir gehört haben, dass es dort sehr schön ist.
5 Wir wollen alle Sehenswürdigkeiten der Hauptstadt Wien besichtigen.

---

1 b Partnerarbeit. Bilden Sie mögliche Fragen zu den Antworten (1–5), indem Sie die angegebenen Fragewörter benutzen. Dann üben Sie das Rollenspiel.

B Informationen genau und vollständig angeben

2 Partnerarbeit. Im Rollenspiel bekommt man für jede Antwort höchstens zwei Punkte. Für jede Antwort (1–5) würde Person B nur einen Punkt bekommen, weil etwas fehlt. Verbessern Sie die Antworten. Dann üben Sie das Rollenspiel.

Sie reden mit Ihrem Austauschpartner / Ihrer Austauschpartnerin (A) über Ihre Schule. A stellt die Fragen.
1 A Was sind deine Lieblingsfächer?
  B Mein Lieblingsfach ist Mathe.
2 A Wann beginnt und endet dein Schultag?
  B Mein Schultag beginnt um halb neun.
3 A Wie findest du deine Schule? [PAUSE] Warum ist das so?
  B Ich finde meine Schule nicht so gut.
4 A Wie lange waren deine Sommerferien letztes Jahr?
  B Die Ferien dauern sechs Wochen.
5 A Welche Fächer wirst du nächstes Jahr belegen?
  B Mathe, Biologie und Physik.

SECTION 2: MY FAMILY AND MY FRIENDS, AT HOME AND ABROAD

C Auf gute Aussprache und Betonung und das richtige Sprachregister achten

3 a Hören Sie acht Fragen und Aussagen zu und schreiben Sie sie auf.

   i Ist die jeweilige Äußerung eine Frage oder eine Aussage?

   ii Ist die jeweilige Äußerung formell oder informell?

3 b Partnerarbeit. Person A stellt die Fragen aus Übung 3a und Person B beantwortet sie. Achten Sie auf Ihre Aussprache, Betonung und das Sprachregister.

D Die Fragen spontan beantworten

Sie müssen alle Fragen beantworten, die Sie gehört haben, obwohl Sie sie im Voraus nicht gesehen oder vorbereitet haben. Aufgrund der Informationen auf der Karte werden Sie wissen:

- wo das Rollenspiel stattfindet, z. B. am Bahnhof.
- welche Rolle Sie spielen, z. B. Kunde / Kundin.
- Manchmal wird auch die Situation klar sein, z. B. wenn Sie eine Fahrkarte kaufen.

4 a Partnerarbeit. Lesen Sie Rollenspiel 1 vor. Person A liest die Fragen und Person B liest die Antworten. Dann tauschen Sie die Rollen.

Rollenspiel 1
Sie sind an einem Bahnhof in Deutschland, und Sie wollen eine Fahrkarte kaufen. Sie sprechen mit dem Angestellten / der Angestellten.
A: Der / Die Angestellte   B: Sie selbst
A beginnt das Rollenspiel. Beantworten Sie alle Fragen.

	A	B
1	Wohin fahren Sie?	Ich will nach Hannover fahren.
2	Um wie viel Uhr wollen Sie fahren?	Ich möchte heute um zehn Uhr fahren.
3	Wie finden Sie Deutschland?	Ich finde es toll, weil das Wetter sehr schön ist.
4	An welchem Tag werden Sie zurückkommen?	Ich werde nächsten Dienstag zurückfahren.
5	Wie sind Sie nach Deutschland gekommen?	Ich bin nach Deutschland geflogen.

4 b Gruppenarbeit (drei Personen). Eine Person stellt die Rollenspielfragen. Die anderen zwei besprechen eine mögliche Antwort. Eine sagt dann die Antwort.

4 c Tauschen Sie die Rollen, bis Sie alle vier Rollenspiele gemacht haben.

Rollenspiel 2	Rollenspiel 3	Rollenspiel 4
Sie sind im Urlaub in der Schweiz und kaufen Lebensmittel für ein Picknick. Sie sprechen mit dem Verkäufer / der Verkäuferin im Lebensmittelgeschäft.	Sie sind mit Ihrem Austauschpartner / Ihrer Austauschpartnerin in Österreich. Sie planen einen Ausflug in die nächste Großstadt.	Sie planen einen Campingurlaub und rufen den Campingplatz an. Sie sprechen mit dem Angestellten / der Angestellten.
A: Der Verkäufer / Die Verkäuferin B: Sie selbst	A: Ihr Austauschpartner / Ihre Austauschpartnerin B: Sie selbst	A: Der / Die Angestellte B: Sie selbst
A beginnt das Rollenspiel. Beantworten Sie alle Fragen.	A beginnt das Rollenspiel. Beantworten Sie alle Fragen.	A beginnt das Rollenspiel. Beantworten Sie alle Fragen.

3.1 Home town and geographical surroundings

3.1a Was gibt es in deiner Stadt?

Einsteigen

★ Etwas über die Gebäude in einer Stadt lernen
★ Zeitadverbien

1 Welcher Satz (1–8) passt zu welchem Bild (A–H)?

Beispiel: 1 B

1 Hier ist das Kino. Einmal im Monat sehe ich dort einen Film und komme spät nach Hause. B
2 Unsere Stadt hat ein altes Schloss. Touristen besuchen es oft im Sommer. H
3 Am Wochenende gehe ich häufig mit meinen Freunden ins Einkaufszentrum. F
4 Es gibt ein großes Krankenhaus. Draußen sieht man oft einen Krankenwagen. C
5 Die Bibliothek ist montags immer geschlossen, aber dienstags macht sie früh auf – um 8:00 Uhr. G
6 Abends geht mein Bruder fast immer ins Fitnesszentrum. Ich gehe nie mit. A
7 Sonntags gehe ich ab und zu mit meiner Schwester ins Hallenbad. D
8 Das Rathaus hat vormittags zwischen 09:00 Uhr und 12:00 Uhr geöffnet. E

gegenteil = opposite

2 Fünf Leute beschreiben, was sie in der Stadt machen. Schreiben Sie (a) wo sie hingehen, (b) wann, (c) wie oft.

Beispiel: 1 (a) Hallenbad, (b) nach der Schule, (c) zweimal pro Woche

1 Philipp
2 Lara
3 Tobias
4 Mia
5 Ralf

112

SECTION 3: WHERE I LIVE AND WHAT IT'S LIKE

3 a Zeitadverbien. Lesen Sie C4 in der Grammatik. Welches Synonym passt zu welchem fettgedruckten Wort? Kopieren Sie die Sätze, aber ersetzen Sie jetzt die fettgedruckten Wörter mit den passenden Synonymen.

Beispiel: 1 Ich gehe **täglich** in die Bibliothek.
1 Ich gehe **jeden Tag** in die Bibliothek.
2 Wir gehen **nicht oft** ins Hallenbad. *selten*
3 Ich gehe **ab und zu** ins Kino. *manchmal*
4 Wir gehen **oft** ins Theater. *häufig*

manchmal
täglich
selten
häufig

3 b Welches Wort ist ein Antonym für das fettgedruckte Wort? Kopieren Sie die Sätze, aber ersetzen Sie diesmal die fettgedruckten Wörter mit den passenden Antonymen.

Beispiel: 1 Wir bleiben **nie** sehr lang im Freibad.
1 Wir bleiben **immer** sehr lang im Freibad. *nie*
2 Meine Eltern gehen **morgens** einkaufen. *abends*
3 Nach dem Kino komme ich **spät** nach Hause. *früh*
4 Ich gehe **selten** ins Fitnesszentrum. *oft*

abends
oft
nie
früh

4 a Der Laut *sch*. Hören Sie sich den Satz an und trennen Sie die Wörter. Wiederholen Sie den Satz dreimal. Achten Sie auf die Aussprache. Übersetzen Sie den Satz in Ihre Sprache. Lernen Sie den Satz auswendig.

Ein Schuhgeschäft im Schwarzwald schickt schöne Schuhe schnell als Geschenk in die Schweiz.

4 b Partnerarbeit. Sagen sie den Satz in Übung 4a. Wer kann das am besten?

5 Partnerarbeit. Wo gehen Sie hin? Wie oft oder wann? Lesen Sie einen Satz aus Übung 3 und stellen Sie Ihrem Partner / Ihrer Partnerin die Frage „Und du?" Er / Sie wiederholt den Satz mit einem anderen Adverb.

Beispiel:
A Ich gehe jeden Tag in die Bibliothek. Und du?
B Ich gehe nie in die Bibliothek.

6 Schreiben Sie eine E-Mail an Ihren Austauschpartner Mario und beantworten Sie seine Fragen über Ihre Stadt. Er möchte Folgendes wissen:
- Was gibt es in Ihrer Stadt?
- Wie oft gehen Sie in die Stadtmitte?
- Was machen Sie dort?
- Wie oft gehen Sie ins Kino oder ins Schwimmbad?

In meiner Stadt In (Hamburg)	gibt es	einen Musikladen (*m*) / eine Bibliothek (*f*) / ein Kino (*n*) / viele Geschäfte (*pl*).
Ich gehe	immer / oft / manchmal / selten / nie / abends / am Wochenende	in den Musikladen / in die Bibliothek / ins Kino / in die Geschäfte.

113

3.1 HOME TOWN AND GEOGRAPHICAL SURROUNDINGS

3.1b Mein Wohnort

★ Wohnorte in der Stadt und auf dem Land beschreiben
★ Indefinitpronomen (*etwas, man, nichts, jemand, niemand*)

Wie findest du deinen Wohnort?

Erdnussflip Ich wohne gern in der Großstadt. Jeden Tag ist sehr viel los. Es gibt meistens jemanden, mit dem man rumhängen kann. Abends kommt man schnell mit der Straßenbahn in die Stadtmitte, wo man ins Kino, ins Theater oder ins Konzert gehen kann. Nichts ist weit weg.

BB123 Früher wohnte ich in einem Dorf, aber meine Klassenkameraden wohnten in der Stadt. In den Ferien war ich meistens allein, weil meine Mutter arbeitete. Ich hatte nichts zu tun. Seit Februar wohne ich bei meinem Vater und es ist viel besser. Er mietet in der Zwischenzeit eine Wohnung am Stadtrand, nicht weit von seinen Eltern entfernt.

Schüler951 Das Leben im Stadtzentrum muss meiner Meinung nach furchtbar sein. So viel Lärm und Verschmutzung durch die Autos. Außerdem gibt es wenig Platz für so viele Menschen. Wer möchte schon in einem grauen Hochhaus leben? Auf dem Lande, wo ich wohne, wohnt niemand direkt nebenan. Das nächste Haus ist zwei Kilometer weg!

1 Lesen Sie das Internetforum und wählen Sie die richtige Antwort (A–C).

Beispiel: 1 B

1 Erdnussflip verbringt viel Zeit …
  A allein.
  B mit Freunden.
  C in den Restaurants.
2 Erdnussflip findet die öffentlichen Verkehrsmittel …
  A teuer.
  B langsam.
  C positiv.
3 BB123 wohnt …
  A am Ortsrand.
  B in der Stadtmitte.
  C in einem Dorf.
4 BB123 wohnt in der Nähe …
  A der Mutter.
  B der Schule.
  C der Großeltern.
5 Schüler951 findet die Stadtmitte …
  A spannend.
  B unangenehm.
  C interessant.
6 Schüler951 hat …
  A keine Nachbarn.
  B keine Geschwister.
  C kein Auto.

2 Paul und Sonja sprechen über Pauls neuen Wohnort. Korrigieren Sie die Sätze.

Beispiel: 1 Paul wohnt in ~~einer Großstadt~~. einem Dorf.

1 Paul wohnt in einer Großstadt.
2 Paul findet seinen Wohnort ~~zu schmutzig~~.
3 Paul kennt viele Leute in seinem Wohnort.
4 In Pauls Garten gibt es viele ~~Blumen~~.
5 Paul hat früher am Stadtrand ~~gewohnt~~.
6 Im Park gab es einen ~~Spielplatz~~.
7 Paul hat in der Nähe einer ~~U-Bahn-Station~~ gewohnt.
8 Manchmal war es wegen des ~~Bahnhofs~~ sehr laut.

114

SECTION 3: WHERE I LIVE AND WHAT IT'S LIKE

3 Indefinitpronomen. Lesen Sie D6 in der Grammatik. Welches Wort passt zu welchem Satz? Vorsicht! Jedes Wort kann mehrmals erscheinen.

Beispiel: 1 nichts

1. Ich hasse diese Stadt. Es gibt .... zu tun.
2. Das Hochhaus steht jetzt leer. .... wohnt dort.
3. .... aus meiner Klasse wohnt auch in diesem Dorf. Sie heißt Anna.
4. Am Wochenende werden wir .... unternehmen. Vielleicht werden wir ins Kino gehen.
5. Ich liebe meinen Wohnort. .... kann mir erzählen, dass es hier langweilig ist!
6. .... wohnt im Haus nebenan. Ich weiß nicht, ob es ein Mann oder eine Frau ist.
7. Auf dem Land kann .... sehr ruhig leben, aber das wäre .... für mich. Ich ziehe die Stadtmitte vor!
8. Ich gehe ins Einkaufszentrum, um .... Schönes zu kaufen.

| etwas | man | niemand |
| jemand | nichts | |

4 a Partnerarbeit. Rollenspiel: Sie sind auf Austausch in Deutschland und sprechen mit der Gastmutter über Ihren Wohnort. Person A (die Gastmutter) stellt die Fragen und Person B (der Schüler / die Schülerin) beantwortet sie.

1. A Hallo. Wohnst du in einer Stadt oder in einem Dorf? B …
2. A Wie findest du deinen Wohnort? Warum? B …
3. A Seit wann wohnst du dort? B …
4. A Was hast du letztes Wochenende in deinem Wohnort gemacht? B …
5. A Wo möchtest du in der Zukunft wohnen? … Warum? B …

4 b Tauschen Sie die Rollen.

Ich wohne Ich lebe	in einer kleinen/großen Stadt / in der Stadtmitte / am Stadtrand. in einem kleinen/großen Dorf auf dem Land.		
Ich wohne	seit einem Jahr / seit zehn Jahren hier.		
Letztes Wochenende	habe ich	meine Freunde besucht / Sport getrieben.	
	bin ich	einkaufen gegangen / ins Kino gegangen / zu Hause geblieben.	
In der Zukunft möchte ich	im Ausland / in einer Großstadt / auf dem Land	wohnen,	weil das interessanter ist. weil es mehr zu tun und zu sehen gibt. weil es schöner ist.

5 Wie finden Sie Ihren Wohnort? Lesen Sie die Meinungen in Übung 1 noch einmal durch und beschreiben Sie in einem Absatz Ihre eigene Meinung.

3.1 HOME TOWN AND GEOGRAPHICAL SURROUNDINGS

3.1c Stadt oder Land – wo wohnst du lieber?

Unterwegs

★ Die Vor- und Nachteile verschiedener Wohnorte besprechen
★ Präpositionen mit dem Genitiv; *seit* mit dem Präsens

1 Milan redet über das Wohnen. Wählen Sie die richtige Antwort (A–D).

Beispiel: 1 C

1 Seit wann hat Milan zwei verschiedene Wohnorte? Seit …
   A einer Woche   B zwei Jahren
   C drei Monaten   D einem Jahr
2 Welcher Aspekt des Großstadtlebens gefällt ihm am besten?
   A die Freizeitmöglichkeiten
   B die Sportangebote
   C die öffentlichen Verkehrsmittel
   D das Kulturangebot
3 Wie findet er die Wohnung seines Vaters?
   A ziemlich schön   B sehr sauber
   C ziemlich schmutzig D etwas zu eng

4 Was sagt er über das Leben auf dem Land?
   A Es gefällt seinem Bruder nicht.
   B Es ist zu ruhig.
   C Die Ruhe gefällt ihm.
   D Es ist zu hektisch.
5 Was können Jugendliche laut* Milan im Dorf nicht machen?
   A arbeiten   B zur Schule gehen
   C schwimmen   D tanzen
6 Welche Einkaufsmöglichkeiten gibt es im Dorf?
   A einen Supermarkt   B keine Geschäfte
   C eine Bäckerei   D einen Buchladen

laut = according to

small

2 a Lesen Sie den Artikel aus einer Zeitschrift. Welcher Titel (1–5) passt zu welchem Absatz (A–E)?

Beispiel: 1 D

Wo würdest du gern wohnen?

A Irgendwann muss man sich entscheiden, in einer Stadt oder in einem Dorf zu leben. Man muss sich sowohl die positiven als auch die negativen Aspekte überlegen. Lies weiter, um mehr über dieses Thema zu erfahren.

B Trotz der idyllischen Umgebung ist das Leben hier nicht für alle geeignet. Außerhalb der Stadt hat man oft keine schnelle Internetverbindung. Die Handyverbindung ist auch ab und zu problematisch. Das ärgert vor allem Jugendliche, die immer in Kontakt mit ihren Freunden sein wollen, oder Arbeitnehmer, die im eigenen Büro von zu Hause aus arbeiten möchten.

C Hier ist immer etwas los. Es gibt zahlreiche Sport- und Kulturangebote und ein Restaurant oder Imbiss an jeder Ecke. Geld für ein teures Auto kann man sich wegen der günstigen Bus- und Bahnlinien sparen. Wer einen Arzt, Zahnarzt oder ein Krankenhaus braucht, kommt in wenigen Minuten mit öffentlichen Verkehrsmitteln dahin.

D Viele sagen, dass die Lebensqualität hier höher ist als in der Innenstadt. Das Leben ist ruhiger und die Luft ist besser. Während der Sommermonate kann man im Freibad schwimmen gehen oder am Abend mit dem Hund einen Spaziergang im Wald genießen. Jeder kennt jeden und man hilft seinen Nachbarn.

E Es stimmt, dass die Einkaufs- und Unterhaltungsmöglichkeiten dort ausgezeichnet sind. Wenn man aber arm ist, kann man sich solche Sachen nicht leisten. Dann kann man sich sehr einsam fühlen, egal wie viele Menschen in der Nähe sind. Auch Menschen, die seit Jahren in einem Hochhaus wohnen, wissen oft nicht, wer in der Wohnung nebenan wohnt. Der Lärm und der Dreck auf den Straßen sind auch unangenehm.

SECTION 3: WHERE I LIVE AND WHAT IT'S LIKE

D ~~e~~ 1 Das schöne Leben auf dem Dorf
E ~~b~~ 2 In der Innenstadt wohnen? Lieber nicht!
A 3 Stadt oder Land? Vor- und Nachteile
C ~~a~~ 4 Vorteile des Großstadtlebens
B 5 Die negativen Aspekte des Lebens auf dem Land

2 b Lesen Sie den Artikel noch einmal. Kopieren Sie die 13 unterstrichenen Ausdrücke und übersetzen Sie sie in Ihre Sprache.

Beispiel: sowohl die positiven als auch die negativen Aspekte …

3 a Präpositionen mit dem Genitiv. Lesen Sie E4 in der Grammatik. Füllen Sie die Lücken mit der richtigen Form des Wortes in Klammern aus.

Beispiel: 1 ihrer Trennung

Trotz **1**.......... (*ihre Trennung*) verstehen sich meine Eltern gut. Wegen **2**.......... *der Miete* (*die Miete*), die viel günstiger für Wohnungen außerhalb **3**.......... (*das Zentrum*) ist, lebt meine Mutter am Ortsrand. Während **4**.......... (*der Tag*) arbeitet sie im Krankenhaus.

3 b *Seit* mit dem Präsens. Lesen Sie G3 in der Grammatik. Füllen Sie die Lücken aus.

3. des Zentrums   4. des Tages

Beispiel: 1 arbeiten

Meine Eltern **1**.......... (*arbeiten*) seit einem Jahr im Ausland. Seit Oktober **2**. ~~Lebe~~ (*leben*) ich bei meinen Großeltern in einem Dorf, wo meine beste Freundin Emma schon seit zehn Jahren **3**.......... (*wohnen*). Emma und ich **4**.......... (*kennen*) uns seit der Kindheit.

wohnt   kann

4 Partnerarbeit. Führen Sie einen Dialog zum Thema „Stadt oder Land?".
  1 Was findest du besser: Stadt oder Land? Warum?
  2 Was sind die Vor- und Nachteile des Stadtlebens?
  3 Was sind die Vor- und Nachteile des Dorflebens?
  4 Wo hast du gelebt, als du jünger warst: in einer Stadt oder auf dem Land?
  5 Möchtest du in der Zukunft lieber auf dem Land oder in der Stadt wohnen? Warum?

5 Sie schreiben einen Artikel für die Schülerzeitung über die Vor- und Nachteile verschiedener Wohnorte. Schreiben Sie 130–140 Wörter.
  • Erklären Sie, warum viele Menschen gern in einer Großstadt leben.
  • Beschreiben Sie die Nachteile des Lebens in einer Großstadt.
  • Beschreiben Sie die Vorteile, wenn man auf dem Land wohnt.
  • Sagen Sie, wie Sie Ihren Wohnort gefunden haben, als sie jünger waren.
  • Beschreiben Sie Ihren idealen Wohnort der Zukunft.

3.2 Shopping

3.2a Wie viel kostet das?

Einsteigen

★ Etwas über Geschäfte und Preise lernen
★ Mengen

1 Welcher Satz (1–8) passt zu welchem Geschäft (A–H)?

Beispiel: 1 E

1 Ich kaufe Brot und das kostet zwei Euro. Ich gehe in die Bäckerei.
2 Ich kaufe Bücher in der Buchhandlung.
3 Ich brauche Medizin. Ich gehe zur Apotheke.
4 Man kann alles im Kaufhaus kaufen.
5 Ich gehe jede Woche zum Supermarkt. Heute kaufe ich eine Packung Chips.
6 Ich esse kein Fleisch, also gehe ich nicht gern zur Metzgerei.
7 Ich muss zum Schreibwarengeschäft gehen, denn ich brauche einen Kuli. Das kostet zwei Euro.
8 Mein Bruder kauft Schokolade im Süßwarengeschäft. Das kostet einen Euro.

2 a Acht Leute sprechen über das Einkaufen. Welches Geschäft in Übung 1 (A–H) passt zu welcher Person (1–8)?

Beispiel: 1 B

2 b Hören Sie sich die Aufnahme noch einmal an. Notieren Sie die Menge oder den Preis. Verwenden Sie Wörter im Kasten.

Beispiel: 1 1 Kilo

| Euro | Paar | Stück |
| Kilo | Packung | |

3 Mengen. Lesen Sie I6 in der Grammatik. Schreiben Sie die Sätze aus.

| Gramm | Paar | Stück |
| Kilo | Packungen | |

Beispiel: Ich kaufe zweihundert Gramm Tomaten.

1 Ich kaufe Tomaten. (200 g)
2 Ich kaufe Äpfel. (1 kg)
3 Ich brauche ein Hähnchen. (300 g)
4 Ich möchte Kuchen. (6x)
5 Ich kaufe Schuhe. (2x)
6 Ich muss Kulis kaufen. (10x)
7 Meine Oma kauft Tabletten. (2x)
8 Mein Bruder kauft T-Shirts. (3x)

118

SECTION 3: WHERE I LIVE AND WHAT IT'S LIKE

4 a Der Laut z. Hören Sie sich den Satz an und trennen Sie die Wörter. Wiederholen Sie den Satz dreimal. Achten Sie auf die Aussprache. Übersetzen Sie den Satz in Ihre Sprache. Lernen Sie den Satz auswendig.

ZeldakauftzwanzigZwetschgenundzehnStückPizza,danngehtsiezurMetzgereiinZürich.

4 b Partnerarbeit. Sagen Sie den Satz in Übung 4a. Wer kann das am besten?

5 Was kaufen Sie, wie viel und wo? Schreiben Sie fünf Sätze.
- Was kaufen Sie zum Essen?
- Was für Kleidung kaufen Sie?
- Was kaufen Sie für die Schule?
- Was kaufen Sie für die Freizeit?
- Was kauft Ihre Familie / kaufen Ihre Freunde?

Beispiel: Ich kaufe zwei Packungen Bonbons im Supermarkt.

| Ich kaufe
Meine Mutter kauft
Mein Vater kauft
Mein Freund kauft
Meine Freundin kauft
Meine Schwester kauft
Mein Bruder kauft
Meine Eltern kaufen | ... Kilo
... Gramm
... Paar
... Stück
... Packung(en)
... | Äpfel / Tomaten / Kartoffeln /
Karotten / Möhren / Bananen
/ Aprikosen / Mangos /
Apfelsinen / Pflaumen /
Hähnchen / Fleisch /
Brot / Kuchen / Bonbons /
Schuhe / Trainingschuhe /
Socken / Strümpfe /
T-Shirts / eine Jeans /
Bücher / Zeitschriften /
Schmuck / Pflaster / Tabletten /
Papier / Kulis /
CDs / Videospiele | im

in der

auf dem | Supermarkt.
Kaufhaus.
Kleidergeschäft.
Schreibwarengeschäft.
Musikladen.
Sportladen.
Bäckerei.
Apotheke.
Metzgerei.
Buchhandlung.
Markt. |

6 a Partnerarbeit. Rollenspiel: Einkaufen in der Stadt. Sprechen Sie im Dialog.

A Was kaufst du <u>auf dem Markt</u>?
B Ich kaufe <u>400 Gramm Äpfel</u>. Das kostet <u>drei</u> Euro. Und du?
A Ich kaufe <u>ein Kilo Orangen</u>. Was kaufst du in der Metzgerei?
B Ich kaufe <u>500 Gramm Hähnchen</u> und das kostet <u>vier</u> Euro. Und du?
A Ich kaufe <u>700 Gramm Hackfleisch</u>. Was kauft dein <u>Freund</u> in der Bäckerei?
B Er kauft dort <u>acht</u> Brötchen. Das kostet 1,50 Euro. Und <u>dein Freund</u>?
A <u>Er</u> kauft <u>zwei Stück</u> Kuchen.
B Was kaufen deine Eltern im Schreibwarengeschäft?
A Sie kaufen <u>drei</u> Kulis und Papier. Und deine Eltern?
B Sie kaufen <u>sieben Bleistifte</u>.

im Supermarkt
zwei Kilo Wassermelone
sechs
200 Gramm Zwetschgen
800 Gramm Lammfleisch
sieben
ein Kilo Wurst
Bruder
fünf
ein   deine Schwester
Sie   drei Stück
zehn
zwei Lineale

6 b Tauschen Sie die Rollen und wiederholen Sie den Dialog. Ersetzen Sie die unterstrichenen Satzteile durch andere Wörter. Verwenden Sie die Wörter im Kasten oder Ihre eigenen Ideen.

Beispiel:
A Was kaufst du im Supermarkt?
B Ich kaufe zwei Kilo Wassermelone …

119

3.2 SHOPPING

3.2b Einkaufszentrum oder Tante-Emma-Laden?

* Einkaufsgewohnheiten beschreiben
* Adjektive nach bestimmten Artikeln

Wie geben Jugendliche ihr Geld aus?

Jedes Wochenende treffen viele junge Leute ihre Freunde in der Stadt, um einkaufen zu gehen. Aber was kaufen sie und in welchen Geschäften? Wir haben mit fünfhundert Teenagern über ihre Einkaufsgewohnheiten gesprochen.

Die meisten haben gesagt, dass sie gern einkaufen gehen – 82 % der Mädchen und 79 % der Jungen, also Shopping ist offensichtlich nicht nur ein Frauenhobby. Außerdem kaufen beide Gruppen besonders gern Klamotten, obwohl auch Musik, Zeitschriften und Videospiele beliebt sind. Wenige Jugendliche kaufen Essen (außer natürlich Süßigkeiten und Schokolade im Süßwarengeschäft!) laut unserer Umfrage, weil ihre Familien sie mit Lebensmitteln versorgen.

In fast jeder Stadt gibt es mehrere Kaufhäuser, aber generell gehen junge Leute lieber in kleine Geschäfte. Clara, 16, aus Leipzig sagt: „Ich hasse riesengroße Warenhäuser. Meine Stadt hat viele Vintage-Kleiderläden und das finde ich klasse. Die kleine, billige Buchhandlung in der Gegend ist auch echt toll."

David, 15, aus Hannover stimmt zu: „Das beste Geschäft in meiner Stadt ist der Indie-Musikladen, weil man dort so viele coole Bands entdecken kann. Ich gehe auch oft in den Sportladen, um neue Sportschuhe zu kaufen. Die Sportkleidung ist ein bisschen teurer als in dem großen Einkaufszentrum, aber von besserer Qualität."

1 a Lesen Sie den Artikel. Schreiben Sie R (richtig), F (falsch) oder NA (nicht angegeben).

Beispiel: 1 F

1 100 Jugendliche haben bei der Umfrage mitgemacht.
2 Nur Mädchen gehen gern einkaufen.
3 Laut der Umfrage ist Kleidung am beliebtesten.
4 Viele junge Leute kaufen Lebensmittel für die Familie.
5 Jugendliche gehen lieber im Sommer einkaufen.
6 Die meisten Jugendlichen gehen am liebsten in große Kaufhäuser.
7 Clara kauft gern etwas zu lesen.
8 Laut David ist es besser, einen Sportanzug im Einkaufszentrum zu kaufen.

1 b Lesen Sie den Artikel noch einmal und korrigieren Sie die falschen Sätze.

Beispiel: 1 ~~100~~ Jugendliche haben die Umfrage gemacht. 500

1 c Welche Wörter finden Sie besonders nützlich und wichtig im Artikel? Kopieren Sie sie und übersetzen Sie sie in Ihre Sprache.

Beispiel: das Geschäft, die Einkaufsgewohnheiten

2 Welches Bild (A–H) passt zu welcher Person (Max, Emma, Tom)? Vorsicht! Ein Bild passt zu niemandem.

SECTION 3: WHERE I LIVE AND WHAT IT'S LIKE

Beispiel: A Max

A B C D

E F G H

3 a Adjektive nach dem bestimmtem Artikel. Lesen Sie B2 in der Grammatik. Schreiben Sie die Sätze mit der passenden Form des Adjektivs.

Beispiel: 1 kleine

1 Das (*klein*) Kleidergeschäft hat nur altmodische Klamotten.
2 Die (*alt*) Buchhandlung ist auch nicht cool. alte
3 Ich gehe nie in den (*teuer*) Souvenirladen. teueren
4 Mein Vater kauft immer Brot und Kuchen in der (*örtlich*) Bäckerei. örtlichen
5 Letzte Woche bin ich in die (*nächst*) Großstadt gefahren. nächste
6 Wo hast du den (*frisch*) Blumenkohl gekauft? frischen
7 Ich kaufe lieber in dem (*neu*) Einkaufszentrum am Stadtrand ein. neuen
8 Ich persönlich finde die (*touristisch*) Geschäfte in meiner Stadt zu teuer. touristischen

3 b Lesen Sie den Artikel in Übung 1 noch einmal und finden Sie vier Adjektive nach dem bestimmten Artikel. Sind Sie im Nominativ, Akkusativ, Dativ oder Genitiv?

Beispiel: die kleine – Nominativ

4 Partnerarbeit. Führen Sie einen Dialog zum Thema „Einkaufen auf dem Markt".
1 Was kann man auf dem Markt kaufen?
2 Wie oft kaufst du auf dem Markt ein und warum?
3 Wann warst du zum letzten Mal auf dem Markt? Wie war es?
4 Was wirst du morgen auf dem Markt kaufen?
5 Ist es besser, auf dem Markt oder im Supermarkt einkaufen zu gehen?

5 Wo gehen Sie am liebsten einkaufen und warum? Schreiben Sie ein Blog auf Deutsch. Sie könnten Folgendes erwähnen:
- wo Sie gern einkaufen gehen und warum
- wie die Geschäfte in Ihrer Stadt sind
- ob große oder kleine Geschäfte Ihrer Meinung nach besser sind
- wo Ihre Familienmitglieder / Freunde einkaufen gehen

Beispiel: Ich gehe gern einkaufen, besonders mit meinen Freunden. Ich kaufe Kleidung …

3.2 SHOPPING

3.2c Das perfekte Geschenk

* Geschenke für Freunde und Familie beschreiben
* Demonstrativadjektive (*dieser, jener*)

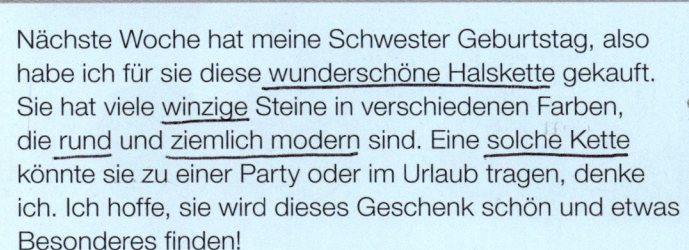

Abfliegen

Nächste Woche hat meine Schwester Geburtstag, also habe ich für sie diese wunderschöne Halskette gekauft. Sie hat viele winzige Steine in verschiedenen Farben, die rund und ziemlich modern sind. Eine solche Kette könnte sie zu einer Party oder im Urlaub tragen, denke ich. Ich hoffe, sie wird dieses Geschenk schön und etwas Besonderes finden!

Auf dem Bild sehen Sie außerdem diesen preiswerten Geldbeutel, den ich für meinen Vater gekauft habe. Er benutzt dieses Geschenk sehr oft, weshalb es sich schnell abnutzt. Deshalb schenke ich ihm jedes Jahr eine neue Geldbörse, aber immer mit einem neuen Design! Dieses Jahr ist sein Geldbeutel viereckig, rot und aus Leder, sowie ziemlich klein, damit er ihn problemlos in die Tasche stecken kann.

Ich war gerade im Urlaub, wo ich einen tollen Antiquitätenladen gefunden habe. Dort gab es viele schöne Sachen, und ich habe dieses herrliche Schmuckkästchen gefunden. Ich habe es für meine beste Freundin gekauft, da sie so viele Ohrringe und Halsketten hat. Es ist mittelgroß, viereckig und aus dunkelbraunem Holz mit einem goldenen Ornament. Es wird ihr sicher gut gefallen!

Gestern bin ich in die Stadt gegangen, um ein Geschenk für meine Mutter zu kaufen. Im Schmuckladen gab es so viele Waren, dass ich nicht wusste, welchen Artikel ich wählen sollte. Schließlich habe ich dieses Paar Ohrringe gekauft, da grün ihre Lieblingsfarbe ist. Sie sind aus Gold und Edelstein und ziemlich wertvoll.

Sabine

1 Lesen Sie Sabines Blog und beantworten Sie die Fragen auf Deutsch.

Beispiel: 1 weil sie Geburtstag hat

1 Warum hat Sabine ein Geschenk für ihre Schwester gekauft? (1)
2 Welche Farbe hat das Geschenk von Sabines Schwester? (1)
3 Für wen kauft Sabine regelmäßig etwas Ähnliches und warum? Nennen Sie **zwei** Details. (2)
4 Welches Geschenk hat Sabine wegen der Größe gewählt? (1)
5 Welches Geschenk war nicht ganz neu? (1)
6 Was kann Sabines Freundin mit ihrem Geschenk tun? (1)
7 Für wen hat sie Schmuck gekauft? Nennen Sie **zwei** Details. (2)
8 Welches Geschenk hat Sabine wegen der Farbe gewählt? (1)

SECTION 3: WHERE I LIVE AND WHAT IT'S LIKE

2 Tomas und Jennifer sind im Geschenkeladen. Finden Sie die vier richtigen Sätze.

Beispiel: 4, …
1 Tomas kauft ein Geschenk für Jennifer.
2 Die Mutter von Tomas trägt immer ein goldenes Armband.
3 Tomas kauft Schmuck.
4 Die Mutter von Tomas hat viele Figuren.
5 Ein Geschenk hat einen feinen Duft.
6 Tomas kauft ein Kleidungsstück.
7 Tomas kauft einen gelben Schal.
8 Tomas kauft zwei Geschenke.

3 Demonstrativadjektive. Lesen Sie B4 in der Grammatik. Schreiben Sie die Sätze mit den richtigen Adjektivendungen.

Beispiel: 1 Wie findest du diese Halskette?
1 Wie findest du (*dies*) Halskette?
2 (*Welch*) Ornament ist am schönsten?
3 Nein, ich mag (*jen*) Geldbeutel lieber.
4 (*Manch*) Schmuckartikel sind sehr teuer.
5 Eine (*solch*) Mütze wäre perfekt.
6 (*Dies*) Buch finde ich besser.
7 Sind (*jen*) Ohrringe aus echtem Gold?
8 (*Jed*) Geschenk, das sie kauft, ist wunderbar.

4 Partnerarbeit. Führen Sie einen Dialog zum Thema „Geschenke".
1 Was hast du kürzlich als Geschenk gekauft und für wen?
2 Wie sieht dieses Geschenk aus?
3 Warum hast du dieses Geschenk gewählt?
4 Gibst du gern Geschenke und warum (nicht)?
5 Was für ein Geschenk möchtest du zum Geburtstag bekommen?

5 Sie sind im Urlaub und kaufen Souvenirs für Ihre Familie und Freunde. Was haben Sie gekauft und warum? Was werden Sie noch kaufen? Schreiben Sie ein Blog.

Ich werde für (meine Mutter / meinen Vater / …)	einen Gürtel / Geldbeutel / Ring / Schal	kaufen.
Ich kaufe für …	eine Armbanduhr / Uhr / Halskette / Mütze / Sonnenbrille	
Ich habe für …	ein Ornament / Lesezeichen / ein Notizbuch Handschuhe / Ohrringe / Schmuck	gekauft / gewählt.
Er / Sie / Es ist… Sie sind …	riesig / groß / mittelgroß / klein / winzig. orange / orangefärbig / purpur / violett / lila / silbern lang / kurz / dünn / dick / rund / viereckig / dreieckig. leicht / schwer / weich / hart. aus Baumwolle / Gold / Holz / Leder / Metall / Plastik / Porzellan / Seide / Silber / Stein / Stof / Wolle.	

3.2 SHOPPING

3.2d Das passt dir perfekt!

★ Kleidung kaufen und umtauschen
★ Direkte Objektpronomen

Was ist dein Modestil?

1 Wo **1 ...F.....** du am liebsten Kleidung?

   A Nur in Designerläden. Was gut genug für Topmodels ist, ist auch gut genug für mich.

   B Mein Modegeschäft hat schöne, aber **2...C....** Kleidung.

   C Man kann immer coole, ungewöhnliche Kleidung in Secondhandläden finden.

   D Was meinst du mit „kaufen"? Meine drei T-Shirts reichen, oder nicht?

2 Du bist im Modeladen. Was würdest du lieber **3..H......**?

   A Das teuerste Kleidungsstück im Geschäft, weil ich es gerade im Modemagazin gesehen habe.

   B Enge Jeans und ein modisches Top.

   C Eine gerollte Hose, ein Retro T-Shirt aus den 90er Jahren und ein **4.....B....** Hemd.

   D Nichts – das ist zu mühsam! Ich kaufte die billigste Jeans und hoffe, sie wird mir passen.

3 Was ist dir beim Kleidungskauf am wichtigsten?

   A Die **5...J...** Ich will mich wie ein Model kleiden.

   B Der Look. Ich will, dass meine Freunde mich cool finden.

   C Die Einzigartigkeit. Ich will nicht, wie alle anderen **6....G...**!

   D Der Komfort. Ich will etwas Praktisches tragen.

4 Du bringst ein Kleidungsstück zum Geschäft zurück. Was war das Problem damit?

   A Ich hatte nicht genug Platz im Kleiderschrank, weil ich schon so viele **7...A...** habe!

   B Die Farbe gefällt mir nicht. Niemand trägt sie mehr!

   C Es war zu populär. Ich habe gerade jemand mit der gleichen Kleidung gesehen.

   D Es war unbequem, weil es zu **8.E......** war.

Meistens A: Dein Stil ist Designermode. Du bist der Modekönig / die Modekönigin und folgst immer den Supermodels.
Meistens B: Dein Stil ist modern. Du versuchst, modisch zu sein, aber du übertreibst es nicht.
Meistens C: Dein Stil ist Hipster. Du willst immer individuell und anders sein.
Meistens D: Dein Stil ist lässig. Du hast kein Interesse an Mode und willst nur bequeme Klamotten tragen.

---

1 Welches Wort (A–J) passt zu welcher Lücke im Text (1–8)?

Beispiel: 1 F

A Klamotten	C billige	E eng	G aussehen	I hässliche
B kariertes	D modisch	F *kaufst*	H anprobieren	J Marke

2 Frau Tobias ist im Kaufhaus. Wählen Sie die richtige Antwort (A–D).

Beispiel: 1 B

SECTION 3: WHERE I LIVE AND WHAT IT'S LIKE

1 Warum sucht Frau Tobias ein Kleid?
  A für ihren Urlaub
  B für ein besonderes Fest
  C als Geschenk
  D für ihren Geburtstag

2 Wie ist das erste Kleid?
  A altmodisch
  B modern
  C klassisch
  D lang

3 Was ist das Problem mit dem ersten Kleid?
  A die Länge
  B die Farbe
  C die Größe
  D das Muster

4 Wie ist das Kleid, das sie anprobiert?
  A zu kurz
  B zu eng
  C zu groß
  D zu bunt

5 Was entscheidet Frau Tobias?
  A kleinere Schuhe zu kaufen
  B größere Schuhe zu kaufen
  C keine Schuhe zu kaufen
  D die Schuhe nicht anzuprobieren

6 Was will sie am Ende machen?
  A einen Rock kaufen
  B ins Rockkonzert gehen
  C eine Gutschrift haben
  D einen Rock umtauschen

Frau Tobias im Kaufhaus

G 3 Akkusativpronomen. Lesen Sie D1 in der Grammatik. Ersetzen Sie die Wörter in Klammern mit dem jeweils passenden Akkusativpronomen.

Beispiel: 1 Ich finde sie sehr schick.
  1 Ich finde (*die Bluse*) sehr schick. sie
  2 Ich mag (*den Mantel*) nicht. ihn
  3 Magst du (*dieses Hemd*)? es
  4 Ich kann (*Sandalen*) nicht leiden. sie
  5 Hast du (*den Umkleideraum*) gefunden? ihn
  6 Der Verkäufer hat (*ich*) begrüßt. mich
  7 Ich habe (*du*) gestern im Modegeschäft gesehen. dich
  8 Die Kleidung war für (*wir*) enttäuschend. uns

4 a Partnerarbeit. Rollenspiel: Sie sind im Modegeschäft und möchten Kleidung kaufen und umtauschen. Person A stellt die Fragen und Person B beantwortet sie.
  1 A Guten Tag. Kann ich Ihnen helfen? Was möchten Sie kaufen? B …
  2 A Aber natürlich. Hiervon haben wir viele. Wie finden Sie diesen/diese/dieses? B …
  3 A Wenn Sie es anprobieren möchten, ist der Umkleideraum hinter Ihnen. Wie finden Sie es? B …
  4 A Ich sehe, Sie wollen etwas umtauschen? B …
  5 A Was ist das Problem damit? B …

4 b Tauschen Sie die Rollen.

5 Sie schreiben ein Blog über einen Besuch im Modegeschäft. Schreiben Sie 130–140 Wörter.
  • Erzählen Sie, was Sie kaufen wollten und warum.
  • Beschreiben Sie, was Sie anprobiert, aber nicht gekauft haben und warum.
  • Sagen Sie, was Sie am Ende gekauft haben und warum.
  • Erzählen Sie, was Sie zum Geschäft zurückgebracht haben und warum.
  • Beschreiben Sie, was Sie nächstes Mal kaufen möchten und warum.

3.3 Public services

3.3a Bank und Geldwechsel

Einsteigen

★ Über Geld(wechsel) sprechen
★ Kardinalzahlen

1 a Welcher Satz (1–8) passt zu welchem Bild (A–H)?

Beispiel: 1 G

1 Ich brauche Euro, aber ich habe nur Dollar. Wo bekomme ich für meine dreihundert Dollar Euro? G
2 Ich brauche Geld, vielleicht vierzig Euro. Wo ist der nächste Geldautomat? E
3 Ich bezahle immer mit Kreditkarte in den Geschäften. F
4 Ich bin am Schalter in der Sparkasse. Der Bankangestellte gibt mir jetzt mein Geld. C
5 Ich hebe zweitausendfünfhundert Euro mit meiner neuen Debitkarte ab. A
6 Ich spare mein Taschengeld seit acht Jahren in dieser Spardose. Ich möchte bald ein Fahrrad kaufen. H
7 Wo ist mein Portemonnaie? Oh, nein, ich habe es verloren! A
8 Morgen fahre ich in die Schweiz. Dort gibt es Schweizer Franken. Wo ist die nächste Wechselstube? B

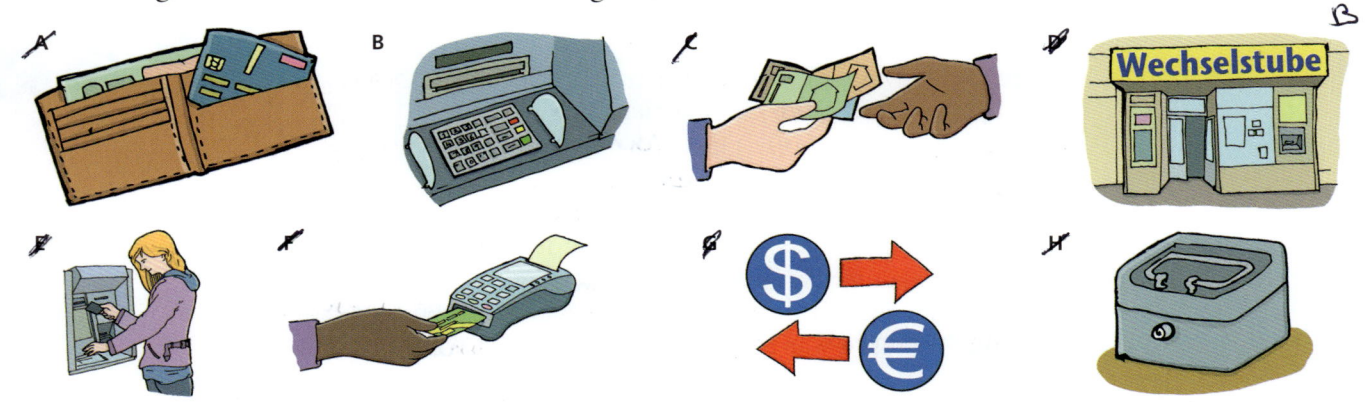

1 b Welche Wörter finden Sie besonders nützlich und wichtig in den Sätzen? Kopieren Sie sie und übersetzen Sie sie in Ihre Sprache.

Beispiel: brauchen, der Geldautomat, …

2 a Sechs Leute sprechen über Geld. Was sagen sie? Welcher Ausschnitt (1–6) passt zu welchem Bild (A–H) in Übung 1?

Beispiel: 1 H

2 b Hören Sie sich die Ausschnitte noch einmal an. Schreiben Sie die Zahl und die Währung auf.

Beispiel: 1 455 Euro

3 a Kardinalzahlen. Lesen Sie I1 in der Grammatik. Schreiben Sie die Kardinalzahlen als Wörter.

Beispiel: 1 einundsechzig

1 fünfundvierzig + sechzehn =
2 neunundsiebzig + elf =
3 hundertfünfundfünfzig + sechsunddreißig =
4 achthundertzehn – elf =
5 dreihundertdreiunddreißig – fünfzehn =
6 In welchem Jahr bist du geboren?
7 Welches Jahr ist dein Lieblingsjahr?
8 Welches Jahr haben wir im Moment?

SECTION 3: WHERE I LIVE AND WHAT IT'S LIKE

3 b Partnerarbeit. Schreiben Sie fünf Rechenaufgaben für Ihren Partner / Ihre Partnerin. Schreiben Sie die Kardinalzahlen als Wörter.

Beispiel: siebzehn + einundachtzig = [achtundneunzig]

4 a Der Laut *eu*. Hören Sie sich den Satz an und trennen Sie die Wörter. Wiederholen Sie den Satz dreimal. Achten Sie auf die Aussprache. Übersetzen Sie den Satz in Ihre Sprache. Lernen Sie den Satz auswendig.

EugenwarzuNeujahrmitseinerneuenFreundininNeustadtundkenntseitheuteneuegastfreundlicheschlaueLeute.

4 b Partnerarbeit. Sagen Sie den Satz in Übung 4a. Wer kann das am besten?

5 a Partnerarbeit. Rollenspiel: Sie sind in einer Wechselstube. Sprechen Sie im Dialog.
A = Bankangestellte(r) B = Kunde / Kundin

A Guten Tag! Ja, bitte?
B Guten Tag, ich möchte Geld umtauschen. Ich habe Dollar, aber ich brauche Euro.
A Gerne!
B Ich bekomme 325 Euro, oder?
A Verzeihung! Sie bekommen für diese Summe nur 300 Euro.
B Das ist in Ordnung.
A Gerne. Möchten Sie 100-Euro-, 50-Euro- oder 10-Euro-Scheine?
B 20-Euro-Scheine und 50-Euro-Scheine, bitte.
A Gerne, hier, bitte.
B Danke, auf Wiedersehen.

5 b Tauschen Sie die Rollen und wiederholen Sie den Dialog. Ersetzen Sie die unterstrichenen Satzteile durch diese Beträge.

| 255 Euro | 245 Euro | 50-Euro | 5-Euro |

6 Schreiben Sie zwei Dialoge. Verwenden Sie auch Sätze aus Übung 5.
1 Sie suchen eine Bank oder eine Wechselstube. Fragen Sie eine Person auf der Straße.
2 Dann sind Sie in der Bank / Wechselstube und wechseln Geld.

Entschuldigung! / Entschuldigen Sie! / Verzeihung!	
Wo ist hier	eine Wechselstube? eine Bank? eine Sparkasse?
Dort am Ende der Straße	rechts. links.
Gehen Sie	geradeaus und dann nach 200 Metern links/rechts. 100 Meter nach rechts. 50 Meter nach links.
Ich brauche	.... Pfund / Dollar / Euro / Franken.
Ich möchte	50 / 100 / 200 Euro umtauschen.
Gerne,	in Ordnung. das ist kein Problem.
Es tut mir leid,	wir haben im Moment keine Franken.

3.3 PUBLIC SERVICES

3.3b Kommunikationsmittel im Alltag

Abfliegen

★ Über das Kommunizieren per Post, Internet oder Telefon sprechen
★ Relativpronomen

Welches Café in der Stadtmitte von München hat das beste Internet, Lilli?

Die beste Internetverbindung, die ich gefunden habe, gibt es im Café Forum, das direkt neben der S-Bahn-Haltestelle liegt. Im Café braucht man kein Passwort. Ab und zu ist das WLAN dort eher langsam, wenn das Café viele Gäste hat. Es läuft kaum Musik und man kann sich folglich gut konzentrieren, wenn nicht zu viele Leute dort sind. Das ist nur am Nachmittag so. Man muss auch nicht dauernd etwas konsumieren. Ich bestelle normalerweise einen Kaffee, der immer lecker ist, und dann arbeite ich. Bis vor kurzem war ich im Café nebenan, aber dort darf man nur zwei Stunden gratis surfen, danach muss man für jede Viertelstunde etwas bezahlen. Ich habe insgesamt fünf Internetcafés, die hier in der Stadt sind, getestet und bin jetzt eine Expertin. 😊

1 Lesen Sie das Blog und wählen Sie die richtige Antwort (A–C).

Beispiel: 1 B

1 Im Café Forum kann man …
  A guten Kaffee trinken.
  B gut surfen.
  C nette Leute kennenlernen.
2 Die Verbindung ist dort …
  A manchmal nicht schnell.
  B immer gleich gut.
  C manchmal sehr schlecht.
3 Im Café ist die Konzentration …
  A wegen der Musik schwierig.
  B immer möglich.
  C nachmittags nicht einfach.
4 Man darf …
  A kein Getränk bestellen.
  B nur ein Getränk trinken.
  C eigenen Kaffee mitbringen.
5 Im Café nebenan muss man nach einer Weile alle … Minuten etwas zahlen.
  A 45
  B 15
  C 30
6 Lilli hat … getestet.
  A mehrere Internetcafés in Deutschland
  B Internetcafés in ganz Bayern
  C fünf Internetcafés in München

2 Karolina spricht über Kommunikationsprobleme. Korrigieren Sie die Sätze. Sie sind alle falsch.

Beispiel: 1 Karolina war ~~weniger~~ als eine Woche ohne Internet. *mehr*

1 Karolina war weniger als eine Woche ohne Internet.
2 Der Empfang in der Stadt ihrer Austauschpartnerin war gar nicht gut.
3 Ihre Mutter hat Sprachnachrichten geschickt.
4 Die Mutter hat mit der Gastfamilie gechattet.
5 Karolina hat eine E-Mail an ihre Mutter geschrieben.
6 Das Computerzimmer in der Schule hat viele Laptops.
7 Das Internet im Klassenzimmer war unglaublich langsam.
8 Karolina hat nicht mit ihrer Mutter geskypt.

SECTION 3: WHERE I LIVE AND WHAT IT'S LIKE

3 a Relativpronomen. Lesen Sie D4 in der Grammatik. Welches Wort passt zu welchem Satz?

Beispiel: 1 die

das	*die*
dem	den
der	den
die	dessen

1 Das sind die Cafés, ... in München schnelles Wifi haben.
2 Wo ist der Kellner, ... das Passwort hat?
3 Das Internet, ... hier gratis ist, ist manchmal sehr langsam.
4 Wir fragen Andreas, ... Vater bei der Post arbeitet.
5 Der Laptop, ... ich seit drei Jahren habe, funktioniert leider nicht mehr sehr gut.
6 Der Mann, ... ich den Code gebe, schickt viele E-Mails.
7 An der Post wartet eine Frau, ... ihre Weihnachtskarten abschicken will.
8 Mein Freund, ... ich oft treffe, schreibt oft Briefe an seine Großeltern.

3 b Hören Sie sich die Aufnahme in Übung 2 noch einmal an. Finden Sie die drei Sätze mit einem Relativpronomen. Schreiben Sie sie auf und übersetzen Sie sie in Ihre Sprache.

Beispiel: Das Internet, <u>das</u> sie dort hatten, war zu langsam.

4 Partnerarbeit. Führen Sie einen Dialog zum Thema „Kommunikation und Internet in der Bibliothek".

1 Warum ist die Bibliothek ein guter Ort, einen Laptop zu benutzen?
2 Welche Nachteile hat es, das Internet in der Bibliothek zu benutzen?
3 Wie hast du in letzter Zeit am meisten kommuniziert: per Post, Internet oder Handy? Warum?
4 Wie oft wirst du in Zukunft das Internet in der Bibliothek benutzen? Warum?
5 Was muss man beachten, wenn man das Internet in der Öffentlichkeit (z. B. am Bahnhof, im Café) benutzt?

Ein Vorteil ist, Ich finde es toll, Ich finde es praktisch,	dass man schnell surfen kann. / dass man gratis surfen kann. dass man schnell Informationen bekommt. / dass man in Ruhe arbeiten kann. dass man nicht alleine ist. / dass die Technologie mobil ist.
Ein Nachteil ist, Ich finde es nicht so gut, Mich stört es, Mich nervt es,	dass das Internet manchmal langsam ist. / dass das Internet manchmal nicht funktioniert. dass es manchmal sehr laut ist / dass es manchmal viel Lärm gibt. dass es Probleme mit der Sicherheit im Internet gibt / dass es wenig Sicherheit im Internet gibt.
Ich habe das Internet	in einem Café benutzt, in einer Bibliothek benutzt,	weil ich schnell Informationen gebraucht habe. weil mein Internet zu Hause kaputt war. weil ich nicht zu Hause war. weil ich unterwegs war.
Ich habe		E-Mails geschrieben. / per Handy kommuniziert. eine Nachricht in sozialen Netzwerken geschickt.
Ich werde die Bibliothek benutzen, weil		es gratis ist. / ich dort gut arbeiten kann.
Man sollte keine		Passwörter speichern. / Produkte kaufen.

5 Sie beschreiben, wie Sie kommunizieren. Schreiben Sie 80–90 Wörter auf Deutsch.
- Beschreiben Sie, mit welchen Tools Sie gerne kommunizieren.
- Erzählen Sie, warum Sie mit anderen Tools nicht so gerne kommunizieren und warum.
- Sagen Sie, mit wem Sie letztens kommuniziert haben und worüber.
- Erklären Sie, warum Sie in der Zukunft neue Technologien benutzen werden, um zu kommunizieren.

3.3 PUBLIC SERVICES

3.3c Verloren und gefunden

Unterwegs

★ Über Verlorenes und Gefundenes sprechen
★ Pronomen im Akkusativ mit dem Perfekt

Heikes Blog

Heike ist sehr vergesslich – sie erzählt uns, was sie letztens verloren, vergessen und wiedergefunden hat …

Ich habe vor Kurzem meine Katze verloren! Normalerweise kommt sie jeden Morgen in mein Zimmer, aber vorgestern ist sie nicht gekommen und war nirgends zu finden.

Ich bin aber nicht ins Fundbüro gegangen, sondern habe viele Zettel in jeder Straße aufgehängt. Nach zwei Tagen hat sich ein Mann gemeldet, der sie in seiner Garage gefunden hat. Ich bin so froh, dass ich Mitzi wiederhabe!

Mein Schlüssel war nicht in meiner Tasche, als ich die Tür aufschließen wollte! Ich habe ihn wahrscheinlich in der Bahn verloren. Meine Mutter hat an dem Tag bis 18 Uhr gearbeitet, also habe ich eine Stunde vor der Haustür gewartet. Es war an dem Tag unglaublich kalt … Meinen Schlüssel habe ich nie wiederbekommen, obwohl ich beim Fundbüro war und auf der Webseite des Fundbüros Hamburg nach dem Schlüssel gesucht habe.

Vor fünf Wochen habe ich mein Portemonnaie verloren und ich glaube, dass ich es in der Bank verloren habe. Ich war dann in einem Geschäft und wollte Kaugummi kaufen, aber das war natürlich nicht möglich! Ich bin gleich zum Fundbüro gelaufen und habe den Verlust gemeldet. Nach drei Tagen hat mich das Fundbüro angerufen und mich darüber informiert, dass jemand mein Portemonnaie dort hingebracht hat. Ich war erleichtert! Das Geld war auch noch da!

1 a Lesen Sie das Blog. Welche vier Sätze sind richtig? Schreiben Sie die Nummern auf.

Beispiel: 1, …

1 Heike hat letztens ihr Tier verloren und wiedergefunden.
2 Sie hat den Schlüssel ohne Hilfe wiederbekommen.
3 Ihre Geldbörse war nicht mehr da, als sie im Laden zahlen wollte.
4 Sie hat ihre Geldbörse vielleicht in einer Bank vergessen.
5 Durch die Webseite hat sie die Geldbörse wiederbekommen.
6 Sie hat wochenlang auf eine Nachricht vom Fundbüro gewartet.
7 Das Fundbüro hat sie nie angerufen.
8 Ein ehrlicher Finder hat ihre Geldbörse gefunden und sie im Fundbüro abgegeben.

1 b Korrigieren Sie die falschen Sätze.

Beispiel: 2 Sie hat den Schlüssel ~~ohne Hilfe~~ wiederbekommen. *nie*

130

SECTION 3: WHERE I LIVE AND WHAT IT'S LIKE

2 Katharina redet über das Thema „Verloren und gefunden". Wählen Sie die **zwei** Aussagen (A–C), die den jeweiligen Absatz zusammenfassen.

Beispiel: 1 C, …

1 A Katharina hat ihr Mobiltelefon in der S-Bahn verloren.
    B Sie hat das Handy nochmals wieder.
    C Katharina überprüft immer, dass sie nichts vergessen hat.
    D Ihr Bruder hat die Bahn um Hilfe gebeten.
    E In der Schule hat Katharina noch nie etwas verloren.

2 A Katharina hat die Geldbörse im Freien gefunden.
    B Der Besitzer hat das Portemonnaie wieder.
    C Sie hat mit dem Besitzer gesprochen.
    D Der Mann hat sich nicht gemeldet.
    E Die Polizei hat Katharina angerufen.

3 A Katharinas Bruder hatte mit der App Schwierigkeiten.
    B Katharina hält Apps für unnötig.
    C Katharina denkt, es gibt ehrliche Leute.
    D Katharina hält die App für unzuverlässig.
    E Katharina findet es gut, dem Finder Geld zu geben.

3 Pronomen im Akkusativ mit dem Perfekt. Lesen Sie D1 und F3 in der Grammatik. Ordnen Sie die Sätze. Beginnen Sie mit dem unterstrichenen Wort.

Beispiel: 1 Gestern habe ich ihn lange gesucht.

1 <u>Gestern</u> – gesucht – habe – ihn – ich – lange
2 <u>Hast</u> – zurückgegeben – es – dem – du – Besitzer – nicht?
3 <u>Vorgestern</u> – gebracht – es – Fundbüro – ins – hat – sie
4 <u>Vor</u> – Monaten – Tamara – hat – verloren – ihn – sechs
5 <u>Nach</u> – wiedergefunden – ihn – hat – er – einer – Stunde
6 <u>Sie</u> – im – gleich – Fundbüro – gemeldet – es – hat
7 <u>Der Finder</u> – Fundbüro – ihn – nach – drei – im – abgegeben – hat – Tagen
8 <u>Er</u> – gesucht – drei – hat – Wochen – es – lang

4 Partnerarbeit. Rollenspiel: Sie sind im Fundbüro. Sie sprechen mit dem Beamten / der Beamtin. Person A stellt die Fragen und Person B beantwortet sie.

1 A Guten Tag, was haben Sie verloren? B …
2 A Wann und wo genau haben Sie (den Gegenstand) verloren? B …
3 A Können Sie (den Gegenstand) bitte genau beschreiben? B …
4 A Wie ist Ihre Adresse und Telefonnummer? B …
5 A Was werden Sie noch tun, um (diesen Gegenstand) zu finden? B …

5 Schreiben Sie ein Blog über einen tragbaren Gegenstand, den Sie verloren haben, und der wichtig war. Sie könnten Folgendes erwähnen:
- den Gegenstand
- den Ort des Verlusts
- warum dieser tragbare Gegenstand wichtig war

3.4 Natural environment

3.4a Die Umwelt schützen

Einsteigen

★ Beschreiben, wie Sie die Umwelt schützen
★ Negation: *nicht(s), niemand, nie, kein*

1 a Lesen Sie Ritas Broschüre. Welcher Satz (1–8) passt zu welchem Bild (A–H)?

Beispiel: 1 D

Tipps für den Umweltschutz

von Rita, 16
Ich schütze die Umwelt gern – hier sind ein paar Tipps!

1 Recyceln ist wichtig! Ich recycle die grünen und weißen Flaschen.
2 Wir haben keinen Container für Plastik in unserem Dorf, aber ich fahre deshalb oft in die nächste Stadt. Dort gibt es einen Container. Es gibt leider nichts für Elektrogeräte.
3 <u>Ich mache meinen Computer am Abend immer aus</u>, er ist nicht auf Standby. <u>Das spart Energie</u>.
4 Ich benutze im Geschäft normalerweise nie Plastiktüten. Papiertüten oder Tüten aus Baumwolle sind viel besser für die Umwelt!
5 Meine Eltern wollen kein Auto kaufen – ich fahre mit dem Zug!
6 In meiner Familie isst niemand Fleischprodukte. Das ist besser für die Umwelt.
7 Meine Eltern kaufen regionale Produkte auf dem Markt im Dorf, <u>das ist umweltfreundlich</u>.
8 Ich recycle natürlich auch meine Zeitungen und Zeitschriften!
Eure Rita

A   B   C   D

E   F   G   H

1 b Lesen Sie Ritas Broschüre noch einmal. Kopieren Sie die unterstrichenen Sätze und übersetzen Sie sie in Ihre Sprache.

Beispiel: Ich mache meinen Computer …

SECTION 3: WHERE I LIVE AND WHAT IT'S LIKE

2 a Simon spricht über Umweltschutz. Finden Sie die fünf richtigen Sätze.

Beispiel: 1, …

1 Simon recycelt Plastikflaschen.
2 Er mag regionale Produkte.
3 Simon isst kein Fleisch.
4 Simon recycelt keine Glasflaschen.
5 Simon braucht oft Plastiktaschen.
6 Sein Vater fährt ihn mit dem Auto.
7 Er benutzt Tüten aus Baumwolle.
8 Simons Computer ist immer auf Standby.

2 b Was macht Simon <u>nicht</u> für die Umwelt? Finden Sie die drei Bilder (A–H) in Übung 1.

Beispiel: C, …

3 a Negation. Lesen Sie G4 in der Grammatik. Wählen Sie das richtige Wort.

Beispiel: 1 niemand

1 In Sarahs Familie recycelt **niemand / keinen**.
2 Hast du die neue Broschüre? Nein, noch **niemand / nicht**.
3 Andreas kauft **kein / nichts** Auto, er fährt mit der Bahn.
4 Ich habe heute **nichts / keinen** gekauft, ich habe kein Geld.
5 Er hatte vorher noch **niemand / nie** recycelt, jetzt macht er es gern.
6 In meiner Stadt gibt es **keine / nichts** Container für Plastikflaschen.
7 Vor vierzig Jahren hat man **niemand / nichts** recycelt.
8 Mein Nachbar recycelt seine Flaschen **nie / keine**, er ist zu faul.

3 b Lesen Sie Ritas Broschüre in Übung 1 noch einmal. Finden Sie drei Sätze mit Negationswörtern. Kopieren Sie sie und übersetzen Sie sie in Ihre Sprache

Beispiel: Wir haben <u>keinen</u> Container für Plastik in unserem Dorf.

4 a Die Laute *st* und *sp*. Hören Sie sich den Satz an und trennen Sie die Wörter. Wiederholen Sie den Satz dreimal. Achten Sie auf die Aussprache. Übersetzen Sie den Satz in Ihre Sprache. Lernen Sie den Satz auswendig.

EinStachelschweinmitspitzigenStachelnspieltspätabendshinterdemStein,hatdasSchwein keineStacheln,soisteskeinStachelschwein.

4 b Partnerarbeit. Sagen Sie den Satz in Übung 4a. Wer kann das am besten?

5 Was tun Sie für die Umwelt? Was ist Ihnen wichtig? Machen Sie eine Liste Ihrer Prioritäten. Verwenden Sie die Informationen aus der Broschüre in Übung 1. Schreiben Sie sieben Sätze.

Beispiel: Nummer 1 – Ich fahre immer mit dem Zug, mit dem Bus oder mit dem Rad.

6 Partnerarbeit. Führen Sie einen Dialog. Vergleichen Sie die Liste Ihrer Prioritäten mit der Ihres Partners / Ihrer Partnerin.

Beispiel: A Was ist deine Nummer eins?
B Ich mache die Lichter immer aus. Und du? Was ist deine Nummer eins?
A Ich …

Was ist deine Nummer eins / zwei / drei?			
Ich	recycle	immer / oft / manchmal / selten / nie	Plastikflaschen / Glasflaschen.
Ich	esse wenig Fleisch. / benutze keine Plastiktüten. fahre mit dem Zug / dem Bus. spare Energie / Wasser.		

3.4 NATURAL ENVIRONMENT

3.4b Nationalparks – wie wichtig sind sie?

★ Über Nationalparks und ihre Wichtigkeit sprechen
★ Indefinitpronomen: *jemand, etwas, nichts, man*

Die Arbeit im Nationalpark

Hi! Mein Name ist Oliver, ich bin 18, komme ursprünglich aus Wien und arbeite im Nationalpark in meiner Nähe, hier in Schleswig-Holstein. Dort habe ich vor zwei Jahren angefangen. Die Arbeit macht mir großen Spaß und ich finde sie sehr wichtig. Ein Nationalpark schützt die Natur und es gibt sehr viele Bäume, Pflanzen und Tiere dort. Es ist auch ziemlich viel verboten, zum Beispiel darf man dort natürlich nicht rauchen. Wenn es jemand trotzdem tut, dann gibt es Schwierigkeiten. Viele Leute arbeiten in Nationalparks, denn es gibt immer etwas zu tun! Ich fahre jedes Wochenende an beiden Tagen zum Arbeiten hin. Der Nationalpark ist natürlich bedeutsam für die Region und für Schulen. Meine Arbeit ist sehr vielseitig und ein Kollege oder eine Kollegin ist immer vor Ort – sie wissen viel über den Park. Davon profitiere ich. Es gibt nichts Besseres für mich, als dort meine Freizeit zu verbringen! Meine Familie besucht den Naturpark seit vielen Jahren. Mit der Schule waren wir auch schon dort. Wir sind Fahrrad gefahren – natürlich nur auf den Wegen, nicht im Wald, das ist verboten! Man kann dort auch zum Beispiel reiten. Jeder sollte in den Nationalpark gehen, die Erfahrung ist wirklich toll, das Alter spielt keine Rolle. Die Ruhe ist entspannend und man sieht, wie wichtig die Natur ist.

1 Lesen Sie das Blog und beantworten Sie die Fragen auf Deutsch.

Beispiel: 1 Wien

1. Woher kommt Oliver? (1)
2. Wie alt war Oliver, als er mit der Arbeit im Nationalpark angefangen hat? (1)
3. Wo darf man im Nationalpark rauchen? (1)
4. Für welche Personen ist der Nationalpark besonders nützlich? Nennen Sie **zwei** Details. (2)
5. Wie lernt Oliver viel über den Park? (1)
6. Welchen Sport mit Tieren kann man dort ausüben? (1)
7. Für welche Personen ist der Park gut? (1)
8. Wie ist es im Nationalpark und wie fühlt man sich dort? Nennen Sie **zwei** Details. (2)

2 a Werbung für den Naturpark Diemtigtal in der Nähe von Bern in der Schweiz. Welches Satzende (A–L) passt zu welchem Satzbeginn (1–8)?

Beispiel: 1 D

1. Dieser Park ist vor allem
2. Man kann zu jeder Jahreszeit dort
3. Mit der Bergbahn ist es möglich
4. Ski fahren kann man
5. Zum Programm gehört auch
6. Grillen in der Grillhütte ist
7. Der Naturpark ist
8. Es gibt lehrreiche Ausflüge

A nach oben zu fahren.
B klettern.
C weit entfernt.
D ideal für Wanderer und Skifahrer.
E immer möglich.
F schwimmen.
G Fußball im Schnee.
H wegzufahren.
I mit Informationen über die Tiere und Bäume im Park.
J Sport treiben.
K dort auch manchmal nachts.
L für umweltbewusste und aktive Leute geeignet.

SECTION 3: WHERE I LIVE AND WHAT IT'S LIKE

2 b Hören Sie sich die Werbung noch einmal an. Notieren Sie Details zu den folgenden Punkten:
- Aussicht
- Länge einer Wanderung
- was man im Naturpark lernen kann

Beispiel: Aussicht: sehr schön, ...

3 Indefinitpronomen. Lesen Sie D6 in der Grammatik. Welches Wort passt zu welchem Satz? Alle Wörter passen zweimal.

Beispiel: 1 jemand

1 Ich habe meinen Stift zu Hause vergessen. Hat .... einen für mich?
2 Anton hat Hunger, er hat schon seit vier Stunden .... mehr gegessen.
3 Heute kauft .... Musik eigentlich nur mehr online, nicht wahr?
4 Hast du .... zu trinken? Ich habe Durst.
5 .... hat sein Heft in der Klasse vergessen.
6 Hast du das schon gehört? Nein, ich habe .... gehört. Erzähl mal! Was ist passiert?
7 Ich war auf dem Markt, und ich habe .... Exotisches gekauft: eine Ananas.
8 .... weiß nicht viel über ihn, er ist neu hier.

| jemand | etwas | nichts | man |

4 Partnerarbeit. Führen Sie einen Dialog zum Thema „Nationalparks".
1 Kennst du einen Nationalpark in deinem Land? Kannst du ihn beschreiben?
2 Was kann man dort machen?
3 Wann warst du zum letzten Mal in einem Nationalpark? Wie war es?
4 Warum sind Nationalparks oft gut und interessant für Teenager?
5 Wie kann man Nationalparks für Teenager interessanter machen?

In meinem Heimatland gibt es einen	großen / kleinen / schönen / bekannten	Nationalpark.	
Dort kann man	verschiedene Pflanzen / Tiere / Bäume	sehen.	
Man kann dort auch	Ausflüge / Wanderungen / Sport	machen.	
Ich war	vor einem Monat / vor ein paar Wochen / vor ein paar Monaten	zum letzten Mal zum ersten Mal	dort.
Es hat mir dort gut gefallen, Es gefällt mir gut,	weil ich mich für Tiere, Bäume und Pflanzen interessiere. weil ich sportliche Aktivitäten mag. weil ich viel gesehen und gelernt habe.		
Es hat mir dort nicht gefallen,	weil es langweilig war. weil ich mich nicht für Tiere, Pflanzen, Fliegen und Bäume interessiere. weil ich nicht sehr aktiv bin.		
Man könnte	Aktivitäten / Sport / Veranstaltungen für Jugendliche	anbieten.	

5 Schreiben Sie ein Blog oder einen Vlog über einen Nationalpark. Sie könnten Folgendes erwähnen:
- wann Sie dort waren und was Sie gemacht haben
- eine Beschreibung des Parks
- ob er interessant für Teenager ist
- warum Sie (nicht) noch einmal hinfahren wollen

Beispiel: Ich war vor zwei Monaten ...

3.4 NATURAL ENVIRONMENT

3.4c Umweltprobleme

Unterwegs

★ Über Umweltprobleme und mögliche Lösungen sprechen
★ Genitiv Singular

Umweltschutz geht uns alle an!

Umweltschutz ist weltweit und deshalb auch in Deutschland ein wichtiges Thema: saurer Regen, Überschwemmungen, Erderwärmung ... Die Zerstörung der Erde bedeutet auch die Zerstörung der Menschheit. Wir müssen etwas tun!

In unserer Schule haben wir viele Aspekte des Umweltschutzes besprochen, zum Beispiel die Erderwärmung und die Zerstörung der Regenwälder. Wir glauben: Jeder von uns kann etwas tun! Wir können zum Beispiel weniger konsumieren und vor allem Produkte aus der Region essen. Wir arbeiten mit den Bauern aus der Gegend zusammen und unsere Pausensnacks kommen alle aus unserer Region!

Unsere Freundin Jana hat ein Experiment gemacht: Sie hat sechs Monate lang keine Kleidung gekauft! Es war für Jana schwer, aber sie hat es geschafft! Sie kauft ab jetzt nur alle drei Monate ein neues Kleidungsstück.

Es gibt auch weitere Lösungen: Recyceln und Energie sparen sind wichtig. Das Benutzen der öffentlichen Verkehrsmittel ist auch nötig, denn die Emissionen der Autos und die Verkehrsstaus sind sehr schädlich. Wir sollten alle umweltbewusster sein. Dann können wir unsere Welt retten!

Der neue Verein Naturfreunde trifft sich einmal pro Woche in der Mittagspause und wir organisieren Initiativen, um unsere Schule umweltfreundlicher zu machen. Unsere Schuldirektorin hat uns im Namen der Schule Geld gegeben. Vielen Dank dafür! Unser erstes Projekt: In allen Klassenzimmern soll es Recyclingcontainer für Plastik und Papier geben! Danach hoffen wir, Sonnenkollektoren auf dem Schuldach installieren zu können.

Wenn du heute Mitglied wirst, kannst du auch dabei sein! Bei Interesse kannst du uns gerne eine E-Mail schreiben oder in unserer Klasse vorbeischauen. Wir freuen uns auf dich!

Sonja, Peter und Klaus

nfSchillerGymnasium@web.de

---

1 a Lesen Sie den Artikel aus einer Schülerzeitung. Schreiben Sie R (richtig), F (falsch) oder NA (nicht angegeben).

Beispiel: 1 R
1. Umweltschutz ist ein internationales Thema.
2. Man soll weniger kaufen, um die Umwelt zu schützen.
3. Jana hat sechs Monate lang gebrauchte Kleidung gekauft.
4. Das Experiment war nicht erfolgreich.
5. Den Verein Naturfreunde gibt es seit einer Woche.
6. Die Schulleitung sammelt Geld, um es der Gruppe zu geben.
7. Die erste Initiative hat mit Kunststoff und Papier zu tun.
8. Man kann bei dem Verein Naturfreunde mitmachen.

1 b Lesen Sie den Artikel noch einmal. Kopieren Sie die unterstrichenen Wörter und übersetzen Sie sie in Ihre Sprache. Lernen Sie sie auswendig.

Beispiel: saurer Regen, ...

2 Die Umweltexpertin Frau Mayer redet über den Umweltschutz in Schulen. Wählen Sie die **zwei** Aussagen (A–E), die den jeweiligen Absatz zusammenfassen.

SECTION 3: WHERE I LIVE AND WHAT IT'S LIKE

1 A Recycling ist nicht in allen Schulen möglich.
B Projekte zum Thema Verkehr laufen in manchen Schulen gut.
C Es gibt Eltern, die bei dem Verkehrsprojekt nicht mitmachen.
D Die Eltern sind als Projektpartner am wichtigsten.
E Die jungen Leute haben in der Zukunft Probleme mit der Umwelt.

2 A Frau Mayer trifft sich oft mit den Schülern.
B Viele Schüler interessieren sich nicht für die Umwelt.
C Sie organisiert Treffen mit den Lehrern.
D Die Mehrheit der Schüler will über Umweltprobleme diskutieren.
E Der Umweltverein hat nicht viele Mitglieder.

3 A Frau Mayer möchte mehr Unterstützung von den Lehrern.
B Schulen sollen in der Zukunft mehr Strom sparen.
C Ihr Ziel ist: Keine Plastikgegenstände in Schulen.
D Eine der Schulen, der sie geholfen hat, hat eine Auszeichnung bekommen.
E Andere Schulen können von der umweltfreundlichen Schule lernen.

3 Genitiv Singular. Lesen Sie A6 in der Grammatik. Setzen Sie die richtige Form des Wortes in die Sätze ein.

Beispiel: 1 der Umwelt

1 Es ist fünf vor zwölf! Wir müssen die Zerstörung .... (*die Umwelt*) unbedingt verhindern!
2 Unsere Schule hat die Einführung .... (*das Projekt*) von Anfang an unterstützt.
3 Die Installation .... (*der Sonnenkollektor*) war ein Erfolg und wir sparen jetzt viel Geld.
4 Auf unserem Schulfest haben wir das Projekt .... (*der Umweltverein*) vorgestellt.
5 Die Schulleitung hat die Reduzierung .... (*der Verkehr*) vor der Schule vor.
6 Die Schule hat das Recyceln .... (*das Papier*) in jedem Klassenzimmer eingeführt.
7 Die Reduzierung .... (*der Energieverbrauch*) ist wichtig und die einzige Lösung!
8 Das Projekt will den Konsum .... (*die Schulgemeinschaft*) einschränken.

4 a Partnerarbeit. Rollenspiel: Sie sprechen mit einem Freund / einer Freundin über Umweltschutz an der Schule. Person A stellt die Fragen und Person B beantwortet sie.

1 A Was macht deine Schule für die Umwelt? B …
2 A Was könnte deine Schule noch besser machen, um die Umwelt zu schützen? B …
3 A Was hast du letztens für die Umwelt gemacht? B …
4 A Wie wirst du in der Zukunft die Umwelt besser schützen? B …
5 A Wie umweltfreundlich sind deine Freunde? B …

4 b Tauschen Sie die Rollen.

5 Sie schreiben ein Blog für die Schülerzeitung über Projekte und Initiativen für den Umweltschutz an Ihrer Schule. Schreiben Sie 130–140 Wörter.
- Beschreiben Sie, wie Ihre Schule die Umwelt schützt.
- Beschreiben Sie, welche Initiativen Sie gut finden und warum.
- Sagen Sie, was Ihre Schule früher für die Umwelt gemacht hat.
- Beschreiben Sie, wie Sie bei Umweltprojekten mitarbeiten.
- Sagen Sie, was die Schule in der Zukunft für die Umwelt machen könnte und warum.

3.5 Weather

3.5a Wie ist das Wetter?

Einsteigen

★ Das Wetter in einem deutschsprachigen Land beschreiben
★ Himmelsrichtungen

1 a Wie ist das Wetter? Welcher Satz (1–8) passt zu welchem Bild (A–H)?

Beispiel: 1 C

1 Es regnet / Es ist regnerisch im Norden.
2 Es ist sonnig im Westen.
3 Es ist windig im Süden.
4 Es ist wolkig / Es ist bewölkt im Osten.
5 Es schneit im Nordwesten.
6 Es gibt Gewitter / Es blitzt und donnert im Südosten.
7 Es ist heiß im Nordosten.
8 Es ist nebelig im Südwesten.

A   B    C    D 
E 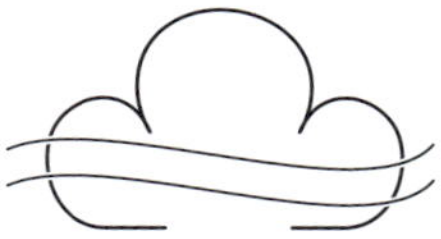   F    G 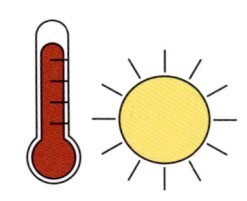   H

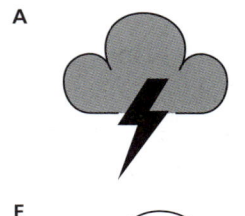

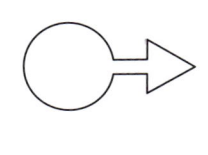

1 b Lesen Sie die unterstrichenen Wörter in den Sätzen 1–8. Welche sind Verben und welche sind Adjektive?

Verben	Adjektive
Beispiel: 1 regnet	

2 a Acht Wetterberichte aus Österreich. Schauen Sie sich die Wetterkarte an. Sind die Wetterberichte R (richtig), F (falsch) oder NA (nicht angegeben)?

Beispiel: 1 F

2 b Hören Sie sich die Wetterberichte noch einmal an. Schreiben Sie die falschen Sätze auf und korrigieren Sie sie.

Beispiel: 1 Es ist sonnig in Salzburg. Das ist im Nordwesten.

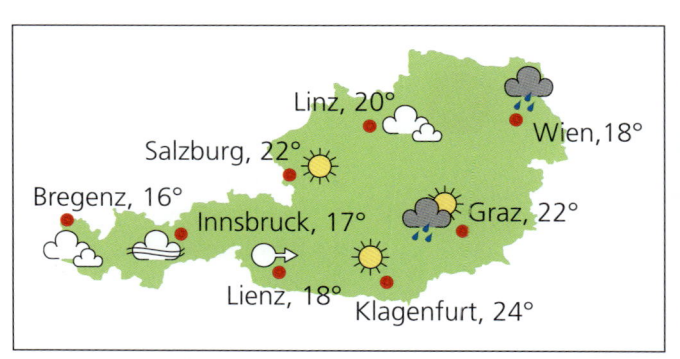

Linz, 20°
Wien, 18°
Salzburg, 22°
Bregenz, 16°
Innsbruck, 17°
Graz, 22°
Lienz, 18°
Klagenfurt, 24°

Das Wetter in Österreich

138

SECTION 3: WHERE I LIVE AND WHAT IT'S LIKE

3 a Himmelsrichtungen. Lesen Sie J in der Grammatik. Schreiben Sie die Sätze aus.

Beispiel: Es ist windig im Norden. *oder* Im Norden ist es windig.

1 Es ist windig .... (*N*).
2 Es ist bewölkt .... (*S*).
3 Es ist sonnig .... (*NO*).
4 Es schneit .... (*SW*).
5 .... (*W*) ist es nebelig.
6 .... (*SO*) regnet es.
7 Es blitzt und donnert .... (*O*).
8 .... (*NW*) scheint die Sonne.

3 b Lesen Sie die Sätze in Übung 1 noch einmal. Kopieren Sie den Kompass mit den richtigen Wettersymbolen.

Beispiel:

4 a Der Laut *w*. Hören Sie sich den Satz an und trennen Sie die Wörter. Wiederholen Sie den Satz dreimal. Achten Sie auf die Aussprache. Übersetzen Sie den Satz in Ihre Sprache. Lernen Sie den Satz auswendig.

DasWetterinWienistwirklichwindigundwolkigbesondersimWesten.

4 b Partnerarbeit. Sagen Sie den Satz in Übung 4a. Wer kann das am besten?

5 Partnerarbeit. Zeichnen Sie einen Kompass. Sagen Sie einen Satz über das Wetter. Ihr(e) Partner(in) zeichnet das Wettersymbol auf den Kompass. Sagen Sie, ob das richtig ist. Tauschen Sie dann die Rollen.

Beispiel:
A   Es ist sonnig im Süden.
B   (zeichnet)
A   Richtig!
B   Im Osten blitzt und donnert es.
    ...

6 Wie ist das Wetter heute in einem deutschsprachigen Land? Schauen Sie sich eine richtige Wetterkarte an oder zeichnen Sie Ihre eigene. Schreiben Sie fünf Sätze.

Wie ist das Wetter:
- im Norden?
- im Osten?
- im Süden?
- im Westen?

Beispiel: Es ist kalt und es schneit im Norden, aber im Süden ist es sonnig.

Es		ist	sonnig / windig / wolkig / bewölkt / nebelig / heiß / kalt / frisch	im Norden / im Süden / im Osten / im Westen / im Nordosten / im Nordwesten / im Südosten / im Südwesten.
		regnet / donnert / blitzt / schneit / friert		
Im Norden / Im Süden / Im Osten / Im Westen / Im Nordosten / Im Nordwesten / Im Südosten / Im Südwesten		ist es	sonnig / windig / wolkig / bewölkt / nebelig / heiß / kalt.	
		regnet / donnert / blitzt / schneit	es.	

3.5 WEATHER

3.5b Eine Wettervorhersage

★ Wettervorhersagen verstehen und machen
★ Schwache Substantive

Berlin

Wir erwarten (expect) eine sonnige Woche in Berlin bei Temperaturen von 20 bis 25 Grad. Am Montag wird es ein bisschen bewölkt sein, jedoch auch warm und trocken. Die Temperaturen werden steigen und am Ende der Woche wird es heiß sein. Gutes Wetter für den Geburtstag des Präsidenten!

München

Ein schöner Anfang der Woche für die Bayern mit viel Sonnenschein. Leider wird es am Mittwoch Regenschauer geben und das Wochenende wird auch wolkig und nass sein. Die Temperaturen werden bei maximal 15 Grad liegen. Gute Nachrichten für Bauern, aber vergessen Sie Ihren Regenmantel am Wochenende nicht!

Köln

Vergessen Sie Ihren Regenschirm nicht, weil es diese Woche regnerisch und nebelig sein wird. Am Freitag wird es einen Sturm geben mit Windgeschwindigkeiten von 60 Stundenkilometern und möglicherweise Gewittern. Man wird weder die Sonne noch den Mond sehen.

1 a Lesen Sie die Wettervorhersagen. Wo ist das? Lesen Sie die Sätze und schreiben Sie B (Berlin), M (München) oder K (Köln).

Beispiel: 1 K

1 Es wird Nebel geben. K
2 Es wird windig sein. K
3 Es wird die ganze Woche heiß sein. B
4 Es wird blitzen und donnern. K
5 Es wird am Beginn der Woche besser sein als am Ende. M
6 Es wird nicht regnen. B
7 Es wird am Samstag und Sonntag bewölkt sein. M
8 Das Wetter wird die ganze Woche schlecht sein. K

1 b Lesen Sie die Wettervorhersagen und Sätze noch einmal und finden Sie die Wetterwörter. Kopieren Sie sie und übersetzen Sie sie in Ihre Sprache. Dann lernen Sie sie auswendig.

Beispiel: sonnig, bewölkt, warm, trocken, heiß

Wie wird das Wetter sein?

SECTION 3: WHERE I LIVE AND WHAT IT'S LIKE

2 Zwei Wettervorhersagen. Wählen Sie die richtige Antwort (A–C).

Beispiel: 1 D

1 Das Wetter ist heute am besten in …
 A Frankreich.   C Deutschland.
 B Österreich.   D der Schweiz.
2 Morgen wird es…
 A nicht so warm sein.   C regnen.
 B heißer sein.   D sonnig sein.
3 Welches Wetter wird diese Woche nicht erwartet?
 A Schnee   C Regen
 B Wind   D Sonne
4 Es war neulich in Namibia sehr …
 A trocken.   C nebelig.
 B kalt.   D regnerisch.
5 Wann wird das Wetter heißer sein?
 A zu Beginn der Woche   C nachts
 B am Wochenende   D morgens
6 Wie wird das Wetter im Südwesten sein?
 A windig und nebelig   C sehr heiß
 B gewitterig   D regnerisch

3 Schwache Substantive. Lesen Sie A7 in der Grammatik. Setzen Sie die richtige Form des Wortes in die Sätze ein. Vorsicht! Ist es Nominativ, Akkusativ, Dativ oder Genitiv?

Beispiel: 1 Die Bayern haben das beste Wetter. – Nominativ

1 Die (*Bayer*) haben das beste Wetter.
2 Ich bin mit einem (*Kollege*) in die Alpen gefahren.
3 Ich sehe keinen (*Hase*), denn es regnet.
4 Das Haus des (*Präsident*) ist sehr schön.
5 Deutschland hat keinen (*Monarch*).
6 Im Zoo habe ich einen (*Elefant*) gesehen.
7 Ich mag meine (*Nachbar*) sehr gern.
8 Meine Schwester ist mit einem (*Franzose*) verlobt.

4 Schreiben Sie eine Wettervorhersage für Deutschland, Österreich oder die Schweiz. Benutzen Sie Ausdrücke aus Übung 1 und 2. Benutzen Sie, wenn möglich, eine richtige Wetterkarte von einer deutschsprachigen Internetseite oder zeichnen Sie eine Karte.

Beispiel: Es wird morgen in Frankfurt nebelig sein, aber in Hannover wird es …

Wie wird das Wetter:
- morgen sein?
- übermorgen sein?
- am Sonntag sein?
- im Norden / Süden / Westen / Osten sein?

Es wird	heute / morgen / übermorgen / am Samstag / am Wochenende im Norden / im Süden / im Westen / im Osten in Berlin / in Wien	regnen / schneien / blitzen und donnern.	
		sonnig / heiß / kalt / nebelig / wolkig / bewölkt / windig	sein.

5 a Partnerarbeit. Führen Sie einen Dialog zum Thema „Wetter".
 1 Wie ist das Wetter heute in deiner Region?
 2 Wie war das Wetter letzte Woche?
 3 Wann hat es zum letzten Mal bei dir geschneit?
 4 Wie ist die Wettervorhersage für nächste Woche für deine Region?
 5 Was findest du besser: kühles Wetter oder heißes Wetter? Warum?

5 b Präsentieren Sie Ihre Wettervorhersage aus Übung 4, wenn möglich, ohne sie abzulesen.

Beispiel:

> Willkommen! Hier ist das Wetter für …

141

3.5 WEATHER

3.5c Trockenheit und Tornados – der Klimawandel

★ Etwas über Wetterprobleme und Klimawandel lernen
★ Das Imperfekt wiederholen

Klimaschutzplan 2050: Zu spät für den Klimawandel?

Die Probleme der Umwelt sind bekannt. Unsere Wälder schwinden durch Abholzen, deshalb sind Tiere vom Aussterben bedroht und die Wüsten vergrößern.

Wegen höherer Lufttemperaturen schmilzt an den Polkappen das Eis, was zum Ansteigen des Meeresspiegels führt. Das Wetter wird immer chaotischer – während Bangladesch überschwemmt wird, wird Afrika südlich der Sahara von Dürre betroffen. Ist es also schon zu spät, den Klimawandel zu stoppen?

Hoffentlich nicht. Die deutsche Regierung meldete gestern ihren Klimaschutzplan für 2050 mit dem Ziel, Treibhausgase um 80–95 % zu reduzieren. Aber ist das genug? Laut einer Wissenschaftlerin der UNO reicht das.

„Seit 1901 ist die Erde um 1 Grad wärmer geworden und der Meeresspiegel ist um 17 cm gestiegen. Das sind die Folgen des Treibhauseffekts. Wenn die Temperaturen um zwei Grad steigen, befinden wir uns in der ‚Gefahrenzone', aber ich glaube, wir können das vermeiden."

Zwei Grad klingt nicht nach viel, jedoch wäre es für unseren Planeten sehr gefährlich. Vor 20.000 Jahren war die Erde nur 4 Grad kälter als heute, aber Nordamerika und Europa lagen unter Eis, während in der südlichen Hemisphäre die Wüsten immer größer wurden.

Wir beobachten auf der ganzen Welt die Auswirkungen des globalen Klimawandels mit steigenden Temperaturen, immer mehr Wetterextremen, mehr Stürmen und Tornados. Wie wird es in der Zukunft sein? Nur die Menschheit kann den Klimawandel stoppen. Vor 56 Millionen Jahren lagen die globalen CO_2-Emissionen bei ungefähr 4 Billionen Tonnen pro Jahr, was laut vielen Wissenschaftlern zum Aussterben der Dinosaurier führte. Jetzt produzieren wir 40 Billionen Tonnen pro Jahr. Vielleicht ist es noch nicht zu spät, aber wir müssen alle zusammenarbeiten.

Das Eisschmelzen bedroht Tiere sowie Menschen.

1 a Lesen Sie den Artikel und beantworten Sie die Fragen auf Deutsch.

Beispiel: 1 das Abholzen, …

1 Nennen Sie zwei Umweltprobleme aus dem ersten Absatz. Nennen Sie **zwei** Details. (2)
2 Welche Wetterextreme werden beschrieben? (1)
3 Was ist das Ziel des Klimaschutzplans? (1)
4 Was denkt die Wissenschaftlerin über diesen Plan? (1)
5 Wie hat sich das Klima seit 1901 verändert? Nennen Sie **zwei** Details. (2)
6 Wann ist das Klima in der „Gefahrenzone"? (1)
7 Wie war die Erde vor 20.000 Jahren? (1)
8 Warum sollten wir uns um CO_2-Emissionen Sorgen machen? (1)

SECTION 3: WHERE I LIVE AND WHAT IT'S LIKE

1 b Lesen Sie den Artikel noch einmal. Kopieren Sie die Tabelle und füllen Sie sie auf Deutsch aus.

	in der Vergangenheit	jetzt
die Luft	**Beispiel:** vor 20.000 Jahren 4 Grad kälter	1 Grad wärmer als im Jahr 1901
die Meere		
das Wetter		
das Land		

2 Hanna, Lukas und Meryem sprechen über Wetterprobleme. Wer passt zu welchem Satz (1–8)?

Beispiel: 1 Hanna
1 Es gibt in manchen Ländern nicht genug Wasser.
2 Starker Wind ist das größte Wetterproblem.
3 Schönes Wetter ist manchmal problematisch.
4 Der saure Regen ist am schlimmsten in Industriegebieten.
5 Das größte Wetterproblem ist mit dem Ansteigen des Meeresspiegels verbunden.
6 Nicht nur Menschen sind bedroht.
7 Es ist ein Problem sowohl für arme als auch für reiche Länder.
8 Gebäude und Wohnorte werden zerstört.

3 Das Imperfekt wiederholen. Lesen Sie F4 in der Grammatik. Schreiben Sie die richtige Form des Verbes in Klammern (1–8).
1 Vor dreißig Jahren (*produzieren*) man nicht so viele CO_2-Emissionen.
2 Wir (*haben*) damals nicht so viele Autos.
3 Früher (*sein*) die globalen Temperaturen niedriger.
4 Es (*geben*) weniger Wetterextreme.
5 Damals (*wissen*) wir nicht, dass Menschen für den Klimawandel verantwortlich waren.
6 Die Regierung (*verbieten*) schädliche Aerosole.
7 Man (*entwickeln*) saubere Energiequellen.
8 Das Hochwasser (*zerstören*) viele Gebäude.

4 Partnerarbeit. Rollenspiel: Sie sprechen mit einem Freund / einer Freundin, der / die extremes Wetter erlebt hat. Person A stellt die Fragen und Person B beantwortet sie. Dann tauschen Sie die Rollen.
1 A Was für Wetterextreme hast du bereits erlebt? B …
2 A Was machtest du, als es passierte? B …
3 A Wie ist das Wetter normalerweise in deiner Gegend? B …
4 A Wird das Wetter deiner Meinung nach besser oder schlechter werden und warum? B …
5 A Was können wir machen, um Wetterextreme und Klimawandel zu vermeiden? B …

5 Sie schreiben ein Blog über ein Wetterextrem in Ihrem Land oder in einem deutschsprachigen Land. Schreiben Sie 130–140 Wörter.
- Beschreiben Sie dieses Wetterextrem.
- Erklären Sie, warum dieses Wetterextrem existiert.
- Sagen Sie, wie sich das Wetter in den letzten 100 Jahren geändert hat.
- Sagen Sie, ob Sie optimistisch oder pessimistisch über den Klimawandel denken.
- Erklären Sie, was passieren wird, wenn wir nichts gegen den Klimawandel tun.

3.6 Finding the way

3.6a Wo ist der Bahnhof?

Einsteigen

★ Standorte verstehen und angeben
★ Präpositionen zur Ortsangabe; Ortsadverbien

Willkommen in Freiburg!

Hier gibt es viele Sehenswürdigkeiten!

Was man in Freiburg sehen sollte:
- das Theater (es ist in der Stadtmitte neben der Stadtbibliothek)
- das Museum (es ist direkt vor dem Bahnhof)
- das Fußballstadion (es ist dem Kino gegenüber)
- die Dreisam, am Fluss kann man fantastisch spazieren gehen.

Sie können viel zu Fuß erreichen, aber das Fahrrad ist hier ein beliebtes Transportmittel und es gibt in der Stadt überall Radwege.

Wir empfehlen Ihnen auch, verschiedene Köstlichkeiten zu probieren:
- Im Einkaufszentrum „Schwarzwaldcity" gibt es ein tolles Café und das beste Eis!
- Auf dem Marktplatz gibt es einen Bäcker und Sie sollten dort den Käsekuchen probieren.

Falls Sie Fragen haben, gehen Sie bitte zur Touristeninformation, die sich hinter dem Stadtpark befindet.

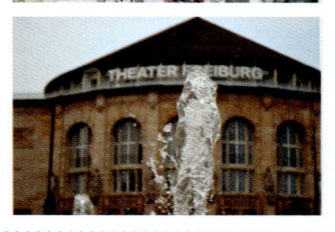

1 a Lesen Sie die Broschüre. Welcher Satzanfang (1–6) passt zu welchem Satzende (A–F)?

Beispiel: 1 E

1 Das Café ist …
2 Das Theater ist …
3 Die Touristeninformation ist …
4 Das Museum ist …
5 Das Fußballstadion ist …
6 Radwege gibt es …

A neben der Stadtbibliothek.
B dem Kino gegenüber.
C hinter dem Park.
D überall in der Stadt.
E im Einkaufszentrum.
F vor dem Bahnhof.

an + dem = am
in + dem = im
von + dem = vom

1 b Kopieren Sie die unterstrichenen Sätze aus der Broschüre und übersetzen Sie sie in Ihre Sprache.

Beispiel: Hier gibt es viele Sehenswürdigkeiten!

2 a Angela und David sprechen über ihre Stadt. Finden Sie die vier richtigen Sätze.

Beispiel: 2, …

1 Angela wohnt seit vielen Jahren in dieser Stadt.
2 Angela findet ihre Stadt toll.
3 Angela kann zur Schule radeln.
4 Die Schule liegt neben dem Bahnhof.
5 Auf dem Schulweg fährt Angela durch die Stadtmitte.
6 In der Stadtmitte gibt es ein Schwimmbad.

SECTION 3: WHERE I LIVE AND WHAT IT'S LIKE

    7 Das Kino ist im Einkaufszentrum.
    8 Am Marktplatz kann man etwas essen und trinken.
    9 Der Bahnhof ist fünfzehn Minuten von ihrem Haus entfernt.

2 b Hören Sie das Gespräch noch einmal an und machen Sie eine Liste der Präpositionen.

Beispiel: seit, …

3 a Präpositionen zur Ortsangabe. Lesen Sie E2 und E3 in der Grammatik. Wählen Sie das richtige Wort.

Beispiel: 1 der
    1 Das Freizeitzentrum ist **dem** / **der** / **die** Bibliothek gegenüber.
    2 Das Kino ist hinter **dem** / **der** / **den** Bahnhof.
    3 Das Theater ist neben **dem** / **der** / **das** Einkaufszentrum.
    4 Bei **dem** / **der** / **die** Bäckerei Heinz gibt es das beste Brot.

3 b Ortsadverbien. Lesen Sie C5 in der Grammatik. Verbinden Sie die Antonyme.

Beispiel: oben – unten

oben   rechts   unten   überall   hier   dort   links   nirgends

4 a Die Laute ä, ö und ü. Hören Sie sich den Satz an und trennen Sie die Wörter. Wiederholen Sie den Satz dreimal. Achten Sie auf die Aussprache. Übersetzen Sie den Satz in Ihre Sprache. Lernen Sie den Satz auswendig.

InBerlinsiehtmanüberalldieschönenBerlinerBären,aberinMünstersiehtmanöfterFahrräder.

4 b Partnerarbeit. Sagen Sie den Satz in Übung 4a. Wer kann das am besten?

5 Partnerarbeit. Führen Sie einen Dialog über Ihren Wohnort.
    1 Wo ist der Bahnhof?   **4** Wo ist der Park?
    2 Wo ist das Kino?   **5** Was gibt es in der Stadtmitte?
    3 Wo ist die Apotheke?   **6** Was gibt es im Einkaufszentrum?

6 a Schreiben Sie eine Broschüre über Ihren Wohnort. Beschreiben Sie, wo die Sehenswürdigkeiten liegen.

Beispiel: Willkommen in Budapest. Hier gibt es viele Sehenswürdigkeiten. Das Museum ist am Marktplatz.

6 b Unterstreichen Sie die Präpositionen zur Ortsangabe in ihrer Broschüre.

Willkommen in …			
Der Park / Bahnhof / Supermarkt / Marktplatz / Platz / Tierpark	ist	auf hinter neben vor	dem Park / Bahnhof.
Die Kirche / Apotheke / Bibliothek / Bank / Burg / Festung / Klinik			der Kirche / Stadtmitte / Fußgängerzone.
Das Museum / Postamt / Stadion / Schwimmbad			dem Theater / Stadion.
		im	Einkaufszentrum.
		am	Fluss / Marktplatz.
		dem Theater / der Kirche	gegenüber.
Hier gibt es (überall / rechts / links) viele	Radwege / Sehenswürdigkeiten / Geschäfte / Cafés / Restaurants.		
Zum Kino / Bahnhof Zur Schule / Disko	kann man	mit dem Rad / Auto / Bus mit der Straßenbahn	fahren.

145

3.6 FINDING THE WAY

3.6b Wohin geht's?

★ Wegbeschreibungen verstehen und geben
★ Der formelle Imperativ

Abfliegen

1 a Welcher Satz (1–8) passt zu welchem Ort (A–H)?

Beispiel: 1 D

Karte 1

1. Gehen Sie an der Ampel <u>nach rechts</u> und dann die .... ist <u>auf Ihrer rechten Seite</u>.

2. Gehen Sie <u>geradeaus</u> und über die Ampel. Am Ende der Straße finden Sie den .... Es ist ein modernes Glasgebäude.

3. Um zur .... zu kommen, nehmen Sie am besten die erste Straße rechts, gehen Sie am Park vorbei und dann nehmen Sie die zweite Straße links.

4. Fahren Sie an der Ampel links und dann das .... ist auf Ihrer rechten Seite. <u>Sie können es nicht verfehlen</u>.

Karte 2

5. Gehen Sie zuerst geradeaus und nehmen Sie die erste Straße auf der linken Seite. <u>Überqueren Sie den Marktplatz</u> und das .... ist danach auf Ihrer linken Seite.

6. Nehmen Sie die erste Straße rechts und das .... ist dann auf Ihrer rechten Seite noch vor der Brücke.

7. Nehmen Sie die erste Straße rechts, diese Straße heißt Mooswaldallee, und gehen Sie etwa zehn Minuten geradeaus. Gehen Sie dann <u>über die Brücke</u> und das .... ist dann auf Ihrer linken Seite.

8. Gehen Sie geradeaus und nehmen Sie die zweite Straße links. Das .... ist gleich auf Ihrer rechten Seite.

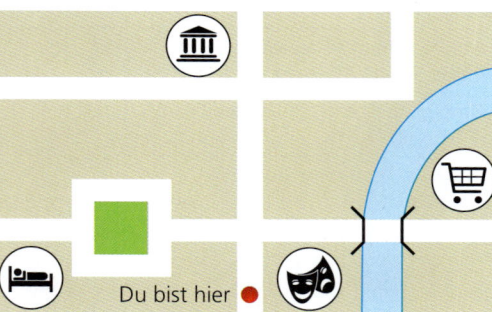

A Bahnhof
B Touristeninformation
C Hotel
D Apotheke
E Theater
F Einkaufszentrum
G Museum
H Kino

1 b Kopieren Sie die sechs unterstrichenen Ausdrücke und übersetzen Sie sie in Ihre Sprache. Lernen Sie sie auswendig.

Beispiel: nach rechts

SECTION 3: WHERE I LIVE AND WHAT IT'S LIKE

2 Frau Müller und Herr Özil reden über die Stadt. Welche Aussage (A–F) passt zu welchem Ort (1–5)? Vorsicht! Eine Aussage brauchen Sie nicht.

Beispiel: 1 B

Wohin?
1 Bank?
2 Supermarkt?
3 Apotheke?
4 Post?
5 Bahnhof?

Aussagen
A Gehen Sie durch den Park.
B Fahren Sie über die Brücke.
C Nehmen Sie die zweite Straße links.
D Gehen Sie immer geradeaus.
E Gehen Sie in die Stadtmitte.
F Da können Sie nach dem Einkaufen hingehen.

3 Der formelle Imperativ. Lesen Sie F2 in der Grammatik. Sehen Sie sich die Bilder (1–8) an und schreiben Sie Sätze mit dem formalen Imperativ.

Beispiel: 1 Gehen Sie nach links!

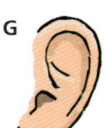

A B C D E F G H

4 a Partnerarbeit. Rollenspiel: Sie sind zu Besuch in einer Stadt und sprechen mit Herrn Rambach. Person A stellt die Fragen und Person B beantwortet sie.
1 A Guten Tag, Herr Rambach. Was gibt es in hier zu sehen? B …
2 A Wie komme ich am besten zum Hafen? B …
3 A Was werden Sie mir morgen von der Stadt zeigen? B …
4 A Sie waren gestern joggen? Wo sind Sie gelaufen? B …
5 A Welche Wege finden Sie in Ihrer Stadt besonders schön? B …

4 b Tauschen Sie die Rollen.

In Hamburg gibt es	einen Hafen / ein Planetarium / eine Markthalle		zu sehen.
In Hamburg kann man	viele Museen / Parks / historische Gebäude		sehen.
Zum Hafen	gehen Sie	geradeaus / nach rechts / nach links / durch den Park / über die Brücke / an den Geschäften vorbei.	
	nehmen Sie	die erste / zweite / dritte Straße rechts / links.	
	fahren Sie	mit dem Bus Nummer …	
Morgen könnten wir / Wir werden morgen	mit dem Rad / über die Brücke / durch die Stadtmitte	zum Zoo / zur Bibliothek	fahren.
Ich bin gestern	zuerst / dann / später / zuletzt	über die Ampel / den Fußgängerüberweg / an den Geschäften vorbei	gelaufen.
Ich finde	die Fußgängerzone / Einkaufsstraße / Wege am Hafen	besonders schön, weil	es da viel zu sehen gibt. man sich da entspannen kann. die Luft da besonders gut ist.

5 Schreiben Sie eine Wegbeschreibung für einen Erwachsenen. Benutzen Sie den formellen Imperativ.

Beispiel:

> Gehen Sie zuerst geradeaus und überqueren Sie die Ampel. Gehen Sie später am Kreisverkehr nach links. Gehen Sie an den Geschäften vorbei und nehmen Sie die dritte Straße rechts, das ist die Wilhelmstraße. Das Kino ist dann auf Ihrer rechten Seite. Es ist ein hässliches rotes Gebäude. Sie können es nicht verfehlen.

3.6 FINDING THE WAY

3.6c Wegbeschreibungen

Unterwegs

★ Lange und komplexe Wegbeschreibungen verstehen und geben
★ Wechselpräpositionen

A Sie wollen zur Apotheke? Na dann gehen Sie an der nächsten Kreuzung nach rechts, am Park vorbei und über die Ampel. Die Apotheke liegt am Ende der Straße auf Ihrer rechten Seite.

B Zum Bahnhof gehen Sie am besten durch die Fußgängerzone und danach am Kreisverkehr gehen Sie über den Zebrastreifen. Dann ist es nicht mehr weit. Sie nehmen die erste Straße links und dann können Sie den Bahnhof schon sehen.

C Sie suchen die Post? Gehen Sie geradeaus bis zum großen Kaufhaus. Hinter diesem Gebäude liegt der Marktplatz und dort finden Sie die Post.

D Sie suchen das Kino? Also am besten gehen Sie hier nach rechts und warten an der nächsten Ecke auf den Bus Nummer 10, fahren Sie sechs Stationen Richtung Innenstadt. Wenn Sie aussteigen, ist das Kino direkt neben der Haltestelle.

1 Welcher Erfahrungsbericht (1–6) passt am besten zu jeder Wegbeschreibung (A–D)? Vorsicht! Zwei Berichte passen nicht hierher.

Beispiel: A 6

1 Jemand hat mir den Weg erklärt und das war alles sehr einfach. Gut war auch, dass auf einem Teil des Weges keine Autos erlaubt waren.
2 Ich habe den Weg hierher gut gefunden. Ich musste auch gar nicht weit gehen, da ich öffentliche Verkehrsmittel benutzt habe.
3 Mein Weg war sehr schön. Ich bin am Fluss entlang und durch den Park gelaufen, das war ganz entspannend.
4 Zum Glück habe ich jemanden gefragt, sonst hätte ich mein Ziel nie gefunden, das war nämlich nicht auf der Hauptstraße, sondern auf der Rückseite der Geschäfte.
5 Mein Weg war ziemlich weit. Ich musste durch die ganze Innenstadt, über die Brücke am Bahnhof und dann noch über drei Kreuzungen.
6 Ich habe mein Ziel sehr einfach gefunden, das einzig Nervige war, dass die Ampel kaputt war und ich ewig warten musste, bis ich die Straße überqueren konnte.

SECTION 3: WHERE I LIVE AND WHAT IT'S LIKE

2 Drei Leute geben Wegbeschreibungen. Schreiben Sie R (richtig) oder F (falsch).

Beispiel: 1 F

1 Man soll am Museum und am Supermarkt vorbeigehen.
2 An der Ampel muss man die Wegrichtung ändern.
3 Das Hotel liegt auf der rechten Seite.
4 Man muss nach dem Marktplatz die erste Straße links nehmen.
5 Die Schule und das Rathaus sind in der gleichen Straße.
6 Die Schule ist neben dem Rathaus.
7 Man muss zweimal links abbiegen.
8 Man muss durch den Park gehen.

3 a Wechselpräpositionen. Lesen Sie E3 in der Grammatik. Steht in den folgenden Sätzen das Substantiv nach der Präposition im Akkusativ oder im Dativ?

Beispiel: 1 Akkusativ

1 Sie brauchen eine Landkarte! Gehen Sie **über** die Brücke.
2 Gehen Sie **durch** den Park.
3 Biegen Sie **an** der Autobahn links ab.
4 Das Hotel ist **auf** der rechten Seite.
5 Gehen Sie **am** Fluss entlang.
6 Das Museum ist **am** Ende der Straße.
7 Der Bahnhof ist **in** der Hauptstraße.
8 Gehen Sie bis **ans** Ende der Straße.

3 b Lesen Sie F3 in der Grammatik noch einmal und füllen Sie die Lücken aus. Setzen Sie die richtige Form des bestimmten Artikels in die Sätze ein.

Beispiel: 1 der

1 Gehen Sie an .... Ampel vorbei.
2 Gehen Sie über .... Marktplatz.
3 Das Hotel liegt auf .... linken Seite.
4 Das Museum liegt in .... Stadtmitte.
5 Gehen Sie durch .... Fußgängerzone.
6 Das Geschäft ist hinter .... Bahnhof.
7 Biegen Sie an .... Kreuzung links ab.
8 Fahren Sie über .... Brücke.

4 Partnerarbeit. Führen Sie einen Dialog zum Thema „Den Weg finden".
1 Wie gehst / fährst du normalerweise zur Schule?
2 Was kannst du auf deinem Schulweg sehen?
3 Beschreib einen Spaziergang, den du letztes Wochenende gemacht hast.
4 Wo wirst du nächstes Wochenende hinfahren?
5 Welche Wege sind in deiner Stadt schön und warum?

5 Sie schreiben einen Artikel für die Schülerzeitung über wie die Schüler(innen) zur Schule kommen. Schreiben Sie 130–140 Wörter.
- Beschreiben Sie, wie Sie normalerweise zur Schule gehen / fahren.
- Beschreiben Sie, was Sie normalerweise auf dem Weg sehen.
- Erzählen Sie, welches Problem Sie letzten Monat auf dem Schulweg hatten.
- Sagen Sie, wohin Sie morgen nach der Schule gehen möchten.
- Sagen Sie, was Sie an Ihrem Schulweg am besten / am schlechtesten finden.

3.7 Travel and transport

3.7a Wie kommst du dahin?

Einsteigen

- Etwas über verschiedene Verkehrsmittel lernen
- Modaladverbien

1 a Welcher Satz (1–8) passt zu welchem Bild (A–H)?

Beispiel: 1 D

1. Ich gehe zu Fuß zur Schule, aber nur, wenn ich viel Zeit habe.
2. Manchmal stehe ich ein bisschen später auf. Dann fahre ich mit dem Bus.
3. Mein Vater hat einen großen Wagen mit viel Platz. Wir fahren ziemlich oft mit dem Auto.
4. Mein Onkel fliegt manchmal nach Amerika. Das ist sehr weit weg.
5. Ich habe wenig Geld. Also fahre ich gern Rad.
6. Ich fahre nicht sehr oft mit der Straßenbahn. Die Haltestelle ist viel zu weit weg.
7. Ich fahre gern mit der U-Bahn. Die Fahrt ist ziemlich schnell.
8. Ich fahre relativ oft mit dem Zug. Der Bahnhof ist direkt gegenüber von meinem Haus.

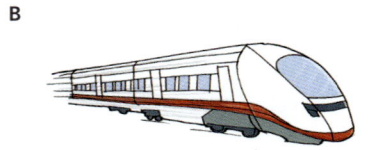

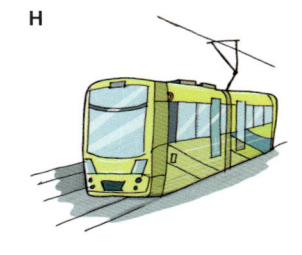

A B C D

E F G H

1 b Lesen Sie die Sätze noch einmal und finden Sie die Wörter für Verkehrsmittel. Kopieren Sie sie und übersetzen Sie sie in Ihre Sprache. Dann lernen Sie sie.

Beispiel: Bus, …

2 Marco beschreibt, welche Verkehrsmittel er nimmt. Kopieren Sie die Tabelle und füllen Sie sie auf Deutsch aus.

	Verkehrsmittel	Wohin?	Wie oft?	Details
1	zu Fuß	**Beispiel:** Schule	ziemlich	im Winter
2	Fahrrad			
3	Auto			
4	Flugzeug			
5	Zug			

150

SECTION 3: WHERE I LIVE AND WHAT IT'S LIKE

3 a Modaladverbien. Lesen Sie B10 in der Grammatik. Wählen Sie das richtige Wort.

Beispiel: 1 viel

1. Ein Auto ist teuer. Es kostet **sehr / wenig / viel** Geld.
2. Der Bus ist voll. Es gibt **wenig / viel / ziemlich** Platz.
3. Der Flug nach Australien dauert einen Tag. Das ist **sehr / viel / wenig** lang.
4. Ich gehe zehn Minuten zu Fuß zur Schule. Sie liegt **ein bisschen / ziemlich / viel** weit weg.
5. Der Zug ist heute leer. Man hat **ziemlich / viel / sehr** Platz.
6. Es ist gut, dass die Straßenbahn billig ist. Ich habe **wenig / ziemlich / viel** Geld.
7. Die Busse fahren **ein bisschen / viel / ziemlich** oft: alle zwei Stunden.
8. Die U-Bahn fährt ein **viel / ziemlich / bisschen** schneller als die Straßenbahn.

3 b Lesen Sie die Sätze in Übung 1 noch einmal und finden Sie die Modaladverbien. Kopieren Sie sie und übersetzen Sie sie in Ihre Sprache.

Beispiel: 1 viel Zeit

4 a Die Laute *ö* und *o*. Hören Sie sich den Satz an und trennen Sie die Wörter. Wiederholen Sie den Satz dreimal. Achten Sie auf die Aussprache. Übersetzen Sie den Satz in Ihre Sprache. Lernen Sie den Satz auswendig.

BodohörteinengroßenfröhlichenVogelimBahnhofinKölnaberseineTöchterkönnengrößereVögelinÖsterreichhören.

4 b Partnerarbeit. Sagen Sie den Satz in Übung 4a. Wer kann das am besten?

5 Gruppenarbeit. Fragen Sie Ihre Klassenkameraden, welche Verkehrsmittel sie benutzen.

Wie	gehst kommst fährst	du	zur Schule? in Urlaub? zu deinem / deiner Bekannten? in die Stadtmitte? zu deinen Großeltern?	
Ich	gehe komme fahre	zu Fuß mit dem Auto / Bus / Fahrrad / Zug / Flugzeug mit der Straßenbahn / U-Bahn / S-Bahn	zur Schule. in Urlaub. zu meinem / meiner Bekannten. in die Stadtmitte. zu meinen Großeltern.	
Der Zug / Bus Die U-Bahn / S-Bahn / Straßenbahn Das Auto / Fahrrad / Flugzeug Zu Fuß gehen		ist (in dieser Klasse)	(nicht) sehr ziemlich wenig ein bisschen überhaupt nicht	beliebt.

6 Welches Verkehrsmittel benutzen die Schüler aus Ihrer Klasse *sehr viel / ziemlich viel / wenig / ein bisschen / überhaupt nicht*? Schreiben Sie die Antworten von Übung 5 in 6–10 Sätzen.

Beispiel: Die S-Bahn ist nicht sehr beliebt.

3.7 TRAVEL AND TRANSPORT

3.7b Einsteigen, bitte!

★ Etwas über öffentliche Verkehrsmittel lernen
★ Präpositionen

Öffentlicher Nahverkehr: Auskunft

Fahrkarten
Die Fahrkarten sind auf allen Linien innerhalb der Nahverkehrszone gültig: S-Bahn, U-Bahn, Straßenbahn, Bus.

1 **Einzelfahrkarte:** Sie brauchen dieses Ticket, wenn Sie eine Fahrt nur in eine Richtung machen.
2 **Rückfahrkarte:** Dieses Ticket ist gültig sowohl für die Hin- als auch für die Rückfahrt.
3 **Tageskarte:** Benutzen Sie Bus, Straßenbahn oder U-Bahn so oft Sie wollen innerhalb von 24 Stunden.
4 **Gruppenticket:** Mit diesem Fahrschein können Sie mit Ihren Freunden oder mit Ihrer Familie zusammen fahren, müssen aber nur einmal bezahlen.
5 **E-Ticket:** Hier können Sie eine Fahrkarte ausdrucken, die Sie schon online gekauft haben.
6 **Kurzstrecke:** Mit dieser Fahrkarte können Sie bis zur vierten Haltestelle nach dem Einstieg fahren.

Weitere Informationen
Fahrplanauskunft für alle Reiseziele erhalten Sie am Schalter neben dem Haupteingang.
Gepäckschließfächer finden Sie hinter dem Bahnhofscafé.
Wartesaal und Toiletten sind rund um die Uhr geöffnet und befinden sich gegenüber dem Zeitungskiosk.
Entwerter befinden sich am Bahnsteig und in den Bussen und Straßenbahnen. Bitte entwerten Sie Ihre Fahrkarte vor der Abfahrt.

A Ich habe vor, zum Strandbad zu fahren. Meine Schwester wird mitkommen und wir werden auch einige ihrer Bekannten am Bahnhof treffen, weil sie auch hinfahren wollen.
Ilse

B Morgen habe ich einen Termin beim Zahnarzt in der Stadtmitte. Danach muss ich zum Supermarkt am Stadtrand fahren. Nachdem ich meine Einkäufe nach Hause gebracht habe, werde ich am Abend wieder in die Stadt fahren, weil ich Karten fürs Theater habe.
Leon

C Ich besuche meine Großeltern am Stadtrand. Meine Mutter und ich sind gestern mit dem Auto angekommen. Sie fährt heute nach Hause. Ich werde aber bis nächste Woche bleiben und dann mit der S-Bahn zurückfahren.
Rafael

D Ich gehe meistens zu Fuß, wenn ich ins Kino will. Es sind nur etwa zehn Minuten Fußweg. Aber jetzt regnet es und ich will nicht nass werden. Also nehme ich heute die Straßenbahn.
Charlotte

---

1 Welche Person (A–D) passt am besten zu welcher Fahrkarte (1–6)? Vorsicht! Zwei Fahrkarten passen nicht.

Beispiel: A 4

SECTION 3: WHERE I LIVE AND WHAT IT'S LIKE

2 Willkommen am Flughafen. Machen Sie Notizen über die Fahrt vom Flughafen in die Stadtmitte. Ergänzen Sie die Sätze auf Deutsch.

Beispiel: 1 3

1 U-Bahn Linie ....
2 Dauer der Fahrt .... Minuten
3 Die U-Bahn fährt alle .... Minuten.
4 Nächste Abfahrt .... Uhr
5 Umsteigen für das Fußballstadion am ....
6 Verkehrsmittel Linie 16 ....
7 Für das Museum 5 Minuten .... gehen.
8 Museum .... geschlossen

3 Präpositionen. Lesen Sie E in der Grammatik. Füllen Sie die Lücken aus. Tragen Sie den bestimmten Artikel in der richtigen Form ein.

Beispiel: 1 die

1 Wir möchten in .... Stadtmitte fahren. Ich möchte bitte drei einfache Karten.
2 Wie kommt man am besten zu .... Flughafen?
3 Man kann mit .... U-Bahn oder mit .... Bus fahren.
4 Innerhalb .... Stadtgebiets kann man auch die Straßenbahn nehmen.
5 Wir sind mit .... Auto unterwegs, aber Autos sind in .... Fußgängerzone verboten.
6 Zu Fuß kann man das Stadtzentrum durch .... Park erreichen.
7 Die U-Bahn fährt fünf Kilometer lang unter .... Erde.
8 Die Haltestelle ist gegenüber .... Bahnhof.

4 Partnerarbeit. Rollenspiel: Sie sind in der Schweiz und wollen eine Freundin in Genf besuchen. Sie kaufen Ihre Fahrkarte am Bahnhof. Person A arbeitet am Schalter und stellt die Fragen. Person B ist der Passagier / die Passagierin.

1 A Grüß Gott! Wo fahren Sie hin? B …
2 A Was für eine Fahrkarte möchten Sie? B …
3 A An welchem Tag und um wie viel Uhr wollen Sie fahren? B …
4 A Wann werden Sie zurückfahren? B …
5 A Wann und wie sind Sie in die Schweiz gefahren? B …

Ich fahre	nach Frankfurt / Österreich / Berlin / Amerika, in die Schweiz / in die Vereinigten Staaten,	um meine Freundin / meine Tante / meinen Bruder zu besuchen.
Ich möchte	eine einfache Karte / Einzelfahrkarte / Rückfahrkarte / Tageskarte / ein Gruppenticket.	
Ich werde	am Wochenende / Montag in einer Woche / zwei Wochen	zurückfahren.
Ich will Ich möchte den Zug	heute / morgen / am zehnten April um zehn Uhr / um achtzehn Uhr zwanzig	fahren. nehmen.
Ich bin	gestern / vor einer Woche / letztes Jahr	in die Schweiz geflogen. mit der Bahn / mit dem Auto gefahren.

5 Eine deutsche Klasse wird Ihre Schule besuchen. Schreiben Sie ein Informationsblatt, in dem Sie den Weg von Ihrem nächsten Flughafen beschreiben. Sie müssen Folgendes erwähnen:
- mindestens zwei verschiedene Verkehrsmittel
- mindestens sechs Präpositionen aus diesem Kasten

an	durch	innerhalb	um
auf	für	mit	von
außerhalb	gegenüber in	nach	zu

3.7 TRAVEL AND TRANSPORT

3.7c Unterwegs in der Stadt

★ Etwas über Wegbeschreibungen durch eine Stadt lernen
★ Interrogativpronomen; Verbindung von Präpositionen und Artikeln

Besuchen Sie das Altstadtfest!

Wie jedes Jahr findet unser Stadtfest am letzten Wochenende im Juni in der Fußgängerzone der Altstadt statt. Mit Musik auf fünf Bühnen, kulinarischen Spezialitäten, einem Kinderprogramm und Feuerwerk ist das Fest ein beliebtes Ausflugsziel nicht nur für Gäste aus der Region, sondern auch für Touristen aus aller Welt. Ob jung oder alt, zwei Tage lang kann man essen, trinken, Musik hören, tanzen, Freunde treffen und sich wohl fühlen.

Anreise

Am besten erreichen Sie das Fest mit öffentlichen Verkehrsmitteln. Fahren Sie mit Bus oder Straßenbahn ins Zentrum. Steigen Sie entweder am Rathausplatz oder am Marktplatz aus.

Wenn Sie mit der Bahn anreisen, ist die Altstadt zu Fuß in circa sechs bis acht Minuten zu erreichen: Vom Bahnhofsplatz aus gehen Sie immer geradeaus bis zur Fußgängerampel, überqueren die Hauptstraße und gehen an der Paulskirche vorbei. Der Haupteingang zum Festgelände befindet sich etwa 500 m weiter auf der rechten Seite neben dem Krankenhaus.

Kommen Sie mit dem Auto zum Fest, so gibt es verschiedene Parkmöglichkeiten außerhalb der Stadtmitte. Von dort können Sie mit Shuttlebus schnell, umsonst und bequem vom Parkplatz aufs Festgelände fahren. Während des Festes fahren diese Sonderbusse täglich von 18:00 bis 24:00 Uhr.

Sind Sie mit dem Fahrrad unterwegs? Kein Problem! Autofreie Radwege führen direkt zur Stadtmitte. Folgen Sie einfach den Schildern „Altstadtfest". Rechts vom Haupteingang steht eine große Anzahl von Fahrradständern für Sie bereit.

Viel Spaß und gute Unterhaltung beim Altstadtfest wünschen wir allen unseren Besuchern!

1 Lesen Sie die Informationen über das Stadtfest. Welche vier Sätze sind richtig?

Beispiel: 1, …
1 Die Altstadt ist normalerweise verkehrsfrei.
2 Das Altstadtfest findet manchmal im Herbst statt.
3 Manche Teilnehmer kommen aus dem Ausland.
4 Das Fest ist für jede Altersgruppe geeignet.
5 Der Bahnhof befindet sich in der Altstadt.
6 Autofahrer können nicht weit vom Haupteingang parken.
7 Passagiere im Shuttlebus müssen keinen Fahrschein kaufen.
8 Radfahrer können ihre Fahrräder am Eingang zum Bahnhof abstellen.

2 Gespräch zwischen Ilse und ihrem Vater. Wählen Sie die richtige Antwort (A–D).

Beispiel: 1 C

1 Warum ist Ilse spät nach Hause gekommen?
　A Sie hat in der Stadt gegessen.
　B Sie hat sich in der Stadt verletzt.
　C Sie hat den Weg nicht gefunden.
　D Julia hat sie zum Essen eingeladen.

2 Was für ein Buch wollte Julia kaufen?
　A Eines über eine bekannte Bergsteigerin.
　B Eines mit Bildern von Bergen.
　C Eines über Bäume und Blumen.
　D Einen Reiseführer für die Schweiz.

SECTION 3: WHERE I LIVE AND WHAT IT'S LIKE

3 Was sagt Ilse über die Buchhandlung?
   A Sie ist mittwochs nie geöffnet.
   B Sie hatte das Buch nicht.
   C Sie liegt nicht direkt an der Haltestelle.
   D Sie war geschlossen.
4 Was ist im Restaurant passiert?
   A Ein Kunde hat ihnen den Weg gezeigt.
   B Sie haben Julias Bruder getroffen.
   C Ein Kellner hat ihnen geholfen.
   D Ilse und Julia haben etwas getrunken.
5 Wo liegt die zweite Buchhandlung?
   A Sie ist nur mit der U-Bahn zu erreichen.
   B Sie liegt unter einer Brücke.
   C Sie liegt fünf Minuten vom Restaurant entfernt.
   D Sie liegt neben einer Tankstelle.
6 Was ist am Ende passiert?
   A Julia hat das letzte Buch im Geschäft gekauft.
   B Die Mädchen sind mit der U-Bahn nach Hause gefahren.
   C Julias Bruder ist auch spät nach Hause gekommen.
   D Julia wird ihr Geschenk online kaufen.

3 a Interrogativpronomen. Lesen Sie H5 in der Grammatik. Welches Pronomen (*wer*, *wen*, *wem*) passt zu welcher Frage?

Beispiel: 1 Wer

1 .... spricht mit Ilse über ihren Tag? – ihr Vater
2 Mit .... war Ilse unterwegs? – mit ihrer Freundin, Julia
3 Für .... wollten sie ein Geschenk kaufen? – für Julias Oma
4 .... hat Julia angerufen? – ihre Mutter
5 .... hat sich auch Sorgen gemacht? – ihre Mutter
6 .... hat Ilse nach dem Weg gefragt? – einen Kellner
7 .... hat ihnen geholfen, das Geschäft zu finden? – ein Kunde im Restaurant
8 .... gehört das Auto? – Julias Bruder Tobias

3 b Verbindung von Präpositionen und Artikeln. Lesen Sie E2, E3 und E5 in der Grammatik. Finden Sie sieben Verbindungen im Text in Übung 1.

Beispiel: am (an + dem), …

4 Partnerarbeit. Führen Sie einen Dialog zum Thema „Wegbeschreibungen".
   1 Wie heißt die Stadt, wo du normalerweise einkaufen gehst?
   2 Beschreib den genauen Weg von deinem Haus zu den Geschäften in dieser Stadt.
   3 Erzähl mir etwas darüber, wie du das letzte Mal zu diesen Geschäften gekommen bist.
   4 Wann und mit wem wirst du das nächste Mal dorthin fahren oder gehen?
   5 Was kann man machen, wenn man sich in einer unbekannten Stadt verläuft?

5 Sie schreiben eine E-Mail an Ihren deutschen Brieffreund / Ihre deutsche Brieffreundin darüber, wie Sie sich in einer unbekannten Stadt verlaufen haben. Schreiben Sie 130–140 Wörter.
   • Erklären Sie, warum Sie in dieser Stadt waren.
   • Erzählen Sie, wie Sie sich verlaufen haben.
   • Beschreiben Sie, was Sie getan haben.
   • Beschreiben Sie, wie Sie sich gefühlt haben.
   • Sagen Sie, was Sie das nächste Mal anders machen werden.

Vokabular

3.1a Was gibt es in deiner Stadt?

ab und zu now and again, occasionally	**geöffnet** open	**das Schloss** castle
die Bibliothek library	**geschlossen** closed	**das Schwimmbad** swimming pool
das Einkaufszentrum shopping centre	**das Hallenbad** indoor pool	**die Stadt** town
einmal once	**häufig** frequent(ly)	**vormittags** in the mornings
fast almost	**das Rathaus** town hall	
das Fitnesszentrum fitness centre	**regelmäßig** regular	

3.1b Mein Wohnort

die Ampel traffic light	**der Hügel** hill	**der Stadtrand** outskirts
auf dem Land(e) in the countryside	**jemand** someone	**überfüllt** congested, overcrowded
sich befinden to be located	**der/die Klassenkamerad(in)** classmate	**die Umgebung** surroundings, environment
die Brücke bridge	**die Kreuzung** junction	**umziehen** to move
der Fluss river	**der/die Nachbar(in)** neighbour	**die Verschmutzung** pollution
die Gegend area, district	**die Nachbarschaft** neighbourhood	**viel los sein** to have a lot going on
die Großstadt city	**rumhängen** to hang around	**weit** far; wide

3.1c Stadt oder Land – wo wohnst du lieber?

ärgern to annoy	**günstig** good value	**nebenan** next door
der Dreck mud, dirt	**die Handyverbindung** mobile phone reception	**öffentliche Verkehrsmittel** public transport
einsam isolated, lonely	**hässlich** ugly	**die Ruhe** peace
der Empfang welcome	**das Hochhaus** high-rise block	**stören** to disturb
sich entscheiden to decide	**der Lärm** noise	**sich überlegen** to think about
das Freibad open-air pool	**die Lebensqualität** quality of life	**der Vergleich** comparison
geeignet suitable	**die Luft** air	**der Vorort** suburb
genießen to enjoy	**die Möglichkeit** possibility	**zahlreich** countless
getrennt separated		

3.2a Wie viel kostet das?

die Bäckerei bakery	**das Kaufhaus** department store	**die Schachtel** box
die Buchhandlung bookshop	**das Kilo** kilo	**die Scheibe** slice
die Bude kiosk	**das Kleidergeschäft** clothes shop	**der Schlussverkauf** sales
die Dose / Büchse tin	**das Kleingeld** change	**das Schreibwarengeschäft** stationery shop
die Drogerie chemist's	**der Markt** market	**im Sonderangebot / zum Verkauf** on sale
einige some	**der Marktplatz** market place	**das Stück** piece
der Fleischer butcher	**mehrere** several	**tausend** thousand
Geld ausgeben to spend money	**die Metzgerei** butcher's	**viel** many
sein Geld zurückbekommen / wiederbekommen to get one's money back	**die Münze** coin	**wenig** few
	die Packung pack	**zahlen** to pay
genug enough	**das Paar** pair	**zurückbringen** to return
das Gramm gramme	**der Preis** price	

3.2b Einkaufszentrum oder Tante-Emma-Laden?

altmodisch old-fashioned	**frisch** fresh	**die Qualität** quality
ausgeben to spend	**der Geldschein** banknote	**der Reis** rice
die Auswahl choice	**das Hackfleisch** mince	**riesengroß** enormous
die Banknote banknote	**die Klamotten (f pl)** clothes	**das Rindfleisch** beef
der Bonbon sweet	**die Kleidung** clothes	**der Schmuck** jewellery
der Champignon mushroom	**der Kohl** cabbage	**der Souvenirladen** souvenir shop
die Einkaufsgewohnheiten shopping habits	**die Lebensmittel** groceries	**verschieden** varied
	der Pfirsich peach	**das Warenhaus** department store
die Erdbeere strawberry	**preiswert / preisgünstig** good value	**die Zwiebel** onion

3.2c Das perfekte Geschenk

die Armbanduhr watch	**die Brieftasche** purse	**dreieckig** triangular
die Baumwolle cotton	**das Dreieck** triangle	**der Geldbeutel** wallet

SECTION 3: WHERE I LIVE AND WHAT IT'S LIKE

das Gold gold	**das Metall** metal	**rund** round
die Größe size	**die Mütze** cap	**der Schal** scarf
der Gürtel belt	**das Notizbuch** notebook	**das Schmuckkästchen** jewellery box
die Halskette necklace	**nützlich** useful	**schwer** heavy
die Handschuhe (m pl) gloves	**der Ohrring** earring	**die Seide** silk
hart hard	**orange / orangefärbig** orange	**das Silber / silbern** silver
das Holz wood	**das Ornament** ornament	**die Sonnenbrille** sunglasses
der Hut hat	**das Papier** paper	**das Viereck / viereckig** square
der Kreis circle	**das Plastik** plastic	**weich** soft
das Leder leather	**das Porzellan** porcelain	**wertvoll** valuable
leicht light (weight)	**purpur / violett / lila** purple	**winzig** tiny
das Lesezeichen bookmark	**der Ring** ring	**der/das Zentimeter** centimetre

3.2d Das passt dir perfekt!

(an)probieren to try (on)	**die Länge** length	**der Verkäufer / die Verkäuferin** sales assistant
austauschen to exchange (opinions)	**die Marke** brand	**wiederbekommen** to get back
der Badeanzug swimsuit	**das Muster** pattern	**zu weit / eng** too loose / tight
die Badehose trunks	**passen** to suit	**zu groß / klein** too big / small
empfehlen to recommend	**die Rückzahlung** refund	**zu kurz / lang** too short / long
die Größe size	**schick** smart	**zurückbringen** to take back
die Gutschrift refund	**selbstverständlich** of course	**umtauschen** to exchange
kaputt broken	**sich beschweren** to complain	
kariert checked	**der Umkleideraum** changing room	
eine kurze Hose shorts	**unbequem** uncomfortable	

3.3a Bank und Geldwechsel

die Bank bank	**der Geldautomat** ATM	**die Sparkasse** savings bank
der/die Bankangestellte bank employee	**geradeaus** straight ahead	**suchen** to look for
die Debitkarte debit card	**gern** gladly	**die Summe** total
Entschuldigung excuse me	**das Konto** account	**es tut mir leid** I'm sorry
der Euro euro	**die Kreditkarte** credit card	**umtauschen** to exchange
der Franken franc	**neulich** recent(ly)	**die Währung** currency
geboren born	**der Schein** note	**wechseln** to exchange
Geld abheben to withdraw money	**die Sparbüchse** piggy bank	**die Wechselstube** bureau de change

3.3b Kommunikationsmittel im Alltag

abschicken to post	**das Handy** mobile phone	**reservieren** to reserve
direkt direct	**auf das Internet zugreifen** to access the internet	**skypen** to Skype
ein paar a few	**klicken** to click	**soziales Netzwerk** social network
downloaden / herunterladen to download	**kommunizieren** to communicate	**speichern** to save
etwas per E-Mail schicken / emailen to e-mail	**langsam** slow	**stressig** stressful
ein wenig a little bit	**der Laptop** laptop	**surfen** to surf
der Empfang reception, welcome	**die Nachricht** message	**das Telefonat** phone call
entspannt relaxed	**der Ort** place	**das Wifi** wifi
der Gast guest	**das Passwort** password	**wissen** to know
		das WLAN wifi

3.3c Verloren und gefunden

ausfüllen to fill out	**das Fundbüro** lost property office	**der Schlüssel** key
der Ausweis ID	**die Fundsache** (item of) lost property	**suchen** to look for
der Bahnsteig platform	**der Gegenstand** item	**die Tür** door
der/die Besitzer(in) owner	**die Geldbörse** purse	**vergessen** to forget
erleichtert relieved	**melden** to report	**verlieren** to lose
der/die Finder(in) finder	**die Nachricht** message	**der Verlust** loss
der Finderlohn finder's fee	**notwendig** necessary	**vorgestern** the day before yesterday
froh glad	**der Schirm** umbrella	**der Zettel** receipt

3.4a Die Umwelt schützen

ausmachen to switch off	**die Baumwolle** cotton	**die Broschüre** brochure
die Bahn rail	**benutzen** to use	**der Container** container

die Energie energy
die Flasche bottle
kein no, none
niemand no one
die Papiertüte paper bag
die Plastikflasche plastic bottle
die Plastiktüte plastic bag
recyceln to recycle
das Recycling recycling
die Region region
regional regional
schützen to protect
umweltfreundlich environmentally friendly
der Umweltschutz environmental protection
verbessern to improve
die Zeitschrift magazine

3.4b Nationalparks – wie wichtig sind sie?

der Aspekt aspect
der Ast / Zweig branch
der Ausflug excursion
die Aussicht view
der Baum tree
beliebt popular
der Berg mountain
durstig thirsty
erlaubt allowed
die Jahreszeit season
der Kilometer kilometre
der Nationalpark national park
nützlich useful
oben above
die Pflanze plant
probieren to try
das Tier animal
die Tierart animal species
unglaublich unbelievavle
wandern to hike
zeigen to show

3.4c Umweltprobleme

Angst haben to be afraid
die Atomkraft nuclear power
die Einführung introduction
die Emission emission
das Erdöl crude oil
erfolgreich successful
die Erwärmung warming
funktionieren to work
die Katastrophe catastrophe
der Konsum consumption
konsumieren to consume
nötig necessary
retten to save
saurer Regen acid rain
schädlich damaging
der Sonnenkollektor solar panel
die Überschwemmung flood
umweltbewusst environmentally aware
unterstützen to support
der Verbrauch consumption
der Verkehr traffic
der Verkehrsstau traffic jam
zerstören to destroy
zusammenarbeiten to work together

3.5a Wie ist das Wetter?

bewölkt overcast
blitzen to have lightning
donnern to thunder
das Gewitter storm
heiß hot
kalt cold
der Norden north
der Nordosten northeast
der Nordwesten northwest
der Osten east
regnen to rain
regnerisch rainy
schlecht bad
schneien to snow
sonnig sunny
der Süden south
der Südosten southeast
der Südwesten southwest
warm warm
der Westen west
das Wetter weather
windig windy
die Wolke cloud
wolkig cloudy

3.5b Eine Wettervorhersage

der Anfang beginning
bedeckt overcast
der Donner thunder
die Geschwindigkeit speed
der Grad degree
der Himmel sky
der Mond moon
nass wet
der Nebel fog
neb(e)lig foggy
der Regen rain
der Regenschauer rain shower
der Regenschirm umbrella
das Risiko risk
der Schnee snow
die Sonne sun
steigen to rise
der Sturm storm
stürmisch stormy
die Temperatur temperature
trocken dry
der Wetterbericht weather report
die Wetterverhältnisse (n pl) weather conditions
der Wind wind

3.5c Trockenheit und Tornados – der Klimawandel

das Abholzen deforestation
das Ansteigen (um 2 Grad) rise (of 2 degrees)
die Ausbreitung der Wüsten desertification
aussterben to become extinct
vom Aussterben bedroht endangered
die Dürre drought
die Erde Earth
der Klimawandel climate change
die Kohle coal
das Kohlendioxid carbon dioxide
der Mangel shortage
der Meeresspiegel sea level
die Menschheit humanity
das Öl oil
reduzieren (um 2 Grad) to reduce (by 2 degrees)
schmelzen to melt
der Treibhauseffekt greenhouse effect
verschmutzt polluted

3.6a Wo ist der Bahnhof?

die Apotheke pharmacy
die Ausfahrt / der Ausgang exit
der Bahnhof train station
bei at
der Busbahnhof bus station
dort there
entfernt away
die Fußgängerzone pedestrian zone
es gibt there is

SECTION 3: WHERE I LIVE AND WHAT IT'S LIKE

das Geschäft shop
gegenüber opposite
die Hauptstraße high street
hier here
hinter behind
links left
der Marktplatz market place
sich nähern to approach

neben next to
nirgends nowhere
der Park park
rechts right
der Radweg bicycle path
die Sehenswürdigkeiten (*f pl*) sights
sich befinden to be located
das Stadion stadium

überall everywhere
unter under
vor in front of
Willkommen welcome
wo where
zu Fuß on foot
zwischen between

3.6b Wohin geht's?

die Altstadt historic city centre
an etwas vorbeigehen to pass by something
auf on
die Autobahn motorway
berühmt famous
besuchen to visit
der Brunnen fountain
der Bus bus
danke schön thank you

die dritte Straße the third street
durch through
die Ecke corner
die Einkaufsstraße shopping mile/street
entlang along
die erste Straße the first street
der Fluss the river
die Haltestelle stop
in der Nähe von near
der Laden shop

nehmen to take
über over, above, across
die Straße street, road
um at, around
der Weg way
weit far
wie komme ich … how do I get to…
zu to

3.6c Wegbeschreibungen

abbiegen to turn
dann then
direkt direct
Entschuldigen Sie Excuse me
die Fahrt journey
finden to find
fragen to ask
das Gebäude building
halten to stop
der Kreisverkehr roundabout

die Kreuzung crossing, junction
der Marktplatz market square
der Meter meter
nach after
die Sackgasse cul-de-sac
spazieren gehen to go for a walk
die S-Bahn local railway
der Stadtplan city map
die Straßenbahn tram
suchen to look for

die U-bahn underground, tube
überqueren to cross
umsteigen to change trains
der Zebrastreifen zebra crossing
zeigen to show
zuerst first
der Zug train
zuletzt last

3.7a Wie kommst du dahin?

das Auto car
der Bahnhof train station
bequem comfortable
dorthin there
das Fahrrad bicycle
die Fahrt journey

fliegen to fly
das Flugzeug aeroplane
halten to stop
die Haltestelle stop, station
öffentlich public
der/die Passagier(in) passenger

der Platz space, seat
Rad fahren to ride a bike
sonst otherwise
der Wagen car
das Ziel destination

3.7b Einsteigen, bitte!

abfahren to leave
die Abfahrt departure
abstempeln to stamp
die Ankunft arrival
ausdrucken to print out
aussteigen to get off
die Einzelfahrkarte single ticket
entwerten to validate
erhalten to get

erreichen to reach
der Fahrplan timetable
der Flughafen airport
die Fußgängerzone pedestrian zone
das Gepäckschließfach luggage locker
gültig valid
der Koffer suitcase
die Kurzstrecke short journey
die Nahverkehrszone local transport

die Richtung direction
die Rückfahrkarte return ticket
rund um die Uhr around the clock
der Schalter counter
umsteigen to change (transport)
die Verspätung delay
der Zeitungskiosk newspaper kiosk

3.7c Unterwegs in der Stadt

abstellen to park
das Ausflugsziel excursion destination
aussteigen to get off
beunruhigt worried
der Fahrradstand bicycle rack
das Festgelände festival site
die Fußgängerzone pedestrian zone
gemütlich comfortable

der Haupteingang main entrance
nach dem Weg fragen to ask the way
die öffentlichen Verkehrsmittel (*n pl*) public transport
die Parkmöglichkeit place to park
der Radweg cycle track
sich Sorgen machen to worry
sich verfahren to get lost (in a vehicle)

sich verlaufen to get lost (on foot)
der Sonderbus special bus
das Stadtfest town festival
das Stadtviertel neighbourhood
überqueren to cross
umsonst free of charge
verkehrsfrei free of traffic

Magazin

Bayern – das Land der Seen und Berge

Laptop und Lederhosen ✓

Bayern ist eines der 16 Bundesländer in Deutschland und liegt im Südosten Deutschlands. Es ist das zweitgrößte Bundesland und hat rund 12.700.000 Einwohner. München hat zirka 1,5 Millionen Einwohner und ist die größte Stadt Bayerns. Weitere größere Städte sind Nürnberg, Augsburg, Würzburg und Regensburg.

Bayern liegt in den Alpen und dort ist der höchste Berg Deutschlands, die Zugspitze. Sie ist 2.962 Meter hoch. Es gibt über 1.600 Seen und zwei Nationalparks. Der größte See ist der Chiemsee. Dort gibt es den Chiemsee Summer, ein Festival mit Hip Hop, Rock, Reggae und Elektro und 100 Bands. Die Donau fließt durch Bayern. Neun der zehn höchsten Wasserfälle Deutschlands befinden sich in Bayern. In Bayern kann man Sportarten wie Stand Up Paddling und Kite Surfing ausprobieren.

In München findet einmal pro Jahr das berühmte Oktoberfest statt und der weltweit bekannte Fußballverein FC Bayern ist dort zu Hause. Der König von Bayern, Ludwig II, war ein sehr berühmter Mann Bayerns. Er hat drei sehr berühmte Schlösser in Bayern bauen lassen. Das bekannteste ist Schloss Neuschwanstein.

München ist das Informations- und Kommunikationstechnologie IKT-Zentrum in Europa – auf Platz 1 vor London und Paris. Die Stadt ist auch Zentrum für Luft- und Raumfahrttechnik.

Bayern hat viele Traditionen. Es gibt viele Trachtenvereine und Musikkapellen in Bayern. Typisch für Bayern ist die Weißwurst mit Brezel.

1 Lies die Informationen über Bayern. Korrigiere die Sätze. Sie sind alle falsch.

Beispiel: 1 ~~München~~ ist eines der größten Bundesländer in Deutschland. *Bayern*

1 München ist eines der größten Bundesländer in Deutschland.
2 Die Zugspitze ist der höchste Berg Europas.
3 Das Festival findet im Frühling statt.
4 In Bayern gibt es wenige Wassersportarten.
5 Ludwig II hat nur das Schloss Neuschwanstein gebaut.
6 München ist das wichtigste Zentrum für Medien in der Welt.
7 Für Bayern spielen traditionelle Kleidung und Musik eine kleine Rolle.
8 Das traditionelle Essen ist vegetarisch.

SECTION 3: WHERE I LIVE AND WHAT IT'S LIKE

Ist Bayern cool?

boarischG
Also, ich finde mein Bundesland super, weil ich viel tun kann. Ich fahre gern Snowboard und wenn es wärmer ist, mache ich Wassersportarten. Es wird nie langweilig! Das Highlight ist für mich das Musikfestival „Rock im Park" bei Nürnberg. Dort kann man mit 70.000 Festivalgästen feiern!

FCbub
Für Fußballfans ist Bayern ein Traum! Wir haben eine tolle Mannschaft. Die Allianz Arena, also das Fußballstadion, ist etwas Besonderes. Ich lebe wirklich gerne in München, aber leider ist es ziemlich teuer, dort zu wohnen.

Allianz Arena

weltenbummler3
Ich mag die bayrischen Traditionen. Im Spätsommer bin ich gern beim Almabtrieb dabei – die Kühe werden festlich mit Blumen geschmückt und vom Berg geholt. Mit dem Almabtrieb feiert man das Ende des Sommers. Das ist faszinierend, weil es diese Tradition schon seit vielen Jahren gibt. Als Mozartfan gehe ich auch gern zum Mozartfest in Würzburg. Manchmal verstehe ich den Dialekt nicht, das nervt mich ein wenig.

Almabtrieb

dahoam20
Ich treffe mich gern mit meinen Freunden in München. Dort treffen wir uns im Englischen Garten. Er ist einer der größten Stadtparks der Welt. Wir schauen den Surfern an der Eisbachwelle zu oder spielen Frisbee. Meine Freunde gehen gern in Museen und deshalb kenne ich das Deutsche Museum sehr gut. Also, es gibt nichts, was ich an Bayern nicht mag!

Andreas Bourani, ein Star aus Bayern

Andreas Bouranis Leben ist interessant, aber die Reihenfolge stimmt nicht. Ordne die Sätze chronologisch ein.

1. Er hat bis heute zwei Nummer-1-Hits in den deutschen Charts. 2016 gewann ein Kandidat aus Bouranis Team die 6. Staffel der Sendung „The voice of Germany". Heute lebt Andreas Bourani in Berlin.

2. Andreas Bourani ist 1983 in Augsburg geboren und ist bei Adoptiveltern als Andreas Stiegelmair aufgewachsen. In seiner Schulzeit entdeckt der Sänger sein Talent für die Musik am Gymnasium bei St. Stephan.

3. Ein Jahr nach seinem Vertrag erscheint seine erste Single „Nur in meinem Kopf".

4. Nebenbei besucht der Schüler die private Musikschule Downtown Music Institute in Augsburg, wo er Gesangsunterricht bekam.

5. Nach mehreren Jahren auf kleinen Bühnen bekommt er 2010 einen Plattenvertrag bei Universal Music.

6. Nur einen Monat später, im Juni, veröffentlicht Andreas Bourani sein Debütalbum mit dem Titel „Staub & Fantasie", das es bis auf Platz 23 der Charts schafft.

7. Drei Jahre später wird seine Single „Auf uns" während der Fußball-Weltmeisterschaft bekannt und zum Hit.

Magazin

161

Magazin

Unterwegs

Willkommen in Wien!

Wien – da ist immer etwas los!

Hallo, ich bin Alex und komme aus Wien. Wien ist ziemlich cool, nicht nur für Touristen. Die Stadt hat schöne historische Gebäude wie das Rathaus und das Parlament. Der Stephansdom ist vielleicht das bekannteste Gebäude. In Wien kann man sehr gut shoppen – in der Mariahilferstraße, zum Beispiel! Dort gibt es die großen, bekannten Geschäfte, aber auch kleine, unabhängige Geschäfte, die hip sind!

Ich fahre fast jede Woche in den Prater, weil ich gern Inliner fahre und dort gibt es viel Platz und auch viel Grün. Meine Freunde kommen auch mit. Fahrgeschäfte sind nichts für mich, aber meine Freunde fahren manchmal mit der Achterbahn und ich schaue ihnen zu.

Wenn mein Austauschpartner hier ist, gehen wir immer ins Museumsquartier, ein Treffpunkt für Jugendliche, Hipster und Touristen. Wir gehen auch zusammen ins Musa, weil wir beide moderne Kunst manchmal ganz witzig finden!

Mit meinem Austauschpartner gehe ich auch immer in ein Kaffeehaus oder eine Konditorei, weil er so gern Apfelstrudel isst. Ich esse lieber eine Sachertorte. Dazu trinken wir einen kleinen Braunen (Espresso mit Milch) und wir lesen dort die Zeitung und fühlen uns erwachsen! 😊

Ich gehe jeden Tag auf dem Weg zur Schule an der Spanischen Hofreitschule vorbei. Dort sind die Lippizaner, die weißen Pferde, die jahrelang trainiert werden, um das weltberühmte Ballett zu tanzen. Bei Touristen ist das sehr beliebt.

Ich verbringe viel Zeit im Jugendzentrum im 12. Bezirk. Dort gibt es viele Projekte für uns und ich kann mit meinen Freunden chillen.

Am Wochenende geht mein älterer Bruder immer ins Bermudadreieck, die Partymeile in Wien, während ich lieber mit meinen Freunden ins Kino gehe. Manchmal gehe ich sogar in die Staatsoper – als Jugendlicher bekommt man extrem günstige Karten!

1 Lies das Blog von Alex. Schreib R (richtig), F (falsch) oder NA (nicht angegeben).

Beispiel: 1 NA

1. Das Parlamentsgebäude ist das älteste Gebäude der Stadt.
2. Im Prater kann man nur Sport treiben.
3. Alex interessiert sich ab und zu für moderne Kunst, weil er sie lustig findet.
4. Alex und sein Austauschpartner essen beide gern Süßspeisen in Wiener Cafés.
5. Die Hofreitschule trainiert Pferde, damit sie Pferderennen gewinnen.
6. Alex entspannt sich täglich mit seinen Freunden im Jugendzentrum.
7. Am Wochenende möchte er mit seinem Bruder ins Bermudadreieck gehen.
8. Der Eintritt für die Staatsoper ist für Teenager sehr billig.

SECTION 3: WHERE I LIVE AND WHAT IT'S LIKE

Das Donauinselfest

Das Donauinselfest ist ohne Zweifel eine der besten Partys der Welt. Welcher Titel passt zu welchem Absatz?

1 Beliebt bei den Stars   **2 Moderne Architektur**

A Die Donauinsel, eine große Insel in der Mitte der Donau, ist es ein ruhiger Ort für Radfahrer, Jogger und Spaziergänger. Es gibt dort auch Bademöglichkeiten. Die Donauinsel bietet Skaterareale, Wasserrutschen und Wakeboarden. Die Gegend dort ist ziemlich abwechslungsreich – manche Gebäude sehen sehr futuristisch aus und es gibt viele Wolkenkratzer.

B Einmal im Jahr, Ende Juni, findet dort aber eine Mega-Party mit rund 1.500 Künstlern und drei Millionen Besuchern statt. Der Eintritt ist frei. Es ist ein Paradies für Fans von verschiedenen Musikrichtungen, unter anderem von elektronischer Tanzmusik, Metal, Rap, Elektro-Punk und Pop-Dance-Musik. Auch internationale Künstler lassen sich gern auf dem Donauinselfest feiern. Es handelt sich hier um das größte Open-Air-Event Europas!

C 18 verschiedene Themeninseln bieten den Besuchern ein vielfältiges Programm. Auf der Action & Fun-Insel gibt es eine Bike-Show oder man kann beim Sandsack-Wettlauf mitmachen! Auf der Sportinsel kann man auch aus zehn Metern Höhe in ein Luftkissen springen!

D Es gibt 300 Stände, die Gerichte aus aller Welt anbieten und 600 Stunden Programm, für Groß und Klein. Ein tolles Event!

E An der Donauinsel befindet sich ein Schulschiff – dort ist das Bertha-von-Suttner-Gymnasium untergebracht!

3 Lernen an einem ungewöhnlichen Ort   **4 Ein Event für die ganze Familie**   **5 Verrückte und ungewöhnliche Aktivitäten**

Informationen über Wien

Wie gut kennst du Wien? Wähl die richtige Antwort. Rate, wenn du es nicht weißt!

1 Wien ist die Hauptstadt Österreichs und hat ❓ Einwohner.
   A 1,8 Millionen   B 3 Millionen   C 700.000

2 Wien ist gleichzeitig auch eines der ❓ Bundesländer von Österreich.
   A 16   B 9   C 27

3 Wien ist die größte Universitätsstadt im deutschsprachigen Raum. Zirka ❓ Studenten studieren an der Universität Wien und an Fachhochschulen.
   A 195.000   B 500.000   C 50.000

4 Wien ist eine der innovativsten Städte der Welt und ist im Ranking auf Platz ❓ – fast so innovativ wie London und San Franciso/San Jose.
   A 10   B 3   C 1

5 ❓ von Wien besteht aus Grünflächen.
   A Weniger als die Hälfte   B Die Hälfte
   C Mehr als die Hälfte

6 Das höchste Gebäude in Wien ist der DC Tower – er ist ❓ Meter hoch.
   A 300   B 250   C 600

7 Der Fluss ❓ fließt durch Wien.
   A Rhein   B Spree   C Donau

8 Wien liegt im ❓ Österreichs.
   A Süden   B Westen   C Osten

163

Prüfungsecke C1

Hörverstehensübungen: höhere Schwierigkeitsstufe

> **Strategien für das Hören**
> → Lesen Sie zuerst alle Fragen sorgfältig vor dem Zuhören, um eine Idee über das Thema des Hörtexts zu bekommen.
> → Sie können beim Hören Stichpunkte aufschreiben, aber vergessen Sie nicht, sie nachher durchzustreichen.

In diesem Teil finden Sie zwei Arten von Hörverstehensübungen:

- Was ist richtig: A, B, C oder D?
- Die richtigen Aussagen aus einer Liste identifizieren

Was ist richtig: A, B, C oder D?

1 a Partnerarbeit. Sehen Sie sich Übung 1b an. Lesen Sie die Antworten (A–D), bevor Sie sich den Hörtext anhören.

- Besprechen Sie, was die Antworten bedeuten.
- Welche Antwort von den vier Möglichkeiten ist eher unwahrscheinlich, und warum?

> → Lesen Sie den Titel und alle Antworten (A–D). So bekommen Sie eine Idee, worum es geht.
> → Sie hören vielleicht nicht genau die gleichen Wörter und Ausdrücke wie in den Fragen. Sicherlich hören Sie Synonyme, also hören Sie sorgfältig zu!
> → Negative Ausdrücke sind manchmal schwierig.
> → In der Frage lesen Sie manchmal Wörter (z. B. geflogen) und sie hören ähnliche Wörter (z. B. Flugzeug). Vorsicht!

SECTION 3: WHERE I LIVE AND WHAT IT'S LIKE

1 b Sie hören zweimal ein Interview mit Andrea über eine Klassenfahrt. Es gibt eine Pause im Interview. Für jede Frage kennzeichnen Sie (✓) das richtige Kästchen (A–D).

1 Andrea ist …
   - A geflogen. ☐
   - B mit einem Reisebus gefahren. ☐
   - C mit dem Zug gefahren. ☐
   - D mit dem Auto gefahren. ☐

2 Andrea wohnte …
   - A in einem Schullandheim. ☐
   - B in einem Luxushotel. ☐
   - C in einer Jugendherberge. ☐
   - D bei einer Gastfamilie. ☐

3 Gabis Familie …
   - A war sehr reich. ☐
   - B wohnte in einer kleinen Wohnung. ☐
   - C hatte kein Schwimmbad. ☐
   - D hatte keinen Garten. ☐

[PAUSE]

4 Andrea und Gabi haben …
   - A sich gut verstanden. ☐
   - B oft gestritten. ☐
   - C Ausflüge gemacht. ☐
   - D Englisch gesprochen. ☐

5 Gabis Vater arbeitet …
   - A in einer Fabrik. ☐
   - B in einem Krankenhaus. ☐
   - C in einer Schule. ☐
   - D in einem Geschäft. ☐

6 Andrea hat an ihre Familie gedacht und hat …
   - A Geschenke gekauft. ☐
   - B Heimweh gehabt. ☐
   - C nichts gegessen. ☐
   - D ihren Bruder angerufen. ☐

[Gesamtpunktzahl: 6]

Die richtigen Aussagen aus einer Liste identifizieren

2 a Partnerarbeit. Lesen Sie die Aussagen in Übung 2b und übersetzen Sie sie in Ihre Sprache.

→ Vorsicht! Die Reihenfolge ist hier wichtig: Teil 1 des Gesprächs – Pause – Teil 2 – Pause – Teil 3. Jede Gruppe von fünf Aussagen passt zu einem Teil des Gesprächs.
→ Wenn Sie nicht sicher sind, raten Sie die Antwort. Welche zwei Aussagen scheinen am wahrscheinlichsten?

2 b Sie hören zweimal ein Gespräch zwischen Nico und Julia über die Umwelt. Es gibt zwei Pausen im Gespräch. Zu jeder Frage kennzeichnen Sie (✓) zwei richtige Kästchen (A–E).

1
A Julia findet schönes Wetter sowohl positiv als auch negativ. ☐
B Julia ist besorgt, dass es bald zu wenig Wasser in Deutschland geben wird. ☐
C Die beiden Jugendlichen sind der gleichen Meinung über den Klimawandel. ☐
D Nico meint, dass es im Sommer auch ab und zu geregnet hat. ☐
E Julia spricht über die Folgen des Wetters für Gebiete, die an der Küste liegen. ☐

[PAUSE]

2
A Es stimmt, dass Tiere auch Opfer des Treibhauseffekts sind. ☐
B Julia meint, dass viele Blumenarten in Brasilien aussterben. ☐
C Nico versteht nicht, warum man Holz aus dem Ausland benutzt. ☐
D Nico will lernen, Möbel selbst zu produzieren. ☐
E Julia schreibt Briefe auf Recyclingpapier. ☐

[PAUSE]

3
A Für Julias Eltern ist ein Auto nichts, was man benötigt. ☐
B Nicos Eltern haben ein Elektroauto. ☐
C Julia meint, dass die Luftqualität sich verschlechtert. ☐
D Julia fährt regelmäßig Rad. ☐
E Nico interessiert sich nicht für die Zukunft. ☐

[Gesamtpunktzahl: 6]

SECTION 3: WHERE I LIVE AND WHAT IT'S LIKE

Prüfungsecke C2

Leseverstehensübungen: höhere Schwierigkeitsstufe

> **Strategien für das Lesen**
> → Lesen Sie zuerst den Titel und die Aufgabenstellung sorgfältig.
> → Lesen Sie den Text schnell durch, damit Sie ungefähr wissen, worum es im Text geht.
> → Lesen Sie alle Fragen, bevor Sie den Text zum zweiten Mal langsam durchlesen.

In diesem Teil finden Sie zwei Arten von Leseverstehensübungen:

- Jede Person einem entsprechenden Text zuordnen
- Fragen auf Deutsch beantworten

Jede Person einem entsprechenden Text zuordnen

1 a Lesen Sie die Beschreibungen der Personen (a–e) in Übung 1b. Schreiben Sie zu jeder Person die drei wichtigsten Punkte auf.

> → Versuchen Sie, einen Text zu finden, in dem alle Schlüsselpunkte vorkommen.
> → Vorsicht! Sie brauchen nur fünf der acht Anzeigen.

1 b Lesen Sie die Aussagen a–e und die Anzeigen (1–8).
Eine Gastfamilie für einen Aufenthalt in Deutschland
Welche Familie passt am besten zu welcher Person? Zu jeder Frage schreiben Sie die richtige Nummer (1–8) auf die Linie.

a		Mia ist sportlich und genießt alle Freiluftaktivitäten. Letztes Jahr war sie zum ersten Mal auf Campingurlaub mit ihrer Familie und das hat ihr gut gefallen. Sie möchte diese Erfahrung wiederholen.	....
b		Lukas liebt alle Arten von Musik und spielt Posaune. Er übt jeden Tag für zwei Stunden, also will er nicht mehr als eine Woche weg sein. Er lernt Deutsch, weil er später an einer deutschen Musikhochschule studieren will.	....
c		Carina ist Einzelkind und ziemlich schüchtern. Während andere auf Partys gehen, bleibt sie mittlerweile lieber zu Hause, um ein Buch zu lesen. Sie ist seit drei Jahren Vegetarierin.	....
d		Noah ist intelligent und bekommt gute Noten in der Schule, auch wenn es wegen seiner jüngeren Geschwister ziemlich hektisch zu Hause sein kann. Er ist ein großer Tierfreund und arbeitet am Wochenende als Freiwilliger in einem Tierheim, weil er Tierarzt werden will.	....

| e | | Susis Lieblingsfach ist Kunst und sie hat vor, Architektur zu studieren. Sie interessiert sich sehr für deutsche Traditionen und möchte ein typisches Fest besuchen. | .... |

[Gesamtpunktzahl: 5]

1	Komm zu uns, um das Hauptstadtleben zu genießen! Unsere Wohnung liegt direkt im Stadtzentrum von Hamburg mit Aussicht auf den Hafen. Wir haben zwei Teenager, die dir gern alle Sehenswürdigkeiten dieser berühmten Stadt zeigen werden.
2	Willst du deine Deutschkenntnisse verbessern? Bei einem 7-tägigen Besuch werden wir nur Deutsch mit dir sprechen und wir sind sicher, dass du sehr viel lernen wirst. Vorsicht! Bei uns kann es ziemlich laut werden! Mein Vater und meine Schwester spielen in einer Band und sie spielen uns oft ihre neuen Lieder vor.
3	Wir sind eine große, freundliche Familie mit vier kleinen Kindern. Unsere Zwillinge sind erst zwei Jahre alt, aber sie sind sehr lustig und süß. Glücklicherweise wohnen wir in einem Haus mit viel Platz auf dem Land, denn wir haben auch drei Hunde, zwei Katzen und ein Pferd.
4	Bist du schon 16 oder älter? Hast du Lust, dein Deutsch zu verbessern und gleichzeitig ein bisschen Geld zu verdienen? Unsere Wohnung liegt direkt über einem italienischen Restaurant, das unserer Familie gehört. Abends arbeitet die ganze Familie dort und du könntest mithelfen.
5	Als Familie sind wir sehr aktiv! Da wir in den Bergen wohnen, machen wir oft lange Wanderungen, manchmal sind wir tagelang mit Rucksack, Stock und Zelt unterwegs. Wenn du die freie Natur liebst, wirst du bei uns viel Spaß haben!
6	Wir wohnen in Köln und bieten dir im Februar einen zweiwöchigen Aufenthalt bei uns. Das eignet sich sehr gut für jemand, der den Karneval miterleben will! Außerdem werden wir dir alle Sehenswürdigkeiten dieser wunderschönen Großstadt zeigen – den Dom zum Beispiel.
7	Wenn du dich für Fremdsprachen interessierst, wirst du dich bei dieser multikulturellen Familie wohlfühlen. Der Vater spricht Deutsch, die Mutter Türkisch und Italienisch. Ihr Haus liegt in einem Dorf an der Grenze zu Frankreich, und wenn man dort einkaufen geht, wird auch Französisch gesprochen.
8	Meine Familie und ich führen ein ruhiges Leben. Wir besitzen keinen Fernseher und wir gehen früh ins Bett. Trotzdem sind wir sehr gastfreundlich und du wirst bei uns willkommen sein. Aus religiösen Gründen haben wir eine fleischfreie Ernährung.

Fragen auf Deutsch beantworten

2 a Lesen Sie die Fragen in Übung 2b und notieren Sie zu jeder Frage ein nützliches Detail z. B. welche Informationen werden gesucht? Welche Zeitform (Vergangenheit, Präsens, Futur) kommt in der Frage vor? Partnerarbeit: Vergleichen Sie Ihre Listen.

→ Die Antwort enthält nicht immer das gleiche Wort im Text wie in der Frage. Sie müssen Synonyme oder Umschreibungen suchen.
→ Passen Sie sowohl auf die Zeitform der Frage auf als auch auf die Zeitform im Text.
→ Sie werden auch Informationen lesen, die Sie nicht brauchen.

2 b Lesen Sie den Artikel und beantworten Sie die folgenden Fragen auf Deutsch.

SECTION 3: WHERE I LIVE AND WHAT IT'S LIKE

Das zentrale Fundbüro der Stadt

Seit 2002 befindet sich das zentrale Fundbüro neben der Stadtbibliothek in der Innenstadt. Wenn Sie nie etwas verloren haben, werden Sie wahrscheinlich nicht wissen, dass dieses Büro überhaupt existiert. Für viele Menschen spielen wir aber eine sehr wichtige Rolle. Jährlich bearbeiten unsere Angestellten mehr als 40 000 Fundsachen. Alles, was man in den Freibädern, Restaurants, Galerien, Theatern, Kaufhäusern, Bussen und U-Bahnen in unserer Stadt verloren hat, kommt zu uns.

Haben Sie etwas verloren? Dann können Sie es online suchen. Wenn Sie keinen Internetanschluss haben, besuchen Sie uns oder rufen Sie uns zwischen 9:00 und 16:00 Uhr an: Mittwochnachmittags und am Wochenende sind wir geschlossen.

Die am häufigsten gefundenen Gegenstände sind Handys. Danach kommen Schlüssel, Handtaschen und Regenschirme. Es sind vor allem Leute im Alter von 20 bis 24 Jahren, die ihren Führerschein oder Reisepass verlieren. Das wissen wir, weil diese Artikel den Geburtstag des Besitzers zeigen. Wenn wir eine Telefonnummer des Besitzers an einem Gegenstand finden, rufen wir an. Wenn es weder Nummer noch Adresse gibt, müssen wir einfach warten, bis jemand uns kontaktiert.

Was machen wir mit den Sachen, die niemand abholt? Wir behalten Ihre Sachen für ein halbes Jahr und dann verkaufen wir sie, wenn möglich. Mit dem Geld kaufen wir Weihnachtsgeschenke für Kinder, die im Krankenhaus sind.

Manchmal bringt man auch Tiere zu uns. Sie können Bilder von Hunden, Katzen oder Meerschweinchen online sehen. Vor zwei Jahren hatten wir sogar eine Schildkröte im Alter von über dreißig Jahren. Die Tiere bleiben natürlich nicht im Fundbüro, sondern finden Unterkunft in einem Tierheim.

Es ist unglaublich, was einige Menschen verlieren: Kleidungsstücke wie Hosen oder einzelne Schuhe. Letzten Monat bemerkte eine bekannte Musikerin, dass sie ihre wertvolle Geige im Zug vergessen hatte, als sie in einem Konzert spielen sollte. Glücklicherweise hatte jemand das Instrument gefunden und rechtzeitig vor Beginn des Konzerts bei uns abgegeben.

a Wer weiß eher nicht, dass das Fundbüro existiert? [1]

b In welchen öffentlichen Verkehrsmitteln findet man oft etwas? [1]

c Was soll man machen, wenn man keinen Computer hat? Nennen Sie **zwei** Details.
   i .... [1]
   ii .... [1]

d Was verliert man öfter als alles andere? [1]

e Welche Leute verlieren ihre Ausweispapiere am häufigsten? [1]

f Was machen die Angestellten mit den Fundsachen nach sechs Monaten? [1]

g Was muss man machen, wenn man ein Tier verloren hat? [1]

h Warum war ein gefundenes Tier besonders interessant? [1]

i Warum war die Musikerin glücklich, als sie ihr Instrument wiedergefunden hatte? Nennen Sie **zwei** Details.
   i .... [1]
   ii .... [1]

[Gesamtpunktzahl: 11]

4.1 German schools

4.1a Das deutsche Schulsystem

Abfliegen

★ Etwas über das deutsche Schulsystem lernen
★ Demonstrativpronomen; Präpositionen mit *da* (z. B. *darauf*)

1 Welches Wort passt hier nicht? Warum?

Beispiel: 1 die Schüler – Es sind Personen, die anderen sind Gebäude.
1. die Schüler – die Universität – die Vorschule – der Kindergarten
2. Geschichte – Mathematik – Deutsch – Pause
3. das Buch – die Kantine – das Heft – das Lineal
4. der Lehrer – die Schülerin – das Klassenzimmer – der Direktor
5. der Stuhl – die Schulstunde – der Teppich – die Weißwandtafel
6. die Grundschule – der Schulhof – die Privatschule – das Gymnasium
7. lernen – studieren – wiederholen – sitzen
8. der Kurs – das Fach – die Direktorin – die Unterrichtsstunde

Das deutsche Schulsystem – die Sekundarstufe

Nach der Grundschule besucht man zwischen der 5. und 10. Klasse die Sekundarstufe I. In der 5. Klasse sind die Schüler und Schülerinnen normalerweise zwischen 10 und 11 Jahre alt. Jedes Bundesland hat sein eigenes System. Es gibt in dieser Stufe z. B. die Realschule, die Gesamtschule und das Gymnasium. Das Gymnasium ist für Schüler und Schülerinnen mit guten Noten. Am Ende der Sekundarstufe I bekommt man einen Abschluss. Dieser heißt der Mittlere Abschluss. Damit kann man in die Sekundarstufe II überwechseln. Diese dauert zwei oder drei Jahre. Schüler und Schülerinnen mit guten Noten können die Oberstufe des Gymnasiums besuchen. Sie dauert von Klasse 11 bis Klasse 12 oder 13. Das hängt vom jeweiligen Bundesland ab. Die gymnasiale Oberstufe ist nicht berufsorientiert.

Nach der gymnasialen Oberstufe bekommt man das Abitur (die allgemeine Hochschulreife). Mit dieser Qualifikation kann man auf eine Universität gehen. Diejenigen, die eine berufsorientierte Schule besuchen wollen, gehen auf eine berufsbildende Schule, z. B. die Berufsschule, die Fachoberschule, das Berufliche Gymnasium. Man kann sie mit einer Qualifikation, z. B. mit der Fachhochschulreife, abschließen. In Deutschland gibt es das duale System: Man lernt in der Schule und macht gleichzeitig in einem Betrieb eine Ausbildung. Dafür entscheiden sich immer mehr Schüler und Schülerinnen. Es gibt 350 Ausbildungsberufe, z. B. Feuerwehrmann/-frau oder Bankkaufmann/-frau.

2 Lesen Sie die Informationen über das deutsche Schulsystem (Sekundarschule). Welche vier Sätze sind richtig?

Beispiel: 1, …

SECTION 4: STUDYING AND WORKING

1 Die Sekundarstufe beginnt nach der Grundschule.
2 Laut Text gibt es vier Schularten in der Sekundarstufe I.
3 In der 6. Klasse ist man normalerweise 11 oder 12 Jahre alt.
4 Alle Schüler können in die Oberstufe gehen, wenn sie wollen.
5 Die Sekundarstufe I endet mit dem Mittleren Abschluss. → end of yr GCSE exam equivalent
6 Man kann nur mit dem Mittleren Abschluss auf die Universität gehen.
7 Es gibt mehrere Schulzweige, die gleichzeitig eine Berufsausbildung anbieten. → offer
8 Das Konzept: Lernen und arbeiten gibt es nur für ein paar Berufe.

3 Gespräch mit Anna über die Schule. Wählen Sie die richtige Antwort (A–C).

Beispiel: 1 A

1 Anna mag … am liebsten.
   (A) Projekte   B Chemie   C Englisch
2 Ihr Freund Malle …
   (A) ist nicht fleißig.   B will studieren.
   C mag Tests.
3 Ihre Freundin Kathrin …
   A hasst ihre Schule.
   B macht im Unterricht Probleme.
   (C) will eine gute Qualifikation.

4 Ihr Cousin Stefan …
   A mag die Ausbildung nicht.
   B arbeitet später in Deutschland.
   (C) bekommt eine Bezahlung.
5 Anna möchte … eine Ausbildung machen.
   (A) vielleicht   B sicher   C nie
6 Anna möchte …
   A bald arbeiten.
   (B) viel lernen, bevor sie arbeitet.
   C studieren.

4 a Demonstrativpronomen. Lesen. Sie D8 in der Grammatik. Benutzen Sie die Wörter in Klammern mit der richtigen Endung oder dem richtigen Anfang.
   1 Mario mag nur eine Direktorin in der Schule. Er mag diese hier nicht. (*dies-*)
   2 Ich habe zwei Radiergummis. Welchen möchtest du? diesen bitte! (*dies-*)   → to know
   3 Kennst du die Magazine? Ich kenne nur diese hier. (*dies-*)
   4 Ist das relevant für mich? Nein, das ist es nur für die (*-jenigen*), die viel darüber wissen.

4 b Präpositionen mit *da*. Lesen Sie E6 in der Grammatik. Ergänzen Sie die Lücken mit *-in, -für, -über, -mit*.
   1 Das ist mein Lieblingskuli. Ich habe damit schon wichtige Klassenarbeiten geschrieben.
   2 Ich benutze das Heft für Mathe. Darin stehen viele Formeln.
   3 Kommst du zu unserem Treffen? Dafür habe ich keine Zeit.
   4 Ich habe Schwierigkeiten mit den Hausaufgaben. Ich spreche mit meiner Lehrerin darüber.

5 Sie vergleichen das Schulsystem in Deutschland mit dem System in Ihrem Land. Schreiben Sie 80–90 Wörter auf Deutsch.
   • Beschreiben Sie, was man in beiden Ländern nach der Grundschule macht.
   • Erwähnen Sie, was für Schularten es in beiden Ländern gibt.
   • Sagen Sie, wie lange Sie noch an der Schule bleiben werden.
   • Erklären Sie, was man nach der Schulzeit machen kann.

Beispiel: Nach der Grundschule besucht man in Deutschland die Sekundarstufe I – in meinem Land …

6 Partnerarbeit. Führen Sie einen Dialog, in dem Sie das deutsche Schulsystem mit Ihrem Schulsystem vergleichen.
   1 Welche Unterschiede gibt es zwischen dem deutschen und deinem Schulsystem?
   2 Welches Schulsystem findest du besser?
   3 Was findest du gut am deutschen Schulsystem?
   4 Wie findest du das Konzept: „lernen und arbeiten"?
   5 Möchtest du nach der Schule lieber arbeiten oder weiterlernen?

4.1 GERMAN SCHOOLS

4.1b Als ich in der Grundschule war …

Unterwegs

★ Über Erfahrungen aus der Grundschule sprechen
★ Das Imperfekt (unregelmäßig), mit *seit*

Meine Grundschule – von Lisa Berkmann

In den vier Grundschuljahren war alles viel einfacher! Wir hörten natürlich Geschichten – wir lasen und schrieben, aber wir mussten natürlich erst schreiben und lesen lernen, was nicht einfach war, weil die deutsche Rechtschreibung auch für Kinder mit Deutsch als Muttersprache nicht immer leicht ist.

Wir machten zwar auch Hausaufgaben – heutzutage verbringe ich aber in der Realschule viel mehr Zeit mit Hausaufgaben als damals! Ich war in der 1. Klasse schon sieben Jahre alt, meine Freunde waren fast alle erst sechs. Aber das war kein Problem. Nach dem Unterricht ging ich dienstags und donnerstags zur Musikschule, weil ich unbedingt Gitarre lernen wollte.

Das Klassenzimmer war in der Grundschule immer dekoriert – wir hatten immer Klebstoff für unsere „Kunstwerke" im Federmäppchen. Die Lehrer ließen uns malen und halfen uns. Freitags war der Tag der Kreativität. Damals malten wir auf Papier – heutzutage benutzen wir am liebsten Computerprogramme und drucken unsere Designs aus.

Ich erinnere mich an eine Direktorin: Sie kam in der 3. Klasse zu uns und seit damals hatten wir dann immer eine Schulglocke.

In der Grundschule hatte ich weniger Freunde als jetzt, aber manche meiner jetzigen Freunde kenne ich seit der Grundschulzeit.

An die letzte Grundschulklasse erinnere ich mich am besten. Frau Peters sang immer ein Lied und spielte auf der Gitarre, bevor wir mit dem Unterricht begannen. Herr Clausen, der Mathelehrer, war immer sehr streng und machte langweiligen Unterricht. In den Pausen waren wir im Schulhof und einmal hat Herr Clausen uns einen Zaubertrick gezeigt. Er sagte uns, dass das seine liebste Freizeitbeschäftigung sei. Seit seinem Zaubertrick, fand ich ihn nicht mehr so langweilig.

Ich erinnere mich noch sehr gut an die tollen Ausflüge in der Grundschule. Wir fuhren einmal mit der Klasse zu einem Brotmuseum – das war ungewöhnlich! Manche Ausflüge von damals waren nichts für mich, z. B. der Besuch von naturwissenschaftlichen Museen.

1 Lesen Sie den Artikel und beantworten Sie die Fragen auf Deutsch.

Beispiel: 1 das Hören
1 Welche Fertigkeit war für die Kinder nicht schwierig? (1)
2 Was machte Lisa in ihrer Freizeit? (1)
3 Wann durften die Kinder besonders viel malen und basteln? (1)
4 Was war der Direktorin wichtig? (1)
5 Was konnte Frau Peters besonders gut? Nennen Sie **zwei** Details (2)
6 Welches Hobby hatte Herr Clausen? (1)
7 An welchen Ort denkt Lisa, wenn sie an super Ausflüge denkt? (1)
8 Wie fand Lisa naturwissenschaftliche Museen? (1)

SECTION 4: STUDYING AND WORKING

2 Oliver und Carmen sprechen über ihre Erinnerungen in der Grundschule. Schreiben Sie R (richtig), F (falsch) oder NA (nicht angegeben).

Beispiel: 1 R
1. Oliver möchte ein Wiedersehen mit der ganzen Klasse aus der Grundschule organisieren. F
2. Carmen trifft sich noch öfter mit mehreren Mitschülern aus der Grundschule. NA
3. Oliver fand die Bootsfahrt schrecklich. F
4. Oliver fand den Unterricht in der Grundschule immer langweilig und sehr anstrengend. R
5. Oliver und Carmen wissen beide nicht, welche Schule Andreas jetzt besucht. F
6. Carmen muss zu Hause nachsehen, ob sie noch Fotos von der Grundschule hat. R
7. Oliver fand den Ausflug ins Schokoladenmuseum toll, aber die Schokolade war nicht besonders lecker. F
8. Die Projektwoche war das beste an der letzten Grundschulkasse. R

3 Das Imperfekt. Lesen Sie F4 in der Grammatik. Schreiben Sie das Wort in der richtigen Form.

Beispiel: 1 ging
1. Als Sarah sieben Jahre alt war, ... (*gehen*) sie gern zur Schule.
2. Thomas .... (*fahren*) damals immer mit dem Bus nach Hause.
3. Er .... (*mögen*) das Fach, als er einen neuen Lehrer bekam.
4. Die Jugendlichen .... (*dürfen*) an Projekten arbeiten.
5. Als er die Nachricht hörte, ... (*lesen*) er gerade seine E-Mails.
6. Sandra .... (*nehmen*) einen Stift und begann zu zeichnen.
7. In seiner Klasse .... (*bekommen*) viele gute Noten.
8. Nach dem Unterricht .... (*anrufen*) Jakob seine Mutter ....

4 Partnerarbeit. Rollenspiel: Sie sind bei Ihrem Klassenkameraden / Ihrer Klassenkameradin und sprechen über die Grundschule. Person A stellt die Fragen und Person B beantwortet sie.

1. **A** Hallo! Wie war deine Zeit in der Grundschule? **B** …
2. **A** Wie oft hast du den Computer in der Grundschule benutzt? **B** …
3. **A** Wie war der Unterricht in deiner Grundschule? Welche Unterschiede gibt es zu den Informationen, die du über die deutsche Grundschule gelernt hast? **B** …
4. **A** Was fandest du gut an der Grundschule? **B** …
5. **A** Wie wird sich deiner Meinung nach die Grundschule in der Zukunft verändern? **B** …

5 Schreiben Sie ein Blog über Ihre Grundschule. Was machten Sie (nicht)? Was gefiel Ihnen (nicht)?

Beispiel: Ich ging eigentlich meistens gerne in die Grundschule, weil ich gerne Zeit mit meinen Freunden verbrachte. Ich fand …

173

4.2 Further education and training

4.2a Möglichkeiten nach der Schule

Abfliegen

★ Über Ausbildungsplätze und Berufswege nach der Schule sprechen
★ Verben mit *zu*

1 Welche Kategorie passt: A (Ausbildung), B (Beruf) oder U (Universität)?

Beispiel: 1 A

1 Azubi
2 Studium
3 Lehrling
4 Arbeitgeber
5 Arbeitsstelle
6 Angestellter
7 studieren
8 Lehrstelle

2 Lesen Sie den Artikel. Welches Wort (a–p) passt zu welcher Lücke (1–8)?

Beispiel: 1 K

Deine berufliche Zukunft

Sicher! hat bei Azubis nachgefragt – wie findest du es, Auszubildender oder (1) ..K.. zu sein?

Mikail (16)

Ich habe vor Kurzem meine Ausbildung zum Fachinformatiker bei der Landesbank NR begonnen. In der Schule hat es mir Spaß gemacht zu programmieren. Es war nicht schwierig, die Stelle zu bekommen. Die (2) ...... begann mit einer interessanten Einführungswoche. Ich habe viel gelernt! Ich arbeite viel, um Experte in meinem Fach zu werden, das ist natürlich toll! Ich finde auch die flexiblen (3) ..G.. zwischen 06.00 und 20.00 Uhr toll. Der (4) ..A.. ist auch in Ordnung, ich bekomme zwischen 976 und 1.100 Euro. Mein Tipp: Informiert euch früh über mögliche (5) ....

Karina (19)

Ich absolviere gerade mein drittes, also mein letztes Ausbildungsjahr zur Mechatronikerin bei der AGI GmbH. Mein Arbeitstag beginnt um 05.00 Uhr in der Produktionsabteilung. Meine (6) ..C.. und die Arbeitskollegen sind alle sehr nett! Es ist toll, jeden Tag mechanische und elektronische Bauteile zu bauen und zu installieren. Nur die (7) ..D.. von mechatronischen Systemen gefällt mir nicht besonders. Man kann die Ausbildung nicht machen, ohne hart zu arbeiten – es lohnt sich also, fleißig zu sein! Respektiert die Ausbilder, dann werdet ihr auch (8) ..F..

A Lohn	E verdienen	I Ausbildungsplätze	M bewerben
B Beruf	F respektiert	J Ausbildung	N Angestellter
C Chefin	G Arbeitszeiten	K Auszubildende	O Studium
D Reparatur	H gut bezahlt	L Vorstellungsgespräch	P Abschluss

3 Gespräche mit Alex und Lukas über ihre Zukunftshoffnungen. Wählen Sie die richtige Antwort (A–C).

Beispiel: 1 B

174

SECTION 4: STUDYING AND WORKING

1 Alex …
  A braucht sofort eine Arbeit.
  B möchte studieren.
  C bezahlt sein Studium selbst.
2 Alex war in der Schule …
  A fleißig.
  B faul.
  C nicht so gut.
3 Alex will gleich nach der Schule …
  A im Ausland studieren.
  B in Deutschland studieren.
  C in die USA gehen.

4 Lukas …
  A arbeitet ein Jahr lang.
  B möchte Mechatroniker werden.
  C geht sofort studieren.
5 Manche seiner Freunde …
  A wollen im Ausland studieren.
  B brauchen eine Auszeit.
  C möchten eine Ausbildung machen.
6 Ausbildungsplätze gibt es …
  A wenige.
  B viele.
  C genug.

G 4 Verben mit *zu*. Lesen Sie G2 in der Grammatik. Welches Satzende (A–H) passt zu welchem Satzbeginn (1–8)?

1 Er arbeitet im Sommer in einem Geschäft, E
2 Katharina hat bei der Prüfung eine gute Note bekommen, C
3 Sabine geht zur Jobmesse, G
4 Während der Ausbildung hat es mir großen Spaß gemacht, F
5 Der Berufsberater hilft mir, H
6 Ein Jahr im Ausland gibt mir die Chance, A
7 Für meine Karriere ist es notwendig, D
8 Meine Eltern erlauben mir nicht, B

A neue Kulturen und Sprachen kennenzulernen.
B ein Jahr nichts zu tun.
C ohne viel dafür gelernt zu haben.
D einen Universitätsabschluss zu haben.
E um mit dem Geld sein erstes Studienjahr zu finanzieren.
F mit den anderen Azubis zu lernen.
G um sich über die Möglichkeiten zu informieren.
H das wichtige Formular auszufüllen.

5 a Partnerarbeit. Rollenspiel: Sie diskutieren mit Ihrem Brieffreund / Ihrer Brieffreundin in der Schweiz über die Schule. Person A stellt die Fragen und Person B beantwortet sie.

1 A Was möchtest du nach der Schule machen? B …
2 A Warum möchtest du (k)eine Ausbildung machen? B …
3 A Was haben ältere Freunde von dir nach der Schule gemacht? B …
4 A Warum wollen manche Teenager nach der Schule reisen? B …
5 A Was ist wichtiger – eine interessante Arbeit oder viel Geld? Warum? B …

5 b Tauschen Sie die Rollen.

Man kann	eine Ausbildung machen,	um viel zu lernen. / um eine Qualifikation zu bekommen. / um eine gute Arbeit zu finden.
Viele möchten	nach der Schule reisen,	weil sie	eine Pause brauchen. / eine neue Kultur kennenlernen wollen. / nicht wissen, was sie machen wollen.
Ich finde es besser	zu reisen, eine Ausbildung zu machen,	weil man	mehr Spaß hat. / Geld verdient.
			eine gute Arbeitsstelle bekommt. / zu Hause bleiben kann.

6 Sie beschreiben Ihre Zukunftspläne. Schreiben Sie 80–90 Wörter auf Deutsch.
• Erklären Sie, wie viel Sie schon über verschiedene Berufe recherchiert haben.
• Beschreiben Sie, warum sie (k)eine Ausbildung machen wollen.
• Sagen Sie, ob Sie in der Zukunft studieren werden.
• Erklären Sie, was Ihre Freunde in der Zukunft machen wollen und warum.

4.2 FURTHER EDUCATION AND TRAINING

4.2b Zukunftspläne nach der Oberstufe

Unterwegs

★ Über Zukunftspläne nach der Schule sprechen
★ Konjunktiv mit *möchte*

Deine berufliche Zukunft

Was möchtest du nach der Schule machen? Studium, Ausbildung, direkter Berufseinstieg oder Reisen?

Kommt zur dreitägigen Berufs- und Unimesse ab 14. Januar in Düsseldorf! Firmen und Universitäten werden dort sein und du kannst viel über den Alltag in den Betrieben und an der Uni erfahren. Möchtest du ein Jahr lang reisen oder im Ausland arbeiten? Auch dafür gibt es Firmen, die dir alles über die Möglichkeiten sagen können. Seit dem Messebesuch steht für Sandra, 17, fest: Sie möchte ein Auslandsjahr machen und ihre Französischkenntnisse verbessern. Sie hat vor, eine Stelle als Fremdsprachenassistentin oder als Kellnerin zu finden.

Andres, 18, hat sich über die Ausbildung als Krankenpfleger und über das Medizinstudium informiert und jetzt weiß er, dass das Studieren viele Vorteile hat, weil er dann z. B. eine gut bezahlte Stelle bekommt. Er weiß noch nicht, wie er das lange Studium finanzieren soll.

Oliver, 17, ist dank der Messe sicher: Er möchte nach der Schule lernen und arbeiten. Er hat sich für eine Lehrstelle als Lagerlogistiker bei der Deutschen Bahn entschieden, wenn er seine Abschlussprüfung schafft.

Evi, 18, hat mit einer Organisation geredet, die Work-and-Travel organisiert, das bedeutet: Junge Leute, vor allem nach dem Abitur, können für eine bestimmte Zeit in ein Land reisen und dort auch arbeiten. Sie möchte ein Jahr lang durch Australien reisen, das Land kennenlernen und sich den Aufenthalt durch Gelegenheitsarbeiten finanzieren, z. B. einem Bauern helfen. Ob alleine oder zu zweit, das weiß sie noch nicht.

1 Lesen Sie den Artikel und beantworten Sie die Fragen auf Deutsch.

Beispiel: 1 Reisen

1 Welche Option gibt es, wenn man nicht gleich nach der Schule studieren oder arbeiten will? (1)
2 Wie lange dauert die Messe? (1)
3 Welche Arbeitsplätze kommen für Sandra in Frage? Nennen Sie **zwei** Details. (2)
4 Welchen Beruf will Andres ergreifen und was ist ihm wichtig? Nennen Sie **zwei** Details. (2)
5 Was ist schwierig für Andres? (1)
6 Was braucht Oliver, um die Ausbildung beginnen zu dürfen? (1)
7 Wo würde Evi arbeiten, um Geld als Gelegenheitsarbeiterin zu verdienen? (1)
8 Wie viele Personen werden vielleicht mit Evi nach Australien fahren? (1)

SECTION 4: STUDYING AND WORKING

2 a Acht Leute sprechen über die Universität. Schreiben Sie R (richtig), F (falsch) oder NA (nicht angegeben).

Beispiel: 1 R

1. Georg möchte auch Erfahrung außerhalb seines Landes sammeln. R
2. Andrea hat kein großes Interesse an einem Studium. R
3. Tim will Jura studieren. F
4. Dimitra möchte einen Teil der Ausbildung im Ausland machen. NA
5. Enes weiß, dass das Studieren viele Vorteile hat. R
6. Laura möchte im eigenen Land studieren. NA/F
7. Lorenzo will Medienwissenschaft und Journalismus kombinieren. F
8. Annabelle möchte nicht Zahnärztin werden. R

2 b Hören Sie sich die Aufnahme noch einmal an. Was denken die Personen (1–8) über das Studieren? Welche Kategorie passt: P (positiv), N (negativ) oder PN (positiv und negativ)? Warum?

Beispiel: 1 P – gut bezahlte Stelle

3 Konjunktiv mit *möchte*. Lesen Sie F7 in der Grammatik. Setzen Sie die richtige Form des Verbs in die Sätze ein.

Beispiel: 1 möchte

1. Nachdem ich mit der Schule fertig bin, ... ich im Ausland studieren.
2. Ein Jahr reisen – meine beste Freundin und ich .... das unbedingt machen.
3. Mit einem guten Abschluss hat man viele Möglichkeiten und man .... so viel wie möglich ausprobieren.
4. .... ihr nach dem Studium gleich studieren oder eine Auszeit nehmen?
5. Mir ist nicht klar, warum du unbedingt bei deinen Eltern im Geschäft arbeiten ....
6. Seine Eltern finden, er sollte im Ausland studieren, wenn er ....
7. Da wir bald studieren, ... Alexandra und ich mehr über das Leben auf dem Campus erfahren.
8. Weißt du denn, was deine Freunde nach der Oberstufe machen .... ?

4 a Partnerarbeit. Führen Sie einen Dialog zum Thema „Zukunftspläne".
1. Was wirst du nach der Schule machen?
2. Was wolltest du als Kind nach der Schule werden?
3. Warum wollen viele Teenager lieber arbeiten als mit einem Studium beginnen?
4. Warum arbeiten viele Jugendliche ein Jahr im Ausland, bevor sie studieren?
5. Was möchtest du auf keinen Fall nach der Schule machen und warum?

4 b Präsentieren Sie der Gruppe Ihre Zukunftspläne. Versuchen Sie wenn möglich, ohne Notizen zu sprechen.

5 Schreiben Sie eine E-Mail an einen Freund / eine Freundin. Sagen Sie ihm / ihr, was Sie in der Zukunft (nicht) machen möchten und warum.

Beispiel: Ich kann mir vorstellen, Geschichte zu studieren, weil …

4.3 Future career plans

4.3a Berufe und Karrieremöglichkeiten

* Berufe und Karrieremöglichkeiten beschreiben
* Berufsbezeichnungen für Männer und Frauen

1 Welches Wort passt hier nicht? Warum?

Beispiel: 1 Tourist – Tourist ist kein Beruf.
1. Polizist – Tourist – Dolmetscher – Bauer – Reiseleiter
2. Beamter – Koffer – Klempner – Briefträger – Journalist
3. Feuerwehrfrau – Lagerfeuer – Kassierer – Lehrling – Maurer
4. Flugbegleiter – Verkäufer – Messer – Elektrikerin – Buchhalter
5. arbeiten – bauen – reparieren – entspannen
6. Verkäuferin – Geschäftsfrau – Reiseleiter – Pilotin
7. Einwohner – Berufsberater – Bäcker – Mechaniker
8. Büro – Lehrer – Fabrik – Schule

Deine Arbeit – ist das eine gute Wahl?

Ich mag meine Arbeit als Übersetzer, weil sie immer spannend ist. Ich arbeite oft im Team und das macht mir großen Spaß. Meine Kollegen sind einfach super. Ich lerne von ihnen und sie lernen von mir! Das Arbeitsklima ist sehr gut, obwohl die Arbeit manchmal stressig sein kann! Ich muss oft sprachliche Probleme lösen und das finde ich interessant. Die Technologie mit neuen Tools macht meine Arbeit noch interessanter. Manchmal ist die Arbeit nicht einfach, aber das ist ja auch ganz normal.

Die Arbeitszeiten sind gut, aber manchmal muss ich bis spät in die Nacht arbeiten – ich arbeite aber nicht gern abends. Die Arbeit im Büro ist oft anstrengend.

Es gibt aber eigentlich keinen anderen Beruf für mich! Mein Vater ist Dolmetscher und wir unterhalten uns oft über unsere Aufgaben. Ich denke manchmal darüber nach, ob ich vielleicht jedes Wochenende noch einen Online-Kurs besuchen soll, damit ich noch mehr Qualifikationen habe, aber ich bin dann meistens viel zu müde. Noch einmal lernen wäre ziemlich nützlich, weil man als Übersetzer immer viel Neues lernen kann. Meine Partnerin bespricht die Arbeit gerne mit mir, denn sie ist eine Arbeitskollegin und macht die gleiche Arbeit wie ich. Sie liebt Fremdsprachen und spricht vier. Das finde ich toll! Aber vielleicht nehme ich nächstes Jahr ein Jahr frei, um alleine zu reisen.

Viele Grüße

Markus

2 Lesen Sie den Forumseintrag und beantworten Sie die Fragen auf Deutsch.

Beispiel: 1 langweilig

SECTION 4: STUDYING AND WORKING

1 Wie ist Markus' Arbeit nicht? (1)
2 Von wem lernt Markus? (1)
3 Wohin fährt er manchmal? (1)
4 Wer redet mit ihm über seine Aufgaben? (1)
5 Was möchte er samstags und sonntags machen? (1)
6 Was ist seine Partnerin von Beruf und worüber reden sie? Nennen Sie **zwei** Details. (2)
7 Warum bewundert er seine Partnerin? (1)
8 Wie viele Monate will Markus Urlaub machen und wer kommt mit? Nennen Sie **zwei** Details. (2)

3 a Drei Leute sprechen über ihre Arbeit. Finden Sie die vier richtigen Sätze.

Beispiel: 4, ~~1~~, 7 ~~8~~, 6 ~~3~~

1 Mit Teenagern zu arbeiten ist nie anstrengend.
2 Lehrer arbeiten oft zu wenig.
3 Als Bäcker(in) bekommt man ein gutes Gehalt.
4 Die Arbeit für Bäcker(innen) beginnt sehr früh.
5 Man bekommt erst nach der Ausbildung zum Bäcker Geld.
6 Friseure oder Friseurinnen haben oft Probleme mit der Gesundheit.
7 Es ist wichtig, Leute zu mögen, wenn man Friseur(in) ist.
8 Es macht Spaß, als Friseurin Neues auszuprobieren.

3 b Hören Sie sich die Aufnahme noch einmal an. Nennen Sie jeweils einen positiven und einen negativen Aspekt.

Beispiel 1: Lehrerin: + Kontakt mit Jugendlichen, – arbeitet viel

1 Lehrerin   2 Ausbildung zum Bäcker   3 Friseur

G **4** Berufsbezeichnungen für Männer und Frauen. Lesen Sie A9 in der Grammatik. Wählen Sie das richtige Wort.

Beispiel: 1 Kellnerin

1 Nadine arbeitet als **Kellner / Kellnerinnen / Kellnerin** in Berlin.
2 Mario möchte **Ärztin / Arzt / Ärzte / Ärztinnen** werden.
3 Miriam macht eine Ausbildung als **Köchinnen / Köche / Köchin / Koch**.
4 Silvia und Ingrid wollen **Polizisten / Polizistin / Polizist / Polizistinnen** werden.

5 a Partnerarbeit. Rollenspiel: Sie sind auf einer Jobmesse und sprechen mit einem Berater / einer Beraterin. Person A stellt die Fragen und Person B beantwortet sie.

1 A Welche Berufe interessieren Sie und warum? B …
2 A Welche zwei Berufe sind nichts für Sie und warum? B …
3 A Was ist bei einem Beruf sehr wichtig für Sie? B …
4 A Was war früher Ihr Traumberuf und warum? B …
5 A Welche Qualifikation werden Sie in der Zukunft für Ihren Traumberuf brauchen? B …

5 b Tauschen Sie die Rollen.

Ich finde einen Beruf als Mechaniker(in) / Lehrer(in) / Soldat / Soldatin	nicht so interessant, interessant,		weil er anstrengend ist. weil der Arbeitstag lang ist.
Ich möchte / würde gerne als	Beamter/Beamtin Koch/Köchin Briefträger/Briefträgerin Geschäftsmann/Geschäftsfrau	Mechaniker/Mechanikerin Arzt/Ärztin Kauffrau/Kaufmann Fleischer / Fleischerin	arbeiten.
…, weil	ich gern mit Leuten arbeite. ich kreativ bin.	ich die Technik mag. ich gern alleine arbeite.	

6 Beschreiben Sie Ihren Berufswunsch. Schreiben Sie 80–90 Wörter auf Deutsch.
- Erzählen Sie, welchen Beruf Sie machen wollen und warum.
- Beschreiben Sie, was Sie früher werden wollten und warum.
- Sagen Sie, was Sie dafür brauchen (z. B. eine Ausbildung, ein Studium).
- Erklären Sie, wie lange Sie lernen werden, bis Sie den Beruf ausüben können.

4.3 FUTURE CAREER PLANS

4.3b Berufswünsche

Unterwegs

★ Über Berufswünsche und Karrieremöglichkeiten sprechen
★ Konjunktiv mit *würde*

Berufe in der Zukunft

Du überlegst dir bestimmt schon, was du später machen willst. Aber welche Berufe haben Zukunft? Man kann es nicht genau sagen, aber es ist möglich, dass die folgenden Berufe sehr wichtig sein werden:

Die Menschen werden immer älter. Deshalb brauchen wir immer mehr *Ärzte* und *Ärztinnen* und *Apotheker/innen*! Auch als *Krankenpfleger/in* und *Altenpfleger/in* stehen die Berufschancen sehr gut! Deshalb ist eine Ausbildung in diesen Bereichen sicher eine gute Idee, wenn man sich für diese Berufe interessiert!

Die Technik spielt auch in der Zukunft eine wichtige Rolle. Deshalb würde man mit einer Ausbildung als *Elektriker/in* und als *Informatiker/in* sicher gute Chancen haben, eine Stelle zu finden. Als *IT-Sicherheitstechniker/in* würdest du bestimmt auch einen Arbeitsplatz finden, denn nicht genügend Sicherheit, mangelnde Privatsphäre und Hacker im Internet sind heutzutage ein Problem.

Es gibt immer mehr Menschen auf der Welt und man braucht deshalb immer mehr Häuser und Wohnungen – als *Ingenieur/in für Gebäudetechnik* oder *Architekt/in* hat man gute Chancen und würde sicher auch eine Stelle bekommen!

Welchen Beruf wird es in der Zukunft sonst noch geben? Als *Lebensmitteltechniker/in* würdest du der Gesellschaft helfen, die Ernährung sicherer zu machen. Was würdest du als *Abfalldesigner/in* machen? Du würdest neue Produkte aus Abfall entwerfen!

Ein Jurastudium ist eine gute Idee, denn auch in der Zukunft wird man *Juristen/Juristinnen* brauchen. Heutzutage gibt es auch neue Studiengänge wie *Informationsmanagement*. Man lernt, wie man Informationen sortiert und man kann z. B. in Banken oder Bibliotheken arbeiten. Man braucht natürlich Talent und technisches Interesse.

1 Lesen Sie den Artikel. Schreiben Sie R (richtig), F (falsch) oder NA (nicht angegeben).

Beispiel: 1 R

1 Weil die Menschen länger leben, braucht man mehr Ärzte und Ärztinnen.
2 Sicherheitstechniker/innen für IT kontrollieren, ob die Gebäude sicher sind.
3 In der Zukunft wächst die Zahl der Menschen, deshalb brauchen wir mehr Gebäude. Das ist gut für den Beruf des Ingenieurs/der Ingenieurin.
4 Lebensmitteltechniker/innen kontrollieren das Essen.
5 Abfalldesigner produzieren Abfall.
6 Juristen werden eine wichtige Rolle spielen.
7 Wenn man Informationsmanagement studiert, kann man für verschiedene Institutionen arbeiten.
8 Für das Studium des Informationsmanagements muss man begabt sein und IT in der Schule gelernt haben.

SECTION 4: STUDYING AND WORKING

2 Interview mit Claire über ihre Berufswünsche. Wählen Sie die richtige Antwort (A–D).

Beispiel: 1 B

1 Was sind Claires Zukunftspläne?
   A Sie hat keinen Plan.
   B Sie hat sich für eine Richtung entschieden.
   C Sie überlegt noch.
   D Sie muss noch recherchieren.

2 Was macht Claire Spaß?
   A Die Arbeit im Team.
   B Die Arbeit, die sie alleine macht.
   C Die Arbeit für ihre Chefin.
   D Die Arbeit als Chefin.

3 Wie erfahren ist Claire im Bankwesen?
   A Sie hat keine Erfahrung.
   B Sie möchte ein Praktikum machen.
   C Sie hat ein Praktikum absolviert.
   D Sie hat ein Praktikum geplant.

4 Wie bereitet sich Claire auf das Ausland vor?
   A Sie wird ein Praktikum machen.
   B Sie wird einen Mathekurs besuchen.
   C Sie lernt weitere Sprachen.
   D Sie reist viel.

5 Was möchte Claire gründen?
   A Eine Bank im Ausland.
   B Ihr eigenes Unternehmen.
   C Nichts.
   D Ein Finanzzentrum.

6 Wer wird Claire unterstützen?
   A Die Großeltern.
   B Der Bankmanager.
   C Ihre Eltern.
   D Die Firma ihrer Schwester.

3 Konjunktiv mit *würde*. Lesen Sie F7 in der Grammatik. Setzen Sie die richtige Form des Wortes *würde* in die Sätze ein.

Beispiel: 1 würdest

1 Was .... du designen, wenn du dann als Architekt arbeitest?
2 Oliver .... gerne mit dir sprechen, weil er sich für eine Ausbildung als Kaufmann interessiert.
3 Wenn das so ist, dann .... ich an deiner Stelle Anwalt werden.
4 Meine Eltern .... meine Schwester auf jeden Fall unterstützen, wenn sie Pilotin werden möchte.
5 .... ihr eine Ausbildung als Bäcker machen?
6 Wenn Andreas die Stelle in der Tierarztpraxis bekäme, ... wir uns sehr freuen.
7 Ihm .... die Arbeit als Tischler sicher gefallen.
8 Was .... du sagen, wenn ich Briefträger werden würde?

4 Partnerarbeit. Führen Sie einen Dialog zum Thema „Berufswünsche".
1 Was ist im Beruf am wichtigsten: gute Bezahlung, kurze Arbeitszeiten oder ein gutes Team? Warum?
2 Welcher Beruf interessiert dich gar nicht? Warum nicht?
3 Willst du in der Zukunft im Ausland arbeiten? Warum (nicht)?
4 Wo hast du schon einmal ein Praktikum gemacht oder in den Ferien gearbeitet?
5 Welche Berufswünsche hast du? Warum willst du diese Berufe ergreifen?

5 Welche Berufe sind in der Zukunft vielleicht wichtig und warum? Schreiben Sie zwei Absätze für den Artikel in Übung 1.

4.4 Employment

4.4a Gelegenheitsjobs und Auszeitjahr

* Über Gelegenheitsjobs und ein Auszeitjahr sprechen
* Dativpronomen und ihre Position

1 Welche Kategorie passt: A (Auszeitjahr) oder G (Gelegenheitsjobs)?

Beispiel: 1 A

1. reisen
2. Babysitter
3. eine neue Kultur kennenlernen
4. Flyer austeilen
5. im Ausland sein
6. Nachhilfe geben
7. eine neue Sprache lernen
8. Gartenarbeiten machen

Mete spricht über seine Gelegenheitsarbeiten und wie er sie findet.

Mete (18): Ich gebe montags und freitags Nachhilfe in Mathe. Ich bin gut in Mathe und es gibt ein paar Schüler in der 9. Klasse, die Probleme im Matheunterricht haben. Ich helfe ihnen, individuell und in Gruppen, oft vor einem Test. Wenn du in einem Fach gut bist, kannst du damit etwas Geld verdienen. Ich gebe auch Deutschnachhilfe, aber der Matheunterricht gefällt mir viel besser. Alle meine Schüler sind nett, ich verbringe gern Zeit mit ihnen. Letztes Jahr habe ich jeden Samstag ein paar Stunden in einem Modegeschäft gearbeitet und Klamotten verkauft. Im November und Dezember war besonders viel zu tun. Das Beste daran war, dass ich zeitlich flexibel war. Eine Agentur hilft dir, solche Gelegenheitsarbeiten zu finden.

Ich habe vor zwei Jahren in den Ferien auch manchmal als Babysitter gearbeitet. Aber es waren keine Kleinkinder mehr, sondern ein Mädchen und ein Junge im Alter von 7 und 8 Jahren. Ich mache das nur, wenn ich etwas verdienen muss, ich finde die Arbeit nicht so toll, weil es anstrengend ist. Meine Nachbarin gibt mir manchmal einen Gelegenheitsjob: Ich helfe ihr das ganze Wochenende, zum Beispiel bei der Gartenarbeit. Das macht Spaß, auch wenn es anstrengend und teilweise gefährlich ist und man am Abend müde ist.

Ich möchte studieren und muss ja dann irgendwo wohnen, deshalb sind Gelegenheitsjobs sehr wichtig für mich.

2 Lesen Sie das Blog und beantworten Sie die Fragen auf Deutsch.

Beispiel: 1 zweimal die Woche

1. Wie oft gibt Mete Nachhilfe in Mathe? (1)
2. Was war seine Gelegenheitsarbeit im letzten Jahr und wie oft pro Woche hat er sie gemacht? Nennen Sie **zwei** Details. (2)
3. In welcher Jahreszeit war besonders viel zu tun? (1)
4. Seit wann arbeitet Mete? (1)
5. Was ist Mete am Babysitten wichtig? (1)
6. Wie viele Tage hilft er bei der Gartenarbeit? (1)
7. Wie viele Nachteile nennt er? (1)
8. Wozu braucht Mete das Geld? Nennen Sie **zwei** Details. (2)

SECTION 4: STUDYING AND WORKING

3 Zukunftswünsche. Welches Bild A–H passt zu welcher Person (Tobias, Iris, Sebastian)? Vorsicht! Ein Bild passt zu niemandem.

Beispiel: A Tobias

A Tobias   B   C S   D I

E I   F T   G S   H T

4 Dativpronomen und ihre Position. Lesen Sie D1 und A6 in der Grammatik. Welches Wort passt zu welchem Satz?

Beispiel: 1 ihnen

1 Wie findest du deine Kollegen? Wie kommst du mit ihnen aus?
2 Meine Eltern wollen, dass ich studiere. Ich habe ihnen gesagt, dass ich aber lieber ein Praktikum machen will.
3 Silvia schreibt ihrer Chefin eine E-Mail.
4 Mein Arbeitskollege ist ein netter Mensch und deshalb helfe ich ihm bei Reparaturen.
5 Das Kind trinkt viel Apfelsaft, denn der Saft schmeckt ihm gut.
6 Meine Chefin ist sehr nett. Ich gehe oft mit euch essen.
7 Sofia und Katharina! Ich war heute shoppen. Gefallen .... meine neuen Stiefel?
8 Meine Schwester hat Probleme in Deutsch. Thomas gibt ihr ein Übungsheft.

ihm
~~ihm~~
ihnen
~~ihnen~~
~~ihr~~
~~ihr~~
~~euch~~
ihrer

5 Partnerarbeit. Führen Sie einen Dialog zum Thema „Gelegenheitsjobs und Auszeitjahr".
 1 Hast du schon einmal einen Gelegenheitsjob gehabt? Beschreib ihn.
 2 Welche Gelegenheitsjobs findest du gut? Warum?
 3 Welchen Gelegenheitsjob würdest du gern machen?
 4 Warum möchtest du diesen Job machen?
 5 Möchtest du ein Auszeitjahr nehmen? Warum (nicht)?

Ich habe	schon einmal noch nie	gearbeitet.	
Die Arbeit	hat	Spaß gemacht.	
	war	anstrengend. / langweilig.	
Ich möchte gern Ich würde gern	in einer Bäckerei als Zeitungsbote als Babysitter(in)	arbeiten,	weil es interessant ist. weil man gut verdient. weil es Spaß macht.
Ich möchte	ein Jahr lang	Geld verdienen, weil	ich gern einkaufen / ins Kino / in die Disko gehe. ich für den Urlaub / ein neues Auto spare.
		nichts tun, weil	ich eine Pause brauche.
		reisen, weil	ich die Welt sehen will. ich meine Sprachkenntnisse verbessern will. ich neue Leute kennenlernen will.

6 Welche Gelegenheitsarbeit finden Sie interessant? Schreiben Sie 60–75 Wörter auf Deutsch. Sie müssen alle Wörter hier benutzen.

(arbeiten)   (draußen)   (in den Ferien)   (Geld)

183

4.4 EMPLOYMENT

4.4b Die Arbeit

Unterwegs

★ Anzeigen und Bewerbungen verstehen
★ Adjektivendungen nach *alles, etwas, nichts, viel, wenig*

1   Lesen Sie Phillips E-Mail. Welches Wort (A–J) passt zu welcher Lücke (1–8)?

Beispiel: 1 C

Hallo Holger,

alles klar bei dir? Du weißt ja, ich suche im Moment eine **(1)** .... , weil ich ein Jahr lang arbeiten will, bevor ich an der Fachhochschule International Business studiere. Ich muss einfach Geld verdienen, damit ich mir das Studium **(2)** .... kann. Eine Auszeit finde ich auch nicht schlecht. Jeden Tag lese ich Anzeigen und schreibe **(3)** .... Ich suche aber nichts Bestimmtes. Bisher habe ich wenig Interessantes gefunden. Vielleicht solle ich aber mal etwas Neues probieren. Diese Anzeige stand heute auf der Webseite einer Arbeitsvermittlung für Studenten:

Mitarbeiter/in in TZ, für Kleidergeschäft in Karlsruhe (Zentrum) gesucht. Ihre Aufgabe: Verkauf, Online-Marketing und Kundenberatung. Ihr Profil: Arbeitserfahrung, Bereitschaft zur Wochenendarbeit.

Was sagst du dazu? Ich habe ja schon oft in dem **(4)** .... meines Vaters gearbeitet. Vielleicht lerne ich da noch etwas über Marketing und kann viel Nützliches für mein Studium mitnehmen. Eine Alternative wäre ein Sommerjob in Spanien als **(5)** .... Das klingt doch interessant, aber meine Eltern sind nicht besonders begeistert und finden nichts Gutes daran! Ich sollte mir etwas in der Nähe suchen, sagen sie. Es wäre vielleicht auch möglich, bei meinem Nachbarn zu arbeiten. Er hat ein Start-Up gegründet und die Firma hat sich auf Fahrradvermietung spezialisiert. Er sucht jemanden für das **(6)** .... Da würde ich sicher alles Mögliche lernen. Der **(7)** .... ist aber nicht sehr gut. Das Gehalt wäre in der Bank in Mannheim, vor der ich dir erzählt habe, viel besser. Aber dann müsste ich jeden Tag etwa eine halbe Stunde mit dem Zug hin- und herfahren. Vielleicht sollte ich einfach für meinen Nachbarn arbeiten, weil Geld zwar wichtig ist, aber eine spannende **(8)** .... ist mir wichtiger ...

A Bewerbungen	E Aufgabe	H Verdienst
B Krawattenladen	F leisten	I Gehalt
C *Stelle*	G Kellner	J arbeiten
D Büro		

2   Peter und die Chefin reden über die Stelle. Wählen Sie die **zwei** Aussagen (A–E), die den jeweiligen Absatz zusammenfassen.

Beispiel: 1 A, …

1   A Für Peter ist das Reparieren von Motoren wie ein Spiel.
    B Peter findet die Arbeit einfach.
    C Die Arbeit ist anstrengend, aber interessant.
    D Die Arbeit ist schwierig, aber toll.
    E Die Arbeit ist wie eine Matheaufgabe.

SECTION 4: STUDYING AND WORKING

2 A Peter möchte mit dem Praktikum Ende Juli beginnen.
   B Peter bewirbt sich für nächstes Jahr.
   C Die Stelle beginnt im Herbst.
   D Peter möchte dort im Sommer arbeiten.
   E Die Chefin braucht Peter sofortig.

3 A Im Team gibt es am Anfang Hilfe von mehreren Mentoren.
   B Seine Chefin hilft am Anfang.
   C Ein Mentor hilft neuen Mitarbeitern.
   D Die Hilfe kommt von einem jungen Mitarbeiter.
   E Seine Chefin wird Peter einarbeiten.

G 3 Adjektivendungen nach *alles, etwas, nichts, viel, wenig*. Lesen Sie B7 in der Grammatik. Setzen Sie die richtige Form des Wortes (1–10) in die Sätze ein.

Beispiel: 1 Schöneres

Es gibt nichts **(1)**.......... (*schöner*), als sein Hobby zum Beruf zu machen! Man verbringt viel Zeit bei der Arbeit, deshalb ist es etwas **(2)**.......... (*wunderbar*), wenn die Arbeit Spaß macht. In meiner Familie spielt das eine große Rolle. Mein Ziel ist, Modedesigner zu werden. Meine Mutter hilft mir, mein Hobby zum Beruf zu machen, weil sie glaubt, dass ich viel Talent habe, weil ich mir immer etwas **(3)**.......... (*neu*) einfallen lasse. Sie sagt, dass ich schon viel **(4)**.......... (*kreativ*) gestaltet habe. Die Preise, die ich bekommen habe, sprechen für sich. Meine Mutter macht alles **(5)**.......... (*möglich*), um mich zu unterstützen. Sie sagt, ich müsse weiterhin so hart arbeiten, alles **(6)**.......... (*weiter*) ergebe sich von selbst. Meine Freunde wünschen mir alles **(7)**.......... (*gut*). Ich höre viel **(8)**.......... (*positiv*) über meine Arbeit. Nur mein Bruder sagt wenig **(9)**.......... (*nett*) über meine Mode. Er ist ja auch mein Bruder, da ist wenig **(10)**.......... (*erfreulich*) zu erwarten.

4 Partnerarbeit. Rollenspiel: Sie sind in einem Vorstellungsgespräch. Sie sprechen mit dem Chef / der Chefin der Firma. Person A stellt die Fragen und Person B beantwortet sie.

1 A Guten Tag! Wie war die Anreise? B …
2 A Warum möchten Sie hier arbeiten? B …
3 A Warum – glauben Sie – sind Sie für diese Stelle geeignet? B …
4 A Was für Arbeitserfahrung haben Sie schon gemacht? B …
5 A Was möchten Sie in der Zukunft beruflich machen? B …

5 Sie haben eine Arbeitsstelle bekommen. Schreiben Sie einen Artikel für die Schülerzeitung über Ihre neue Stelle. Schreiben Sie 130–140 Wörter.
- Erklären Sie, warum Sie sich auf die Arbeit freuen.
- Erzählen Sie, wie das Bewerbungsgespräch war.
- Beschreiben Sie Ihre neuen Aufgaben.
- Sagen Sie, warum Sie sich um diese Arbeit beworben haben.
- Beschreiben Sie, welche Fähigkeiten Sie im Job lernen werden.

Communication and technology at work

4.5

4.5a Kommunikation bei der Arbeit

★ Telefonische Kommunikation bei der Arbeit
★ Telefonnummern; der Imperativ (formell)

1 Welche Kategorie passt: G (Gerät), K (Kommunizieren) oder S (Sicherheit)?

Beispiel: 1 G

1. der Scanner
2. die SMS
3. das Handy
4. chatten
5. das Passwort
6. das Anti-Viren-Programm
7. der Bildschirm
8. senden

An: Maria
Betreff: Hallo

Hallo Maria!

Wie geht es dir? Ich mache seit drei Wochen ein Praktikum bei einer IT-Firma in Bautzen. Letzte Woche haben wir mit einer Firma in Japan gesprochen – in einer Videokonferenz! Die Internetverbindung war in Ordnung und wir haben gut kommuniziert. Mein Chef war aber zu Beginn gestresst. Er hat zu mir gesagt: „Kommen Sie zum Soundcheck", „Kontrollieren Sie die Verbindung!", „Holen Sie die Lautsprecher", „Schalten Sie den PC an!", „Suchen Sie bitte das Ladegerät!", „Wo ist die Telefonnummer?", „Endet die Nummer auf 445?". Am Ende war aber alles gut, mein Chef war zufrieden und entspannt.

Ich habe seit einer Woche einen neuen Laptop. Es hat lange gedauert, bis ich die neue Software und alle Daten auf meinen neuen Laptop übertragen hatte. Aber jetzt funktioniert alles und wir können unsere eigene Videokonferenz durchführen!

Liebe Grüße

Karin

---

2 Lesen Sie die E-Mail und wählen Sie die richtige Antwort (A–C).

Beispiel: 1 C

1. Karins Praktikum bei der IT-Firma … drei Wochen.
   A endet in   B dauert   **C** begann vor
2. Die Internetverbindung während der Videokonferenz war …
   A ausgezeichnet.   **B** OK.   C ziemlich schlecht.
3. Der Chef war … nervös.
   A überhaupt nicht   **B** am Anfang   C die ganze Zeit
4. Karin hat …
   A den Techniker geholt.   B technische Probleme gefunden.
   C technische Geräte geholt.
5. Karin hat …
   A die Daten von ihrem alten auf den neuen Laptop schnell übertragen.
   B die Daten nicht übertragen.
   C lange warten müssen, bis die Daten auf ihrem neuen Laptop waren.
6. Karin möchte …
   A ihren Laptop für ein Gespräch per Video benutzen.
   B weniger Daten auf ihrem neuen Laptop haben.
   C einen Laptop, der besser funktioniert.

SECTION 4: STUDYING AND WORKING

3 Der Sekretär spricht mit einer Kundin am Telefon. Beantworten Sie die Fragen auf Deutsch.

Beispiel: 1 um 11.30 Uhr
1 Wann kommt Frau Bauer wieder?
2 Wie heißt die Kundin?
3 An welchem Tag ist das Meeting?
4 Um wie viel Uhr ist die Besprechung?
5 Warum treffen sich Frau Bauer und die Kundin?
6 Wo ist das Büro?
7 In welchem Stock ist es?
8 Wie lautet ihre Telefonnummer?

4 Der formelle Imperativ. Lesen Sie F2 in der Grammatik. Setzen Sie den formellen Imperativ ein.

Beispiel: 1 Überprüfen Sie alle Leitungen!
1 .... Sie alle Leitungen! Ich habe schon alle überprüft.
2 Kopieren Sie alle Dateien! Ich habe schon alle kopiert.
3 Machen Sie bitte einen Soundcheck! Ich habe ihn schon gemacht.
4 Holen Sie bitte ein Ladegerät! Ich habe schon eins geholt.
5 Installieren Sie bitte das Anti-Viren-Programm. Ich habe es schon installiert.
6 Aktualisieren Sie bitte die Webseite unserer Firma! Ich habe sie schon aktualisiert.
7 Finden Sie bitte die Telefonnummer! Ich habe sie schon gefunden.
8 Besprechen Sie das bitte mit der Chefin. Ich habe das schon mit ihr besprochen.

5 Partnerarbeit. Rollenspiel: Sie sind auf der Arbeit und sprechen mit einem Mitarbeiter / einer Mitarbeiterin über Technologien am Arbeitsplatz. Person A stellt die Fragen und Person B beantwortet sie.

1 A Guten Tag! Wie finden Sie die Computer hier bei uns? B …
2 A Welche Art von Technologie haben Sie schon am Arbeitsplatz benutzt? B …
3 A Was würden Sie machen, wenn Sie – wie ich – Probleme mit dem Computer hätten? B …
4 A Welche Geräte finden Sie am nützlichsten am Arbeitsplatz und warum? B …
5 A Welche Art von Technologie möchten Sie in Zukunft am Arbeitsplatz verwenden? B …

Ich habe	letztens	E-Mails geschrieben. im Internet gesurft. einen Text geschrieben.
Meistens benutze ich	einen (Touchscreen-)Computer / einen Drucker / einen Scanner / ein Handy / ein Telefon / Skype.	
Meine Mitarbeiter	helfen mir bei Problemen.	
Ich finde	PCs / Laptops / Drucker / Scanner / Memory-Sticks / Kopfhörer	am nützlichsten.
Ich möchte	Computer mit Headset / Handys und Lautsprecher verwenden.	

6 Sie haben ein Problem mit Ihrem Computer. Schreiben Sie eine E-Mail an den IT-Support. Erwähnen Sie Folgendes:
- das Problem
- seit wann Sie das Problem haben
- die Hilfe, die Sie suchen
- Ihre Telefonnummer

Beispiel: Sehr geehrte Frau Daum, mein Computer …

4.5 COMMUNICATION AND TECHNOLOGY AT WORK

4.5b Informationstechnologie bei der Arbeit

* Über Technologie bei der Arbeit sprechen
* Infinitivkonstruktionen (*ohne … zu, um … zu*)

Mein Arbeitspraktikum im IT-Bereich – von Hannah

Hallo Leute,

heute ist der letzte Tag meines Arbeitspraktikums bei einer IT-Firma in Salzburg. Ich habe es gemacht, um mehr über die Arbeit zu erfahren. Normalerweise musste ich morgens während der Besprechung wichtige Punkte für die Chefin aufschreiben. Danach hat das Team über die Aufgaben gesprochen. Es war immer ziemlich laut im Büro – viele Mitarbeiter haben ein Headset getragen, und mit den Kunden gesprochen und das gleichzeitig! Meine Chefin hat gestern eine Präsentation gehalten, um den Kunden eine neue Software zu zeigen. Bei der Präsentation gab es Probleme: Der Sound hat nicht funktioniert.

Heute konnte ich eine Datei nicht öffnen und vorgestern hatte ich noch Probleme, die richtigen Ordner zu finden, aber jetzt habe ich das System verstanden. Ich muss jetzt nur noch ein oder zwei Dokumente für meine Chefin ausdrucken. Mein Plan war: Ich werde mein Praktikum nicht beenden, ohne etwas Programmiersprache zu lernen. Ich kann jetzt schon ein bisschen coden! Ich bin etwas traurig darüber, dass mein Praktikum zu Ende geht.

1 Lesen Sie den Bericht und ordnen Sie die Sätze chronologisch ein.

Beispiel: 1, …

1 Heute ist Hannahs letzter Arbeitstag.
2 Bei dem Vortrag gab es Probleme mit dem Ton.
3 Die Kundengespräche waren alle im gleichen Raum.
4 Man hat darüber diskutiert, was an dem Tag zu machen ist.
5 Der Grund für das Interesse am Praktikum war: Sie wollte mehr über die Arbeit in einer IT-Firma wissen.
6 Beim Öffnen von Dokumenten gab es Schwierigkeiten.
7 Hannah hat während des Meetings für ihre Arbeitgeberin Notizen gemacht.
8 Ihre letzte Aufgabe ist es, den Drucker zu benutzen.

2 Ein Gespräch mit einem IT-Experten über Technologie bei der Arbeit. Wählen Sie die richtige Antwort (A–C).

Beispiel: 1 C

SECTION 4: STUDYING AND WORKING

1 Der IT-Experte nennt … Aspekte von Teammeetings.
   A drei positive
   B nur negative
   C positive und negative
2 Telearbeit ist laut dem IT-Experten …
   A oft nicht erlaubt.
   B immer beliebter.
   C finanziell schlecht für die Bahn.
3 Telearbeit ist etwas schwierig, weil man …
   A nicht immer genug Stunden arbeitet.
   B nicht mit den Mitarbeitern kommunizieren kann.
   C sich isoliert fühlen kann.
4 Manche Leute …
   A senden unnötige E-Mails.
   B schicken zu wenige E-Mails an die Arbeitskollegen.
   C bekommen zu viele E-Mails.
5 In der Zukunft …
   A fahren die meisten weiterhin zu Kunden ins Ausland.
   B arbeiten weniger Leute im Büro.
   C gibt es mehr Umweltprobleme.
6 Dann …
   A arbeiten wir mehr.
   B arbeiten wir sehr unregelmäßig.
   C haben wir mehr Zeit für uns selbst.

G 3 Verben mit *zu*. Lesen Sie G2 in der Grammatik. Verbinden Sie die Sätze mit *um … zu*, *ohne … zu* oder *zu* + Infinitiv. Achten Sie auf die richtige Wortstellung.

Beispiel: 1 Ich verbringe viele Stunden am Computer, <u>um</u> eine Programmiersprache <u>zu</u> <u>lernen</u>.

1 Ich verbringe viele Stunden am Computer. Ich lerne Programmiersprache.
2 Man kann die Fotos posten. Man muss keinen PC haben.
3 Wir organisieren eine Videokonferenz. Wir sprechen mit den Mitarbeitern.
4 Er kommuniziert per Telefonkonferenz mit dem Kunden. Er verlässt das Haus nicht.
5 Er arbeitet. Er ist nicht im Büro.
6 Die Chefin hält eine Bildschirmpräsentation. Sie zeigt die neusten Statistiken.
7 Alex hat Schwierigkeiten. Er findet das Dokument in dem Ordner nicht.
8 Wir lesen immer den Newsletter vom Chef. Wir sind informiert.

4 Partnerarbeit. Führen Sie einen Dialog zum Thema „Technologie".
1 Welche neue Technologie verwendest du und wofür?
2 Wie oft verwendest du sie?
3 Wann hast du das letzte Mal etwas Neues probiert, z. B. neue App? Wie war das?
4 Welche Technologie wirst du für die Hausaufgaben in der Zukunft verwenden?
5 Welche Technologie möchtest du in der Zukunft sehen?

Ich verwende	meinen Laptop für die Recherche / die Hausaufgaben. Apps zum Vokabellernen. sie täglich / am Wochenende.
Letztens (vor ein paar Tagen) habe ich	eine neue Sprachlernapp ausprobiert. eine Präsentation mit einem neuen Tool erstellt.
Ich werde in der Zukunft	hoffentlich Videokonferenzen / Augmented Reality verwenden.

5 Sie beschreiben die Technologie in Ihrem Büro. Schreiben Sie 80–90 Wörter auf Deutsch.
 • Beschreiben Sie, welche Geräte Sie benutzen.
 • Erklären Sie, wofür Sie sie benutzen.
 • Erklären Sie, welches Gerät am nützlichsten ist und warum.
 • Sagen Sie, welches Gerät man in der Zukunft bei der Arbeit (noch mehr) benutzen wird und warum.

4.5 COMMUNICATION AND TECHNOLOGY AT WORK

4.5c Vorstellungsgespräche für Gelegenheitsjobs

* Über Bewerbungen sprechen
* Konjunktiv mit *haben* und *sein*

Das Vorstellungsgespräch – Tipps für Jugendliche

Du bist zu einem Vorstellungsgespräch eingeladen? Sehr gut! Das ist schon ein Erfolg. Hier sind ein paar Tipps, wie du dich am besten auf das Gespräch vorbereiten kannst und wie du dich während des Gesprächs verhalten solltest.

Vor dem Gespräch:

Es wäre wichtig, die Firma genau zu recherchieren. Zeig im Gespräch, dass du viel über die Firma weißt. Man signalisiert damit Motivation und Interesse.

Schreibe dir auf, was du fragen möchtest, und überlege dir, was man dich fragen könnte. Zum Beispiel: Welche Antwort hättest du auf die Frage: „Was sind Ihre Schwächen und Stärken?"

Hast du den Weg zur Firma schon recherchiert? Sei mindestens fünf Minuten vor dem Termin dort.

Was die Kleidung betrifft: Geh auf Nummer sicher, trage klassische Kleidung – flippige Klamotten wären nicht angemessen. Es hätte keinen Sinn, Kleidung zu tragen, in der du dich nicht wohl fühlst.

Es wäre peinlich, wenn dein Handy während des Gesprächs plötzlich klingeln würde, deshalb: Schalt es vorher aus.

Wenn du den Namen der verantwortlichen Person vorher notiert hast, kannst du nach ihr fragen.

Das Vorstellungsgespräch:

Glaub an dich und an dein Talent. Ein fester Händedruck und ein Lächeln zeigen Selbstsicherheit und haben einen positiven Einfluss auf die Atmosphäre. Sprich die verantwortliche Person bei der Begrüßung mit Ihrem Namen an, halte Blickkontakt und höre aufmerksam zu. Du solltest Fragen stellen, weil du zeigen willst, dass du Interesse an dem Job hast! Achte darauf, dass du mit lauter und deutlicher Stimme sprichst.

Wenn du übertreiben würdest, könnte es peinlich werden. Deshalb: Sei immer ehrlich. Frag am Ende des Gesprächs, bis wann man dir Bescheid sagen wird. Es ist wichtig, sich zu bedanken.

1 Lesen Sie die Tipps und beantworten Sie die Fragen auf Deutsch.

Beispiel: 1 Man muss recherchieren.

1 Wie informiert man sich vorher am besten über die Firma? (1)
2 Wer stellt im Vorstellungsgespräch die Fragen? Nennen Sie **zwei** Details. (2)
3 Welchen Tipp gibt es für die Hinfahrt? (1)
4 Was sollte man nicht anziehen? (1)
5 Was für einen Eindruck sollte man machen? (1)
6 Wie sollte man am besten kommunizieren? Nennen Sie **zwei** Details. (2)
7 Warum ist es wichtig, immer die Wahrheit zu sagen? (1)
8 Was ist zum Schluss notwendig? (1)

SECTION 4: STUDYING AND WORKING

2 Ein Bewerbungsgespräch mit Lukas. Welches Wort (A–M) passt zu welchem Satz (1–8)?

Beispiel: 1 F

1 Lukas sucht einen …
2 Die Eisdiele sucht …
3 Lukas denkt, dass Leute, die Eis kaufen, … sind.
4 Lukas weiß, dass es wichtig ist, dass es in der Eisdiele nicht … ist.
5 Lukas stört es … , wenn es viel zu tun gibt.
6 Lukas soll … anfangen.
7 Lukas möchte bei der … zusehen.
8 Beim Bewerbungsgespräch ist die Chefin …

A	Verkäufer	**D**	morgen	**G**	Stellen	**J**	nicht	**M**	stressig
B	Produktion	**E**	gut gelaunt	**H**	angespannt	**K**	freundlich		
C	bald	**F**	*Sommerjob*	**I**	sehr	**L**	laut		

3 Konjunktiv von *haben* und *sein*. Lesen Sie F7 in der Grammatik. Füllen Sie die Lücken aus. Schreiben Sie die richtige Form von *hätten*, *würden* und *wären*.

Beispiel: 1 Wenn ich einen Sommerjob <u>hätte</u>, <u>wäre</u> ich zufrieden.

1 Wenn ich einen Sommerjob ………, ……… ich zufrieden.
2 Ich ……… in den Sommerferien gern in der Firma beschäftigt.
3 Wenn ich nicht so faul ………, ……… ich mich um die Stelle bewerben.
4 Andreas ……… gleich bei der Firma angerufen, wenn er die Anzeige früher in der Zeitung gesehen ……… .
5 ……… du den Sommerjob angenommen, wenn der Verdienst besser ……… ?
6 Ohne diesen Sommerjob ……… er den Ausbildungsplatz bei der Firma nicht bekommen.
7 Daniela ……… zum Vorstellungsgespräch gegangen, wenn es keinen Streik gegeben ……… .
8 Sabine und Karsten ……… nicht arbeiten, wenn sie genug Geld ……… .

4 a Partnerarbeit. Rollenspiel: Sie besprechen Sommerjobs mit Ihrem Nachbarn / Ihrer Nachbarin, der / die an der Universität studiert. Person A stellt die Fragen und Person B beantwortet sie.

1 **A** Hallo! Hatten Sie schon einmal einen Sommerjob? **B** …
2 **A** Was wäre Ihr idealer Job? Warum? **B** …
3 **A** Glauben Sie, dass es wichtig ist, im Sommer zu arbeiten? Warum? **B** …
4 **A** Was lernt man bei einem Sommerjob? **B** …
5 **A** Was werden Sie im kommenden Sommer machen? **B** …

4 b Tauschen Sie die Rollen.

5 Schreiben Sie eine E-Mail an einen Freund / eine Freundin über einen Sommerjob. Sie könnten Folgendes erwähnen:
- welche Gelegenheitsarbeit Sie schon gemacht haben
- was Sie genau machen mussten
- wie Ihnen die Arbeit gefallen hat
- ob Sie die Arbeit empfehlen würden und warum (nicht)

Beispiel: Im letzten Sommer habe ich Zeitungen ausgetragen. Das war …

5.1 International travel

5.1a Ins Ausland fahren

★ Flug-, Auto- und Bahnreisen ins Ausland beschreiben
★ Wortstellung in Haupt-, Neben- und Relativsätzen

1 Finden Sie die Synonyme.

Beispiel: 1 D

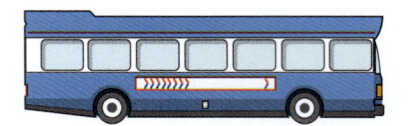

1	Reise	A	Wagen
2	Abfahrt	B	Flugzeug
3	Schiff	C	Eisenbahn
4	Flieger	D	Fahrt
5	Zug	E	Ausflug
6	Auto	F	Fähre
7	Passagier(in)	G	Fahrtbeginn
8	Tagestour	H	Fahrgast(-gästin)

Wer kann mir einen Rat geben?

Ich wohne in Südengland und habe unseren Familienurlaub gebucht: zwei Wochen in einer Ferienwohnung in den Schweizer Alpen. Wie reisen wir am besten mit Kindern im Alter von 2, 5 und 8 Jahren? Auto? Flugzeug? Bahn?

Andi40 Am besten fährt man mit dem Auto, weil es viel Platz im Kofferraum für eure Taschen gibt. Dann hat man alles, was die Kinder brauchen. Wenn man nachts unterwegs ist, können die Kinder im Auto schlafen.

NadjaB Diese Idee finde ich blöd! Was machst du, wenn die Kinder nicht schlafen? Das kann zum Problem für den Autofahrer werden, der schnell müde wird. Mit dem Flugzeug kommt man viel schneller ans Reiseziel.

Heidi123 Es stimmt, dass Fliegen schneller als Autofahren ist. Aber wie kommt die Familie vom Flughafen zu ihrer Ferienwohnung, die in den Bergen liegt? Letztes Jahr bin ich in die Schweiz geflogen. Am Flughafen habe ich ein Auto gemietet, das im Urlaub sehr praktisch war. Ich konnte viele schöne Ausflüge machen.

Sami Meiner Meinung nach ist die Bahn die beste Lösung. Obwohl es eine ziemlich lange Reise ist, können die Kinder im Zug herumlaufen. Ich bin sicher, dass die Bahnfahrt der ganzen Familie Spaß machen wird.

SECTION 5: THE INTERNATIONAL PERSPECTIVE

2 Wer sagt das: A (Andi40), N (NadjaB), H (Heidi123) oder S (Sami)?

Beispiel: 1 H
1 Fliegen hat nicht nur Vorteile.
2 Die Kinder werden sich gut amüsieren.
3 Man kann viel Gepäck mitnehmen.
4 Autofahren kann anstrengend sein.
5 Meiner Meinung nach ist das doof.
6 Es ist besser, wenn man auf dem Land einen Wagen hat.
7 Man muss nicht die ganze Zeit sitzen.
8 Ich habe dieses Reiseziel schon besucht.

3 Sofia und Andreas reden über Reisestress. Welche Aussage (A–F) passt zu welcher Kategorie (1–5)? Vorsicht! Eine Aussage kommt nicht vor.

Beispiel: 1 E

1	Reisen	A	hatte Unterhaltungsmöglichkeiten.
2	Der Flug	B	war nicht pünktlich.
3	Der Zug	C	ist das Lieblingsverkehrsmittel beider Jugendlicher.
4	Das Auto	D	kann teuer sein.
5	Die Fähre	E	ist nicht immer schön.
		F	war wegen schlechten Wetters unangenehm.

4 Wortstellung in Haupt-, Neben- und Relativsätzen. Lesen Sie H1, H4 und D4 in der Grammatik. Verbinden Sie die Satzhälften.

Beispiel: 1 D

1	Meiner Meinung nach	A	das meinem Bruder gehört.
2	Wenn das Wetter gut ist,	B	der nach Berlin fährt.
3	Jetzt kommt der Zug,	C	was ich brauche.
4	Im Auto habe ich alles,	D	ist Fliegen sehr teuer.
5	Jetzt fahren wir mit dem Auto,	E	fahren jeden Sommer in Urlaub.
6	Ich fliege nicht gern,	F	weil mir oft übel wird.
7	Letztes Jahr konnten	G	fliege ich gern.
8	Meine Schwester, meine Mutter und ich	H	wir ins Ausland reisen.

5 Partnerarbeit. Führen Sie einen Dialog zum Thema „Reisen". Jede Person muss eines der folgenden Wörter in der Antwort benutzen: *weil, obwohl, wenn, dass, als*.
1 Fährst du lieber mit dem Auto oder mit dem Zug?
2 Mit welchem Verkehrsmittel fährst du am liebsten ins Ausland?
3 Was sind die Vor- und Nachteile einer Reise mit dem Auto?
4 Wie bist du das letzte Mal ins Ausland gefahren?
5 Wohin möchtest du in der Zukunft fahren? Mit welchem Verkehrsmittel?

Beispiel: Ich fahre lieber mit dem Zug, obwohl es teuer ist.

6 Wie fährt man am besten ins Ausland? Schreiben Sie Sätze über die Vor- und Nachteile verschiedener Verkehrsmittel. Benutzen Sie alle Wörter aus der Liste in Übung 5 (*weil, obwohl, wenn, dass, als*).

Beispiel: Am besten fährt man …

5.1 INTERNATIONAL TRAVEL

5.1b Gute Reise!

Unterwegs

★ Etwas über Reisepläne mit verschiedenen Verkehrsmitteln lernen
★ Die Pronomen *selbst* und *selber*

A Mila macht am liebsten Urlaub im Winter, weil sie heißes Wetter hasst. Sie will verschiedene Wintersportarten ausprobieren und möchte mit dem Zug fahren, weil es umweltfreundlicher als Fliegen ist.

B Felix interessiert sich sehr für die Umwelt. Am liebsten ist er jeden Tag unterwegs. Ein Strandurlaub wäre nichts für ihn!

C Lukas verbringt den Urlaub nicht gern an einem Ort. Er möchte jeden Tag etwas Neues erleben. Am liebsten fährt er mit dem Auto in Urlaub, um unabhängig zu sein. Leider hat er sein Auto vor zwei Wochen verkauft.

D Jana hat ein anstrengendes Jahr bei der Arbeit gehabt und will im Sommer in ein warmes Land reisen, um sich auszuruhen. Sie schwimmt und segelt gern. Im Urlaub will sie definitiv nicht selber kochen.

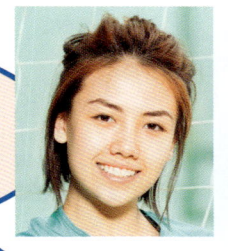

1	Ferienwohnung an der Mittelmeerküste zu vermieten. Unsere gemütliche FeWo hat alles, was Sie für einen tollen Familienurlaub brauchen: privates Schwimmbad, Mikrowelle und Geschirrspüler in der Küche, Grillmöglichkeiten im Garten.
2	Entdecken Sie die schönsten Berge und Seen in Österreich bei einer Selbstfahrer-Rundreise mit einem Mietwagen. Fliegen Sie nach Wien und Ihr Wagen steht schon am Flughafen für Sie bereit.
3	Das Hotel Zum Hirschen liegt in einem ruhigen Dorf auf 1800 Meter Höhe. Von November bis Ende März ist Schnee fast garantiert. Eine Skiausrüstung können Sie sich von uns ausleihen und wir holen Sie auch gerne vom Bahnhof ab.
4	Unsere Pension auf einer kleinen Ostseeinsel ist ein Volltreffer für diejenigen, die einen Herbsturlaub abseits der Großstadthektik genießen wollen. Von unserem Balkon mit herrlichem Blick aufs Meer können Sie Ebbe und Flut in Ruhe beobachten. Sie erreichen uns einfach mit Rad und Fähre. Fahrzeuge sind auf der Insel verboten.
5	Sonne und Strand in Südfrankreich. Was könnte entspannender sein? Unser Hotel bietet Luxuszimmer mit Bad und Balkon. Alle sind selbstverständlich mit Klimaanlage ausgestattet. Genießen Sie Landesspezialitäten in unserem Selbstbedienungsrestaurant. Wassersportmöglichkeiten sind vorhanden.
6	Besuchen Sie Island: ein Land voller Naturschätze. Bei dieser Bustour werden Sie die ganze Insel erleben und die bekanntesten Sehenswürdigkeiten des Landes besichtigen. Jede Nacht eine andere Unterkunft. Sie werden Vulkane und Wasserfälle sehen und dabei erfahren, wie man sie benutzt, um Strom zu produzieren.

1 Welche Person (A–D) passt am besten zu welchem Urlaub (1–6)?

Beispiel: A 3

2 Sebastian und Klara sprechen über eine Reise, die sie gemacht haben. Korrigieren Sie die Sätze. Sie sind alle falsch.

SECTION 5: THE INTERNATIONAL PERSPECTIVE

Beispiel: 1 Sebastian fährt gern mit dem ~~Flugzeug~~ ans Reiseziel. *Zug*

1. Sebastian fährt gern mit dem Flugzeug ans Reiseziel.
2. Letztes Wochenende ist er mit der Bahn von der Schweiz nach Holland gefahren.
3. Der schöne Ausblick vom Zug auf die Landschaft, die Berge und die Dörfer hat ihm gut gefallen.
4. Sebastian kann keine Fremdsprachen sprechen.
5. Klara ist in den letzten Sommerferien nach Italien gefahren.
6. Sie hat ihre Fahrkarten in einem Reisebüro gebucht.
7. Klara ist mit der U-Bahn vom Hamburger Hauptbahnhof zum Flughafen gefahren.
8. Ihr Flug hat weniger als dreißig Minuten gedauert.

G 3 Die Pronomen *selbst* und *selber*. Lesen Sie D7 in der Grammatik. Welche Sätze passen zusammen?

Beispiel: 1 D

1. Jörg ist allein durch Europa gefahren.
2. Ich bin nicht ins Reisebüro gegangen.
3. Am Flughafen hört man immer die Frage:
4. Du warst zu spät dran und hast den Flug verpasst!
5. Die U-Bahn hat eine automatische Tür.
6. Ich weiß nicht, wann dein Zug abfährt.
7. Am Bahnhof gibt es keine Gepäckwagen.
8. Das Essen am Flughafen ist teuer.

A. Ich habe die Reise selber im Internet gebucht.
B. Da bist du selber schuld.
C. Das musst du doch selber wissen!
D. Er hat viel über sich selbst gelernt.
E. Wir müssen unsere Taschen selber tragen.
F. Sie geht von selbst auf.
G. Wir haben ein paar Brote selbst gemacht.
H. „Haben Sie Ihren Koffer selbst gepackt?"

4 Partnerarbeit. Rollenspiel: Sie sind Kunde / Kundin im Reisebüro und planen eine Reise ins Ausland. Person A (der / die Angestellte) stellt die Fragen und Person B beantwortet sie.

1 A Guten Tag. Wann möchten Sie fahren und wohin? B …
2 A Warum haben Sie dieses Reiseziel gewählt? B …
3 A Mit welchen Verkehrsmitteln wollen Sie reisen? B …
4 A Welche lange Reise haben Sie schon gemacht? Wie war diese Reise? B …
5 A Wann werden Sie zurückkehren? B …

5 Schreiben Sie einen Tagebucheintrag über eine Reise (wirklich oder fiktiv), die Sie gemacht haben. Schreiben Sie 130–140 Wörter.
- Erklären Sie, warum Sie die Reise gemacht haben.
- Erzählen Sie, wie lange sie gedauert hat und was Sie während der Fahrt gemacht haben.
- Sagen Sie, mit welchen Verkehrsmitteln Sie gefahren sind.
- Beschreiben Sie, was gut und was schlecht an der Reise war.
- Sagen Sie, was Sie das nächste Mal anders machen werden.

5.2 Weather on holiday

5.2a Hier ist es nicht so kalt!

Abfliegen

- Das Wetter an verschiedenen Urlaubszielen vergleichen
- Das Passiv erkennen und mit *man* vermeiden

1 Wann ist das Wetter in Ihrem Land so (1–8)? Schreiben Sie S (Sommer), F (Frühling), H (Herbst) oder W (Winter).

Beispiel: 1 S

1 sonnig
2 windig
3 nebelig
4 das Gewitter
5 der Monsun
6 der Schnee, der Frost und das Eis
7 der Orkan
8 kühl

Was für ein Urlaub ist euch am liebsten?

Ich bin Sonnenanbeter, deswegen kann ich lange Städtereisen nicht ausstehen. Drei Tage im strömenden Regen durch nasse Straßen in Osteuropa bummeln? Nein, danke! Ich liege lieber unter einem klaren, blauen Himmel am sonnigen Strand und sonne mich! Wenn möglich fahren wir nach Australien, weil das Wetter dort besonders schön ist. Wir werden oft gefragt, warum wir im November dorthin fahren wollen, aber eigentlich ist das eine gescheite Idee, denn das Wetter ist tatsächlich zu dieser Jahreszeit viel besser. Wenn man eine solche Reise bucht, erwischt man zweimal im Jahr die Sonne! Cool, oder?

Faulenzer_15

Jedes Jahr fahren wir nach Thailand, um unsere Familie dort zu besuchen. Heutzutage ist das ein sehr beliebter Urlaubsort, der von vielen Touristen besucht wird. Der größte Nachteil aber ist das Wetter! Wegen der Sommerschulferien hier bei uns müssen wir immer im August dorthin reisen, und das ist genau in der Monsunzeit! Das heißt, es regnet jeden Tag sehr heftig. Man muss oft die Gewitter vermeiden, um nicht durchnässt zu werden. Im Winter und im Frühling ist es dort heiß und trocken und man muss im Schatten sitzen, aber nein, wir müssen bei schlechten Wetterverhältnissen im Sommer dorthin fahren! So ein Pech!

satt_mit_Regen

2 Lesen Sie das Forum. Schreiben Sie su jedem Satz (1–8) F (Faulenzer_15), S (satt_mit_Regen) oder N (niemand).

SECTION 5: THE INTERNATIONAL PERSPECTIVE

Beispiel: 1 N

1 Ich fahre im Frühjahr in Urlaub.
2 Ich fahre im Winter in Urlaub.
3 Ich mache lieber einen Aktivurlaub.
4 Ich möchte in einer anderen Jahreszeit in Urlaub fahren.
5 Ich fahre an die Küste.
6 Das Wetter ist schlecht im Urlaub.
7 Ich möchte Schnee, so dass ich Ski laufen kann.
8 Ich erlebe zwei Sommer.

3 Sonia und Jai sprechen über ihre Urlaubserfahrungen. Schreiben Sie R (richtig), F (falsch) oder NA (nicht angegeben).

Beispiel: 1 F

1 Sonia fährt mit ihren Freunden in Urlaub.
2 Sonia verbringt die Ferien in Europa.
3 Sonia läuft im Urlaub Ski.
4 Sonia erlebt manchmal Donner und Blitz im Urlaub.
5 Jai fährt mit dem Schiff in den Urlaub.
6 Das Wetter ist immer sonnig während Jais Urlaub.
7 Jai erlebt manchmal starke Winde im Urlaub.
8 Die Stürme in Fidschi sind normalerweise ziemlich kurz.

4 Das Passiv erkennen und mit *man* vermeiden. Lesen Sie G5 in der Grammatik. Umschreiben Sie die Sätze mit *man* statt dem Passiv.

Beispiel: 1 Man sucht immer schönes Wetter.

1 Schönes Wetter wird immer gesucht.
2 In Fidschi wird Englisch gesprochen.
3 Viele Wanderer werden jedes Jahr in den Bergen gerettet.
4 Ein solches Unwetter wird nicht erwartet.
5 In Ibiza wird gefeiert.
6 Jetzt werden die Gebäude repariert.
7 Werden alle Wetterwarnungen beachtet?
8 Am Strand werden leider viele Abfälle hinterlassen.

5 a Partnerarbeit. Rollenspiel: Sie planen einen Urlaub und sprechen mit dem / der Angestellten im Reisebüro. Person A stellt die Fragen und Person B beantwortet sie.

1 A Guten Tag. Ich plane einen Urlaub. Wie ist das Wetter in den Alpen im Sommer? B …
2 A Und im Winter? B …
3 A Wie war das Wetter letzten Sommer in Ihrem Land? B …
4 A Was glauben Sie, wo es das beste Urlaubswetter gibt? B …
5 A Was würden Sie empfehlen? B …

5 b Tauschen Sie die Rollen.

Im Sommer Im Frühling / Frühjahr Im Herbst Im Winter	regnet es / schneit es ist es sonnig / kalt / heiß / windig / wolkig / nebelig / kühl / warm gibt es Gewitter / Orkane / Hagel ist es Monsunzeit	in Spanien / Italien / Frankreich / Japan / Marokko / Kanada / Fidschi / Thailand / Jamaika. in der Schweiz / in der Türkei. in den Vereinigten Staaten.
Ich möchte Sie sollten / Sie können	im (Sommer / …)	nach (Spanien / …) fahren.

6 Sie schreiben ein Blog über zwei Urlaubsziele. Schreiben Sie 130–140 Wörter.
- Beschreiben Sie, wie das Wetter normalerweise im Sommer an jedem Urlaubsziel ist.
- Erzählen Sie, wie das Wetter in einer anderen Jahreszeit dort ist.
- Sagen Sie, was für Wetter Sie am liebsten im Urlaub mögen und warum.
- Erzählen Sie, wohin Sie diesen Sommer fahren werden.
- Beschreiben Sie das schlechteste Urlaubswetter, das Sie je erlebt haben.

5.2 WEATHER ON HOLIDAY

5.2b Wie war das Wetter im Urlaub?

Unterwegs

★ Das Wetter während der letzten Ferien beschreiben
★ Das Plusquamperfekt

Traumurlaub oder Alptraum?

Viele träumen von einem Urlaubsparadies wie Disneyworld mit tagelangem Sonnenschein. Dennoch war es für die unglücklichen Touristen, die letzten September einen solchen Urlaub nach Florida gebucht hatten, wegen eines Orkans eine Katastrophe.

Die Familie Blankenburg war Ende August in den USA angekommen. Ein paar Tage später traf jedoch ein riesiger Sturm mit hohen Wellen auf die Ostküste. Wie viele andere Touristen war die Familie in ihrem Hotel gefangen, da die Straßen total überflutet waren und die Flughäfen geschlossen wurden. Ursprünglich hatten sie geplant, nur zwei Wochen dort zu bleiben, allerdings mussten sie noch weitere sieben Tage bleiben, davon fünf ohne Strom und fließendes Wasser. Die 285-km/h-Winde verwüsteten, verbunden mit unendlichem Regen, die Infrastruktur.

Eine überflutete Straße in Florida nach einem Orkan

Frau Blankenburg sagte: „Bevor wir abgefahren sind, hatten wir natürlich die schlechten Wettervorhersagen im Internet gesehen. Wir dachten jedoch, es wäre nicht so schlimm, und außerdem hatten sich die Kinder seit langem auf den Urlaub gefreut. Es war aber eine sehr schlechte Entscheidung, die Reise zu riskieren."

Ihr Mann fügte hinzu: „Andererseits sind wir sehr dankbar, dass wir nicht verletzt wurden und wir im Voraus eine Reiseversicherung gekauft hatten. Wir haben unseren sonnigen Urlaub in Florida nicht genossen, stimmt, für die einheimische Bevölkerung war es jedoch eine furchtbare Katastrophe, besonders auf den vielen kleinen Karibikinseln südlich von Florida, die ganz besonders schlimm betroffen waren. Ich würde sagen, dass wir eigentlich viel Glück hatten."

Kaum zu glauben, aber das war nicht das erste Mal, dass die Familie im Urlaub extremes Wetter erlebt hat. Vor fünf Jahren wurde ihr Skiurlaub in der Schweiz durch heftige Schneestürme unterbrochen und die Familie war drei Tage lang in einer Hütte eingeschneit, nachdem eine Lawine den Bergpass blockiert hatte.

Außerdem war die Familie im vorigen Jahr während einer Hitzewelle im Mittelmeerraum unterwegs. Nach Monaten ohne Regen gab es einen Wassermangel und als Ergebnis breiteten sich Waldbrände, die durch Blitzeinschläge ausgelöst wurden, schnell über die trockene Landschaft aus.

Manche halten die Familie Blankenburg für unglücklich, aber die Blankenburgs sind anderer Ansicht. Frau Blankenburg erklärt: „Wir freuen uns, dass wir so viele schöne Teile der Welt sehen konnten – auch bei jedem Wetter."

1 Lesen Sie den Artikel und beantworten Sie die Fragen auf Deutsch.

Beispiel: 1 Es gab einen Orkan.
 1 Was für ein Unwetter gab es im Herbst in Florida? (1)
 2 Ist die Familie Blankenburg vor oder nach dem Orkan in den USA angekommen? (1)
 3 Warum konnten sie das Hotel nicht verlassen? Nennen sie **zwei** Details (2)
 4 Wie lang mussten sie in den USA bleiben? (1)

SECTION 5: THE INTERNATIONAL PERSPECTIVE

    5 Warum ist die Familie trotz der Wetterwarnungen nach Florida gefahren? (1)
    6 Wo ergaben sich die schlimmsten Folgen des Orkans? (1)
    7 Was für extremes Wetter hat die Familie vorher erlebt und wo war das? Nennen Sie **zwei** Details. (2)
    8 Was hat die Waldbrände im Mittelmeerraum verursacht? (1)

2 Meli und David sprechen über Urlaube. Wählen Sie die richtige Antwort (A–D).

Beispiel: 1 C

1 David ist mit … in Urlaub gefahren.
  A seiner Familie
  B seiner Freundin
  C seinen Freunden
  D seiner Schulklasse

2 In Kroatien hat es … geregnet.
  A nie
  B jeden Tag
  C oft
  D ab und zu

3 In Kroatien gab es keine …
  A Strände.
  B Sonne.
  C Wolken.
  D Inseln.

4 David …
  A konnte nicht schwimmen.
  B fand das Wetter zu kalt.
  C fand die Strände zu schmutzig.
  D lag zu lange in der Sonne.

5 Meli wollte …
  A mehr Verständnis.
  B schöneres Wetter.
  C einen Sonnenbrand.
  D Sonnencreme.

6 Im Urlaub …
  A ist Meli im See schwimmen gegangen.
  B ist Meli auf dem See Boot gefahren.
  C hat Meli am See gezeltet.
  D ist Meli am See wandern gegangen.

3 Das Plusquamperfekt. Lesen Sie F5 in der Grammatik. Schreiben Sie die Sätze im Plusquamperfekt statt im Präsens.

Beispiel: 1 Ich hatte einen Urlaub gebucht.
  1 Ich buche einen Urlaub.
  2 Ich sehe noch nie so einen schönen Ort.
  3 Wir wählen einen Sporturlaub.
  4 Es regnet jeden Tag.
  5 Der Sturm zerstört das Haus.
  6 Hörst du den Wetterbericht?
  7 Ich fahre noch nie nach Frankreich.
  8 Sie schlafen am Strand ein.

4 Partnerarbeit. Führen Sie einen Dialog zum Thema „Urlaub".
  1 Warum findest du das Wetter im Urlaub (un)wichtig?
  2 Wie war das Wetter während deines letzten Urlaubs?
  3 Was konntest du wegen dieses Wetters (nicht) machen?
  4 Möchtest du wieder dorthin fahren und warum (nicht)?
  5 Könntest du mir dein ideales Urlaubswetter (im Sommer und im Winter) beschreiben?

5 Schreiben Sie ein Blog, in dem Sie zwei verschiedene Urlaube vergleichen:
- einen perfekten Urlaub mit gutem Wetter
- einen Urlaub mit schlechtem Wetter

5.3 Festivals and faiths

5.3a Religionen und Feste weltweit

* Religionen und Feste beschreiben
* Adjektive und Komparative wiederholen

1 Ordnen Sie die Religionen (1–8) den Festen (A–H) zu.

Beispiel: 1 F

1. das Christentum
2. der Islam
3. das Judentum
4. der Hinduismus
5. der Sikhismus
6. der Buddhismus
7. der Taoismus
8. der Shintoismus

A Diwali
B Vesak
C Vaisakhi
D Matsuri
E Ramadan
F Ostern
G das chinesische Neujahrsfest
H Chanukkah

Holi und Vesak: zwei verschiedene, aber schöne Feste

Das wichtige hinduistische Festival Holi findet im Frühling statt. In letzter Zeit wird es immer öfter auch von Nicht-Hindus gefeiert. Da es das Ende des Winters und den Sieg über das Böse feiert, ist es ein lärmendes und fröhliches Fest.

Letztes Jahr war ich zu dieser Zeit in Nordwestindien, wo ich das Fest miterlebt habe. In der Nacht hat man neben dem See ein riesiges Feuer angezündet und wir haben alle viel gesungen und getanzt. Die Atmosphäre war heiter und entspannt, denn dieses Ritual bedeutet Reinigung, Vergebung und Neubeginn.

Am nächsten Tag war der berühmte Höhepunkt: der Farbenkampf! Alle haben weiße Kleidung getragen und sich dann einander mit buntem Pulver beworfen. Es hat wahnsinnig viel Spaß gemacht und am Ende waren wir in allen Farben des Regenbogens gekleidet!

Ein paar Monate später befand ich mich in Indonesien, als man Vesak feierte. Dieses buddhistische Fest wird im Spätfrühling in vielen asiatischen Ländern zelebriert, um den Geburtstag Buddhas zu feiern.

Dieses Fest war viel ruhiger und ernster als Holi, muss ich sagen! Viele haben sich ebenfalls in Weiß gekleidet, aber Farben spielten hier keine Rolle. Stattdessen hat man Geschenke verteilt und viel gebetet. Wie Holi bietet Vesak die Gelegenheit, neu zu starten und zu versuchen, ein besserer Mensch zu werden. Im Gegenteil zu Holi besucht man während des Vesak-Festes Schreine statt Partys und man isst vegetarisch.

Sonja

Das hinduistische Holi-Festival in Indien

Das Vesak-Festival (Geburtstag des Buddhas)

2 Lesen Sie das Reiseblog und beantworten Sie die Fragen auf Deutsch.

Beispiel: 1 Hindus / heutzutage Nicht-Hindus

SECTION 5: THE INTERNATIONAL PERSPECTIVE

1 Wer feiert Holi? (1)
2 Wann feiert man Holi? (1)
3 Was macht man an diesem Fest? Nennen Sie **zwei** Details. (2)
4 Wie hat Sonja sich gefühlt? (1)
5 Warum nehmen die Teilnehmer Farbe zum Fest mit? (1)
6 Was trägt man beim Vesak-Fest? (1)
7 Was haben die zwei Feste gemeinsam? Nennen Sie **zwei** Details. (2)
8 Wie ist Vesak hauptsächlich anders als Holi? (1)

3 Adam und Magda sprechen über die „Lange Nacht der Religionen" in Berlin. Welches Wort (A–N) passt zu welcher Lücke (1–8)? Vorsicht! Nicht alle Wörter werden gebraucht.

Beispiel: 1 H

Jedes Jahr in Berlin kann man eine **(1)**.......... lang alle Tempeln, Moscheen und Gebetsstätten besuchen, um mehr über **(2)**.......... Religionen zu lernen. Magda ist **(3)**.......... und hat erstmals eine **(4)**.......... gesehen. Sie hat etwas über muslimische Bräuche, über das Essen und die **(5)**.......... gelernt, aber auch Ähnlichkeiten zwischen den beiden Religionen entdeckt.

Adam ist Jude und hat einen **(6)**.......... für Sikhs besucht und die Anbeter beobachtet. Der Sikhismus ist anders **(7)**.......... als der Judaismus, dennoch fördern beide Großzügigkeit und Freundschaft. Danach hat er eine Mahlzeit mit den Sikhs geteilt, was **(8)**.......... für ihn war.

A alt	D andere	G Jeden	K Muslime	N Tempel
B Moschee	E Kleidung	H Nacht	L ihre	
C Anbeter	F Christin	J neu	M Feste	

4 Adjektive und Komparative. Lesen Sie B2, B3 und B8 in der Grammatik. Schreiben Sie die Sätze mit der passenden Form des Adjektivs.

Beispiel: 1 berühmten
1 Beim .... (*berühmt*) Holi-Festival trägt man weiße Kleidung.
2 Ich habe einen .... (*hinduistisch*) Tempel besucht.
3 Diwali ist ein sehr .... (*bunt*) Lichterfest.
4 Hast du die .... (*alt*) Kirche gesehen?
5 Die .... (*verschieden*) Speisen waren lecker.
6 Beim Vesak-Fest versucht man, ... (*oft*) als normal zu beten.
7 Chanukka ist ein .... (*lang*) Fest als Weihnachten.
8 Ugadi ist nicht so .... (*bekannt*) wie Diwali.

5 Partnerarbeit. Führen Sie einen Dialog zum Thema „Religion und Feste".
1 Wähl eine Religion und beschreib einige ihrer Bräuche.
2 Wie heißt eins der Feste dieser Religion?
3 Wo in der Welt feiert man solche Feste?
4 Welche Feierlichkeiten hast du neulich gefeiert?
5 Bei welchem Fest möchtest du in der Zukunft mitmachen? Warum?

6 Beschreiben Sie ein Fest. Schreiben Sie 80–90 Wörter auf Deutsch.
- Erzählen Sie, was man bei diesem Fest trägt.
- Sagen Sie, wie man das Fest feiert.
- Beschreiben Sie das letzte Fest, das Sie miterlebt haben.
- Erklären Sie, welches Fest Sie als Nächstes feiern werden.

201

5.3 FESTIVALS AND FAITHS

5.3b Wie feiert man hier?

Unterwegs

★ Feste in Deutschland und der ganzen Welt beschreiben
★ Das Imperfekt

Fasching

Ich bin Christin und neulich feierte ich mit meiner Familie Fasching. Karneval (oder Fastnacht) beginnt eine Woche vor Aschermittwoch und ist das letzte große Fest vor der vierzigtägigen Fastenzeit.

Am Donnerstag, dem 28. Februar begannen die Feierlichkeiten mit der Weiberfastnacht bei uns im Rheinland. Früher war das ein spezieller Tag für Frauen, die alles tun durften, was sie wollten. Traditionell hatten alle Frauen eine Schere dabei, so dass sie die Krawatten von Männern im Büro, auf der Straße oder in der U-Bahn abschneiden konnten. An diesem Tag trug mein Vater deswegen immer einen alten, hässlichen Schlips!

Mein Lieblingstag war der Rosenmontag, denn viele Karnevalsumzüge fuhren durch die Stadt und wir trugen verrückte Kostüme und unheimliche Masken. Wir tanzten und sangen den ganzen Tag lang und hatten viel Spaß!

Alex

Diwali

Ich bin Hindu und letzten Herbst feierte ich mit meiner Familie Diwali. Das Fest dauerte fünf Tage und war wie immer fröhlich und friedlich.

Vor dem ersten Festtag putzten wir das ganze Haus und probierten unsere neue, schicke Kleidung an. Diwali ist das hinduistische Lichterfest, also zündeten wir hunderte Kerzen und Öllampen an. Nachts war unsere Straße überall mit glitzernden Lichtern dekoriert und sie sah wunderschön aus.

Es war ein richtiges Familienfest, bei dem wir spezielle Mahlzeiten zusammen aßen. Wir erzählten auch traditionelle Geschichten und beteten. Abends sangen wir und sahen uns vom Fenster aus die großartigen Feuerwerke in der Gegend an. Der dritte Tag war wie üblich der Haupttag, wo wir alle unseren Müttern Dankgeschenke gaben.

Priya

1 Lesen Sie den Artikel. Schreiben Sie zu jedem Satz (1–8) F (Fasching), D (Diwali) oder FD (Fasching und Diwali).

Beispiel: 1 F

SECTION 5: THE INTERNATIONAL PERSPECTIVE

    1 Es ist ein christliches Fest.
    2 Es beginnt an einem Wochentag.
    3 Man trägt spezielle Kleidung.
    4 Dieses Fest ist das ruhigere Fest.
    5 Frauen haben ihren eigenen Tag.
    6 Es gibt laute Feste in der Straße.
    7 Es gibt Musik zu diesem Fest.
    8 Die Gebäude werden beleuchtet.

2 Interview mit Frau Almasi über den Ramadan. Wählen Sie zu jeder Frage (1 und 2) zwei richtige Aussagen (A–E).

Beispiel: 1 B, …

  1 Wie war der Ramadan für Frau Almasi in Europa?
    A Es war heißer als in ihrem Heimatland.
    B Andere Leute nahmen auch am Fest teil.
    C Die längeren Tage haben sie nicht gestört.
    D Sie konnte in Deutschland kein Frühstück essen.
    E Niemand bei der Arbeit hat Frau Almasi unterstützt.
  2 Was hat Frau Almasi am Ramadan in Deutschland überrascht?
    A Sie gehörte einer sehr großen Gruppe in ihrer Umgebung an.
    B Ihre Mitarbeiter hatten kein Verständnis.
    C Es war nicht so schwer, wenn man neben ihr aß und trank.
    D Nach dem Sonnenuntergang gingen alle sofort ins Bett gegangen.
    E Sie erlebte Toleranz und Respekt, als sie fastete.

3 Das Imperfekt. Lesen Sie F4 in der Grammatik. Schreiben Sie die Sätze im Imperfekt statt im Präsens.

Beispiel: 1 Es gab viele Feste.

  1 Es gibt viele Feste.
  2 An Ramadan arbeite ich sechs Stunden pro Tag.
  3 Die Frauen haben ihren eigenen Tag.
  4 Macht dir das Spaß?
  5 Ich singe Weihnachtslieder.
  6 Während des Tages isst man nichts.
  7 Ich gehe mit meinem Freund zum Karneval.
  8 Wir finden dieses Fest etwas zu laut.

4 a Partnerarbeit. Rollenspiel: Sie machen ein Interview für die Schülerzeitung über ein Fest. Person A stellt die Fragen und Person B beantwortet sie.

1 A Was ist dein Lieblingsfest? **B** …
2 A Wie feiert man dieses Fest? **B** …
3 A Wie war es das letzte Mal, als du es gefeiert hast? **B** …
4 A Was ist der Höhepunkt des Festes deiner Meinung nach? **B** …
5 A Über welche Feierlichkeiten würdest du gern mehr erfahren und warum? **B** …

4 b Tauschen Sie die Rollen.

5 Vergleichen Sie zwei religiöse Feste. Sie müssen Folgendes erwähnen:
- wer diese Feste feiert und in welchen Ländern
- wie man diese Feste feiert
- inwiefern sie sich ähnlich sind oder sich unterscheiden

5.4 International menus

5.4a Speisen rund um die Welt

Abfliegen

★ Über Internationale Speisen sprechen
★ Modalverben im Präsens

1 Kochen. Was passt zusammen? Bilden Sie acht Verben und übersetzen Sie sie in Ihre Sprache.

Beispiel: 1 C – schneiden (to cut)

1 schn
2 ko
3 bra
4 hac
5 rüh
6 vorbe
7 hinzu
8 mi

A ten
B ren
C *eiden*
D ken
E fügen
F chen
G schen
H reiten

Thailändisches grünes Curry

Diese Woche erkläre ich Ihnen in meinem Blog, wie man ein gutes Curry zubereitet. Sie brauchen:

Zutaten

- drei Hünchenfilets
- eine Dose Kokosmilch
- Saft von einer Limette
- einen Esslöffel Zucker
- 100 Gramm grüne Bohnen
- zwei Knoblauchzehen
- eine Handvoll Koriander- und Basilikumblätter
- fünf scharfe Chilischoten
- zwei Teelöffel Fischpaste

Thailändisches grünes Curry ist lecker, gesund und schnell zubereitet

Zuerst bereiten Sie die Currypaste zu. Sie dürfen natürlich auch thailändische Currypaste kaufen, hausgemachte Paste ist jedoch viel leckerer. Den Knoblauch und die Chilischoten müssen Sie ebenso wie die Kräuter sehr fein schneiden, dann braten Sie sie kurz in der Bratpfanne an.

Wenn die Gewürze leicht angebraten sind, verrühren Sie die Gewürze mit der Fischpaste zu einer Currypaste.

Dann schneiden Sie die Filets in dünne Streifen und braten Sie in heißem Öl. Achtung – das Fleisch muss am Ende ganz gar sein.

Danach geben Sie die Currypaste und die Bohnen in die Pfanne und rühren alles gut um. Wenn Sie scharfes Essen bevorzugen, können Sie noch weitere Chilis hinzufügen.

Nach fünf Minuten rühren Sie die Kokosmilch und den Limettensaft ein. Kochen Sie das Ganze weitere fünf Minuten, bis die Soße dicker wird.

Servieren Sie das Curry anschließend sofort in einer Schale mit gewürztem Reis. Guten Appetit!

SECTION 5: THE INTERNATIONAL PERSPECTIVE

2 Lesen Sie das Kochblog und ordnen Sie die Schritte (1–8).

Beispiel: 5, …
1 Zarte Fleischstücke auf einem Küchenbrett kleinschneiden.
2 Ein paar scharfe Paprikas und eine Knoblauchzehe fein hacken.
3 Die frischen Kräuter sehr klein schneiden.
4 Pflanzenmilch und ein scharfes flüssiges Gewürz einrühren.
5 Alle Zutaten im Lebensmittelgeschäft und/oder auf dem Markt kaufen.
6 Die Küchenkräuter vorsichtig anbraten.
7 Die Speise mit einer köstlichen Beilage servieren.
8 Frisches Gemüse mit den anderen Zutaten vermischen.

3 Gespräche mit Mehmet und Amelia. Wählen Sie die richtige Antwort (A–C).

Beispiel: 1 C
1 Mehmets Lieblingsgericht ist aus …
   A Italien.
   B Senegal.
   C der Türkei.
2 Mehmet kocht …
   A selten.
   B vegetarisch.
   C italienisch.
3 Mehmet kocht die Gemüse …
   A im Ofen.
   B gar nicht.
   C am Anfang.
4 Amelias Lieblingsgericht braucht …
   A viele Zutaten.
   B nicht lange.
   C ungefähr 24 Stunden.
5 Man sollte die Zwiebeln … kochen.
   A langsam
   B schnell
   C vor dem Fleisch
6 Amelia isst …
   A sehr gern Reis.
   B keinen Reis.
   C Süßkartoffeln.

4 Modalverben im Präsens. Lesen Sie F1 in der Grammatik. Schreiben Sie die Sätze mit den Modalverben. Achten Sie auf die Wortstellung.

Beispiel: 1 Ich muss das Abendessen machen.
1 Ich mache das Abendessen. (*müssen*)
2 Ich koche nicht jeden Abend. (*wollen*)
3 Mein Vater backt oft leckeres Brot. (*können*)
4 Er schneidet jetzt das Gemüse. (*sollen*)
5 Ich esse keine Eier. (*dürfen*)
6 Ich koche nicht. (*mögen*)
7 Mein kleiner Bruder kocht manchmal. (*dürfen*)
8 Zuerst brätst du die Zwiebeln. (*müssen*)

5 Partnerarbeit. Führen Sie einen Dialog zum Thema „Internationales Essen".
1 Was ist dein Lieblingsgericht aus einem anderen Land?
2 Wie kocht man das Gericht?
3 Wann hast du es zum letzten Mal probiert?
4 Meinst du, dass du es bald wieder essen wirst? Warum (nicht)?
5 Kannst du es mit einem Gericht aus deinem Land vergleichen?

6 Sie schreiben eine E-Mail an Ihren deutschen Brieffreund / Ihre deutsche Brieffreundin über ein traditionelles Gericht in Ihrem Land. Schreiben Sie 130–140 Wörter.
- Beschreiben Sie, was für ein Gericht es ist.
- Erklären Sie, was man machen muss, um das Gericht zuzubereiten.
- Sagen Sie, wann Sie das Gericht zum letzten Mal gekocht haben.
- Erklären Sie, warum Sie dieses Gericht mögen.
- Erzählen Sie, was Sie morgen kochen werden.

5.4 INTERNATIONAL MENUS

5.4b Wie isst man weltweit?

Unterwegs

★ Internationale Gerichte beschreiben und mit Deutschland vergleichen
★ Possessivpronomen als Ersatz

Wie isst man rund um die Welt?

Zwei amerikanische Journalisten sind um die Welt gereist und haben mit vielen Familien zu Abend gegessen. Ihr Ziel: die typischen Essgewohnheiten in verschiedenen Ländern aufzuzeigen.

Einige ihrer Ergebnisse waren nicht sehr überraschend. Leider haben viele Länder eine ungesunde Ernährung – in den Vereinigten Staaten war sie jedoch am schlechtesten, mit vielen zuckerigen, fettigen und verarbeiteten Lebensmitteln. Das war ihr Stereotyp vor dem Projekt – meines auch, ehrlich gesagt –, aber es hat sich in diesem Fall als richtig erwiesen. Im Vergleich dazu entdeckten die Journalisten, dass japanische Familien mehr frisches Gemüse, Reis und Fisch essen und viel weniger Fleisch.

Die Religion hat natürlich auch einen starken Einfluss auf die Ernährung. Zum Beispiel, war das Abendessen bei vielen hinduistischen Familien in Indien normalerweise vegetarisch, während es im Nahen Osten oft Lammfleisch enthielt. In beiden Regionen teilte man sich als Familie mehrere kleine Speisen, sowie Brot und Reis, während in Nordeuropa in der Regel jeder nur von seinem eigenen Teller aß.

Es gab sogar manchmal große Unterschiede zwischen Nachbarländern, zum Beispiel in Europa. Generell haben die Franzosen mehr Zeit zusammen am Tisch als die Engländer verbracht, obwohl es in Frankreich gleichzeitig mehr McDonalds-Filialen gibt!

Davon abgesehen haben die Journalisten nach ihrer Weltreise festgestellt, dass es vielleicht noch mehr Unterschiede innerhalb eines Landes als zwischen Ländern gibt. In der Tat spielt das Einkommen eine größere Rolle als die Nationalität. Es ist aber interessant, verschiedene Küchen zu vergleichen – wie ist deine?

Eine Familienmahlzeit in Indien

1 Lesen Sie den Artikel und beantworten Sie die Fragen auf Deutsch.

Beispiel: 1 typische Essgewohnheiten weltweit zu vergleichen

1. Was hatten die beiden Journalisten vor? (1)
2. Welches Stereotyp wurde durch das Projekt bestätigt? (1)
3. In welchem Land isst man mehr Fisch? (1)
4. Wie beeinflusst der Glauben die Essgewohnheiten? Nennen Sie **zwei** Details. (2)
5. Wie isst man in Nordeuropa im Vergleich zum Nahen Osten? (1)
6. Was sind die Unterschiede zwischen Frankreich und Großbritannien? Nennen Sie **zwei** Details. (2)
7. Warum muss man bei internationalen Vergleichen vorsichtig sein? (1)
8. Was beeinflusst die Essgewohnheiten am meisten? (1)

SECTION 5: THE INTERNATIONAL PERSPECTIVE

2 Lin und Thorsten sprechen über eine Familienmahlzeit. Wer sagt welchen Satz (1–8)? Schreiben Sie L (Lin), T (Thorsten) oder LT (Lin und Thorsten).

Beispiel: 1 L
1 Ich lade dich bei mir zum Essen ein.
2 Wir essen oft zu Hause Steaks.
3 Ich kann leider mit Stäbchen nicht so gut umgehen.
4 Meine Familie isst nicht gern mit Messer und Gabel.
5 Ich werde versuchen, nicht mit einer Gabel zu essen.
6 Vielleicht wird das Essen zu pikant für dich sein.
7 Ich esse gern scharfes Essen.
8 Ich denke, das Essen wird gut schmecken.

3 a Possessivpronomen als Ersatz. Lesen Sie D5 in der Grammatik. Setzen Sie die richtige Form des Possessivpronomens ein.

Beispiel: 1 Mein Vater kocht gern. Deiner auch?
1 Mein Vater kocht gern. .... (*du*) auch?
2 Deine Küche ist groß, aber .... (*ich*) ist sehr winzig.
3 Dieses Essen ist nicht so pikant wie .... (*wir*).
4 Sind deine Essgewohnheiten wie bei .... (*sie*) in Deutschland?
5 Dein Teller ist angeschlagen. Nimm bitte .... (*ich*).
6 Mein Nachtisch war lecker. Wie war .... (*ihr*)?
7 Mein Kühlschrank ist voll. Gibt es Platz in .... (*er*)?
8 Dein Hauptgericht sieht wunderbar aus. Willst du auch .... (*ich*) probieren?

3 b Lesen Sie den Artikel in Übung 1 noch einmal und finden Sie zwei Beispiele von Possessivpronomen als Ersatz. Kopieren Sie sie und übersetzen Sie sie in Ihre Sprache. Welche Substantive repräsentieren sie? In welchem Fall und welchem Genus stehen sie?

4 a Partnerarbeit. Rollenspiel: Sie führen ein Gespräch für das Schülerradio über Familienmahlzeiten. Person A stellt die Fragen und Person B beantwortet sie.
1 A Was isst du normalerweise zu Abend? B …
2 A Wie sind deine Essgewohnheiten im Vergleich zu anderen Ländern? B …
3 A Was hast du gestern Abend mit deiner Familie gegessen? B …
4 A Was für internationale Speisen möchtest du probieren und warum? B …
5 A Wirst du in der Zukunft zusammen mit deiner Familie essen und warum (nicht)? B …

4 b Tauschen Sie die Rollen.

5 Wählen Sie eine deutsche und eine internationale Speise und vergleichen Sie die beiden. Sie müssen alle Wörter benutzen.

| typisch | im Vergleich zu | Lieblingsessen | Meinung | ich möchte |

5.5 Environmental problems

5.5a Wie können wir die Umwelt retten?

* Umweltprobleme und Lösungen beschreiben
* *mögen, können, sollen* im Konjunktiv

1 Welche Kategorie passt: U (Umweltproblem) oder L (Lösung)?

Beispiel: 1 U

1 die Abholzung
2 die erneuerbaren Energien
3 die Windkraftanlage
4 die Verwüstung
5 die Luftverschmutzung
6 die Wasserkraft
7 das Aussterben
8 der Treibhauseffekt

Hamburg wird die erste deutsche Stadt, die schädliche Dieselautos verbietet

Obwohl Deutschland durchschnittlich weniger Luftverschmutzung hat, als viele andere europäische Länder (besonders Osteuropa), sind laut der Europäischen Umweltagentur (EUA) die Stickoxidemissionen (NO) noch zu hoch. Nach dem Bericht der EUA haben Deutschland sowie Frankreich, das Vereinigte Königreich, Spanien und Italien von der Europäischen Kommission im Februar eine letzte Warnung erhalten, weil sie weiterhin gefährliche Mengen dieses Schadstoffs produzierten.

Der Hamburger Senat hat daher vor Kurzem entschieden, ältere Dieselautos und Diesel-LKWs mit der höchsten Luftverschmutzung auf den Straßen zu verbieten. Dieselfahrzeuge, die vor 2014 gebaut wurden, haben keine Euro-6-Motoren und sind daher nicht umweltfreundlich. Mehr als zwei Drittel der in Hamburg zugelassenen Fahrzeuge könnten von dieser Maßnahme betroffen sein.

Ein Pressesprecher sagte: „Die schädlichen Emissionen in unserer Stadt sind viel zu hoch und gefährlich für unsere Bürger, deshalb sollten wir etwas dagegen tun." Die Stadtverwaltung möchte, dass die Luft für die Bürger sauberer wird und die Menschen weniger umweltschädliche Autos kaufen. Wenn ein solches Gesetz Erfolg haben sollte, könnte es auch in anderen Städten international eingeführt werden.

Hamburg ist eine der Städte mit der höchsten Luftverschmutzung in Deutschland

Früher glaubte man, dass Diesel umweltfreundlicher als Benzin sei, da es weniger Kohlendioxid ausstößt. Wir wissen aber jetzt, dass Dieselemissionen genauso zur globalen Erwärmung beitragen und viele Atemprobleme verursachen können.

2 Lesen Sie den Artikel und beantworten Sie die Fragen auf Deutsch.

Beispiel: 1 nicht so schlimm

1 Wie ist die Luftverschmutzung in Deutschland im Vergleich zum restlichen Europa? (1)
2 Was hat der Bericht der EUA gefunden? (1)

SECTION 5: THE INTERNATIONAL PERSPECTIVE

    3 Warum wurden fünf europäische Länder gewarnt? (1)
    4 Welche Fahrzeuge dürfen nicht in Hamburg fahren? (1)
    5 Wo ist Diesel verboten? (1)
    6 Warum sind diese Fahrzeuge laut dem Pressesprecher verboten? (1)
    7 Was hat man früher gedacht und warum? Nennen Sie **zwei** Details. (2)
    8 Welche Probleme verursachen Dieselemissionen? Nennen Sie **zwei** Details. (2)

3 Zwei Leute schlagen Lösungen zu acht Umweltproblemen vor. Welche Lösung (1–8) passt zu welchem Problem (A–H)?

Beispiel: 1 D

    A In Australien ist die Abholzung ein großes Problem.
    B Die Erde wird immer wärmer, der Meeresspiegel steigt und es gibt immer mehr Überschwemmungen in Japan.
    C Unsere Meere und Flüsse sind voller Plastik, was gefährlich für Meerestiere ist.
    D Jedes Jahr sterben hunderte Tierarten aus. Die biologische Vielfalt ist in Gefahr!
    E Radioaktive Abfälle sind gefährlich. Wir können sie nicht sicher lagern!
    F Die Temperaturen steigen und es gibt Dürren, nicht nur in Ostafrika, sondern auch in den Vereinigten Staaten.
    G Wir haben keinen Platz mehr für den Müll – die Abfalldeponien sind voll.
    H Wenn wir so weitermachen, wird es bald keinen Kabeljau oder Lachs mehr geben!

4 Konjunktiv. Lesen Sie F7 in der Grammatik. Schreiben Sie die Sätze im Konjunktiv.

Beispiel: 1 Wir sollten die Umwelt schützen.
    1 Wir .... (*sollen*) die Umwelt schützen.
    2 Ich .... (*mögen*) mehr für die Umwelt machen.
    3 Wir .... (*können*) Papier und Glas recyceln.
    4 Ich .... (*sollen*) öfter Rad fahren, statt mit dem Auto zu fahren.
    5 Er .... (*mögen*) Vegetarier werden.
    6 .... (*Können*) du Geld für bedrohte unterirdische Tiere spenden?
    7 Man .... (*sollen*) nicht so viel Kabeljau essen.
    8 .... (*Mögen*) ihr auch einer Umweltgruppe beitreten?

5 Partnerarbeit. Führen Sie einen Dialog zum Thema „Umweltprobleme in meiner Gegend".
    1 Welche Umweltprobleme gibt es in deiner Gegend?
    2 Was ist das schlimmste und warum?
    3 Wie war die Situation früher?
    4 Was könnte man machen, um dieses Problem zu lösen?
    5 Wie wichtig ist es dir, die Umwelt zu retten und warum?

6 Lesen Sie folgenden Umweltprobleme und wählen Sie zwei davon aus. Beantworten Sie zu jedem Problem die Fragen:
    1 Was ist das Problem?
    2 Was könnte man dagegen tun?

| die Luftverschmutzung | die Abholzung | das Aussterben von Tierarten |
| die Wasserverschmutzung | die globale Erwärmung | |

Beispiel: Die Wasserverschmutzung ist ein ernsthaftes Problem, weil es zu viel Plastik in den Meeren gibt …

5.5 ENVIRONMENTAL PROBLEMS

5.5b Fallstudie: Umweltlösungen in der Schweiz

* Etwas über Maßnahmen zum Schutz der Umwelt lernen
* Modalverben im Imperfekt; *seit* + Imperfekt

Die Schweiz: ohne fossile Brennstoffe ab 2050?

Nach Regierungsangaben wird der Stromverbrauch in der Schweiz immer **1**.......... : rund 62 Prozent stammen aus erneuerbaren **2**.......... , während der Atomstrom auf 17 Prozent gesunken ist. Die Schweiz hat einen der höchsten Wasserkraftanteile der Welt. Etwa die Hälfte der Energie wird durch Staudämme in den Bergen erzeugt. Jedoch will die Regierung diese Statistik noch verbessern, durch ein **3**.......... der mit fossilen Brennstoffen betriebenen Autos ab 2050 und dem Ende der Atomkraft.

Seit Jahrzehnten produzierten Kernkraftwerke **4**.......... 40 Prozent der Schweizer Energie, dennoch wollte die Öffentlichkeit nach dem Reaktorunfall in Fukushima im Jahr 2011 diese Energiequelle **5**.......... . Seitdem durften keine neuen Kraftwerke mehr gebaut werden; außerdem hat die Schweizer Regierung gerade entschieden, alle Atomkraftwerke zu schließen.

Darüber hinaus wird man in 30 Jahren in der Schweiz keine Benzin- oder **6**.......... mehr

Der Staudamm Luzzone in der Schweiz

fahren dürfen. Als Teil ihres Engagements für die Halbierung der **7**.......... unterstützt die Schweiz die Entwicklung sauberer Fahrzeuge, die erneuerbaren Energien benutzen. Als Vorbild wird die Polizei in Basel ihre Streifenwagen durch **8**.......... Tesla-Autos ersetzen.

1 Lesen Sie den Artikel. Welches Wort (A–J) passt zu welcher Lücke (1–8)? Vorsicht! Nicht alle Wörter kommen im Text vor.

Beispiel: 1 A

A grüner	**E** Quellen	**I** Kohlendioxidemissionen
B ungefähr	**F** Fahrräder	**J** gefährlich
C elektrische	**G** Verbot	
D Dieselautos	**H** abschaffen	

2 Interview mit einem Umweltaktivisten in der Schweiz. Wählen Sie die richtige Antwort (A–D).

Beispiel: 1 D

SECTION 5: THE INTERNATIONAL PERSPECTIVE

1 Wo wurde Mikroplastik gefunden?
   A nur in den Bergen   B nur in den Städten
   C nur in den Flüssen   D überall
2 In wie vielen Proben wurde **kein** Mikroplastik gefunden?
   A 90 %   B 10 %   C 5 %   D 81 %
3 Was wissen wir über die Risiken von Mikroplastik?
   A Nichts.   B Sie sind gefährlich für Menschen.
   C Sie sind gefährlich für manche Tierarten.
   D Sie sind gar nicht gefährlich.
4 Was befürchtet Herr Gerber?
   A Es wird immer mehr Mikroplastik geben.
   B Was passiert, wenn wir Mikroplastik zu uns nehmen.
   C Man darf kein Plastik mehr benutzen.
   D Die Landschaft wird nicht so schön aussehen.
5 Was denkt Herr Gerber?
   A Das Problem ist in anderen Ländern schlimmer.
   B Das Problem ist in anderen Ländern nicht so schlimm.
   C Man sollte mehr Plastik in der Schweiz recyceln.
   D Man sollte kein Plastik benutzen.
6 Welche Lösung erwähnt Herr Gerber nicht?
   A ein Mikroplastikverbot
   B Plastik mehrmals benutzen
   C umweltfreundliche Plastikprodukte kaufen
   D Müll auf der Straße aufheben

3 a Das Imperfekt mit Modalverben. Lesen Sie F4 in der Grammatik. Setzen Sie die richtige Verbform in die Sätze ein.
   1 Früher .... (*können*) man billiges Benzin kaufen.
   2 Wir .... (*dürfen*) umweltschädliche Autos fahren.
   3 Ich .... (*wollen*) Vegetarier werden.
   4 Wir .... (*sollen*) mehr für die Umwelt tun.

3 b Das Imperfekt mit *seit*. Lesen Sie G3 in der Grammatik. Setzen Sie die richtige Verbform in die Sätze ein.
   1 Meine Eltern .... (*fahren*) seit Langem Benzinautos, aber jetzt haben sie ein Elektrikauto.
   2 Er .... (*wohnen*) seit seiner Kindheit in einer Großstadt, bevor er umgezogen ist.
   3 Sie .... (*sein*) seit fünf Jahren Weltmeisterin, aber jetzt geht sie in Rente.
   4 Seit Jahrzehnten .... (*dürfen*) man Dieselautos fahren, aber sie sind jetzt nicht mehr erlaubt.

4 Partnerarbeit. Rollenspiel: Sie sind Radio-Reporter(in) und machen ein Interview über die neuesten Umweltschutz-Initiativen der Schweizer Regierung.
Sie sprechen mit einem Umweltaktivisten / einer Umweltaktivistin über diese Initiativen. Person A stellt die Fragen und Person B beantwortet sie.

1 A Welche Umweltprobleme gibt es in der Schweiz? B …
2 A Was hat die Schweizer Regierung schon dagegen unternommen? B …
3 A Was ist Ihre Meinung zu diesen Initiativen? B …
4 A Was könnte die Regierung noch tun? B …
5 A Was wird Ihrer Meinung nach passieren, wenn wir nicht genug für die Umwelt tun? B …

5 Sie schreiben einen Artikel für die Schülerzeitung über Umweltinitiativen. Schreiben Sie 130–140 Wörter.
   • Beschreiben Sie ein Umweltproblem im deutschsprachigem Raum (zum Beispiel, die Luftverschmutzung in Hamburg oder fossile Brennstoffe / Mikroplastik in der Schweiz).
   • Beschreiben Sie die Folgen dieses Problems.
   • Erklären Sie, was man schon dagegen unternommen hat.
   • Vergleichen Sie diese Initiative mit einer ähnlichen in Ihrem Land.
   • Erklären Sie, ob Sie die Zukunft des Planeten optimistisch oder pessimistisch beurteilen und warum.

Vokabular

4.1a Das deutsche Schulsystem

die Ausbildung apprenticeship	**erzählen** to narrate	**die Prüfung** exam
bekommen to receive	**das Etui / die Federmappe** pencil case	**der Radiergummi** rubber
die Berufsschule vocational school	**das Fach** subject	**die Realschule** middle school
beschreiben to describe	**die Grundschule** primary school	**die Schule** school
besuchen to visit, attend	**das Gymnasium** grammar school	**der Schüler** male student
bezahlen to pay	**die Hausaufgabe** homework	**die Schülerin** female student
brauchen to need	**der Kuli** pen	**das Schulhalbjahr** term
die Chemie chemistry	**die Note** grade	**das Schuljahr** school year
der Direktor, die Direktorin headmaster, headmistress	**die Physik** Physics	**die Sekundarstufe** secondary school
	das Projekt project	**der Stundenplan** timetable

4.1b Als ich in der Grundschule war …

der Ausflug trip	**die Grundschule** primary school	**das Projekt** project
basteln to do handicrafts	**die Hausaufgabe** homework	**die Realschule** middle school
das Blatt Papier piece of paper	**der/die Klassenkamerad(in)** classmate	**singen** to sing
das Boot boat	**das Klassentreffen** class reunion	**der Spaß** fun
buchstabieren to spell	**der Klebstoff** glue	**der Stift** pen
der Einzige the only one	**langweilig** boring	**streng** strict
sich an etwas erinnern to remember, recall	**malen** to paint	**die (interaktive) Tafel** (interactive) board
das Federmäppchen pencil case	**der/die Mitschüler(in)** classmate	**toll** great, super
die Gitarre guitar	**die Note** grade	**der Unterricht** lesson
die Glocke bell	**organisieren** to organise	**wirklich** really
glücklich happy	**probieren** to try	**zeichnen** to draw

4.2a Möglichkeiten nach der Schule

der Abschluss graduation	**die Einführung** introduction	**der Plan, die Pläne** (*pl*) plan
absolvieren to pass	**die Erziehung** education	**programmieren** to program
die Abteilung department	**fleißig** hardworking	**die Reise** journey
die Arbeitszeit hours of work	**flexibel** flexible	**der Respekt** respect
der Ausbildungsplatz apprenticeship place	**die Informatik** IT	**respektieren** to respect
der/die Azubi apprentice	**die Karriere** career	**sofort** straight away
bauen to build	**der Lohn** salary	**die Universität** university
der Beruf job	**der/die Mechatroniker(in)** mechatronics engineer	**vor Kurzem** recently
der/die Chef(in) boss		**zufrieden** satisfied

4.2b Zukunftspläne nach der Oberstufe

die Abschlussprüfung final exam	**der/die Fremdsprachenassistent(in)** language assistant	**reisen** to travel
der Alltag daily routine	**gut bezahlt** well paid	**das Studium** studies
die Architektur architecture	**die Lehrstelle** apprenticeship place	**unzählig** countless
das Auslandsjahr year abroad	**die Messe** exhibition	**verbessern** to improve
der Berufsweg career path	**die Mode** fashion	**verschieden** various, different
sich bewerben to apply	**mögen** to like	**vorhaben** to intend
eigen own	**die Option** option	**vorstellen** to introduce
die Entscheidung decision	**die Qualifikation** qualification	**der Zahnarzt, die Zahnärztin** dentist

4.3a Berufe und Karrieremöglichkeiten

anstrengend tiring	**der/die Friseur(in)** hairdresser	**der Kunde, die Kundin** customer
der/die Arbeitgeber(in) employer	**das Gehalt** salary	**lösen** to solve
der Arbeitskollege, die Arbeitskollegin work colleague	**der/die Ingenieur(in)** engineer	**die Lösung** solution
der Arbeitstag work day	**der Kaufmann, die Kauffrau** salesman/woman	**der/die Maurer(in)** bricklayer, mason
der/die Auszubildende apprentice	**der/die Kellner(in)** waiter/waitress	**der/die Mechaniker(in)** mechanic
der/die Bäcker(in) baker	**der/die Klempner(in)** plumber	**das Model** model
der Beamte, die Beamtin civil servant	**der Koch, die Köchin** chef	**der/die Moderator(in)** presenter
der/die Briefträger(in) postman/woman	**die Kreativität** creativity	**der/die Polizist(in)** police officer
		das Problem problem

der/die Schauspieler(in) actor
schwierig difficult
der/die Taxifahrer(in) taxi driver
voneinander from each other

4.3b Berufswünsche

der/die Altenpfleger(in) geriatric nurse
der/die Apotheker(in) pharmacist
arbeitslos unemployed
der Arbeitsplatz workplace
die Ausbildung training
befördert werden to get promoted
begabt gifted
der Bereich area
die Berufschancen (pl) job prospects
der Berufswunsch career aspirations

bestimmt definitely
sich beurlauben lassen to take leave/holiday
bezahlen to pay
der Blumenstrauß bouquet
der/die Elektriker(in) electrician
sich entscheiden to decide
der/die Florist(in) florist
gefeuert / entlassen werden to be fired/sacked

inspirierend inspiring
Jura law
der Nachteil disadvantage
neugierig curious
pensioniert sein to be retired
die Stelle job, post
unterstützen to support
die Zahl number
die Zukunft future

4.4a Gelegenheitsjobs und Auszeitjahr

die Agentur agency
annehmen to accept
die Bezahlung payment
gefallen to please
die Gelegenheitsarbeit casual work
der Gelegenheitsjob casual job

das Geschäft shop, business
die Gesellschaft company
die Küche kitchen
der/die Nachhilfeschüler(in) private pupil
nett nice
das Praktikum internship

die Reparatur repair
das Schiff ship
schmecken to taste
der Tiergarten zoo
der Tipp tip
verdienen to earn

4.4b Die Arbeit

die Anzeige advertisement
die Bewerbung application
die Erfahrung experience
erzählen to tell, narrate
das Gehalt salary
der Job job
der Kunde client
möglich possible

der Moment moment
der/die Nachbar(in) neighbour
nützlich useful
probieren try
reparieren to repair
spannend exciting
die Stelle position
studieren to study

das Studium degree, course
suchen to look for
unterstützen to support
verdienen to earn
die Werkstatt workshop
das Werkzeug tool
das Wochenende weekend

4.5a Kommunikation bei der Arbeit

anschalten to switch on
die Batterie battery
der Bildschirm screen
das Büro office
chatten to chat
erklären to explain
das Gerät device
das Handy mobile phone
holen to get
das Internet internet

die Kantine canteen
das Ladegerät charger
der Lautsprecher loudspeaker
öffnen / aufmachen to open
das Passwort password
der PC PC
das Projekt project
der Scanner scanner
schließen / zumachen to close
senden to send

die Sicherheit security
simsen to text
der Stecker plug
suchen to look for
überprüfen to check
die Videokonferenz video conference
wissen to know
zufrieden content

4.5b Informationstechnologie bei der Arbeit

der Arbeitgeber employer
der Arbeitsplatz work place
das Arbeitspraktikum work experience
beenden / fertigmachen to finish
beliebt popular
die Besprechung meeting
die Datei file
das Dokument document
der Drucker printer

fühlen to feel
funktionieren to work
das Gespräch conversation
das Homeoffice home office
negativ negative
Notizen machen to take notes
öffnen to open
der Ordner file, folder
der Plan (Pläne) plan

positiv positive
die Programmiersprache programming language
die Software software
stressig stressful
traurig sad
die Umwelt environment
der USB-Stick USB stick
zeigen to show

4.5c Vorstellungsgespräche für Gelegenheitsjobs

ausschalten to switch off, to turn off
faul lazy
genau exact(ly), thorough(ly)

das Gespräch conversation
der/die Jugendliche teenager
die Kleidung clothes

lächeln smile
nötig necessary
notwendig necessary

peinlich embarrassing
recherchieren to research
die Stärke strength
der Termin appointment

tragen to wear
der Verdienst income
der/die Verkäufer(in) shop assistant
vorher before

das Vorstellungsgespräch job interview
die Wahrheit truth
zufrieden content

5.1a Ins Ausland fahren

anstrengend tiring
der Ausflug trip
die Bahnfahrt train journey
beobachten to watch, observe
brauchen to need
einsteigen to get on
die Eisenbahn railway
die Fähre ferry
die Ferienwohnung holiday apartment
das Fliegen flying
der Flughafen airport

der Gang corridor
das Gepäck luggage
das Gewitter storm
herumlaufen to run around
der Koffer suitcase
der Kofferraum car boot
die Lösung solution
mieten to rent
mitnehmen to take with you
neulich recently
nützlich useful

plötzlich suddenly
der Rat advice
reisen to travel
das Reiseziel destination
das Schiff ship
schlafen to sleep
übel sein to feel sick
unangenehm unpleasant
unbequem uncomfortable
die Vereinigten Staaten United States
die Verspätung delay

5.1b Gute Reise!

abseits (+ gen.) away from
ausgestattet equipped
die Ausrüstung equipment
bevorzugen to prefer
der Billigflug cheap flight
der Blick view
buchen to book
die Ebbe und Flut tides
einchecken to check in
entdecken to discover

die Erfahrung experience
erreichen to reach
das Fahrzeug vehicle
das Handgepäck hand luggage
die Klimaanlage air conditioning
die Landschaft countryside
der Mietwagen hire car
die Naturschätze natural resources
der/die Reisende traveller, passenger
das Reisebüro travel agent

die Rundreise tour, trip
die Skiausrüstung ski equipment
der Strom electricity
unabhängig independent
der Volltreffer hit
der Vulkan volcano
der Wasserfall waterfall
wechselhaft changeable

5.2a Hier ist es nicht so kalt!

der Berg mountain
der Blitz lightning
der Donner thunder
feucht humid
der Frühling / das Frühjahr spring
das Gewitter storm
der Herbst autumn
die Hitze heat

dei Insel island
die Jahreszeit season
der Monsun monsoon
der Nebel fog
der Orkan hurricane
der Regen rain
der Schnee snow
der Sommer summer

die Sonne sun
sich sonnen to sunbathe
der Strand beach
der Sturm storm
der Urlaubsort holiday resort
das Urlaubsziel holiday destination
das Wetter weather
der Winter winter

5.2b Wie war das Wetter im Urlaub?

aufwachen to wake up
buchen to book
einschlafen to fall asleep
erkältet having a cold
feucht damp
furchtbar dreadful
das Meer sea
nass wet
der Orkan hurricane

planen to plan
regnen to rain
die Reiseversicherung travel insurance
der Sand sand
schließen to close
schneien to snow
der See lake
sich sonnen to sunbathe
der Sonnenbrand sunburn

sonnenverbrannt sunburnt
später later
der Strand beach
der Strom electricity
trocken dry
überflutet flooded
der Wetterbericht weather report
die Wetter warnung weather warning
das Zelt tent

5.3a Religionen und Feste weltweit

anzünden to light
bedeuten to mean
beten to pray
der Buddhismus Buddhism
buddhistisch Buddhist
das Christentum Christianity
christlich Christian
feiern to celebrate

das Fest festival
das Festival festival
der Glaube belief
glauben an ... to believe in ...
der Hinduismus Hinduism
hinduistisch Hindu
der Islam Islam
das Judentum Judaism

jüdisch Jewish
das Kopftuch headscarf
die Moschee mosque
muslimisch Muslim
der Neubeginn new beginning
die Pilgerschaft pilgrimage
die Reinigung cleansing
die Religion religion

SECTIONS 4 & 5

religiös sein to be religious
das Ritual ritual
ruhig quiet
rührend moving
der Sankt saint
der Schrein shrine
der Sikhismus Sikhism
stattfinden to take place
die Synagoge synagogue
der Tempel temple
die Vergebung forgiveness

5.3b Wie feiert man hier?

abbrechen to break; to finish
allerdings however
auf der anderen Seite on the other hand
auf jeder Fall in any case
außerdem furthermore
besonder special
dauern to last
davon abgesehen having said that
einhalten to observe
erzählen to tell
fasten to fast
gleichwohl at the same time
die Heimat homeland
die Herausforderung challenge
in gewisser Weise in some ways
das Lied song
die Mahlzeit meal
mitmachen to participate
ruhig quiet
schwer hard
die Schwierigkeit difficulty
vergleichen to compare
während while
wohl fühlen to feel good
zusammen together

5.4a Speisen rund um die Welt

aufwärmen to heat up
das Backblech baking tray
backen to bake, roast
die Beilage accompaniment
braten to fry
die Bratpfanne frying pan
die Dose tin
der Esslöffel tablespoon
die Gewürze spices
grillen to grill
hacken to chop
hausgemacht home made
(vor)heizen to (pre)heat
die Knoblauchzehe garlic clove
kochen to cook
der Kochlöffel wooden/cooking spoon
die Kräuter herbs
der Küchenherd cooker
der Kühlschrank fridge
die Mikrowelle microwave
mischen to mix
der Ofen oven
der Pfeffer pepper
die Prise pinch
rühren to stir
das Salz salt
die Schale peel
schneiden to cut
die Soße sauce
der Teelöffel teaspoon
vorbereiten, zubereiten to prepare

5.4b Wie isst man weltweit?

ähnlich similar
enthalten to contain
die Ernährung diet
die Essgewohnheiten eating habits
fettig fatty
frisch fresh
die Gabel fork
gewöhnlich usually
häufig frequently
höflich polite
Lebensmittel food
die Mahlzeit meal
das Messer knife
mundgerecht bite-sized
pikant / scharf spicy
die Speise dish
die Stäbchen (pl) chopsticks
das Stereotyp stereotype
süß sweet
teilen to share
traditionell traditional
unhöflich rude
der Unterschied difference
der/die Vegetarier(in) vegetarian (person)
vegetarisch vegetarian (food)
verarbeitet processed
die Zutaten ingredients

5.5a Wie können wir die Umwelt retten?

der Abfall waste
die Abgase (pl) exhaust gases
die Abholzung deforestation
die Atomkraft nuclear power
das Aussterben extinction
bedroht endangered
die Dürre drought
die erneuerbaren Energien renewable energy
die fossilen Brennstoffe (pl) fossil fuels
die Höhe level
der Klimawandel climate change
das Kohlendioxid carbon dioxide
die Luft-, die Wasserverschmutzung air, water pollution
der Meeresspiegel sea level
die Mülldeponie landfill site
nachhaltig sustainable
der Schadstoff pollutant
der Staudamm dam
die Tierart animal species
der Treibhauseffekt greenhouse effect
die Überbevölkerung overpopulation
die Überschwemmung flood
verbieten to ban
verpesten to pollute
die Wiederaufforstung reforestation

5.5b Fallstudie: Umweltlösungen in der Schweiz

Abfall fallenlassen / wegwerfen to drop litter
die Artenvielfalt biodiversity
die Atomkraft nuclear energy
der Brennstoff fossil fuel
beunruhigend concerning
das Elektroauto electric car
die Energiequelle energy source
die erneuerbaren Energien renewable energy
die Folgen consequences
gefährlich dangerous
die Initiative initiative
das Kernkraftwerk nuclear power station
die Konsequenzen consequences
die Lösung solution
das Mikroplastik microplastic
das Naturschutzgebiet nature reserve
recycelt recycled
schädlich harmful
schützen to protect
die Solarzelle solar panel
der Staudamm dam
der Strom electricity
verbieten to ban
die Wasserkraft hydropower
wegwerfen to throw away
wiederverwenden to reuse
die Windkraftanlage wind turbine

Magazin — Abfliegen

Berlin – eine multikulturelle Weltstadt

Karneval der Kulturen – ein urbanes Festival

Der Karneval der Kulturen ist ein viertägiges Fest in Berlin-Kreuzberg, das die vielen Gesichter Berlins zeigt. Man feiert auf den Straßen Multikulturalität und Weltoffenheit.

Musik- und Tanzgruppen, Profis und Amateure, Kinder und Erwachsene nehmen an der Parade teil. Sie tragen tolle Kostüme, haben bemalte Gesichter und fantasievolle Masken und geschmückte Handkarren!

Internationale Bands und Künstler spielen verschiedene Musikrichtungen: von Reggae und R & B bis klassische Sitar-Musik und Pop!

Der Karneval der Kulturen findet seit 1996 statt und die Zahl der Besucher beträgt über eine Million. Es gibt viele Straßenfeste während des Festivals.

Die Gruppen kommen aus aller Welt, aber viele kommen auch aus Südamerika und Afrika. Vom brasilianischen Samba bis zum chinesischen Löwentanz, von westafrikanischen Trommeln bis zur Schweizer Musikkapelle, alle machen mit. Es gibt auch viel Kunst zu sehen!

Karneval der Kulturen

Mehr als 5.000 Akteure sind dabei. Bei den Umzügen gibt es auch Jugendgruppen, die Themen wie Korruption, Menschenrechte und Umweltschutz zeigen. Außerdem gibt es interaktive Angebote und Performances.

Der Karneval der Kulturen ist eines der größten Open-Air-Events Berlins im Mai oder Juni. Es gibt zahlreiche Partys, Musikveranstaltungen sowie Projekte für die Jugend. Man kann auch internationale Speisen ausprobieren.

1 Lies den Artikel über das Festival. Wähl die richtige Antwort (a–c).

1 Wie lange dauert der Karneval der Kulturen?
- **a** nur eine Woche
- **b** fast eine Woche
- **c** weniger als fünf Tage

2 Wer darf daran teilnehmen?
- **a** junge Menschen und Profi-Musiker
- **b** Erwachsene und Tänzer
- **c** jeder

3 Was feiert man?
- **a** den Winter in Berlin
- **b** das internationale Berlin
- **c** den Sommer in Berlin

4 Seit wann gibt es den Karneval?
- **a** seit den 90er Jahren
- **b** seit dem 21. Jahrhundert
- **c** seit 90 Jahren

5 Wann findet der Karneval statt?
- **a** in großen Hallen
- **b** im späten Frühling
- **c** im Herbst

6 Was gibt es dort?
- **a** nur traditionelles deutsches Essen
- **b** Essen aus aller Welt
- **c** nichts zu essen

Das Brandenburger Tor

Das historische Tor hat eine interessante Geschichte, aber die Reihenfolge stimmt nicht. Ordne die Absätze chronologisch ein.

1 Mehr als 20 Jahre nach der Rede von John F. Kennedy spricht Präsident Ronald Reagan am Brandenburger Tor. Er sagt zu Gorbatschow: „Reißen Sie diese Mauer nieder."

2 Das Brandenburger Tor wurde zwischen 1788 und 1791 vom preußischen König Friedrich Wilhelm II. als Tor in der Stadt Berlin gebaut.

3 Im Januar 1933 wurde Hitler Reichskanzler. Sturmtruppen und SS-Mitglieder marschierten durch das Brandenburger Tor.

4 24 Jahre nach dem Mauerfall spricht Barack Obama in der Nähe des Brandenburger Tors. Er fordert eine Reduzierung nuklearer Waffen und Aktionen gegen den Klimawandel.

5 Am Ende des Zweiten Weltkriegs war das Brandenburger Tor beschädigt. Obwohl Berlin geteilt war, arbeiteten Ost und West in den 50er Jahren zusammen, um das Tor zu restaurieren.

6 Nur wenige Wochen nach dem Mauerfall dirigiert der amerikanische Komponist Leonard Bernstein Beethovens Neunte Symphonie in Berlin, um die Freiheit der Ostdeutschen zu feiern.

7 1961 wurde eine Mauer errichtet, um die weitere Emigration von Ostdeutschen in den Westen zu verhindern. John F. Kennedy sagte 22 Monate später anlässlich eines Besuchs: „Ich bin ein Berliner." Er wollte die Solidarität der USA für Westdeutschland zeigen.

Berlin

Die Hauptstadt Deutschlands ist immer eine Reise wert! Vorsicht – die Titel fehlen! Welcher Titel (A–G) passt zu welchem Absatz (1–7)?

A Architektur
B Idee für Kinofans
C Kulturelle Angebote
D Unterhaltungskultur
E Gastronomie
F Verkehrsmittel – so kann man die Stadt erkunden
G Bademöglichkeiten

1 Potsdam ist eine halbe Stunde von Berlin-Mitte entfernt. Die große Attraktion ist das Schloss Sanssouci! Wenn du dich für Stuntmen, Pyrotechniker und Filmtiertrainer interessierst, dann geh in den Filmpark Babelsberg!

2 Bei den Touristen ist das Reichstagsgebäude, wo das Parlament arbeitet, sehr beliebt. Das Gebäude wurde in den 50er Jahren wiederaufgebaut. Die Glaskuppel wurde vom britischen Architekten Sir Norman Foster am Ende des 20. Jahrhunderts fertiggestellt.

3 Berlin hat viele Parks – das sind beliebte Treffpunkte. Der Grunewald ist Berlins grüne Lunge und hat mehrere Seen. Dort gibt es auch das Strandbad Wannsee, das größte Binnensee-Strandbad Europas.

4 In Berlin gibt es ein Computerspielemuseum. Es ist einmalig in Europa und präsentiert über 60 Jahre „Gameskultur". Man kann 3D-Spiele, Tanz- und Bewegungsspiele ausprobieren. Dort ist z.B. das allererste Computerspiel aus dem Jahre 1951, das Nimrod heißt.

5 Du magst innovative Musik und die Tanz- und Kunst-Szene? Dann ist Berlin genau richtig für dich. Viele internationale Künstler und Unternehmer ziehen nach Berlin, weil die Stadt hip ist. Berlin ist die Techno-Club-Hauptstadt der Welt.

6 Typisch für Berlin ist die Currywurst. Es ist eine Bratwurst mit Currypulver und tomatenhaltiger Sauce. Die Currywurst hat auch ihr eigenes Museum! Man bekommt im multikulturellen Berlin auch überall türkische Gerichte und Speisen aus Asien.

7 Wie wäre es mit einer Stadtrundfahrt mit dem Rad oder mit der Fahrradrikscha? Man kann auch Schiffstouren oder eine Kanutour durch Berlin machen.

Südtirol – eine multiethnische Region

Südtirol – einfach faszinierend

Hallo, Jakob. Du kommst aus Südtirol, aus der Hauptstadt Bozen. Erzähl uns etwas über dein Land!

Ja, also Bozen ist eine kleine mittelalterliche Stadt und Südtirol ist eine Region in Norditalien. Früher war Südtirol ein Teil von Österreich. Die meisten Leute in Südtirol sprechen Deutsch als Muttersprache, ich glaube rund 64%, und 24% sprechen Italienisch. 4% der Südtiroler sprechen Ladinisch, eine uralte romanische Sprache.

Die deutschsprachigen Südtiroler nennen meine Heimstadt Bozen, die italienischsprachigen Südtiroler nennen sie Bolzano!

Was kann man in Bozen in der Freizeit tun?

Bozen ist ziemlich klein, aber es gibt viel zu tun. Man kann ins Ötzi-Museum gehen, das bei Touristen aus dem Ausland beliebt ist. Dort sieht man Ötzi, eine gut erhaltene Mumie aus dem Eis! Wenn man sich für Kultur interessiert, kann man sich historische Gebäude, z.B. Kirchen aus dem Mittelalter ansehen. In Bozen kann man viel Sport treiben: klettern, schwimmen, Fußball und Tennis spielen und im Winter eislaufen und Eishockey spielen. Wenn man Ski fahren oder wandern will, dann muss man in die Berge fahren, aber die sind nicht weit von hier.

Sind deine Freunde deutschsprachige oder italienischsprachige Südtiroler?

Beides. Andere haben nur deutschsprachige Freunde, manche haben nur italienischsprachige Freunde. Jeder lernt die andere Sprache in der Schule und vielleicht von Freunden. Wir lernen die andere Sprache ab der Grundschule.

Kann man in Südtirol auch studieren?

Ja, es gibt eine Universität in Bozen, die erste dreisprachige Universität in Europa. Man lernt auf Deutsch, Italienisch und Englisch. Viele deutschsprachige Südtiroler studieren in Österreich (Innsbruck oder Wien) oder in Süddeutschland (München).

Möchtest du in Südtirol arbeiten?

Ja. Südtirol ist eine reiche Provinz und es gibt hier Arbeitsplätze in der Industrie, in der Landwirtschaft (Äpfel und Wein), und im Tourismus. Ich möchte gern im ökologischen Landbau arbeiten, weil es viele Arbeitsmöglichkeiten gibt.

Beschreib Südtirol in drei Worten!

Ok, es ist multikulturell – es gibt verschiedene ethnische Gruppen. Gutes Essen – z.B. Knödel, Gerichte mit Äpfeln. Klima – es gibt zirka 300 Sonnentage pro Jahr!

1 Lies das Interview und beantworte die Fragen auf Deutsch.

Beispiel: 1 Deutsch

1. Welche Sprache spricht die Mehrheit der Südtiroler als Muttersprache?
2. Welche Sprachen, die in Südtirol gesprochen werden, nennt Jakob?
3. Warum gibt es zwei Wörter für eine Stadt?
4. Warum ist Ötzi bekannt?
5. Wo wird die jeweils andere Sprache offiziell gelernt?
6. Warum ist die Universität in Bozen anders als andere Universitäten?
7. Wie ist die Wirtschaft in Südtirol?
8. Welche Produkte sind typisch für Südtirol?

SECTIONS 4 & 5

Adrenalin-Kick und Spaß in Südtirol

Das Südtirol-Quiz. Welche Zahl passt? Rate, wenn du es nicht weißt!

1. Bei einem Tandemflug fliegst du mit einem Experten direkt in den Alpen. Von rund ? Metern geht es hinunter ins Tal.

   A 3000   B 1000   C 2000

2. Es gibt Berg-Trails für Mountainbiker. Dolomiti Superbike ist ein sehr internationales Ereignis. Die Weltcupstrecke ist ? km lang.

   A 60,5   B 119,8   C 220

3. Beim internationalen Schneeskulpturen-Festival haben die Künstler aus aller Welt ? Tage Zeit, ihre Skulptur fertigzustellen.

   A drei   B fünf   C sieben

4. Das größte Skikarussell der Welt, Dolomiti SuperSki, hat eine Länge von ? Pistenkilometern und umfasst auch viele Südtiroler Skigebiete.

   A 500   B 800   C 1200

5. Mit der Alpen-Achterbahn fährt man mit fast ? Stundenkilometern 1 800 Meter den Berg hinunter.

   A 30   B 35   C 40

6. In Bozen kann man die älteste Gletschermumie der Welt sehen. Der Mann aus dem Eis, auch „Ötzi" genannt, ist ? Jahre alt.

   A 1.000   B 5.300   C 8.000

7. Die älteste Seilbahn der Welt ist in Südtirol und wurde ? gebaut.

   A 1900   B 1901   C 1908

8. Südtirol ist das größte zusammenhängende Apfel-Anbaugebiet Europas und es werden jährlich ca. ? Tonnen Äpfel geerntet, rund 12% der europäischen Ernte.

   A eine halbe Million   C eineinhalb Millionen
   B eine Million

„Hoi" aus Südtirol! Wessen Muttersprache ist Italienisch und wessen Muttersprache ist Deutsch?

klausi1 — Hallo. Ich bin 15, komme aus Mainz und mache mit meiner Familie jedes Jahr Urlaub in Südtirol. Ich finde Südtiroler Dialekte interessant. Ich verstehe aber oft nicht viel! „Ich" heißt im Dialekt „I", zum Beispiel! Ziemlich verrückt! Was sind eure Erfahrungen?

francesbon — Mir geht es auch so. Ich wohne in Bozen und meine Freunde sind deutschsprachige Südtiroler, weil ich sie im Skaterpark kennengelernt habe. Ich habe mich an den Dialekt gewöhnt, aber manchmal versteh' ich nur Bahnhof!

anna0M — Ich bin 16 Jahre alt und spreche fließend Deutsch. Ich habe auch den Dialekt gelernt, damals von meiner Tagesmutter. Ich habe es gegoogelt: Südtiroler Dialekte, und es gibt rund 40, gehören zur bayrischen Sprachfamilie, also, jemand aus München hat weniger Probleme, die Südtiroler zu verstehen …

sarahBolzano — Wegen meines Nebenjobs arbeite ich oft mit italienischsprachigen Südtirolern. Wir sprechen eigentlich immer Italienisch, weil mir das leicht fällt.

Prüfungsecke D1

Ihr schriftliches Deutsch verbessern

1 a Lesen Sie die Aufgabe.

> Sie schreiben ein Blog über Ihren neuen Teilzeitjob.
> - Beschreiben Sie den Job.
> - Erklären Sie, warum Sie diesen Job wollten.
> - Erzählen Sie, wie Sie den Job bekommen haben.
> - Sagen Sie, was Ihre Eltern über Ihren Job denken.
> - Erklären Sie, was Sie in der Zukunft beruflich machen möchten.
>
> Schreiben Sie 130–140 Wörter **auf Deutsch**.

1 b Partnerarbeit. Lesen Sie die Antwort unten. Besprechen Sie, wie Sie diese Version verbessern könnten.

Beispiel

> Ich habe einen neuen Teilzeitjob. Ich arbeite samstags in einer Bäckerei in der Stadtmitte. Ich verkaufe Brot, Brötchen, Kekse und Kuchen. Ich arbeite von 07.00 Uhr bis 15.00 Uhr. Ich bin sehr müde. Ich habe nette Kollegen. Ich finde den Job gut.
>
> Ich wollte einen Job haben. Ich brauche Geld und meine Eltern geben mir kein Taschengeld. Ich habe ein Inserat für den Job in einer Zeitung gesehen. Ich habe angerufen und ich hatte ein Vorstellungsgespräch im Geschäft. Ich habe den Job bekommen. Ich war glücklich.
>
> Meine Eltern denken, dass der Job gut ist. Meine Mutter bringt mich mit dem Auto zur Bäckerei. Sie findet das nicht so gut. Sie muss früh aufstehen.

> → Verbinden Sie Ihre Sätze durch Konjunktionen wie *weil, als, wenn, obwohl, dass*.
> → Achten Sie darauf, dass Sie alle Zeitformen (Präsens, Vergangenheit, Futur) benutzen. In den Stichpunkten gibt es einen Hinweis auf die Zeitform.
> → Sie müssen alle fünf Stichpunkte beantworten.
> → Benutzen Sie verschiedene Ausdrücke, um Ihre Meinung auszudrücken (*meiner Meinung nach, ich finde/meine, ich bin der Meinung, ich habe das Gefühl*).

1 c Schreiben Sie eine bessere Version.

1 d Partnerarbeit. Lesen Sie Ihre Versionen und vor vergleichen Sie sie.

SECTIONS 4 & 5

2 a Lesen Sie die Aufgabe.

> Sie schreiben einen Bericht über einen Geburtstag, den Sie als kleines Kind (etwa fünf Jahre alt) gefeiert haben.
> - Beschreiben Sie die Geburtstagsfeier.
> - Erklären Sie, wie Ihnen diese Feier als kleines Kind gefallen hat.
> - Erzählen Sie, wie Sie jetzt als Teenager Ihren Geburtstag feiern.
> - Erklären Sie, welche Feier Ihnen besser gefällt.
> - Sagen Sie, wie Teenager in der Zukunft vielleicht ihren Geburtstag feiern werden.
>
> Schreiben Sie 130–140 Wörter **auf Deutsch**.

2 b Partnerarbeit. Lesen Sie die Antwort unten. Besprechen Sie, wie Sie diese Version verbessern könnten.

> Ich war fünf Jahre alt. Ich hatte Geburtstag. Ich hatte eine Geburtstagsparty in unserem Haus. Viele Freunde sind gekommen. Meine Großeltern sind auch gekommen. Sie hatten Geschenke für mich. Es gab Pizza, Würstchen, Pommes, Cola, Kuchen, Eis und Süßigkeiten. Wir haben im Garten gespielt. Es war gut.
>
> Ich bin sechzehn Jahre alt. Mein Geburtstag ist im Juni. Ich mache normalerweise keine Party. Ich gehe mit meinen Freunden ins Kino oder ich gehe mit meiner Familie ins Restaurant. Ich bekomme Geschenke. Es macht Spaß.
>
> Meiner Meinung nach ist der Geburtstag eines kleinen Kindes besser als der Geburtstag eines Teenagers.
>
> Teenager werden in der Zukunft viele Geschenke wie Smartphones und elektronische Dinge bekommen. Sie werden die Geburtstagsparty online buchen. Sie werden Fotos und Videos von der Party im Internet teilen. Die Großeltern werden die Videos sehen.

> → Benutzen Sie nicht immer dieselben Wörter wie in den Stichpunkten. Finden Sie Synonyme.
> → Schreiben Sie auch Sätze, die mehr als eine Zeitform beinhalten.
> → Benutzen Sie auch Zeitformen wie das Plusquamperfekt oder den Konjunktiv.
> → Erklären Sie die Vor- und Nachteile, bevor Sie Ihre eigene Meinung angeben.

2 c Schreiben Sie eine bessere Version.

2 d Partnerarbeit. Lesen Sie Ihre Versionen vor und vergleichen Sie sie.

> → Planen Sie, was Sie schreiben werden, bevor sie beginnen. (Machen Sie Notizen.)
> → Gliedern Sie Ihren Aufsatz: Schreiben Sie zu jedem Stichpunkt einen Absatz. Dann können Sie leicht sehen, ob Sie etwas vergessen haben.
> → Überprüfen Sie Ihre Arbeit sorgfältig. Ist das Genus (*der, die, das*) richtig? Stimmt jede Verbkonjugation mit dem Subjekt (*ich, wir, er, sie, …*) überein?

Prüfungsecke D2

Strategien für die mündliche Prüfung: das Gespräch

Um eine gute Note für das Gespräch zu bekommen, sollten Sie sich auf Folgendes konzentrieren. Sie müssen …

A so fließend wie möglich etwas Interessantes sagen

B die Zeitformen richtig anwenden

C alle Wörter richtig aussprechen und betonen

D Meinungen vergleichen und ausdrücken

A Fließend sprechen und etwas Interessantes sagen

1 a Ordnen Sie die nützlichen Aussagen unten (1–5) und übersetzen Sie sie in Ihre Sprache. Lernen Sie sie auswendig.

1 einmal Noch bitte.

2 Frage Sie wiederholen bitte die Können?

3 leid, nicht tut Sie verstanden Es aber habe mir ich.

4 sehr Ich dafür mich interessiere.

5 Ihnen nennen möchte Beispiel Ich ein.

1 b Partnerarbeit. Führen Sie einen Dialog zu einem Thema aus Teil 4 dieses Buches. Benutzen Sie die Sätze aus Übung 1a. Welche anderen Sätze könnten nützlich sein?

1 c Partnerarbeit. Diskutieren Sie, wie Sie anhand der Strategien Ihr Gespräch verbessern können. Führen Sie das Gespräch ein zweites Mal.

> **So wird Ihr Deutsch interessanter**
> → Überlegen Sie, wie Sie Ihr bestes Deutsch anwenden können, indem Sie Beispiele nennen.
> → Verbinden Sie kurze Sätze mit Konjunktionen (*und, aber, weil, obwohl*, usw.).
> → Benutzen Sie Adjektive und Adverbien, um Beschreibungen interessanter zu machen.

B Die Zeitformen richtig anwenden

2 a Lesen Sie F1 und F3–7 in der Grammatik. Welche Zeitform (a–e) finden Sie in der jeweiligen Frage (1–5)?

a Präsens   1 Wie war das Wetter in den letzten Schulferien?

b Perfekt   2 Was wirst du nächstes Jahr machen?

c Imperfekt   3 Was machst du gern in den Ferien?

d Futur   4 Was würdest du im Urlaub machen, wenn du viel Geld hättest?

e Konjunktiv   5 Wo bist du letztes Jahr in Urlaub hingefahren?

2 b Partnerarbeit. Person A stellt die Fragen aus Übung 2a und Person B beantwortet sie. Beachten Sie die richtige Reihenfolge der Fragen und achten Sie auf die Zeiten. Dann tauschen Sie die Rollen.

C Aussprache und Betonung

3 a Lesen Sie die Wörter unten. Hören Sie in den Sätzen (1–8) zuerst Wort A oder Wort B?

Beispiel: 1 B A

1	A	Wien	B	Wein	**5**	A	weiße	B	weise
2	A	bleiben	B	blieben	**6**	A	Einkäufe	B	einkaufe
3	A	Bruder	B	Brüder	**7**	A	Eule	B	Aula
4	A	Köchin	B	kochen	**8**	A	Bar	B	Bär

3 b Partnerarbeit. Hören Sie sich die Sätze (1–8) an. Wiederholen Sie jeden Satz. Üben Sie zusammen.

1 Hast du deine Hausaufgaben noch nicht gemacht? – Ich auch nicht.
2 Die Jugendherberge kostet zwanzig Euro pro Nacht.
3 Zwei Nächte im Zelt kosten dreißig Euro.
4 Zum Frühstück esse ich Früchte mit Quark.
5 Für dieses Rezept brauchen Sie Käse, Zwiebeln und Knoblauch.
6 Ich habe einen Brief auf Papier der höchsten Qualität geschrieben.
7 Ich träume ständig von Schuhen aus diesem Sportgeschäft.
8 Weißt du, ob Bären beißen? Ja, Löwen beißen auch und Bienen stechen.

3 c Können Sie neue Sätze bilden? Verändern Sie in jedem Satz mindestens drei Wörter.

D Meinungen vergleichen und ausdrücken

4 a Welche Satzteile passen zusammen? Übersetzen Sie die Sätze.

Beispiel: 1 d

1	Es gibt sowohl Vorteile	a	meine Schwester ist dagegen.
2	Ich meine, dass	b	die ich gesehen habe, …
3	Meiner Meinung nach	c	zustimmen.
4	Ich stimme	d	als auch Nachteile.
5	Ich kann Ihnen leider nicht	e	man viel Zeit im Internet verschwenden.
6	Auf der einen Seite ist	f	unsere Wohnung zu klein ist.
7	Auf der anderen Seite kann	g	den ich gelesen habe, …
8	Ich bin dafür, aber	h	ist Österreich ein schönes Land.
9	Laut einem Artikel,	i	dir zu.
10	Laut einer Sendung,	j	ein Handy etwas Nützliches.

4 b Begründen Sie Ihre Meinungen. Wählen Sie Satz 2, 3, 6 oder 7 und schreiben Sie drei neue Sätze. Benutzen Sie die Wörter im Kästchen.

*Beispiel: Ich meine, dass unsere Wohnung zu klein ist, **weil** wir nur zwei Schlafzimmer haben.*
***Als Folge** muss ich mein Zimmer teilen. **Das ist der Grund, warum** ich immer schlecht gelaunt bin.*
***Eine mögliche Lösung wäre**, wenn meine Schwester bei unserem Vater wohnte.*

```
weil / da / denn              Das ist der Grund, warum …
Als Folge …                   Eine mögliche Lösung wäre …
```

Grammatik

Grammar section contents

A Nouns *Substantive* — 225
- A1 Nouns and gender *Substantive und Genus*
- A2 Singular and plural forms *Substantive im Singular und im Plural*
- A3 Definite article *Der bestimmte Artikel*
- A4 Indefinite article *Der unbestimmte Artikel*
- A5 Negative article *Negationswörter*
- A6 German case system *Deutsche Fälle*
- A7 Weak nouns *Schwache Substantive*
- A8 Adjectives used as nouns *Adjektive als Substantive*
- A9 Masculine and feminine job titles *Berufsbezeichnungen für Männer und Frauen*

B Adjectives *Adjektive* — 227
- B1 Adjectives before and after nouns *Adjektive vor und nach Substantiven*
- B2 Adjectives after definite articles *Adjektive nach bestimmten Artikeln*
- B3 Adjectives after indefinite articles *Adjektive nach unbestimmten Artikeln*
- B4 Demonstrative adjectives: 'dieser' and 'jener'; 'jeder' and 'solche' *Demonstrativadjektive*
- B5 Possessive adjectives *Possessivadjektive*
- B6 Interrogative adjectives *Interrogativadjektive*
- B7 Adjectival endings after 'etwas, nichts, viel, wenig, alles' *Adjektivendungen*
- B8 Comparative adjectives *Der Komparativ*
- B9 Superlative adjectives *Der Superlativ*
- B10 Quantifiers and qualifiers *Mengenwörter und Modaladverbien*

C Adverbs *Adverbien* — 230
- C1 Adjectives used as adverbs *Adjektive als Adverbien*
- C2 *Gern*
- C3 Interrogative adverbs *Interrogativadverbien*
- C4 Adverbs and adverbial phrases of time *Zeitadverbien*
- C5 Adverbs of place *Ortsadverbien*
- C6 Adverbs and adverbial phrases for degrees of certainty *Adverbialphrasen*
- C7 Comparative and superlative adverbs *Komparativ- und Superlativadverbien*

D Pronouns *Pronomen* — 231
- D1 Personal pronouns *Personalpronomen*
- D2 Modes of address *Anredeformen*
- D3 Reflexive pronouns *Reflexivpronomen*
- D4 Relative pronouns *Relativpronomen*
- D5 Independent possessive pronouns *Possessivpronomen als Ersatz*
- D6 Indefinite pronouns *Indefinitpronomen*
- D7 Emphatic pronouns *Emphatische Pronomen*
- D8 Demonstrative pronouns *Demonstrativpronomen*

E Prepositions *Präpositionen* — 233
- E1 Single-case prepositions + accusative *Präpositionen mit dem Akkusativ*
- E2 Single-case prepositions + dative *Präpositionen mit dem Dativ*
- E3 Dual-case prepositions + either accusative or dative *Wechselpräpositionen*
- E4 Prepositions + genitive *Präpositionen mit dem Genitiv*
- E5 Preposition and article combined *Verschmelzung Präposition und bestimmter Artikel*
- E6 'Da(r)-' with prepositions *'Da(r)-' mit Präpositionen*

F Verb tenses *Zeitformen des Verbs* — 235
- F1 Present tense *Das Präsens*
- F2 Imperative *Der Imperativ*
- F3 Perfect tense *Das Perfekt*
- F4 Imperfect tense *Das Imperfekt*
- F5 Pluperfect tense *Das Plusquamperfekt*
- F6 Future tense *Das Futur*
- F7 Conditional *Der Konjunktiv*

G Verb usage *Verben verwenden* — 238
- G1 Impersonal verbs *Unpersönliche Verben*
- G2 Infinitive constructions *Infinitivsätze*
- G3 *Seit* and *schon*
- G4 Negative constructions *Negation*
- G5 Passive voice and how to avoid it *Das Passiv und wie man es vermeidet*

H Sentence construction *Satzbau* — 240
- H1 Main clauses *Hauptsätze*
- H2 Time, manner, place *Wann, wie, wo*
- H3 Coordinating conjunctions *Konjunktionen*
- H4 Subordinating conjunctions *Unterordnende Konjunktionen*
- H5 Forming questions *Fragen stellen*

I Numbers, dates, times and quantities *Zahlen, Daten, Uhrzeiten und Mengen* — 241
- I1 Cardinal numbers *Kardinalzahlen*
- I2 Ordinal numbers *Ordnungszahlen*
- I3 Dates *Die Daten*
- I4 Telling the time *Die Uhrzeit lesen*
- I5 Days of the week *Wochentage*
- I6 Quantities, weights and measures *Mengen, Maße und Gewichte*

J Points of the compass *Himmelsrichtungen* — 243

K Verb table *Die Verben* — 244

GRAMMATIK

The following grammar summary includes all the grammar and structure points required for the Cambridge IGCSE.

A Nouns *Substantive*

A noun is:
- a person (the teacher)
- a name (Connie)
- a concept (happiness)
- an animal (the guinea pig)
- a thing (the whiteboard)

In German all nouns start with a capital letter.

A1 Nouns and gender *Substantive und Genus*

All German nouns have a gender: they are masculine (*der*), feminine (*die*) or neuter (*das*).

	m	f	n
the	der Mund	die Hand	das Haus
a	ein Mund	eine Hand	ein Haus

You must learn the gender of each noun.

A2 Singular and plural forms *Substantive im Singular und im Plural*

When you learn a new noun, learn the singular and plural forms together. German nouns form their plurals in many different ways.

Masculine nouns tend to add an **-e** (where appropriate, there is also an umlaut):

der Tisch – die Tische

der Baum – die Bäume

There is no plural ending for masculine nouns ending in **-el**, **-en** or **-er**:

der Lehrer – die Lehrer   *der Tiger – die Tiger*

der Schlüssel – die Schlüssel

Feminine nouns tend to add an **-n** or **-en**:

die Frau – die Frauen   *die Affe – die Affen*

die Blume – die Blumen

Neuter nouns tend to add **-e** or **-er** (where appropriate, there is also an umlaut):

das Spiel – die Spiele   *das Geschlecht – die Geschlechter*

das Buch – die Bücher

The ending **-s** is used only to form plurals of nouns taken from another language:

das Auto – die Autos

das Kino – die Kinos

das Restaurant – die Restaurants

A3 Definite article *Der bestimmte Artikel*

The word 'the' is known as the **definite article** and can be translated in various ways depending on the **gender** (m, f, n), the **number** (s or pl) and the **case** (see section A6 for explanation of German cases).

	m	f	n	pl
Nom	*der* Vater	*die* Mutter	*das* Kind	*die* Hunde
Acc	*den* Vater	*die* Mutter	*das* Kind	*die* Hunde
Gen	*des* Vaters	*der* Mutter	*des* Kindes	*der* Hunde
Dat	*dem* Vater	*der* Mutter	*dem* Kind	*den* Hunden

In the masculine and neuter genitive singular, nouns that do not already end in **-s** add **-es** if they are one syllable long (*des Kindes*) or **-s** if they are two or more syllables long (*des Vaters*).

In the dative plural, nouns that are not borrowed from other languages and do not already end in **-n** add **-n**. Note that such nouns add **-en** if adding just **-n** makes a word that cannot be pronounced easily (*den Hunden*). *Das Auto* is a borrowed word, so it is *den Autos* in the dative plural.

A4 Indefinite article *Der unbestimmte Artikel*

The words 'a' and 'an' are known as **indefinite articles** and can be translated in various ways depending on the **gender** (m, f, n) and the **case** (see section A6 for explanation of German cases). In English the plural indefinite article is 'some', but in German there is no plural indefinite article, so 'some children' is simply translated as *Kinder*.

	m	f	n	pl
Nom	*ein* Vater	*eine* Mutter	*ein* Kind	Hunde
Acc	*einen* Vater	*eine* Mutter	*ein* Kind	Hunde
Gen	*eines* Vaters	*einer* Mutter	*eines* Kind(e)s	Hunde
Dat	*einem* Vater	*einer* Mutter	*einem* Kind	Hunden

In the masculine and neuter genitive singular, and in the dative plural, the same rules apply as for the definite article.

A5 Negative article *Negationswörter*

To say 'not a', 'not any' or 'no' in German, use the **negative article**, *kein*. As with positive articles, this varies depending on gender, number and case. In all its singular forms it is the same as the indefinite article, with a *k-* at the beginning.

	m	f	n	pl
Nom	kein Vater	keine Mutter	kein Kind	keine Hunde
Acc	*keinen* Vater	keine Mutter	kein Kind	keine Hunde
Gen	*keines* Vaters	*keiner* Mutter	*keines* Kindes	*keiner* Hunde
Dat	*keinem* Vater	*keiner* Mutter	*keinem* Kind	*keinen* Hunden

225

GRAMMATIK

A6 German case system *Deutsche Fälle*

All German nouns must be in a certain case, depending on the part the noun plays in the sentence.

Nominative
The nominative case is used for the subject of the sentence. The subject is the person or thing doing the action (the verb). This case is also always used after *sein* (to be).

*Der Mann **fährt** nach Berlin.*
The man travels to Berlin.

Meine Schwester wohnt in Salzburg.
My sister lives in Salzburg.

Dieses Meerschweinchen ist süß.
This guinea pig is cute.

Diese Schuhe kosten 80 €.
These shoes cost 80€.

Accusative
The accusative case is used:

- for the direct object of the sentence. The direct object is the person or thing to which the action is being done:

*Ich kaufe **einen Bleistift**.*
I buy a pencil.

*Er hat **keine Schwester**.*
He has not got a sister.

*Peter trägt **das Hemd**.*
Peter is wearing the shirt.

*Elizabeth macht **ihre Hausaufgaben**.*
Elizabeth is doing her homework.

- after certain prepositions (also see sections E1 and E3):

*Ich gehe **durch den Park**.*
I go through the park.

*Die Post liegt **um die Ecke**.*
The post office is around the corner.

Genitive
The genitive case is used:

- to indicate possession. This means the person or thing owning something is in the genitive:

*Die Katze **meines Onkels** ist zwei Jahre alt.*
My uncle's cat is two years old.

*Die Wohnung **meiner Freundin** ist sehr schön.*
My girlfriend's flat is very nice.

*Ich finde die Farbe **des Wagens** ganz schön.*
I find the colour of the car rather attractive.

- after certain prepositions (also see section E4):

*Mario wohnt **außerhalb der kleinen Stadt**.*
Mario lives outside of the small town.

*Karolina hört **während der Arbeit** gerne Musik.*
Karolina likes listening to music while she works.

Dative
The dative case is used:

- for the indirect object of the sentence. The indirect object is the person or thing to whom/which or for whom/which something is being done (whatever the verb):

*Ich gebe **meinem Bruder** das Buch.*
I give the book to my brother.

*Er schreibt **seiner Mutter** einen Brief.*
He writes a letter to his mother.

*Habib zeigt **dem Kind** das Bild.*
Habib shows the picture to the child.

*Wir schicken **unseren Freunden** eine Postkarte.*
We send a postcard to our friends.

- after certain prepositions (also see sections E2 and E3):

*Ich wohne **bei meiner Schwester**.*
I live at my sister's house.

*Er kommt **aus dem Zimmer**.*
He comes out of the room.

- with certain verbs:

gehören (to belong to)

*Das Buch gehört **der Schule**.*
The book belongs to the school.

helfen (to help)

*Wir helfen **den Kindern**.*
We help the children.

passen (to fit, to suit)

*Die Jeans passt **meinem Freund** gut.*
The jeans fit my friend.

In the dative plural **-n** is added to the noun if it does not already end in one.

*mit den Freunde**n*** with the friends

A7 Weak nouns *Schwache Substantive*

Weak nouns are masculine nouns that end in **-n** or **-en** in all cases of the singular, except for the nominative singular, and throughout the plural. Many weak masculine nouns end in **-e** in the nominative singular, such as *der Junge*. They are frequently people or nationalities such as *der Beamte* (the official) or *der Ire* (the Irishman).

	m	pl
Nom	der Junge	die Jungen
Acc	**den** Jung**en**	die Jungen
Gen	**des** Jung**en**	**der** Jungen
Dat	**dem** Jung**en**	**den** Jungen

GRAMMATIK

A8 Adjectives used as nouns
Adjektive als Substantive

When adjectives are used as nouns, they have endings that are determined by the gender, number and case, and also by whether the word is being used with the definite or indefinite article (for masculine and neuter nouns in the nominative case). The adjective takes the same ending as if it were placed before a noun and it has a capital letter.

*Ich sehe **den Alten** in der Stadtmitte.*
I see the old man in the town centre.

*Ich habe **eine Verwandte** in Cochem.*
I have a (female) relation in Cochem.

***Der/die Kleine** schläft sehr schlecht.*
The little one (baby) sleeps very badly.

***Der Deutsche/Ein Deutscher** segelt in die Karibik.*
The/A German is sailing to the Caribbean.

*Krankenschwestern helfen **Kranken/den Kranken**.*
Nurses help sick people (indefinite article)/the sick (definite article).

A9 Masculine and feminine job titles
Berufsbezeichnungen für Männer und Frauen

All job titles have a masculine and a feminine form. The feminine form is usually the masculine form with **-in** added, such as *der Lehrer – die Lehr**in***. The nearest 'a' or 'o', if there is one, often becomes 'ä' or 'ö' to help pronunciation, as in *der Zahnarzt – die Zahn**ä**rzt**in***.

Masculine job titles ending in **-mann** change to **-frau** in the feminine form, as in *der Kauf**mann** – die Kauf**frau***.

When people describe their own or someone else's job, the indefinite article is not needed in German.

Ich bin Busfahrer.
I am a bus driver.

Deine Freundin ist Fischhändlerin.
Your friend is a fishmonger.

B Adjectives *Adjektive*

Adjectives are words that describe nouns.

B1 Adjectives before and after nouns
Adjektive vor und nach Substantiven

If you place adjectives after the noun, they do not change:

*Mein Garten ist **schön**.*
My garden is beautiful.

*Die Hose ist **blau**.*
The trousers are blue.

*Das Haus ist **groß**.*
The house is large.

If you place an adjective before a noun, you have to add an ending.

B2 Adjectives after definite articles
Adjektive nach bestimmten Artikeln

Below are the endings for adjectives that come after the definite article:

	m	f	n	pl
Nom	*der schöne Garten*	*die blaue Hose*	*das große Haus*	*die alten Schuhe*
Acc	*den schönen Garten*	*die blaue Hose*	*das große Haus*	*die alten Schuhe*
Gen	*des schönen Gartens*	*der blauen Hose*	*des großen Hauses*	*der alten Schuhe*
Dat	*dem schönen Garten*	*der blauen Hose*	*dem großen Haus*	*den alten Schuhen*

***Die** schwarze Jacke kostet viel Geld.*
The black jacket costs a lot of money.

*Ich kaufe **den** schwarz**en** Pulli.*
I am buying the black jumper.

*Die Farbe **des** elegant**en** Hemd**es** ist schön.*
The colour of the elegant shirt is attractive.

*Der Junge mit **den** neu**en** Handschuh**en** kommt aus der Schweiz.*
The boy with the new gloves comes from Switzerland.

B3 Adjectives after indefinite articles
Adjektive nach unbestimmten Artikeln

Below are the endings for adjectives that come after the indefinite and negative articles:

	m	f	n	pl
Nom	*ein schöner Garten*	*eine blaue Hose*	*ein großes Haus*	*keine alten Schuhe*
Acc	*einen schönen Garten*	*eine blaue Hose*	*ein großes Haus*	*keine alten Schuhe*
Gen	*eines schönen Gartens*	*einer blauen Hose*	*eines großen Hauses*	*keiner alten Schuhe*
Dat	*einem schönen Garten*	*einer blauen Hose*	*einem großen Haus*	*keinen alten Schuhen*

GRAMMATIK

*Es ist **eine** interessante Zeitung.*
It is an interesting newspaper.

*Ich schreibe **einen** freundlichen Brief.*
I am writing a friendly letter.

*Während **einer** langen Autofahrt schläft der Kleine oft ein.*
During a long car journey the little boy often falls asleep.

*Sandra schwimmt gern mit **einer** guten Freundin.*
Sandra likes to swim with a good friend.

*Karolina wählt **kein** ungesundes Essen.*
Karolina does not choose any unhealthy food.

B4 Demonstrative adjectives: 'dieser' and 'jener'; 'jeder' and 'solche' Demonstrativadjektive

Dieser corresponds to the English 'this', or 'these' in the plural. *Jener* is 'that', or 'those' in the plural.

	m	f	n	pl
Nom	dieser / jener	diese / jene	dieses / jenes	diese / jene
Acc	diesen / jenen	diese / jene	dieses / jenes	diese / jene
Gen	dieses / jenes	dieser / jener	dieses / jenes	dieser / jener
Dat	diesem / jenem	dieser / jener	diesem / jenem	diesen / jenen

***Dieser** Pullover ist schön.*
This sweater is nice.

***Diese** Bluse ist zu klein, aber jene Bluse kostet viel.*
This blouse is too small but that blouse costs a lot.

***Dieses** Kleid ist billig.*
This dress is cheap.

***Diese** dicke Frau isst viel fettes Essen, aber **jene** schlanke Frau isst sehr gesundes Essen.*
This fat woman eats a lot of fatty food, but that slim woman eats very healthy food.

The endings of *dieser* and *jener* are the same as for the definite article, including for adjective endings. Jener tends to be used only in formal speech, to contrast with *dieser*.

Note that *dieser* and *jener* can also be used as demonstrative pronouns. Again, they have the same endings as the definite article:

Welchen Pullover möchtest du kaufen?
Which jumper would you like to buy?

*Ich möchte **diesen** kaufen.*
I would like to buy this one.

Jeder corresponds to the English 'each' or 'every' and is used only in the singular. It declines in the same way as *dieser* and *jener*.

*Ich mag **jede** Bluse in diesem Geschäft.*
I like every blouse in this shop.

***Jedes** Kleid hier ist mir zu teuer.*
Every dress here is too expensive for me.

Solche corresponds to the English 'such' and tends to be used only in the plural.

***Solche** Filme gefallen mir nicht.*
I don't like such films.

It is possible to use *solch-* in the singular with *ein* to mean 'such a'.

*Eine **solche** Halskette ist sehr schön.*
Such a necklace is very pretty.

*Ich kaufe einen **solchen** Geldbeutel.*
I am buying such a purse.

B5 Possessive adjectives
Possessivadjektive

Possessive adjectives are words like 'my', 'your', 'his', 'her' etc. Their gender and number must agree with the noun they refer to.

	m	f	n	pl
my	mein	meine	mein	meine
your (informal)	dein	deine	dein	deine
his	sein	seine	sein	seine
her	ihr	ihre	ihr	ihre
its	sein	seine	sein	seine
our	unser	unsere	unser	unsere
your (informal)	euer	eure	euer	eure
their	ihr	ihre	ihr	ihre
your (polite)	Ihr	Ihre	Ihr	Ihre

Possessive adjectives also need case endings. These are the same endings as for the indefinite article, including for adjectives.

*Ist das **dein** Vater?*
Is that your father?

*Ich möchte nicht ohne **meine** Kinder in Urlaub gehen.*
I don't want to go on holiday without my children.

*Paul geht mit **seiner** Mutter ins Kino.*
Paul goes to the cinema with his mother.

*Die Brüder kaufen **ihr** Auto von **ihrem** Onkel.*
The brothers buy their car from their uncle.

*Können Sie **Ihre** Frage bitte wiederholen?*
Can you repeat your question, please?

B6 Interrogative adjectives
Interrogativadjektive

Welcher means 'which' in English.

m	f	n	pl
welcher	welche	welches	welche

Welches Hemd ist zu groß?
Which shirt is too big?

Welchen Film sieht er heute Abend an?
Which film is he watching tonight?

Welcher needs to agree with the noun in number, gender and case. The endings are the same as for the definite article, including for adjectives.

Wie viel, meaning 'how much?', is formed in a similar way.

Wie viele Typen kommen zur Party?
How many guys are coming to the party?

B7 Adjectival endings after 'etwas, nichts, viel, wenig, alles'
Adjektivendungen

After these words, adjectives are often used as neuter nouns and take a capital letter and endings. Here are some common examples:

Er liest **etwas Interessantes.**
He is reading something interesting.

Es gibt hier **nichts Schönes.**
There is nothing beautiful here.

Hana und Beate essen **wenig Süßes.**
Hana and Beate do not eat much sweet food.

B8 Comparative adjectives
Der Komparativ

To compare two things you use the comparative, which is formed by adding **-er** to the adjective:

schnell	fast	*schneller*	faster
früh	early	*früher*	earlier
schlecht	bad	*schlechter*	worse

A preceding vowel (a, o, u) may take an umlaut in the comparative of some common single-syllable adjectives:

warm	warm	*wärmer*	warmer
groß	big	*größer*	bigger
gesund	healthy	*gesünder*	healthier

In English, with longer adjectives, we often say 'more' (e.g. more interesting). In German this does not happen. You still add **-er**:

oft	often	*öfter*	more often
interessant	interesting	*interessanter*	more interesting

But note some exceptions:

viel	lots	*mehr*	more
gut	good	*besser*	better
hoch	tall/high	*höher*	taller/higher

Comparative adjectives can also go in front of the noun and add endings in the same way as other adjectives (see sections B2 and B3):

Mein Vater hat ein **schnelleres** Auto gekauft.
My father has bought a faster car.

B9 Superlative adjectives
Der Superlativ

The superlative (highest, quickest etc.) is formed by adding **-ste** to the nominative form of the adjective. It agrees with the noun it describes:

schnell	fast	*der/die/das schnellste*	fastest
freundlich	friendly	*der/die/das freundlichste*	most friendly

Alle Autos hier sind billig, aber dieses Auto ist **das billigste.**
All cars here are cheap, but this car is the cheapest

You can also place the superlative in front of the noun. In this case you must add the correct adjective ending:

Ich habe den billigste**n** Pulli gekauft.
I bought the cheapest sweater.

Note these common exceptions:

gut	good	*der/die/das beste*	best
hoch	tall/high	*der/die/das höchste*	tallest/highest
viel	lots	*der/die/das meiste*	most

B10 Quantifiers and qualifiers
Mengenwörter und Modaladverbien

Quantifiers explain how much or how many, whereas qualifiers explain what something is like. Quantifiers and qualifiers go in front of adjectives, but as they tend to be adverbs, they do not have endings, regardless of whether the adjective has an ending. These are common examples:

sehr	very
ziemlich	quite
viel	very, much
wenig	little
ein bisschen	a little

Mein Bruder hat einen **ziemlich** kleinen Hund.
My brother has a rather small dog.

Die Musik ist ein **bisschen** laut.
The music is a bit loud.

GRAMMATIK

C Adverbs *Adverbien*

Adverbs describe verbs, adjectives or other adverbs and generally do not take endings. Some quantifiers and qualifiers (see section B10) are adverbs.

C1 Adjectives used as adverbs *Adjektive als Adverbien*

While English usually has one word for the adjective (e.g. 'slow') and another for its equivalent adverb (e.g. 'slowly'), German adjectives can also act as adverbs. When adjectives are used as adverbs, they do not have adjective endings.

*Das Auto ist **langsam**.*
The car is slow.

*Ich fahre **langsam**.*
I travel slowly.

*Der Bäcker ist **böse**.*
The baker is angry.

*Der Bäcker öffnet **böse** die Tür.*
The baker opens the door angrily.

C2 *Gern*

Use *gern* (or *nicht gern*) to indicate whether you do or do not like doing something:

*Ich sehe **gern** fern.*
I like watching television.

*Er arbeitet **gern** im Büro.*
He likes working in the office.

*Ich gehe nicht **gern** ins Kino.*
I don't like going to the cinema.

The comparative and superlative forms of *gern* are *lieber* and *am liebsten*:

*Ich esse **gern** Fisch, aber ich esse **lieber** Hähnchen.*
I like to eat fish, but I prefer to eat chicken.

*Sie lernen **gern** Spanisch, aber sie lernen **am liebsten** Deutsch.*
They like to learn Spanish but they like learning German best.

C3 Interrogative adverbs *Interrogativadverbien*

These words seek further information than a simple yes/no question can obtain:

***Was** möchtest du morgen früh machen?*
What do you want to do tomorrow morning?

***Wie** bist du nach Luxemburg gefahren?*
How did you travel to Luxembourg?

***Wann** kommt der Zug aus Brüssel an?*
When does the train from Brussels arrive?

For further information see section H (Sentence construction).

C4 Adverbs and adverbial phrases of time *Zeitadverbien*

These words and phrases are important to determine the time frame of the sentence (past, present, future):

gestern	yesterday
morgen	tomorrow
vor zwei Jahren	two years ago
heute	today
am Abend	in the evening
letzte Woche	last week
in drei Jahren	in three years

***Gestern** bin ich nach Straßburg gefahren.*
Yesterday I went to Strasbourg.

*Wir sehen **am Abend** fern.*
We watch television in the evening.

*Wir gehen **in drei Jahren** auf die Uni.*
We are going to university in three years.

C5 Adverbs of place *Ortsadverbien*

Adverbs of place tell you **where** something happens.

*Mein Bruder wohnt in Stuttgart. Es gibt **dort** viel Verkehr.*
My brother lives in Stuttgart. There is a lot of traffic there.

***Draußen** schneit es!*
It's snowing outside!

Other examples of adverbs of place are:

da	there
hier	here
hinten links	back left, behind on the left
überall	everywhere
unten	underneath, below

C6 Adverbs and adverbial phrases for degrees of certainty *Adverbialphrasen*

Apart from expressing time, adverbs (and adverbial phrases) can express degrees of certainty or uncertainty.

*Wir trinken **jeden Tag** zwei Liter Wasser.*
We drink two litres of water every day.

*Sie bekommen **vielleicht** einen wichtigen Brief von meinen Eltern.*
You will perhaps receive an important letter from my parents.

*Ich fahre **meistens** mit dem Bus.*
I travel mostly by bus.

*Er nimmt **wahrscheinlich** die Straßenbahn zur Stadtmitte.*
He is probably taking the tram to the town centre.

GRAMMATIK

C7 Comparative and superlative adverbs *Komparativ- und Superlativadverbien*

Comparative and superlative adjectives can be used adverbially:

*Er spricht **besser** Deutsch.*
He speaks German better.

*Wir spielen **am liebsten** Golf.*
We like playing golf best.

*Sie spricht **leiser** am Telefon.*
She speaks more quietly on the telephone.

Gern is an exception, as seen in section C2.

These adverbs have irregular forms, too:

bald – eher – am ehesten	soon
gut – besser – am besten	good
nah – näher – am nächsten	near
viel – mehr – am meisten	much, many

D Pronouns *Pronomen*

A pronoun is a word that replaces a noun: a person, animal, thing or idea.

D1 Personal pronouns *Personalpronomen*

German pronouns change according to their case.

	Nom	Acc	Dat
I	ich	mich	mir
you (informal)	du	dich	dir
he, it	er	ihn	ihm
she, it	sie	sie	ihr
it	es	es	ihm
we	wir	uns	uns
you (informal)	ihr	euch	euch
they	sie	sie	ihnen
you (polite)	Sie	Sie	Ihnen

Subject pronouns are used instead of the subject of the verb, when you already know what that subject is. They are therefore always in the **nominative** case. In the following example the subject of the first sentence (*der Mann*) is replaced by the subject pronoun *er* in the second sentence.

Wo wohnt der Mann?
Where does the man live?

Er wohnt in Zürich.
He lives in Zurich.

Personal pronouns are used in the **accusative** case in two situations:

- instead of the direct object of the verb when you already know who or what is being referred to

Wie findest du deine neue Nachbarin?
How do you like your new neighbour?

*Ich finde **sie** sympathisch.*
I think she is nice.

- following prepositions that take the accusative

Das Buch ist für Peter.
The book is for Peter.

*Es ist ein Geschenk für **ihn**.*
It is a present for him.

Personal pronouns are used in the **dative** case in these situations:

- to replace the indirect object of the verb when you already know who or what is being indirectly referred to

*Johann hilft **seinen Freunden** im Garten.*
Johann is helping his friends in the garden.

*Er baut **ihnen** ein Gewächshaus.*
He is building a greenhouse for them.

- following prepositions that take the dative

*Frederick verbringt das Wochenende mit **seinem Onkel**.*
Frederick is spending the weekend with his uncle.

*Er angelt mit **ihm**.*
He is going fishing with him.

D2 Modes of address *Anredeformen*

Use *du* to address one person you know well, such as a close family member or friend.

Use *Sie* to address one person or more whom you do not know well or with whom you are on polite rather than friendly terms. *Sie* can be used professionally or to an adult whom you have only just met.

Use *ihr* to address more than one person you know well. This could be several family members or classmates.

***Vati**, willst **du** am Wochenende Tennis spielen?*
Dad, do you want to play tennis this weekend?

***Herr Meyer**, haben **Sie** meine Hausaufgaben bekommen?*
Mr Meyer, have you received my homework?

***Peter und Simone**, geht **ihr** heute Abend ins Kino?*
Peter and Simone, are you going to the cinema this evening?

231

GRAMMATIK

D3 Reflexive pronouns *Reflexivpronomen*

Reflexive pronouns are used with reflexive verbs. A reflexive verb is one where the person doing the action does it to himself/herself. Most reflexive verbs have pronouns in the accusative case, as in this example. *Sich waschen* means 'to wash (oneself)':

ich	wasche **mich**	wir	waschen **uns**
du	wäschst **dich**	ihr	wascht **euch**
er/sie/es/man	wäscht **sich**	Sie/sie	waschen **sich**

Some verbs are used reflexively in the dative case. The dative pronouns differ from the accusative pronouns only in the *ich* and *du* forms.

*Ich putze **mir** die Zähne.*
I clean my teeth.

*Du wäschst **dir** die Haare.*
You wash your hair.

D4 Relative pronouns *Relativpronomen*

Relative pronouns ('that', 'who', 'which' etc.):

- introduce relative clauses
- send the verb to the end of the clause
- agree in number and gender with the noun to which they refer
- are preceded by a comma

The grammatical case of the relative pronoun depends on its role within the relative clause. It takes its number and gender from the noun it refers to. We can join the following two sentences with a relative pronoun:

Der Mann heißt Walter. Er spielt gut Tennis.
The man is called Walter. He plays tennis well.

*Der Mann, **der** gut Tennis spielt, heißt Walter.*
The man who plays tennis well is called Walter.

or

*Der Mann, **der** Walter heißt, spielt gut Tennis.*
The man who is called Walter plays tennis well.

The relative clauses *der gut Tennis spielt* and *der Walter heißt* cannot stand on their own. They simply tell us more about the man.

The relative pronouns are as follows:

	m	f	n	pl
Nom	der	die	das	die
Acc	den	die	das	die
Gen	dessen	deren	dessen	deren
Dat	dem	der	dem	denen

The relative pronoun can be missed out in English but not in German.

The book (**that**) I bought was boring.
*Das Buch, **das** ich gekauft habe, war langweilig.*

The television (**that**) I bought is too small.
*Der Fernseher, **den** ich gekauft habe, ist zu klein.*

Was is also used as a relative pronoun, but unlike the above, it does not change. It is used after indefinite pronouns such as *alles, viel, nichts* and all superlatives.

*Das ist das Beste, **was** ich gesehen habe.*
It is the best that I have seen.

D5 Independent possessive pronouns *Possessivpronomen als Ersatz*

The forms for these are the same as for *dieser/jener* (see section B4).

*Dein Kuli ist schwarz. **Unserer** ist blau.*
Your biro is black. Ours is blue.

*Du hast deine Jacke. Hast du **ihre** gesehen?*
You have your jacket. Have you seen hers?

*Dein Buch ist langweilig. **Meines** ist interessanter.*
Your book is boring. Mine is more interesting.

D6 Indefinite pronouns *Indefinitpronomen*

These pronouns are used for more general or vague subjects, rather than specific pronouns such as 'I' or 'he', for example:

jemand	someone
etwas	something
man	one, you (meaning people generally)
nichts	nothing

***Jemand** hat meinen Bleistift genommen.*
Someone has taken my pencil.

***Man** soll in der Schule ein weißes Hemd tragen.*
You are supposed to wear a white shirt at school.

***Nichts** ist unmöglich.*
Nothing is impossible.

D7 Emphatic pronouns *Emphatische Pronomen*

Selbst or *selber* mean 'myself', 'yourself', 'himself' etc. These words are added to give emphasis. No agreement is needed. They can be used with reflexive verbs and in any person.

*Die Arbeit ist leicht. Ich mache sie **selber**.*
The work is easy. I am doing it myself.

*Ich habe das Mittagessen **selbst** vorbereitet.*
I prepared lunch myself.

D8 Demonstrative pronouns
Demonstrativpronomen

Demonstrative pronouns *diese-* und *jene-* are used when referring to something which has already been defined. The demonstrative pronouns must be changed according to gender and case.

Ich habe zwei Bücher: **Dieses** *ist spannend, aber* **jenes** *ist sehr langweilig.*
I have got two books: This one is gripping but that one is very boring.

Du solltest **diesen** *Rock tragen.* **Jener** *ist zu klein.*
You should wear this skirt. That one is too small.

	m	f	n	pl
Nom	*dieser*	*diese*	*dieses*	*diese*
Acc	*diesen*	*diese*	*dieses*	*diese*
Gen	*dieses*	*dieser*	*dieses*	*dieser*
Dat	*diesem*	*dieser*	*diesem*	*diesen*

Derjenige (the one/that one) is written as one word but both parts must change according to gender and case (see the table below). It is frequently used with a relative clause.

Es sind viele Kinder hier. **Dasjenige**, *das einen blauen Pulli trägt, ist das Geburtstagskind.*
There are lots of children here. The one wearing the blue jumper is the birthday child.

Ich möchte zwei Bleistifte kaufen. Ich nehme **diejenigen** *mit dem Radiergummi am Ende.*
I would like to buy two pencils. I'll take the ones with the rubbers on the end.

	m	f	n	pl
Nom	*derjenige*	*diejenige*	*dasjenige*	*diejenigen*
Acc	*denjenigen*	*diejenige*	*dasjenige*	*diejenigen*
Gen	*desjenigen*	*derjenigen*	*desjenigen*	*derjenigen*
Dat	*demjenigen*	*derjenigen*	*demjenigen*	*denjenigen*

E Prepositions *Präpositionen*

Prepositions are words such as 'in', 'under', 'until', 'without'. They are usually placed before a noun or pronoun and show the relationship between that noun or pronoun and the rest of the sentence.

E1 Single-case prepositions + accusative *Präpositionen mit dem Akkusativ*

These prepositions are always followed by the accusative case:

für	for
um	around
durch	through
gegen	against
entlang	along (stands after the noun)
bis	until
ohne	without
wider	against

Das Geschenk ist für **meine Freundin.**
The present is for my girlfriend.

To help you remember the above list of prepositions, remember the nonsense word **fudgebow** (f = *für*, u = *um* etc.). All of them are placed before the noun, except *entlang*, which is placed after.

Ich gehe **den Fluss** *entlang.*
I walk along the river.

E2 Single-case prepositions + dative *Präpositionen mit dem Dativ*

These prepositions are always followed by the dative case:

ab	from
aus	from, out of
außer	except for
bei	at
gegenüber	opposite
mit	with
nach	after, to
seit	since
von	from
zu	to

Nach *der Schule gehe ich schwimmen.*
After school I go swimming.

Er kommt aus dem Geschäft.
He comes out of the shop.

Shortened forms:

zu dem – **zum**	*zu der* – **zur**
bei dem – **beim**	*von dem* – **vom**

GRAMMATIK

E3 Dual-case prepositions + either accusative or dative
Wechselpräpositionen

Some prepositions can be followed by either the accusative or the dative. The accusative is used to show movement towards a place; the dative is used to show rest or position at a place.

an	at, on (vertical things)
auf	on (horizontal things)
hinter	behind
in	in, into
neben	next to
über	over, above, across
unter	under, among
vor	in front of
zwischen	between

Accusative: *Ich gehe **in das** Haus.*
I go into the house.

Dative: *Wir wohnen **in dem** Doppelhaus.*
We live in the semi-detached house.

Accusative: *Er hängt das Bild **an die** Wand.*
He hangs the picture on the wall.

Dative: *Das Bild hängt **an der** Wand.*
The picture hangs on the wall.

Shortened forms:

in das – **ins**   in dem – **im**
an das – **ans**   an dem – **am**

E4 Prepositions + genitive *Präpositionen mit dem Genitiv*

Some prepositions take the genitive case. These often have 'of' in their English translation, such as 'because of', and include:

außerhalb	outside	während	during
statt	instead of	wegen	because of
trotz	in spite of		

*Er wohnt **außerhalb** der Stadt.*
He lives outside of the town.

***Trotz** seines ausgezeichneten Aufsatzes hat er nicht den Preis gewonnen.*
Despite his excellent essay, he did not win the prize.

E5 Preposition and article combined
Verschmelzung von Präposition und bestimmtem Artikel

It is possible to combine certain prepositions and the definite article to make a single word.

*Ich warte **an dem** Bahnhof.* → *Ich warte **am** Bahnhof.*
I am waiting at the station.

*Ich gehe **zu der** Post.* → *Ich gehe **zur** Post.*
I am going to the Post Office.

*Wir gehen oft **in das** Kino.* → *Wir gehen oft **ins** Kino.*
We often go to the cinema.

Other frequent combinations are:

an das → ans	in dem → im
auf das → aufs	von dem → vom
bei dem → beim	zu dem → zum
für das → fürs	

E6 'Da(r)-' with prepositions *'Da(r)-' mit Präpositionen*

A number of prepositions are followed by a pronoun only when that pronoun refers to a person rather than a thing.

*Da kommt meine Mama. Ich fahre **mit ihr** in die Stadt.* (person)
Here comes my mum. I am going into town with her.

When referring to things, a compound with *da-* is used instead.

*Hier ist mein Fahrrad. Ich fahre **damit** in die Stadt.* (thing)
Here's my bike. I am going into town on it.

*Er hat sich einen neuen Stift gekauft und er schreibt jetzt viele Briefe **damit**.*
He bought himself a new pen and now he is writing lots of letters with it.

Examples of prepositions which can be used with *da-* are: an, für, in, mit, neben, über, von, zwischen.

*Meine Schwester liest viel über Kanada. Sie interessiert sich sehr **dafür**.*
My sister reads a lot about Canada. She is very interested in it.

If the preposition starts with a vowel, an *-r* is added to *da*, e.g. *darüber* as this makes it easier to pronounce.

*Ich suche meine Schultasche. Mein Lineal ist **darin**.*
I'm looking for my school bag. My ruler is in it.

F Verb tenses *Zeitformen des Verbs*

Verbs are 'doing' words: they describe actions. The form of the verb depends on:

- the person or thing doing the action; this is the subject of the verb and could be a noun or a pronoun. You must use the correct verb ending for each different noun/pronoun.
- when the action happens; this is known as the **tense**.

F1 Present tense *Das Präsens*

Use this tense to talk about things that are happening now or about what happens every day or regularly.

Weak or regular verbs

All weak or regular verbs behave like *wohnen* (to live). First find the infinitive (e.g. *wohnen*) and take off the **-en** to give the stem **wohn-**. Then add the endings shown in bold below:

wohnen

ich	wohn**e**	wir	wohn**en**
du	wohn**st**	ihr	wohn**t**
er/sie/es/man	wohn**t**	Sie/sie	wohn**en**

Strong or irregular verbs

A few verbs are **strong** or **irregular verbs**. They are irregular in more forms than the *du* and *er/sie/es/man* forms, e.g. *sein* (to be). This is an important verb and you must learn it.

sein

ich	bin	wir	sind
du	bist	ihr	seid
er/sie/es/man	ist	Sie/sie	sind

Mixed verbs

Some verbs are known as **mixed** verbs. These verbs change the stem, usually in the *du* and *er/sie/es/man* forms only. Look at *haben* (to have) below:

haben

ich	habe	wir	haben
du	**hast**	ihr	habt
er/sie/es/man	**hat**	Sie/sie	haben

Modal verbs

There is a small group of six verbs known as **modals**. You usually use modal verbs together with another verb that is in the infinitive and which goes at the end of the sentence. The six modals are:

dürfen (may/to be allowed to)

ich	darf	wir	dürfen
du	darfst	ihr	dürft
er/sie/es/man	darf	Sie/sie	dürfen

können (can/to be able to)

ich	kann	wir	können
du	kannst	ihr	könnt
er/sie/es/man	kann	Sie/sie	können

mögen (to like to)

ich	mag	wir	mögen
du	magst	ihr	mögt
er/sie/es/man	mag	Sie/sie	mögen

müssen (must/to have to)

ich	muss	wir	müssen
du	musst	ihr	müsst
er/sie/es/man	muss	Sie/sie	müssen

sollen (should/ought to)

ich	soll	wir	sollen
du	sollst	ihr	sollt
er/sie/es/man	soll	Sie/sie	sollen

wollen (to want to)

ich	will	wir	wollen
du	willst	ihr	wollt
er/sie/es/man	will	Sie/sie	wollen

*Ich **muss** mit dem Zug nach Berlin fahren.*
I have to travel to Berlin by train.

*Er **will** ein neues Auto kaufen.*
He wants to buy a new car.

*Du **kannst** hier kaum atmen.*
You can hardly breathe here.

Separable verbs

Separable verbs come in two parts: the prefix and the verb. In the present tense you separate the prefix from the verb and put the prefix at the end of the sentence. The verb is the second element (see section H1).

Look at these sentences:

***ab**waschen – Ich wasche jeden Tag **ab**.*
I wash up every day.

***auf**räumen – Sie räumt ihr Zimmer nie **auf**.*
She never tidies her room.

***ein**kaufen – Mein Vater kauft gern **ein**.*
My father likes to go shopping.

***fern**sehen – Jeden Abend sehen wir zwei Stunden **fern**.*
We watch television for two hours every evening.

In a dictionary (or glossary) the prefix is always listed first, so you would look for *abwaschen* under 'a'.

GRAMMATIK

F2 Imperative *Der Imperativ*

In German you use the imperative form of the verb when you want to give instructions or orders. It is formed from the present tense. The imperative of the polite form *Sie* is the same as the present tense but you place the *Sie* after the verb. For example:

Gehen Sie geradeaus.
Go straight on.

Nehmen Sie die zweite Straße links.
Take the second road on the left.

Beruhigen Sie sich.
Calm down.

To make the imperative of the *du* form, take off the **-(e)st** of the present tense:

gehen: du gehst
Geh geradeaus.

nehmen: du nimmst
Nimm die erste Straße rechts.

An important exception is *sein*. For example:

Sei still!   Be quiet!

The imperative *ihr* form is the *ihr* form of the verb without the pronoun. For example:

Atmet tief **ein**!   Breathe deeply.

With reflexive verbs you must remember to include the appropriate reflexive pronoun in the imperative:

sich setzen: ihr setzt euch → Setzt euch!

sich hinlegen: du legst dich hin → Leg dich hin!

Sometimes the infinitive is used to give commands, such as those on official signs:

Bitte **ziehen**.   Please pull. [on a door]

Auf spielende Kinder **achten**!   Watch out for children playing. [on a road sign]

F3 Perfect tense *Das Perfekt*

The perfect tense is used to talk about what happened in the past and is now finished. It is made up of two parts:

1 the **auxiliary,** i.e. the correct form of either haben or sein
2 the **past participle,** which goes at the end of the sentence

Regular past participles

To form the past participle of a **regular** verb:

- Take the infinitive, e.g. kaufen.
- Remove the **-en** at the end and add **-t**.
- Add **ge-** to the beginning of the word.

For example, the past participle of *kaufen* is *gekauft*. The past participle **always** stays the same.

Verbs with a stem ending in **-t**, such as *arbeiten*, add an extra **-e** in the past participle so that they can be pronounced more easily: ge*arbeit***e**t.

Irregular past participles

Irregular past participles still have **ge-** at the beginning but end in **-en** rather than **-t**:

infinitive = geben   past participle = ge*geb***en**

Sometimes the vowel changes as well:

infinitive = trinken   past participle = ge*tr***u**nk**en**

Refer to the verb table (pages 244–47) to find the correct forms of irregular past participles.

Verbs with inseparable prefixes or that end in *-ieren*

Verbs that begin with inseparable prefixes (e.g. **be-, emp-, ent-, er-, ver-, zer-**) or that end in **-ieren** do not add **ge-** to form the past participle. The past participles of these verbs just take the ending **-t** (regular verbs) or **-en** (irregular verbs):

telefonieren – telefonier**t**

besuchen – besuch**t**

empfehlen – empfohl**en**

Auxiliary: *haben* or *sein*

Most verbs form the perfect tense with *haben*:

Ich **habe** ein T-Shirt **gekauft**.
I have bought a T-shirt.

Du **hast** zu viel Schokolade **gegessen**.
You have eaten too much chocolate.

Er **hat** einen Schlüssel **gefunden**.
He found a key.

However, the following verbs form the perfect tense with *sein*:

- verbs of movement, e.g. gehen, fliegen, fahren
- verbs indicating a change of state e.g. aufwachen (to wake up), einschlafen (to go to sleep), werden (to become)
- bleiben (to stay)

Ich **bin** nach Hause **gegangen**.
I went home.

Wir **sind** nach Amerika **geflogen**.
We flew to America.

Er **ist** mit dem Auto **gefahren**.
He travelled by car.

Bist du zu Hause **geblieben**?
Did you stay at home?

Separable verbs in the perfect tense

With separable verbs the **ge-** goes after the separable prefix:

Ich bin um 8 Uhr aufgewacht.
I woke up at 8 o'clock.

Wir haben den Tisch abgeräumt.
We cleared the table.

Inseparable verbs in the perfect tense

Some verbs have a prefix that is inseparable. The prefix therefore remains on the front of the past participle and **ge-** is not added. Examples of inseparable prefixes include **be-**, **emp-**, **ent-**, **er-**, **ver-** and **zer-**.

An meinem Geburtstag habe ich Geld bekommen.
On my birthday I received money.

Das kann Probleme vermindern / vermehren.
That can reduce / increase problems.

F4 Imperfect tense *Das Imperfekt*

The imperfect tense is used to describe past events or situations that are now finished. Except for some common verbs, it is not usually used in speech.

Regular (weak) verbs in the imperfect tense

Take the infinitive of the verb (e.g. *machen*), remove the **-en** (*mach-*) and add the endings shown in bold below:

ich	mach**te**	wir	mach**ten**
du	mach**test**	ihr	mach**tet**
er/sie/es/man	mach**te**	Sie/sie	mach**ten**

Note that *ich arbeite* becomes *ich arbeitete*.

Irregular (strong) verbs in the imperfect tense

These verbs have set stems to which the following endings are added:

geben

ich	gab	wir	gab**en**
du	gab**st**	ihr	gab**t**
er/sie/es/man	gab	Sie/sie	gab**en**

Look at the verb table on pages 244–47 to find the imperfect tense stems for other irregular (strong) verbs.

Mixed verbs

These are weak or regular verbs that have a different stem in the imperfect tense from the one used in the present tense. These different stems can be found by looking in the imperfect column in the verb table on pages 244–47.

When you have found the irregular imperfect stem, add the regular endings. For example:

denken

ich	dach**te**	wir	dach**ten**
du	dach**test**	ihr	dach**tet**
er/sie/es/man	dach**te**	Sie/sie	dach**ten**

Common irregular verbs used in the imperfect in speech

sein (to be)

haben (to have)

ich	hatte	wir	hatte**n**
du	hatte**st**	ihr	hatte**t**
er/sie/es/man	hatte	Sie/sie	hatte**n**

Modal verbs in the imperfect tense

Modal verbs are frequently used in the imperfect in spoken German. For example:

können

ich	konn**te**	wir	konn**ten**
du	konn**test**	ihr	konn**tet**
er/sie/es/man	konn**te**	Sie/sie	konn**ten**

Note that the imperfect tense of **können** means 'could' as in 'was able to' (i.e. in the past). To say 'could' as in 'would be able to', use the imperfect subjunctive of **können** (see F7).

F5 Pluperfect tense *Das Plusquamperfekt*

The pluperfect expresses something that had happened before another event in the past that is being talked about. To form the pluperfect tense, use the imperfect tense of *haben* or *sein* together with the relevant past participle.

The rules about whether to use *haben* or *sein* are the same as in the perfect tense (see section F3).

ich	hatte gegessen	wir	hatten gegessen
du	hattest gegessen	ihr	hattet gegessen
er/sie/es/man	hatte gegessen	Sie/sie	hatten gegessen

ich	war gekommen	wir	waren gekommen
du	warst gekommen	ihr	wart gekommen
er/sie/es/man	war gekommen	Sie/sie	waren gekommen

Ich hatte meine Hausaufgaben schon gemacht, als mein Freund ankam.
I had already done my homework when my friend arrived.

GRAMMATIK

F6 Future tense *Das Futur*

In German, as in English, the present tense is often used to express future ideas if a future time phrase is included:

Ich fahre nächste Woche nach Berlin.
I'm going to Berlin next week.

To form the future tense, use the correct form of the present tense of *werden* plus the infinitive of the relevant verb. The infinitive goes at the end of the sentence. Here is the present tense of *werden*:

ich	werde	wir	werden
du	wirst	ihr	werdet
er/sie/es/man	wird	Sie/sie	werden

Ich werde in einem Büro arbeiten.
I shall/will work in an office.

Er wird nächste Woche nach Berlin fahren.
He will go to Berlin next week.

If the future tense is being used in a subordinate clause, the *werden* part is last:

Er denkt, dass ich morgen Fußball spielen werde.
He thinks that I will play football tomorrow.

F7 Conditional *Der Konjunktiv*

The conditional expresses the idea of 'would'. It is used to talk about actions that depend on certain conditions being fulfilled. The easiest way to express what you 'would do' is to use the conditional. It is formed by combining the appropriate form of *würde* with the relevant infinitive (which goes at the end of the sentence):

ich würde mehr Rad fahren

du würdest in der Schweiz wohnen

er/sie/es/man würde an der Uni studieren

wir würden mehr Rad fahren

ihr würdet in der Schweiz wohnen

sie würden an der Uni studieren

Sie würden an der Uni studieren

Würden is the **imperfect subjunctive** form of the verb *werden*. For some common verbs, you do not need to use *würden* as they have their own imperfect subjunctive forms. These have the same endings as *würden* (shown above), but the stem for each verb is irregular:

Ich wäre reich.
I would be rich.

Ich hätte ein großes Haus.
I would have a large house.

Ich könnte mit dem Rad fahren.
I could (= would be able to) travel by bike.

Ich möchte im Ausland arbeiten.
I would like to work abroad.

Ich sollte früh ins Bett gehen.
I should go to bed early

Note that the imperfect subjunctive form *könnte* means 'could' as in 'would be able to', whereas the imperfect tense form *konnte* means 'could' as in 'was able to'.

The conditional is often used with the subordinating conjunction *wenn* (if) (see also section H4).

Wenn ich viel Geld hätte, würde ich eine Weltreise machen.
If I had lots of money, I would go on a world tour.

Ich würde in Frankreich wohnen, wenn ich Französisch sprechen könnte.
I would live in France if I could speak French.

G Verb usage *Verben verwenden*

G1 Impersonal verbs *Unpersönliche Verben*

These verbs do not refer to any person or thing in particular. They are often used in set phrases or idioms, for example:

- weather expressions (*es regnet, es schneit, es friert* etc.)
- *gefallen, schmecken*: *Ich kaufe oft Brot. Es schmeckt mir gut.*
- *es gibt* + accusative: *Es gibt einen Dom in Köln.*
- *es ist mir kalt/warm/schwindlig/übel*
- *es tut mir leid*
- *es freut mich*
- *es geht (nicht) es geht (mir/ihr* etc.) *gut/schlecht/besser*: *Es geht mir gut, aber meiner Schwester geht es schlecht.*

G2 Infinitive constructions *Infinitivsätze*

The infinitive can be used in the following ways:

- to form the future or conditional:

Ich werde mit dem Bus fahren.
I will travel by bus.

Wir würden uns in Spanien sonnen.
We would sunbathe in Spain.

- after modal verbs:

Sie muss gesündere Gerichte essen.
She must eat healthier dishes.

Er will auf dem Land wohnen.
He wants to live in the countryside.

- with *gehen*:

GRAMMATIK

*Ich gehe **schwimmen**.*
I go swimming.

- with *zu*:

*Es ist nicht erlaubt, Kaugummi in die Schule **zu bringen**.*
It is forbidden to bring chewing gum into school.

- with *um…zu* and *ohne…zu* (see below):

*Wir duschen, **um** Wasser **zu sparen**.*
We have a shower in order to save water.

- with *lassen*:

*Er **lässt** sich die Haare **schneiden**.*
He has his hair cut.

- with *Könntest du/Könnten Sie*:

*Könnten Sie mir das Buch **reichen**, bitte?*
Please could you pass me the book?

Um…zu and ohne…zu
To say 'in order to…' you use the construction *um…zu* plus the infinitive at the end of the clause. There is a comma before *um*.

*Jan fährt nach Zürich, **um** seine Großmutter **zu** besuchen.*
Jan is travelling to Zurich in order to visit his grandmother.

Ohne…zu means 'without…'. There is a comma before *ohne* and the infinitive goes at the end of the clause:

*Meine Mutter hat den Urlaub gebucht, **ohne** meinen Vater **zu** fragen.*
My mother has booked the holiday without asking my father.

G3 Seit and schon

Seit means 'for' or 'since'. If the situation that is being talked about is still going on, the present tense is used in German (whereas the past tense is used in English). If *seit* is followed by a noun, the dative case must be used. *Schon* means 'already'.

*Ich wohne hier **seit** 2004.*
I have lived here since 2004.

*Ich lerne **seit** drei Jahren Deutsch.*
I have been learning German for three years.

*Ich wohne **schon seit** meiner Geburt in Mannheim.*
I have lived in Mannheim since my birth.

*Wir fuhren **schon** seit zehn Jahren nach Frankreich, als ich endlich Paris besuchte.*
We had been going to France for ten years before I finally visited Paris.

G4 Negative constructions *Negation*

Nicht
Nicht means 'not' and tends to go directly after the verb in the present tense.

*Mein Bruder ist **nicht** freundlich.*
My brother is not friendly.

*Ich gehe **nicht** ins Kino.*
I'm not going to the cinema.

Nie
Nie means 'never'.

*Wir kochen **nie** fettiges Essen.*
We never cook greasy food.

Kein
Kein means 'no', 'not a' or 'not any'. It agrees with the noun that comes after it. (See section A5 for information about agreement.)

*Ich bin Vegetarierin und ich esse **kein** Fleisch.*
I am a vegetarian and I do not eat meat.

*Er hat **kein** Geld.*
He has not got any money.

Nichts
Nichts means 'nothing' or 'not anything'. If you add *gar* or *überhaupt* in front of *nichts*, it means 'nothing at all'.

*Er hat **gar nichts** berührt.*
He touched nothing at all.

Niemand
Niemand means 'no one' and, as it is a pronoun, takes endings in the accusative and dative cases:

***Niemand** erklärt mir die Situation.*
No one explains the situation to me.

*Ich habe **niemanden** im Supermarkt getroffen.*
I did not meet anyone in the supermarket.

G5 Passive voice and how to avoid it
Das Passiv und wie man es vermeidet

The passive voice is used when the subject of the verb is not carrying out the action but is on the receiving end of it. The subject carrying out the action is often missing completely, but when it is included, it is introduced by *von* + dative. To form the passive voice, use *werden* as the auxiliary plus the past participle of the verb:

*Die Bücher **werden gekauft**.*
The books are bought.

*Die Frau **wird** von dem Jungen **gesehen**.*
The woman is seen by the boy.

*Viele Politiker **werden** im Fernsehen **interviewt**.*
Many politicians are interviewed on television.

The passive voice is less common in German than in English. A common way of avoiding the passive is the use of *man*:

***Man** sieht die Frau.*
The woman is seen. (literally 'one sees the woman')

***Man** interviewt viele Politiker.*
Many politicians are interviewed. (literally 'one interviews many politicians')

GRAMMATIK

H Sentence construction *Satzbau*

H1 Main clauses *Hauptsätze*

In German the verb must always be the **second idea** in the clause or sentence:

*Wir **fahren** am Mittwoch in die Stadt.*
We travel into the town on Wednesday.

Sometimes you might want to stress a particular piece of information by putting it at the beginning of the sentence, but the verb must always be the second idea (not necessarily the second word, but the second idea):

*Am Mittwoch **fahren** wir in die Stadt.*
On Wednesday we travel into the town.

This leads to inversion of the subject (*wir*) and verb (*fahren*).

H2 Time, manner, place
Wann, wie, wo

When you mention **when** (time), **how** (manner) and **where** (place) you do something in a sentence, the order they take is:

time - **manner** - **place**

Wir fahren am Mittwoch mit dem Bus in die Stadt.
We travel on Wednesday by bus into the town.

Even if there are only two types of this information in the sentence, the word order still follows this pattern:

Wir fahren am Mittwoch in die Stadt.
We travel on Wednesday into the town.

Wir fahren mit dem Bus in die Stadt.
We travel by bus into the town.

H3 Coordinating conjunctions
Konjunktionen

You can join sentences together by using linking words (conjunctions). The coordinating conjunctions *aber, sondern, und* and *oder* do not change the word order.

Ich spiele Fußball. Ich sehe fern.
I play football. I watch television.

*Ich spiele Fußball **und** ich sehe fern.*
I play football and I watch television.

Er hat eine Schwester. Er hat keinen Bruder.
He has a sister. He has not got a brother.

*Er hat eine Schwester, **aber** er hat keinen Bruder.*
He has a sister but he has not got a brother.

H4 Subordinating conjunctions
Unterordnende Konjunktionen

Subordinating conjunctions (e.g. *dass*) introduce subordinate clauses. A subordinate clause does not make sense on its own and so cannot stand alone: it needs a main clause. Subordinating conjunctions send the verb to the end of the sentence they introduce. Common subordinating conjunctions include:

als	when (in past actions)
bevor	before
damit	so that
dass	that
nachdem	after
obwohl	although
seitdem	since
so dass	so that
während	while
weil	because
wenn	when, if

*Er weiß, **dass** Drogen illegal sind.*
He knows that drugs are illegal.

*Er bleibt zu Hause, **weil** er krank ist.*
He is staying at home because he is ill.

*Ich fahre morgen an die Küste, **wenn** das Wetter schön ist.*
I am going to the coast tomorrow if the weather is fine.

*Sie spart ihr Taschengeld, **damit** sie ein neues Fahrrad kaufen kann.*
She is saving her pocket money so that she can buy a new bicycle.

*Wir haben sofort unsere Hausaufgaben gemacht, **als** wir zu Hause angekommen sind.*
We did our homework straightaway when we got home.

*Wir sind spazieren gegangen, **obwohl** es geregnet hat.*
We went for a walk although it was raining.

You can place the subordinate clause before the main clause. In this case the subordinate clause is the first idea, so the verb in the main clause is the second idea.

*Wenn das Wetter schön ist, **fahre** ich morgen an die Küste.*
If the weather is fine, I am going to the coast tomorrow.

H5 Forming questions *Fragen stellen*

Inversion
You can turn a statement into a question by using inversion. This means rearranging the statement to put the verb first and the subject second.

Du gehst am Samstag ins Kino.
You are going to the cinema on Saturday.

***Gehst du** am Samstag ins Kino?*
Are you going to the cinema on Saturday?

Er hat viele Hausaufgaben.
He has got a lot of homework.

Hat er viele Hausaufgaben?
Has he got a lot of homework? (*or* Does he have…?)

Adding *ja*, *nicht*, *oder*
Adding these words can help to make your German sound more natural:

Du möchtest ins Theater gehen, oder?
You want to go to the theatre, don't you?

Question words
There are three types of question words, and in German most of them begin with *W*:

- interrogative adverbs
- interrogative pronouns
- interrogative adjectives.

Interrogative adverbs
These question words stand on their own at the beginning of a sentence or clause, often immediately before a verb, and do not change their form.

Wann beginnt der Film?
When does the film begin?

Warum macht ihr das?
Why are you doing that?

Was machst du in deiner Freizeit?
What do you do in your free time?

The question word for 'how' is often followed by an adjective.

Wie alt bist du?
How old are you?

Wo wohnst du?
Where do you live? (Where at)

Woher kommst du?
Where do you come from? (Where from)

Wohin gehst du?
Where are you going? (Where to)

Interrogative adjectives
These question words describe nouns. They agree in number, gender and case with the nouns they describe, and usually come just before them (these are explained in more detail in section B6).

Welches Kleid kaufst du?
Which dress are you buying?

Wie viel Taschengeld bekommst du?
How much pocket money do you get?

Interrogative pronouns
These question words refer to people. Their form changes according to their case, i.e. the function of the word 'who' in the sentence.

Nom	Wer?	Who?
Acc	Wen?	Who(m)?
Gen	Wessen?	Whose?
Dat	Wem?	To who(m)?

Wer hat das gesagt?
Who said that?

Wen können wir anrufen?
Who can we phone? (Whom can we phone?)

Wem gehört das?
Who does that belong to? (To whom does that belong?)

Mit wem hast du Fußball gespielt?
Who did you play football with?
(Preposition that takes the dative)

Wessen Schuhe sind unter dem Tisch?
Whose shoes are under the table?

I Numbers, dates, times and quantities
Zahlen, Daten, Uhrzeiten und Mengen

I1 Cardinal numbers *Kardinalzahlen*

0	null	10	zehn
1	eins	11	elf
2	zwei	12	zwölf
3	drei	13	dreizehn
4	vier	14	vierzehn
5	fünf	15	fünfzehn
6	sechs	16	sechzehn
7	sieben	17	siebzehn
8	acht	18	achtzehn
9	neun	19	neunzehn

20	zwanzig	70	siebzig
21	einundzwanzig	80	achtzig
22	zweiundzwanzig	90	neunzig
23	dreiundzwanzig	100	(ein)hundert
24	vierundzwanzig	200	zweihundert
25	fünfundzwanzig	300	dreihundert
30	dreißig	1000	(ein)tausend
40	vierzig	2000	zweitausend
50	fünfzig	3500	dreitausendfünfhundert
60	sechzig		

Zwo can replace *zwei* in Switzerland and on the telephone.

GRAMMATIK

This is how to express years:
- 1791 = siebzehnhunderteinundneunzig
- 1995 = neunzehnhundertfünfundneunzig
- 2008 = zweitausendacht
- 2022 = zweitausendzweiundzwanzig

I2 Ordinal numbers *Ordnungszahlen*

Up to 19th

To make ordinal numbers (first, second, third, fourth etc.) up to 19th, you simply add **-te** to the cardinal number, e.g. *fünf**te**, elf**te**, siebzehn**te***. There are a few exceptions, such as:

erste	first
dritte	third
siebte	seventh
achte	eighth

Ordinal numbers are adjectives that may be used with an article, most often the definite article. In this situation, they have definite article adjective endings (see section B2):

*Er ist der **elfte** Schüler, der zu spät kommt.*
He is the eleventh pupil to arrive late.

*Nehmen Sie **die dritte** Straße links.*
Take the third street on the left.

*Wir wohnen im **zehnten** Stock.*
We live on the tenth floor.

From 20th upwards

To make ordinal numbers from 20th upwards, you must add **-ste** to the cardinal number:

zwanzigste	20th
einunddreißigste	31st
hundertste	100th

I3 Dates *Die Daten*

The months in German are written with a capital letter.

Januar, Februar, März, April, Mai, Juni, Juli, August, September, Oktober, November, Dezember

Ordinal numbers are used for dates in German. When giving dates, if you need to use *am*, you must add *-n* to the ordinal number since *am* takes the dative.

Ich habe am vierundzwanzigsten Juni Geburtstag.
My birthday is on 24 June. (My birthday is on the 24th June.)

This is not required if you are saying what date it is today, as in this case the nominative is used.

Heute ist Dienstag, der fünfte Dezember.
Today is Tuesday 5 December.

Ordinal numbers are frequently written as digits in dates, in which case a full stop is added.

Er hat am 20. Dezember Geburtstag.
His birthday is on 20 December.

I4 Telling the time *Die Uhrzeit lesen*

The 24-hour clock is widely used in German-speaking countries, especially for timetables and appointments.

07:00	*sieben Uhr*
08.10	*acht Uhr zehn*
10:15	*zehn Uhr fünfzehn*
12.05	*zwölf Uhr fünf*
14:30	*vierzehn Uhr dreißig*
17:45	*siebzehn Uhr fünfundvierzig*
24:00	*vierundzwanzig Uhr (null Uhr)*

The 12-hour clock is used in conversation and works in a similar way to the English-speaking version with one noticeable exception: half past the hour is expressed as half TO the next hour.

7:00 a.m.	*sieben Uhr (morgens)*
8.10 a.m.	*acht Uhr zehn*
10:15 a.m.	*Viertel nach zehn*
12:00 p.m.	*zwölf Uhr (mittags), Mittag*
2:30 p.m.	*halb drei*
5.45 p.m.	*Viertel vor sechs*
12.00 a.m.	*zwölf Uhr (nachts), Mitternacht*

Asking and telling the time

Wie spät ist es?
What time is it? (Literally 'How late is it?')

Es ist halb vier.
It is half past three.

Wie viel Uhr ist es?
What time is it?

Es ist zehn vor elf.
It is ten to eleven.

Saying you do something at a certain time

Ich mache meine Hausaufgaben um sechs Uhr abends.
I do my homework at six o'clock in the evening.

GRAMMATIK

15 Days of the week *Wochentage*

These are written with a capital letter in German.

Montag, Dienstag, Mittwoch, Donnerstag, Freitag, Samstag, Sonntag

To refer to an activity on a particular day, use the preposition *am* (short for *an dem*). In this case the day starts with a capital letter.

Am Samstag gehen wir in die Stadt.
On Saturday we are going into town.

To refer to an activity that takes place regularly add an **-s** to the day and use a small letter.

Dienstags spiele ich Fußball und donnerstags lerne ich Klavier.
On Tuesdays I play football, and on Thursdays I learn the piano.

16 Quantities, weights and measures *Mengen, Maße und Gewichte*

When you ask for a quantity of something in German, you do not need the word for 'of'.

ein Stück Kuchen
a piece of cake

ein Glas Milch
a glass of milk

eine Portion Pommes
a portion of chips

eine Flasche Orangensaft
a bottle of orange juice

eine Packung Kekse
a packet of biscuits

ein Paar Socken
a pair of socks

Similarly, the word for 'of' is not needed when you are talking about weights or amounts of liquid.

hundert Gramm Käse
a hundred grammes of cheese

ein Kilo Äpfel
a kilo of apples

ein Liter Wasser
a litre of water

J Points of the compass *Himmelsrichtungen*

The points of the compass are all masculine in German.

der Norden the North

der Süden the South

der Westen the West

der Osten the East

This means that if you want to say 'in the North' you need to start with *im* (short for *in dem*).

Es ist sonnig im Süden.
It is sunny in the South.

The compass points can be joined together to give more precise directions.

der Nordwesten, der Nordosten, der Südwesten, der Südosten

The compass points can also be used as a prefix for countries.

Wir fahren nach Norddeutschland.
We are travelling to North Germany.

Sie kommt aus Westfrankreich.
She comes from the west of France.

To say someone comes from the middle of a country, use *in der Mitte*, or use *mittel–* as a prefix.

– *Wohnst du in West- oder Ostösterreich?*

– *Nein, ich wohne in der Mitte.*

– *Ich wohne auch in Mittelösterreich, in Liezen.*

– Do you live in the North or the South of Austria?

– No, I live in the middle.

– I also live in the middle of Austria, in Liezen.

GRAMMATIK

K Verb table *Die Verben*

* denotes verbs that take *sein* in the perfect and pluperfect tenses

Infinitive	Present	Imperfect	Past participle	English
abschreiben	schreibt ab	schrieb ab	abgeschrieben	to copy
anfangen	fängt an	fing an	angefangen	to begin, start
angeln	angelt	angelte	geangelt	to fish
anhalten	hält an	hielt an	angehalten *	to stop
ankommen	kommt an	kam an	angekommen *	to arrive
anrufen	ruft an	rief an	angerufen	to phone
anziehen (sich)	zieht an	zog an	angezogen	to put on (clothes)
arbeiten	arbeitet	arbeitete	gearbeitet	to work
aufhören	hört auf	hörte auf	aufgehört	to stop, finish
aufstehen	steht auf	stand auf	aufgestanden *	to get up
aufwachen	wacht auf	wachte auf	aufgewacht *	to wake up
ausgeben	gibt aus	gab aus	ausgegeben	to spend (money)
austauschen	tauscht aus	tauschte aus	ausgetauscht	to exchange
bearbeiten	bearbeitet	bearbeitete	bearbeitet	to work on
bedienen	bedient	bediente	bedient	to serve
beeinflussen	beeinflusst	beeinflusste	beeinflusst	to influence
befinden (sich)	befindet	befand	befunden	to be situated
beginnen	beginnt	begann	begonnen	to begin
bekommen	bekommt	bekam	bekommen	to get, receive
benutzen	benutzt	benutzte	benutzt	to use
besichtigen	besichtigt	besichtigte	besichtigt	to visit (a place), to view
bestellen	bestellt	bestellte	bestellt	to order
besuchen	besucht	besuchte	besucht	to visit
bieten	bietet	bot	geboten	to offer
bleiben	bleibt	blieb	geblieben *	to stay
brauchen	braucht	brauchte	gebraucht	to need
brechen	bricht	brach	gebrochen	to break
bringen	bringt	brachte	gebracht	to bring
dauern	dauert	dauerte	gedauert	to last
denken	denkt	dachte	gedacht	to think
durchfallen	fällt durch	fiel durch	durchgefallen *	to fail (exam)
dürfen	darf	durfte	gedurft	to be allowed to
einkaufen	kauft ein	kaufte ein	eingekauft	to shop
erfahren	erfährt	erfuhr	erfahren	to experience, to learn (a fact)
erleben	erlebt	erlebte	erlebt	to experience
erwarten	erwartet	erwartete	erwartet	to expect
erzählen	erzählt	erzählte	erzählt	to tell, to narrate
essen	isst	aß	gegessen	to eat

GRAMMATIK

Infinitive	Present	Imperfect	Past participle	English
fahren	fährt	fuhr	gefahren *	to go, travel
fallen	fällt	fiel	gefallen *	to fall
fangen	fängt	fing	gefangen	to catch
feiern	feiert	feierte	gefeiert	to celebrate
finden	findet	fand	gefunden	to find
fliegen	fliegt	flog	geflogen *	to fly
fragen	fragt	fragte	gefragt	to ask
fühlen	fühlt	fühlte	gefühlt	to feel
geben	gibt	gab	gegeben	to give
gebrauchen	gebraucht	gebrauchte	gebraucht	to use
gehen	geht	ging	gegangen *	to go
gehören	gehört	gehörte	gehört	to belong to
gelingen	gelingt	gelang	gelungen *	to succeed, to manage
genießen	genießt	genoss	genossen	to enjoy
gewinnen	gewinnt	gewann	gewonnen	to win
glauben	glaubt	glaubte	geglaubt	to believe
haben	hat	hatte	gehabt	to have
halten	hält	hielt	gehalten	to stop, to hold
hängen	hängt	hing	gehangen	to hang
helfen	hilft	half	geholfen	to help
hineingehen	geht hinein	ging hinein	hineingegangen *	to go in, to enter
hoffen	hofft	hoffte	gehofft	to hope
hören	hört	hörte	gehört	to hear, listen to
kaufen	kauft	kaufte	gekauft	to buy
kennen	kennt	kannte	gekannt	to know
kommen	kommt	kam	gekommen *	to come
können	kann	konnte	gekonnt	to be able to
langweilen (sich)	langweilt	langweilte	gelangweilt	to be bored
lassen	lässt	ließ	gelassen	to leave, to allow
laufen	läuft	lief	gelaufen *	to run
legen	legt	legte	gelegt	to put
leiden	leidet	litt	gelitten	to suffer
lernen	lernt	lernte	gelernt	to learn
lesen	liest	las	gelesen	to read
lieben	liebt	liebte	geliebt	to love
liegen	liegt	lag	gelegen	to lie
meinen	meint	meinte	gemeint	to think, to be of an opinion
mieten	mietet	mietete	gemietet	to hire, to rent
mögen	mag	mochte	gemocht	to like
müssen	muss	musste	gemusst	to have to
nehmen	nimmt	nahm	genommen	to take

GRAMMATIK

Infinitive	Present	Imperfect	Past participle	English
plaudern	plaudert	plauderte	geplaudert	to chat
putzen	putzt	putzte	geputzt	to clean
rasieren (sich)	rasiert	rasierte	rasiert	to shave
reden	redet	redete	geredet	to talk, to speak
regnen	regnet	regnete	geregnet	to rain
reisen	reist	reiste	gereist *	to travel
reiten	reitet	ritt	geritten (*)	to ride (a horse)
rennen	rennt	rannte	gerannt *	to run
reparieren	repariert	reparierte	repariert	to repair
rufen	ruft	rief	gerufen	to call
sagen	sagt	sagte	gesagt	to say
scheinen	scheint	schien	geschienen	to shine
schicken	schickt	schickte	geschickt	to send
schieben	schiebt	schob	geschoben	to push
schlafen	schläft	schlief	geschlafen	to sleep
schließen	schließt	schloss	geschlossen	to shut
schneiden	schneidet	schnitt	geschnitten	to cut
schneien	schneit	schneite	geschneit	to snow
schreiben	schreibt	schrieb	geschrieben	to write
schreihen	schreit	schrie	geschriehen	to shout, to scream
schwätzen	schwätzt	schwätzte	geschwätzt	to chat
schwimmen	schwimmt	schwamm	geschwommen *	to swim
sehen	sieht	sah	gesehen	to see
sein	ist	war	gewesen *	to be
singen	singt	sang	gesungen	to sing
sitzen	sitzt	saß	gesessen	to sit
sollen	soll	sollte	gesollt	to be supposed to
spielen	spielt	spielte	gespielt	to play
sprechen	spricht	sprach	gesprochen	to speak
staubsaugen	staubsaugt	staubsaugte	gestaubsaugt	to hoover
stehen	steht	stand	gestanden	to stand
stehlen	stiehlt	stahl	gestohlen	to steal
steigen	steigt	stieg	gestiegen *	to climb, go up
sterben	stirbt	starb	gestorben *	to die
studieren	studiert	studierte	studiert	to study (university)
suchen	sucht	suchte	gesucht	to look for
tanzen	tanzt	tanzte	getanzt	to dance
teilen	teilt	teilte	geteilt	to share
tragen	trägt	trug	getragen	to carry, to wear
treffen	trifft	traf	getroffen	to meet
treiben	treibt	trieb	getrieben	to do (sport)
trinken	trinkt	trank	getrunken	to drink

GRAMMATIK

Infinitive	Present	Imperfect	Past participle	English
tun	tut	tat	getan	to do
übernachten	übernachtet	übernachtete	übernachtet	to spend the night
überqueren	überquert	überquerte	überquert	to cross (e.g. road)
uploaden	uploadet	uploadete	upgeloadet	to upload (computer)
verbessern	verbessert	verbesserte	verbessert	to improve, correct
verbringen	verbringt	verbrachte	verbracht	to spend (time)
verdienen	verdient	verdiente	verdient	to earn, deserve
vergessen	vergisst	vergaß	vergessen	to forget
verlieren	verliert	verlor	verloren	to lose
verstehen	versteht	verstand	verstanden	to understand
versuchen	versucht	versuchte	versucht	to try
waschen	wäscht	wusch	gewaschen	to wash
werden	wird	wurde	geworden *	to become
werfen	wirft	warf	geworfen	to throw
wissen	weiß	wusste	gewusst	to know
wohnen	wohnt	wohnte	gewohnt	to live
wollen	will	wollte	gewollt	to want to
zeigen	zeigt	zeigte	gezeigt	to show
zerreißen	zerreißt	zerriss	zerrissen	to tear
ziehen	zieht	zog	gezogen	to pull